U0587785

中國古代史學叢書

〔清〕顧炎武 撰
譚其驤 王文楚 朱惠榮 等 校點

肇域志

伍

上海古籍出版社

湖廣

武昌府

古荆州。楚鄂邑。〔旁注〕熊渠立子紅爲鄂王。漢以下爲江夏郡，劉表將黄祖守之。吴大帝初都焉，陸遜、諸葛恪、滕牧皆守之，孫晧又嘗都焉。及晉伐吴，使王戎襲武昌，胡奮襲江夏。東晉時桓石仁〔旁注〕謝尚、庾翼。屯守。齊劉懷珍言於高帝曰：夏口兵衝要地，宜得其人。遂令柳世隆鎮之〔一〕。梁武帝自襄陽起兵東下，攻圍二百餘日，方降。梁末，北齊得之，遣慕容儼守，陳霸先將侯瑱攻圍六月餘不下。後三國和通，乃歸梁。〔眉批〕江、漢爲池。吴趙咨對魏王曰：吴帶甲百萬〔二〕。地居形要，控接湘、川，邊帶湞、沔〔三〕。齊志。夏口在荆江之中，通接雍、梁，實爲津要。宋何尚之議。扼束江湖，襟帶吴、楚。記室新書〔四〕。元武昌路。本朝甲辰年，改武昌府。洪武三年，立楚王府於城内黄龍山。九年，立布政司。大江來自岳州臨湘縣，至嘉魚縣入境，至府城西，會沔水東流，南至武昌縣〔五〕。應劭曰：沔水自江别至南郡華容爲夏水，過郡入江〔六〕，故曰江夏。　領州一，縣九。　屬武昌道。　二同、四判。　衝，煩，地瘠，俗侈。　武昌遞運所。　城周二十里有奇。洪武四年，江夏侯周德興築。唐書牛僧孺傳：僧孺爲武昌節度使，江夏城風土散惡，難立垣墉，每年加版築，賦菁茆以覆之，吏緣爲姦。僧孺至，計茆苫版築之費，歲十餘萬，即賦之以磚，以當苫築之價。凡五年，墉皆甃葺，蠹弊永除。

【校勘記】

〔一〕柳世隆　「世隆」，底本作「崇」，川本、滬本同。南齊書柳世隆傳：「劉懷珍白太祖曰：『夏口是兵衝要地，宜得其人。』太祖納之，「世祖舉世隆自代，轉爲武陵王前軍長史、江夏内史、行郢州事。」通鑑卷一三四宋昇明元年載同，「太祖」記爲「蕭道成」，即齊高帝。此「崇」爲「世隆」之誤，據改。

〔二〕吴趙咨對魏王曰吴帶甲百萬　底本作「吴趙對魏宋主」，川本同，滬本作「吴趙宋對魏主」，據勝覽卷二八鄂州「江、漢爲池」下記「吴趙咨對魏王曰吴帶甲百萬」云云，三國志吴書吴主傳裴松之注引吴書云：「趙咨使魏，曰：『吴王浮江萬艘，帶甲百萬。』」與之相合，本書文字脱誤，據以改補。

〔三〕邊帶溳沔　「溳」，底本作「漢」，川本、滬本同，據南齊書州郡志改。

〔四〕記室新書　「室」，底本作「書要」，川本同，據滬本及勝覽卷二八、明統志卷五九引記室新書改。

〔五〕南至武昌縣　底本句下有「領州一，縣九」，川本同，與下文重複，據滬本删。

〔六〕過郡入江 「過郡」，底本脱，川本、滬本同，據漢書地理志注引應劭曰補。

江夏縣 漢沙羡縣。〔眉批〕城左山右江，犄角於漢陽，有金湯之固。山自九峯東來，迤邐入城，離列而拱翼者曰鳳皇，曰黄鵠。黄鵠蛇行而西吸於江，其首隆然，是爲黄鵠磯。 黄鵠山，一名黄鶴山，在縣西南。山形蜿蜒，俗呼蛇山。上有夏口城，吴大帝所築。對岸即沔水之口，故名。宋順帝時，柳世隆等守之，沈攸之攻之不克。梁末陳初，周將史寧爲土山，長梯攻之不能破。黄巢之亂，止陷其外郭。蓋其城依山負險，周迴不過二、三里，乃知古人築城，欲堅不欲廣也。八分山，在東南四十里，有水分流如八字。建康録云：武昌有山無林，政可圖始，不可居終。山分八字〔一〕，數不及九。全設。 衝，煩，疲，悍。 楚府並郡王六同城。 分巡二道駐劄。 設武昌衛、武昌左衛、武昌護衛。 夏口、〔旁注〕平湖門外。 金口〔旁注〕縣南六十里。 二水驛。 將臺、〔旁注〕縣東八里〔二〕。 東湖、〔旁注〕縣東南六十里〔三〕。 山陂〔旁注〕縣東一百二十里〔四〕。 三馬驛。 金口鎮、〔旁注〕縣南六十里。 滸黄洲鎮、鮎魚口鎮〔旁注〕縣南五里。 三巡檢司。 鳳皇山，在縣北二里，乃省城後山。 金城山，在縣東南二百里，吴將陸涣嘗屯兵於此。 烽火山，在縣東北四十里，北齊清河王岳進軍臨江，梁將侯瑱來逼江夏以伐齊〔五〕，於此舉火相應，故名。 大江，自嘉魚入江夏境，歷大小二軍山，會沔水東流，南至白湖，入武昌縣，凡二百九十里。又二百餘里入興國州境。 塗水，在縣南九十里。一名金水，又名金口。其入江夏謂之塗口。白楊湖，一名白口湖。北通大冶，謂之北口，夏口在荆江中，正對沔口。案夏口本在江北，自吳大帝築夏口城於對岸，遂謂江南爲夏口，而江北别名沔口。夏首，夏水之首，江之汜也。屈原九章：過夏首而西浮。梁侯景據夏首，積兵糧。汝南城，在府城西塗口。晉咸和中，僑置汝南郡於塗口。鸚鵡州，在城南，跨城西北江中，尾直黄鶴磯。漢黄祖殺禰衡處。金沙洲，在縣西南。明月湖，在縣南二里。

【校勘記】

〔一〕政可圖始不可居終山分八字　「政」，底本作「正」，「山」上衍「南」字，川本、滬本同，據建康實録卷八、明統志卷五九引建康實録改删。又「分」，建康實録作「作」。

〔二〕縣東八里　底本「八」下有「十」字，川本同，據滬本及紀要卷七六删。

〔三〕縣東南六十里　「東南」，底本作「西」，川本同，滬本作「南」，據紀要卷七六、圖書集成職方典卷一一二二改。

〔四〕縣東一百二十里　川本、滬本同。紀要卷七六：武昌府江夏縣，「府東南六十里爲東湖馬驛，又六十里爲山陂馬驛」。圖書集成職方典卷一一二二：「山陂馬驛，在(江夏)縣東南一百二十里。」此「東」下蓋脱「南」字。

〔五〕北齊清河王岳至來逼江夏以伐齊　川本、滬本同。按紀要卷七六作「北齊清河王岳進軍臨江，來逼江夏，梁將侯瑱拒之，屯兵以伐齊」。疑是。

武昌縣　城。〔旁注〕府東北一百八十里。　武昌山，在縣南一百五十里。縣以此名。　虬山，在縣南一百五十里。其陰有龍穴，下曰虬塘。　秦鄂縣。　樊山，在縣西三里，與西山相連。　樊溪，在樊山西南。〔旁注〕控縣南湖，澤凡九十九，東爲樊口，入於江，一名樊港。縣無泊舟之所，多趨於此。　樊口。〔旁注〕在縣西北五里。　吳志：谷利拔劍擬柁工，急趨樊口。即此。　釣臺，在北門外大江中。吳大帝嘗駐兵於此。　大小洄，在樊口者曰大洄，在釣臺下曰小洄。〔眉批〕退谷，在樊山、郎亭二山之間。唐元結故居。　五磯，在縣東。　江水記：築五圻。　水經注云：江水東得五丈口，又東次沙浦〔一〕，經五磯。　黄子磯，在縣西三江口，與邏洲相接〔二〕。　世傳黄巢置砦於此。　上磧磯，在縣西上磧湖口〔三〕，亦江流險絶之處。　大江，由苦賽山南入縣界，播於三江，過中洲，至雙柳夾。　又自崢嶸洲過磧磯，至大洲，三江會於夏口，過陽邏蕩、赤壁，至於樊口。　又過縣北，至於白田洲、楊葉洲，過蘭溪，至於散花灘。　五丈湖，在縣東八里。　舊名南湖。　外通江，名五丈口。　宋臧質敗走南湖，以荷自蔽，即此。　今名楊欄湖〔四〕。　郎亭山，在樊山西，高八十丈。　路出退谷。　五代梁朱友恭鑿山開道，射以强弩，遂拔武昌。　崢嶸洲〔五〕，在縣西北江中，半屬黄州。　晉劉毅破桓玄處，今名得勝洲。〔旁注〕楊葉洲，在縣東，陳侯瑱敗後周將獨孤盛於此。　流浪洑，在縣東江上，俗訛爲劉郎。　全設。　濱江，僻，刁，多盜。　設三江口守備。　白湖鎮、〔旁注〕縣西九十里。　金子磯鎮〔旁注〕縣東一百里。　二巡檢司。　舊有赤石磯鎮、〔旁注〕縣東。　三江口鎮〔旁注〕縣西四十里。　二巡檢司，革。　省志有金牛鎮巡檢司，在縣南一百二十里。舊爲公館，今改建。釣臺，在縣北門外大江中。吳孫權嘗駐兵於此。邑爲國都者一：吳大帝皓〔六〕。

【校勘記】

〔一〕江水東得五丈口又東次沙浦　川本、滬本同。楊守敬水經注疏江水「東得五丈浦，又東得次浦」下云：朱謀㙔訛作「又得東五丈，又得次浦」，全祖望、趙一清「丈」下增「浦」字，「名勝志引此，『次浦』作『沙浦』，未知孰是。」

〔二〕邏洲　「洲」，底本作「湖」，川本、滬本同，據紀勝卷八一、圖書集成職方典卷一一一六改。

〔三〕在縣西上磧湖口　「西」，底本脱，川本、滬本同，據圖書集成職方典卷一一一六補。

〔四〕楊欄湖　「楊」，川本、滬本同，紀要卷七六作「羊」，圖書集成職方典卷一一一六作「洋」。

〔五〕崢嶸洲　「洲」，底本作「山」，據川本、滬本及明統志卷五九改。

〔六〕邑爲國都者一吳大帝皓　川本、滬本同。按三國志吳書吳主傳：孫權薨，「謚曰大皇帝」，同書孫皓傳：甘露元年「徙都武昌」，寶鼎元年「皓還都建業」，此云「邑爲國都者一」，乃孫皓曾都於武昌，非吳大帝時，此處存疑。

嘉魚縣　〔旁注〕府東南二百八十里。　城周迴二百雉。　南唐以鮎漬鎮置縣，後徙治灌磯之陽，又徙至西山之麓。大江來自臨湘，東流入江夏界。〔眉批〕魚嶽山〔一〕，在縣西。　大涯山〔二〕，在縣西南。古洞深窗，懸崖峭削如壁。　陸口在赤壁者，今名陸溪口。　三國吳魯肅、呂蒙、呂岱相繼屯兵於此，當時以爲重鎮〔三〕。水經注云：陸水經呂蒙城西，又經蒲圻山，北入大江，謂之刀環口〔四〕。　石頭口，在縣西南八十里。　自岳州臨湘縣界蒲圻縣北發源，經蕁湖，注大江。　赤壁山，在縣西南八十里大江南岸，其北岸即烏林。　案：古今言赤壁者，漢陽、漢川、黄州〔五〕、江夏與此爲五。　元和志：在蒲圻縣西一百二十里，今屬嘉魚也。〔旁注〕圖經又云：在嘉魚縣西，蓋初蒲圻地。　案史，昭烈居樊口，進兵逆操，遇於赤壁。　則赤壁當在樊口之上。　又云：赤壁初戰，操軍不利，引次江北。　則赤壁當在江南，不應在江北。　操引軍從華容道步歸，古華容則今之監利縣也。　當以此爲正。〔旁注〕宋謝疊山云：予自江夏泝洞庭，舟過蒲圻，見石巖有「赤壁」二字。　其北岸曰烏林，又曰烏巢，乃漢陽境。　有烈火崗，上有周公瑾廟。　至今土人耕地得弩箭鏃，長尺餘，或得斷鎗折戟，其爲周瑜破曹公處無疑。　裁減。　濱江，地僻，頗淳。　設石頭口、縣南八十里。魚山、縣北五里。　篺洲縣北五十里。　三水驛。　西南八十里爲石頭口鎮〔六〕。　東北四十里〔旁注〕縣北四十里。　爲篺洲鎮巡檢司。　縣西南八十里石頭巡檢司。　蒲首山，在縣西三十里。　白石山，在縣南二十五里。　金紫山，在東南三十里。　蒲圻河，發源江西寧州修水，合本府通城雋水，北流至崇陽縣會桃溪水，折東而西，過荆港〔七〕，經治南，繞東北復西北，至六溪口出大江。　新店河，在縣西四十里。　發源臨湘，西入縣界，經新店市，入嘉魚之黄岡湖，至石頭口會大江〔八〕。

【校勘記】

〔一〕魚嶽山 「嶽」，底本作「上嶽」，川本、滬本同，據明統志卷五九、乾隆重修嘉魚縣志卷一改。

〔二〕大涯山 「涯」，川本、滬本同，乾隆重修嘉魚縣志卷一作「崖」，當是。

〔三〕當時以爲重鎮 底本脱「重」字，川本同，據滬本補。

〔四〕經蒲圻山北入大江謂之刀環口 「圻」，川本、滬本同，水經江水注、紀勝卷六六作「磯」，楊守敬水經注疏作「嶰」。「刀環口」，底本作「小環」，川本、滬本同，據水經江水注改。

〔五〕黄州 「黄」，底本作「漢」，據川本、滬本及明統志卷五九改。

〔六〕西南八十里 「南」，底本作「北」，川本同，據滬本及紀要卷七六、乾隆重修嘉魚縣志卷一改。

〔七〕荆港 「港」，底本作「山」，川本、滬本同，據紀要卷七六、圖書集成職方典卷一一一六改。

〔八〕蒲首山在縣西三十里至會大江 川本、滬本同，紀要卷七六、圖書集成職方典卷一一一六列於下文蒲圻縣下，此係錯簡。

蒲圻縣 城。〔旁注〕府東南三百里。 吴縣。 陸水，來自崇陽境，經治南，流至陸口出大江。吴吕岱嘗屯兵於此。 全設。 據郡上游，衝，煩，民疲。 設官塘、〔旁注〕縣東六十里。鳳山、〔旁注〕縣北。港口〔旁注〕縣西六十里。三驛。 羊樓鎮，與臨湘接界。設羊樓巡檢司，在縣西七十里。 舊治在西良湖畔。唐武德中，湖水爲患，徙鳳山監，即今治。

咸寧縣　無城。〔旁注〕府東南四百二十里。　南唐永安縣。　相山，在治東南半里。　與崇陽分界者曰蓮荷嶺，〔旁注〕縣西五十里。　通山分界者曰浚水嶺。〔旁注〕縣南五十里。　裁減。　衝，刁。　咸寧馬驛。〔旁注〕縣西。　鍾臺山，在縣東南百里。　上有桃花洞。　西河，源有二，一出北泉，至雙汊合流入梓潭湖。　梓潭湖，在縣北十五里，爲邑泉流之滙，從東北過斧頭河，至金口入大江。　成山寨，在縣西五里。　周迴十餘里，可容數千人〔一〕。　四壁峭峻，惟一徑可入。　宋建炎間，居民保此。

【校勘記】

〔一〕可容數千人　「數」，底本作「四」，川本同，據滬本及明統志卷五九、紀要卷七六改。

崇陽縣　城。〔旁注〕府南四百二十五里。　唐唐年縣。〔眉批〕壺頭山，在縣北二十里。下有崇陽洪，兩山相夾，水中多石，大洪東，小洪西，舟行有呂梁之險。　高視河，在縣南五十里。源自太湖山下龍塘，歷五梘，合雞毛山水，又會太源山水，出青山河，入雋水。　太源河，在縣南七十里。　出寧州界首山韮菜湖，下經盤山，合龜鼈山水，過金塘、黃陽灣、白涯山，出青石河，入雋水。　龍泉山，在縣西南六十里。　有石渠，泉流清水，用以雩，多驗。　雨山〔二〕，一名乳山，在縣東四十里。　五峯卓立，跨通山界。　雋水。　裁減。　山僻，民刁，瘠。

【校勘記】

〔一〕雨山 「雨」，底本作「兩」，川本同，據滬本及紀要卷七六、圖書集成職方典卷一一一七改。

通城縣 土城。〔旁注〕府西南五百里。 宋縣。 陸水，自巴陵至縣北，歷崇陽北，至壺頭山〔一〕，過蒲圻，入江。即陸口。又名雋水〔二〕。慕阜山〔三〕，在縣東南五十里，周五百餘里。〔旁注〕跨三縣，東寧州〔四〕，南平江，西北屬本縣。有水四出，東南入湘，西入洞庭，北入雋。吴太史慈爲建昌都尉，拒劉表從子磐於此。 裁減。 僻，疲，民刁，糧欠。 縣治即古通城鎮基址。 雋水，縣北半里上雋鄉界發源，流至縣，下與秀水合。秀水源自通山麓。

【校勘記】

〔一〕壺頭山 「壺」，底本作「湖」，川本同，據滬本及紀要卷七六、圖書集成職方典卷一一一七改。

〔二〕又名雋水 底本脱此四字，川本同，據滬本及明統志卷五九補。

〔三〕慕阜山 「慕阜」，底本作「即陸」，據川本、滬本及明統志卷五九改。

〔四〕東寧州 「寧州」，底本作「分平」，川本作「分寧」，據滬本及紀要卷七六改。

興國州 〔旁注〕府東南三百六十里。 石城，周六百四十四丈。 吴陽新縣。〔眉批〕東連江池，西控荆楚。周紫芝記。本朝癸卯年歸附，改爲府。洪武九年，改爲州〔一〕。舊治高陵故城。唐大曆中，徙長慶鄉，又徙長樂鄉〔二〕。大坡山〔三〕，在州東五十里。旁有石樓，嶄然拔出衆山，里人於此造茶。黄土山，在州西北二百里。南抵武寧，東接九江，西與通山連境。富池湖，在州東六十里。源自州西三溪口，流合翠屏諸水，經州治南，匯於此，東入大江。領縣一。〔旁注〕永興縣倚郭，并入本州。全設。地僻，民刁，與瑞昌、寧州接壤，多盜。設富池水驛。〔旁注〕州東六十里。富池鎮巡檢司，在州東六十里。黄顙口鎮巡檢司，在州北六十里。海口湖，源出永興北集鳳、善伏等里諸山水〔四〕，合流，東出大江。漳源湖，在州西北七十里。源出武昌縣大冶諸山，合流入江。

【校勘記】

〔一〕洪武九年改爲州　「州」，底本作「縣」，據川本、滬本及明統志卷五九改。

〔二〕唐大曆中徙長慶鄉又徙長樂鄉　川本、滬本同。紀勝卷三三：永興縣，隋開皇十八年，改富川曰永興，「居高陵故城。貞元八年，移於長樂鄉之深口」。此「大曆」爲「貞元」之誤，「徙長慶鄉」四字衍。

〔三〕大坡山　「坡」，底本作「玻」，川本同，據滬本及明統志卷五九、明史地理志改。

〔四〕集鳳善伏　川本、滬本同。圖書集成職方典卷一一一七：興國州，「海口湖，西源於善福、寶政等里諸山」。此「善伏」之「伏」疑爲「福」字之誤。

大冶縣　無城。〔旁注〕州西北一百五十里。　南唐縣〔一〕。　西塞山，在縣東九十里。江夏風俗記曰：延連江側，東望偏高，謂之西塞。孫策擊黄祖於此。金湖，流注縣前，放漳源口，入江。　無簿。　僻，煩，民刁。　治西南六十里，山路通江西瑞昌，盜賊出没，有花油樹堡〔二〕。　治東九十里爲道士洑，設巡檢司。〔旁注〕縣東十里。

【校勘記】

〔一〕南唐　「唐」，底本作「庄」，川本同，據滬本及紀要卷七六改。

〔二〕花油樹堡　「油」，底本作「汕」，川本、滬本同，據紀要卷七六、清統志卷三三六改。

通山縣　無城。〔旁注〕州西一百八十里。　南唐縣。　九宫山，在縣東南八十里，其山自下而上，高峯九層，故名。　裁減。　山僻，事簡。　新開嶺，在縣北七里，險峻殊絶。宣德中，鑿其嶺，爲興國必由之路。　朦朧嶺，在縣東南二十里。險峻迤邐，江西通道之路。

漢陽府

古荆州。春秋鄖國地。漢以下並屬江夏郡。魏初以之爲重鎮。曹公定荆州，以文聘爲江夏太守，守沔口止石梵〔一〕，吳人來攻，不克。後入吳，亦爲重鎮。嘉禾中，陸遜屯江夏沔口。是也。隋置沔州。元初爲漢陽府〔二〕。本朝因之。〔眉批〕漢水合大江，夾江而城，左武昌，右漢陽。陳澤記。　前枕蜀江，北帶漢水。元和志。　江、漢朝宗于海。書禹貢。　路通荆、雍，控引秦、梁。通鑑〔三〕。　邑爲竊據者二：漢黄祖，元徐壽輝。　舊唐書牛僧孺傳：爲武昌軍節度、鄂岳蘄黄觀察等使。沔州與鄂隔江相對〔四〕，虚張吏員，乃奏廢之，以其所管漢陽、汊川兩縣隸鄂州。

大江，在府東南。上接瀟湘、洞庭諸水合流，東南入本府界，一百五十里轉煙波灣，四十里入黄州界而東。　漢水在北五里〔五〕。〔旁注〕漢水别爲沔，出新灘，其一與沌水合，出沌口。　沔水，在西南三十里。源出襄水〔六〕，南入大江，與漢水合流。按三國志以前書傳稱漢〔七〕，不言沔。三國志以後，言沔不言漢。先儒皆疑漢、沔爲一。然今二水源流不同，惟書疏引應劭云〔八〕：沔水下尾與漢合，乃入江〔九〕。爲得其實。　沌水，在縣西南四十里。源出襄水，經流至漢水，分繞漢陽縣，南入大江。晉郭舒留沌口，采稆湖澤以自給〔一〇〕；陳周文悉衆禦之。即此。　灄水，在北四十里。自黄陂入漢陽界，合淪索二水，南入大江。舊有灄陽縣。　大别山，在東北半里漢江之右。禹貢：内方至大别。即此。　漢口，在山之北，漢溳二水至此合流。〔眉批〕溳口，在府東北三十里〔一一〕。源自隨州，經雲夢縣，至溳口與漢水合流〔一二〕，經漢口入江。陶侃爲杜曾所敗，奔溳，即此。　領二縣。　屬武昌道。　武昌衛右千户所、後千户所。　無同。　地狹，民淳，供應頗煩，事簡。〔眉批〕鎖穴在大别山陽漢口。　按吳書董襲傳云〔一三〕：孫權征黄祖，祖横兩蒙衝夾守沔口，以栟櫚大紲繫石爲矴。晉王濬傳云：晉伐吴，吴人於江險磧要害處〔一四〕，皆以鐵鎖横截之。今山陰二處有石穴俱存，即其繫鎖處也〔一五〕。

【校勘記】

〔一〕止石梵　「止」，底本作「上」，川本、滬本同。三國志魏書文聘傳：「聘别屯沔口，止石梵。」此「上」爲「止」字之誤，據改。

〔二〕元初爲漢陽府　「初」，底本作「和」，川本同，據滬本及明統志卷五九改。

〔三〕通鑑　此二字底本錯簡於下文「邑爲竊據者二」下，川本同，據滬本及明統志卷五九乙正。

〔四〕沔州與鄂隔江相對　「隔」，底本作「陽」，川本、滬本同，據舊唐書牛僧孺傳改。

〔五〕漢水在北五里　「在」，底本作「至」，川本同，據滬本及紀要卷七六改。

〔六〕源出襄水　「襄」，底本作「湘」，據川本、滬本及明統志卷五九改。

〔七〕三國志以前書傳　「傳」，底本脱，川本、滬本同，據明統志卷五九、紀要卷七六補。「書」，圖書集成職方典卷一一二七、乾隆漢陽縣志卷五皆作「史」。

〔八〕惟書疏引應劭云　「劭」，底本作「邵」；「云」，底本作「之」，川本同，據滬本及尚書禹貢孔穎達疏引應劭云改。

〔九〕沔水下尾與漢合乃入江　「合」底本作「爲」，脱「乃」字，川本同，據滬本及尚書禹貢孔穎達疏引應劭云改補。

〔一〇〕晉郭舒留沌口采稆湖澤以自給　「郭」，底本作「國」，川本同，據滬本及晉書郭舒傳改。「稆」，底本作「税」，川本、滬本同，據晉書郭舒傳改。明統志卷五九作「税」，亦誤。

〔一一〕湞口在府東北三十里　川本、滬本同。嘉靖漢陽府志卷二：漢陽縣，「湞口，在縣治西北一百里」。乾隆漢陽縣志卷五：「湞水，在縣西北一百里」，引通典「湞水，一名湞口。」疑本書誤。

〔一二〕至湞口與漢水合流　「與」，底本作「爲」，川本、滬本同，據明統志卷五九改。

〔一三〕吳書　底本脱，川本同，據滬本及三國志吳書董襲傳補。

〔一四〕吳人於江險磧要害處　「江」，底本脱；「磧」，底本錯簡於「險」上，川本、滬本同，據晉書王濬傳補正。

〔一五〕即其繫鎖處也　底本脱「繫」字，據川本、滬本及寰宇通志卷五〇補。

漢陽縣　隋漢津縣。〔眉批〕城跨鳳棲山巔，周七百五十六丈。　九真山，在縣西南九十里。山麓有九泉，其支起爲龍霓山，中有雲滃然則雨〔一〕。　梁城，在縣東北。南史：梁武帝自襄陽東下，鄧元起會大軍於夏口，帝築漢口城以守魯山〔二〕。今大別山横頂城即其舊基。　臨嶂山，在縣西六十里。晉江夏郡〔三〕、沌陽、安陸縣、德安府皆在此。　烏林峯，在臨嶂山之南。　太白湖，在縣西一百里九真山之南，周二百餘里。春水泛溢，與揚孟池〔四〕、新灘、馬影、蒲潭、沌河合而爲一，冬涸始分，跨沔陽州界〔五〕。〔旁注〕郎官湖，在縣中。李白有泛郎官湖詩並序。今涸。　裁減。　濱江，地衝，事煩，刁疲，有水患〔六〕。　設千户所二及蔡店馬驛。〔旁注〕縣北六十里。　漢口鎮、〔旁注〕縣北五里。　蔡店鎮、〔旁注〕縣西六十里。　沌口鎮、〔旁注〕縣西南三十里。　新灘、〔旁注〕西南一百三十里。　百人磯、東江腦鎮五巡檢司〔七〕。

【校勘記】

〔一〕中有雲滃然則雨　「則雨」，底本脱，川本同。明統志卷五九：龍霓山，「兩山並峙，雲起則雨」。圖書集成職方典卷一一二七同。嘉靖漢陽府志卷二：「兩山並峙，其中雲起則雨。」滬本「滃然」下有「則雨」二字，是，據補。此「中」上疑脱「兩山並峙」四字。

〔二〕帝築漢口城以守魯山　「帝」，底本脱，川本、滬本同，據南史梁紀上補。

〔三〕晉江夏郡　「江」，底本作「以」，川本同，據滬本及嘉靖漢陽府志卷二改。

〔四〕揚孟池　「揚」，底本作「持」，川本同，據滬本及明統志卷五九改。

〔五〕跨沔陽州界　底本作「跨持州界」，川本同，據滬本改。乾隆漢陽縣志卷五：太白湖，「舊屬沔陽，今半屬漢邑」。紀要卷七六：漢陽縣，太白湖，「西南接沔陽州界」。是也。

〔六〕有水患　「有」，底本作「水」，據川本、滬本改。

〔七〕百人磯東江腦鎮　川本同，滬本作「百人磯鎮，今遷置東江腦」。嘉靖漢陽府志卷三：「百人磯鎮巡檢司，舊在漢陽縣治南六十里，今遷東江腦。」此「百人磯」下有脱誤。

漢川縣　無城。〔旁注〕府北一百四十里。後魏汊川縣。〔旁注〕舊有三汊、蒲潭二驛，革。小別山，在南一十五里。其形如甑，一名甑山。左傳：吳與楚戰，濟漢而陳，自小別至於大別。是也。後周建縣治於此〔一〕。〔眉批〕雞鳴汊，在雞鳴鄉。元末徐壽輝爲亂時，威順王寬徹普化鎮武昌，報恩奴〔二〕、接待奴、佛家奴以大船四十餘，攻壽輝將倪文俊，至此水淺，船不能行。文俊以火筏盡焚其船。甑山，晉王廙與李桓、杜曾相持〔三〕，屢戰甑山下。按德安府城西二十里有廢甑山縣，未知孰是。劉家隔，在縣北三十里。舊爲沮洳地，國朝始闢爲通衢〔四〕。其始居民十數家，後商賈鱗集，遂成巨鎮。地脈自應城來，至此始衍爲平原，周廣四十餘里。而襄水、漢水、溳水〔五〕、鄖水、白水五派合流，環爲一區。成化初，奏立巡檢司。漢水，在縣西南十里。溳水，在東北三十里。自隨州東南流，經雲夢縣，入本縣界，至溳口與漢水合。實當漢江下流，賴諸湖注之，竹筒等河通之，河塞則水滯於鍾祥、景陵，而劉家隔商船亦阻。臼水，在縣南七十里。臼水出縣西北，迤而南，過溳水，與漢江合，自大河口東流，至沌口出。又支流經鳳皇山，爲繫馬口，入臼子河，與漢水合〔六〕。今水道久塞，惟春夏水泛，可通舟楫。左傳：楚子奔隨，將涉于成臼。此水之上流也。 裁減。 土狹，民刁，疲於供應。 有劉家隔，商船湊集，多盜。設劉家隔巡檢司及劉家隔驛。

【校勘記】

〔一〕後周建縣治於此　「治」，底本作「至」，據川本、滬本及明統志卷五九改。

〔二〕報恩奴　底本脱，川本、滬本同，據元史寬徹普化傳補。

〔三〕晉王廙與李桓杜曾相持　「王廙」、「李桓」，底本作「朱伺」、「李横」，川本、滬本同，據晉書朱伺傳改。

〔四〕國朝始闢爲通衢　底本脱「朝」字，川本同，據滬本及紀要卷七六補。

〔五〕溳水　底本脱，川本同，據滬本補。

〔六〕與漢水合　「漢」，底本作「諸」，川本、滬本同。嘉靖漢陽府志卷二：臼水，「支流經鳳凰山，爲繫馬口，入臼子河，與漢水合」。圖書集成職方典卷一一二七同，此「諸」爲「漢」字之誤，據改。

黄州府

元爲路。本朝癸卯年，改爲黄州府。〔旁注〕城圍九里。　古荆州。春秋時黄國之地。〔旁注〕古名邾城、西陽。後屬楚。魏爲重鎮。黄初中，吴揚聲欲獵江北，豫州刺史滿寵度必襲西陽，而爲之備。吴人聞之，乃退。後吴赤烏四年〔一〕，使陸遜以三萬人取邾，〔旁注〕遂築城。嘗以三萬兵守之。東晉毛寶守此，爲石鑒所陷。〔眉批〕東接兩淮，西連七澤，九江之流抱於南，五關之險據於北。乃湖北孔道，江左上游，淮、楚之交。齊安志。　前界大江，後據崇阜。文宣王廟記。　邑爲國都者一：漢衡山王吴芮。後漢書順帝紀：永和二年，江夏盜賊殺邾長。注：邾，縣，今復州〔二〕。　江水自江夏、漢口入黄陂縣界，經陽邏、團風，至赤壁磯，繞南屏，東過巴河，至蘄水縣，入九江府。　齊安水馬驛。　領州一，縣八。　屬武昌道。　二判，無同。〔旁注〕黄州衛千户所四。　衡，煩，民刁，健訟。　正德四年，劉六、劉七等取道團風，奪舟入江，殺都御馬炳然於陽邏鎮。　嘉靖四十二年，黄岡縣中和鄉寇起，本府同知袁福徵會河南信陽兵備，調兵滅之。

【校勘記】

〔一〕赤烏四年　底本「四」上有「中」字，川本、滬本同，滬本夾注：「中字衍。」三國志吳書吳主傳：赤烏四年，「陸遜城邾」。滬本是，據删。

〔二〕今復州　川本、滬本同。後漢書順帝紀李賢注：「故城在今復州竟陵縣東。」此當脱「竟陵縣東」四字。

黄岡縣　舊治邾城。宋徙江濱，在今城南二里。治。洪武元年，始改築今處〔一〕。編户七十四里。

南齊南安縣。古邾城，在西北一百二十里。楚宣王伐邾，俘其民，徙其君於此，故名。史記：衡山王吳芮都邾。今名舊州城〔二〕。宋嘉定二年，金人犯黄州，奪舟於團風，弗克濟，遂圍黄州，陷之〔三〕。

有西陽故城。〔眉批〕前界大江〔四〕，後接崇阜。唐修文宣王廟記。西望夏口，東望武昌，山川相繆，鬱乎蒼蒼。宋蘇軾赤壁賦。地接雲夢，城依大江，赤壁、樊口諸山，蛟翔鳳峙，地腴而民勁。武磯山，在縣北一百二十里，臨大江。大江，自漢口下，東過陽邏，南過團風口，繞府南。又東過巴河口，至蘭溪，逕馬口，會彭蠡，趨宿松。江中有崢嶸州。城南里許曰大江渡，城西十里曰馬橋渡，俱與武昌對江〔五〕。南四十里曰巴河渡，西北五十里曰團風口渡，又西北二十里曰方溢渡，西北一百二十里曰陽邏渡，與江夏對江。

巴河，與蘄水、蘭溪合而入江。源出羅田尤河嘴，遡流而東八十里，即上巴河。

陽邏堡，在西一百二十里。東接黄、蘄，西抵漢、沔，南渡鄂州，北距五關，爲大江要害，宋置堡於此。咸淳十年，元兵南侵，淮西制置使夏貴等以戰艦萬艘，横截江面，兵不敢近。伯顔進攻陽邏堡，令阿术泝流西上〔六〕，從青山磯雪夜抵南岸，拔之。　沙湫，在西北一百三十里，今名沙武河。　赤壁山，在城西北漢川門外，屹立江濱。乃宋蘇軾赤壁之遊，非周瑜破曹公處也。　全設。　濱江，衝，煩，饒，刁，多盜，有水患。　李坪驛〔七〕，在團風鎮。　陽邏水馬驛，在陽邏鎮。　團風鎮、北五十里。　陽邏西北一百二十里。三巡檢司〔八〕。　舊有臨臯驛，革。　赤壁磯鎮巡檢司，革。

【校勘記】

〔一〕洪武元年始改築今處　「始改」，底本作「改始」，川本同。圖書集成職方典卷一一七五：黄州府城，宋、元遺築，在今城南二里許，「明洪武戊申（按即元年），指揮黄榮拓其基，築今處」。滬本作「始改」，是，據以乙正。

〔二〕今名舊州城　底本脱「舊州」二字，川本同，據滬本及明統志卷六一補。

〔三〕遂圍黄州陷之　底本此句下有「一州城一」，川本同，據滬本删。

〔四〕前界大江　「界」，底本作「介」，川本、滬本同，據本書上文及明統志卷六一引唐刺史修文宣王廟記改。

〔五〕俱與武昌對江　川本同，滬本作「俱與武昌相對」。

〔六〕令阿术泝流西上　「令」，底本作「金」，川本同，據滬本及元史阿术傳文意改。

〔七〕李坪驛　「坪」，底本作「平」，川本、滬本同，據弘治黄州府志卷四、圖書集成職方典卷一一七九改。

〔八〕三巡檢司　「三」，川本同，滬本作「二」。明史地理志：黄岡縣，「江濱西有陽邏鎮、北有團風鎮、又西北有中和鎮三巡檢司」。弘治黄州府志卷四：「中和鎮巡檢司，在黄岡縣北二百里。」此「三」上疑脱「中和鎮，北二百里」七字，或「三」爲「二」字之誤。參見下文黄安縣校勘記〔四〕。

黄安縣〔旁注〕府西一百二十里。城周五百九十九丈。嘉靖四十三年〔一〕，析黄岡、黄陂、麻城地置，治姜家畈。編户四十里。東三十里曰三角山。東南十五里曰五雲山〔二〕。北一百二十里曰天臺山，爲黄楊寨〔三〕，稱峻險。西九十里曰仙居山。〔旁注〕黄陂縣西六十里。無丞。事簡，民刁，多盜。設中和鎮、〔旁注〕省志：北七十里。縣南十里〔四〕。雙城鎮〔旁注〕縣北三十里。二巡司。在郡北一隅，深山大澤，盗賊多有，土俗悍獷。

【校勘記】

〔一〕嘉靖四十三年　「三」，川本、滬本同，明史地理志、紀要卷七六、圖書集成職方典卷一一七五作「二」，此「三」爲「二」字之誤。

〔二〕東南十五里曰五雲山　底本脱「里」字，川本同，據滬本及紀要卷七六補。

〔三〕黄楊寨　「楊寨」，底本作「陽塞」，川本、滬本同，據紀要卷七六、清統志卷三四一改。

〔四〕省志北七十里縣南十里　川本、滬本同。大明會典卷一三八：黄岡縣有中和鎮巡檢司。弘治黄州府志卷四：「中和鎮巡檢司，在黄岡縣北二百里。」紀要卷七六黄安縣有中和鎮。圖書集成職方典卷一一七六：黄安縣，「中和巡檢司，在縣南六十里」。清統志卷三四一：「中和巡司，在黄安縣東南五十里。」按中和鎮原屬黄岡縣，嘉靖四十二年析置黄安縣後，改隸黄安縣，紀要諸書所載是也。本書所引省志之「北」爲「南」字之誤，「縣南」下脱「六」或「五」字。

蘄水縣〔旁注〕府東一百一十里。編户五十八里。南宋浠水縣。〔眉批〕枕蘄、黄之交，接英、羅之境。東北山勢巃嵸，西南河光掩映，乃淮壖之上腴。浠出雲山〔一〕，經縣前之南溪口入江〔二〕。全設。元屬蘄州路。本朝改屬。衝，煩，民饒，俗刁。設巴水、〔旁注〕縣西四十里。蘭溪〔旁注〕縣西南四十里孟家嘴。水驛。巴河鎮、〔旁注〕縣西七十里。蘭溪鎮西南四十里〔三〕。二巡檢司。舊治在今縣西南三十五里龍泉山南，唐末遷今治。東三里曰蘭溪河。北七十里曰下巴河。縣九十里曰龍河。合黄岡、羅田之水。三國傳：晉宗以戲口團叛，詔糜芳等生執之〔四〕。東北百里有石門關。百八十里有甕門關。北百四十里有青苔關。百八十里有栗子關。西北四十里有銅鑼關。百八十里有松子關。總曰六關。嘉靖癸丑，歸德賊師尚詔出没汝陽〔五〕，據六安冒頂山。山偪松子關，巃嵸蜿蜒數十里，中衍外塞，賊每巢焉。江防僉事沈龍乃擇六關要害處，去松子關七十五里設滕家堡備之〔六〕。

【校勘記】

〔一〕浠出雲山　川本同，滬本「山」下有「舊屬黄岡」四字。

〔二〕經縣前之南溪口入江　川本同，滬本「口」下有「舊屬麻城縣」五字。

〔三〕西南四十里　底本脱此五字，據川本、滬本及紀要卷七六補。

〔四〕晉宗以戲口團叛詔糜芳等生執之　「戲口」，底本作「浠口」，川本、滬本同，據三國志吳書吳主傳、賀齊傳改。

「生執」，底本作「征」，川本同，據滬本及三國志上引傳、通鑑卷七〇改。

〔五〕師尚詔 「師」，底本作「司」，川本、滬本同，據明史世宗紀改。

〔六〕縣東北百里有石門關至去松子關七十五里設滕家堡備之 川本、滬本同。弘治黄州府志卷二：羅田縣，「石門關，在縣西北」，「甕門關，在縣東北」，「青苔關，在縣西北」，「栗子關，在縣東」，「銅鑼關，在縣西一百四十里」，「松子關，在岐嶺」。紀要卷七六、圖書集成職方典卷一一七六皆屬羅田縣，此因下叙羅田縣而錯簡。又「縣」，底本作「舊」，川本、滬本同，據上引諸書改。

羅田縣 〔旁注〕府東一百四十里。 城周五里。 編户二十五里。 梁義州。〔眉批〕北枕固陵，南跨蘄水，東連英麓，西接府治，實黄之砦邑。 邑處山僻，人習耕而儉嗇。 縣前有官渡河，以泄山水。 北五十里曰大霧山。 百二十里曰石柱山。 百五十里曰多雲山。 東六十里曰魁山。 宋爲縣治。〔旁注〕舊在魁山下。 洪武中，遷官渡河〔一〕。 無丞。〔旁注〕元屬蘄州路〔二〕，本朝改屬。 山僻，簡樸，好訟，多盜。 設多雲鎮巡檢司。〔旁注〕縣東北。 省志：一百二十里。 南五十里曰石險河。 水自石穴中出。 尤河嘴，在縣西三十里〔三〕，黄岡蘄水合流於此。

【校勘記】

〔一〕洪武中遷官渡河 川本、滬本及嘉靖羅田縣志卷三同。弘治黄州府志卷四：「羅田縣，舊在魁山下，元大德遷於官渡河。洪武中建。」清統志卷三四〇引羅田縣志：「縣舊治在今縣東六十里魁山之麓，元大德八年，縣尹周廣移縣於官渡河，即今治也。」記載不同。

〔二〕元屬蘄州路　「路」，底本脱，川本、滬本同，據元史地理志、明史地理志補。

〔三〕在縣西三十里　「縣西」，底本脱，川本同，滬本空缺，據嘉靖羅田縣志卷一、圖書集成職方典卷一一七四補。

麻城縣　〔旁注〕府西北一百八十里。　城周九百五十八丈。　編户七十四里。　梁信安縣。

〔眉批〕北界光山，南連府治，衝要險塞之地。其人不士即商販，他術奔走四方，往往以筋骨起家〔一〕。　東八十里曰石子山，宋爲縣治。　東南十五里曰四望山，元末有寨。　西南七十里曰九螺山。　其東即故岐亭廢縣，今爲鎮。　西三十里曰飛龍山〔二〕。　西北八十里曰木陵山。　東八十里有東義州城，後周以史寧爲東義州刺史，築城以居〔三〕。　梁天監八年，夏侯夔出義陽，攻三關，克之。

龜峰山，在縣東六十里。　山勢嵯峨，有白黑二龍井。　元和志云吳、楚戰於柏舉，即此地〔四〕。　宋端平中，徙治什子山，元復舊治。　虎頭關，在東北七十里。　形勢最險，兩山千仞，一澗衝激。　西連五關，曰：　墨斗、大城、黄土、木陵、陰山。　連亘九十里〔五〕，爲麻城右臂。　黄土關，形勢聳峭。　木陵關，山路峭壁，委折而上。　大城關，山勢不甚高峻，而横斜盤繞。梁夏侯夔、陳周炅、唐李道古皆於此進兵。　宋孟珙守之，金人不能克。　全設。　煩，衝，疲，刁，難治。　設館驛縣中街。　中館，在縣西三十里〔六〕。　東館，在東南七十里。　西館，在縣西七十里。　虎頭關、見上。　鵝籠縣西四十里。　二巡檢司。　岐亭鎮，在縣西七十里。　嘉靖中，添注捕盗通判一員駐此。

【校勘記】

〔一〕往往以筋骨起家　「往往以」，底本作「往已」，據川本、滬本改。

〔二〕西三十里曰飛龍山　「西」，川本、滬本同，弘治黄州府志卷二作「北」，紀要卷七六、圖書集成職方典卷一一七四同，此「西」爲「北」字之誤。

〔三〕東八十里有東義州城後周以史寧爲東義州刺史築城以居　「東義州城」，底本作「義州城」，「築城以居」，底本作「城北」，川本同。圖書集成職方典卷一一八一：麻城縣，「東義州城，去縣東九十里。周以史寧爲通直散騎常侍、東義州刺史，築城以居」。據以改補。滬本作「東八十里，一作城北有義州城，後周以史寧爲東義州刺史」，誤。

〔四〕元和志云吳楚戰於柏舉即此地　川本、滬本同。元和志卷二七：麻城縣，龜頭山，在縣東南八十里，「春秋吳、楚戰於柏舉，即此地也」。則元和志是以龜頭山而言。明統志卷六一：龜峰山，元和志：麻城縣東南八十里有龜頭山，「春秋吳、楚戰於柏舉，即此。」以元和志之龜頭山爲龜峰山是也。此引元和志下缺載「麻城縣東南八十里有龜頭山」。

〔五〕連垣九十里　川本同，滬本「垣」作「亘」，「里」下有「餘」字。

〔六〕中館在縣西三十里　底本脱「在」、「西」二字，川本同，滬本「館」下有「在」字，「縣」下作「□」。弘治黄州府志卷四：麻城縣，「中館驛，在縣西三十里」。據補。

黄陂縣〔旁注〕府西二百四十里。　城周五百五十二丈。　編户四十里。　北齊縣。〔眉批〕東鶩赤壁，南騁鄂渚，西匯七澤之雄，北距三關之險，地衍西夷。　武湖〔一〕，在東南二十五里。相傳漢江夏太守黄祖習戰處。下流入黄岡，水漲汪洋千頃，水涸爲通衢。宋謝晦爲道濟所敗〔二〕，武湖戍主執之，即此。　宋徙治鄂州青山磯。元復舊治。　全設。　稍衝，煩，刁，多盜。　設大城潭鎮巡檢司〔三〕。在縣北八十里，今改建，而河口在縣西南一百二十里。　西南二里曰團潭，商船通陽邏江，百貨萃焉。　東南二十里曰冶城〔四〕。梁武爲刺史，治兵器於此。　南五十里曰石陽城。　吳征江夏，圍石陽不克，即此。　安昌城，在獨家村。　北齊高帝築以捍陳。見隋志〔五〕。

【校勘記】

〔一〕武湖　「武湖」，底本作「五湖」，據川本、滬本及明統志卷六一改。

〔二〕爲道濟所敗　川本同，滬本「爲」下有「檀」字。

〔三〕大城潭鎮巡檢司　底本「潭鎮巡檢司」五字錯簡於下文「而河口在縣西南一百二十里」下，川本、滬本同。明史地理志：黄陂縣，「北有大城潭鎮巡檢司。」弘治黄州府志：黄陂縣，「大城潭鎮巡檢司，在縣北八十里」。據以乙正。

〔四〕冶城　「冶」，底本作「治」，川本、滬本同，據弘治黄州府志卷一、圖書集成職方典卷一一八一改。

〔五〕見隋志　川本、滬本同。弘治黄州府志卷一：安昌城，在黄陂縣，「隋志黄陂有安昌郡，開皇初廢」。圖書集成職方典卷一一八一同，與隋書地理志記載合，此「隋志」上疑脱「有安昌郡，開皇初廢」。

蘄州　元蘄州路。本朝改爲州。〔旁注〕府東三百一十里。省志：正東一百里〔一〕。府志亦作此。　城周一千一百三十丈八尺。〔旁注〕九里三十步，西臨大江。　編户二十八里。　漢蘄春縣。〔眉批〕南距江，北接光、蔡，西連黄岡，東峙灊、皖〔二〕。蘄州興復舊治記〔三〕。　地抱山澤而沃衍，民饒於舟車之利，習侈靡。　有三吴之風，左舒右黄。廣教院記。　東北百二十里曰三角山。　東百六十里曰大桴山。　蘄河，在州北。　出大桴山，西流入赤東湖，入大江。　領縣二。　無同。　濱江，山險，民刁。　荆府郡王三同城。〔旁注〕正統八年徙封於此。　分巡下江防道駐劄。　設蘄州衛。〔旁注〕千户所五。　蘄陽、〔旁注〕大西門外。西河〔旁注〕州北六十里。　二驛。　茅山、〔旁注〕州西六十里。　大同鎮〔旁注〕州東北一百八十里。　二巡檢司。　北六十里曰羅州城，北齊築，宋廢。　舊有蘄州遞運丞，萬曆九年革，屬府。　大桴山，在州東北六十里，有九十九灣。　茅山，在州西六十里，臨大江。　山下有石磯十三處，名九里十三磯。　大江，自茅山十三磯紆行而趨九江。　鈷鉧水，在州前。　源出櫨梨山，入蘄河。　赤東湖，在州北十里，有九十九汊。

【校勘記】

〔一〕正東一百里　「一百」，川本、滬本同。弘治黄州府志卷一：蘄州，「在府城東三百一十里，水路一百八十里」。圖書集成職方典卷一一七三：蘄州，「自州至黄州府治一百八十里。」此「一百」下疑脱「八十」二字。

〔二〕東峙瀦皖　「峙」，底本作「走」，川本、滬本同，據明統志卷六一、弘治黄州府志卷一引蘄州興復舊治記改。

〔三〕蘄州興復舊治記　底本脱「興復」二字，「治」作「志」，川本、滬本同，據明統志卷六一引改。圖書集成職方典卷一一七三引作「興復蘄州舊治記」。

廣濟縣　無城。〔旁注〕州東六十里。　編户三十里。無丞。　唐縣。　衝，煩，民刁。　設雙城，〔旁注〕縣東六十里。廣濟縣北。二驛。〔眉批〕横岡峙其北，武湖襟其南，介江、黄之間。東接宿松，南對德化。馬口鎮，縣西南七十里；武家穴鎮〔旁注〕見下。二巡檢司。　北二十三里曰横岡山〔一〕。東七十里曰仙姑山。　梅川河，源出横岡山，流入武山湖。　武山湖，在西南七十里。　武家穴，在南九十里大江濱。内卑外亢，掘有壩，貿於此〔二〕。自盤塘下至黄梅楊家穴，計長百九十里。每歲修築，以捍江流。

【校勘記】

〔一〕横岡山　「横」，底本作「黄」，川本同，據滬本及紀要卷七六、圖書集成職方典卷一一七五改。

〔二〕貿於此　川本同，滬本「貿」上有「商民」二字。

黄梅縣　土城，圮。〔旁注〕州東一百七十里。　編户四十二里。　晉永興縣。　宋嘉熙間，徙治大江中洲。元復舊治。〔眉批〕宋嘉熙間，僑治中洲。元復舊治。　無簿。　邑當九江、江、漢下流，多水患，衝，煩。　設停前驛，縣東北。省志：西南七十里。　新開口鎮，縣南九十里。　清江嘴鎮二巡檢司。　西南十里曰黄梅山。　東三十里曰唐思穴壩，自楊家穴至宿松分界。　大江，在縣南六十五里。　黄梅水，源黄梅山，南流入源感湖，縣東南三十里。

德安府

元德安府。本朝因之。　城周六里二百十三步。　古荆州。春秋鄖子國。雲夢之澤在焉。後楚滅鄖，封鬭辛爲鄖公，即其地也。晉以上爲江夏郡治，晉以下爲安樂郡。　其城三重，西枕涓水。元和郡縣志〔一〕。〔眉批〕北接漢東，南望沔、鄂。李元衡。　領州一，縣五。　壽王，正德元年徙封於此。無子，國除。　景王，嘉靖四十年封。無子，國除。　德安守禦千户所〔二〕。隸湖廣行都司。　全設。　饒瘠相半。　白兆山，在縣西三十里。西出大洪，巒嶂連絡，東行一百餘里至此。　大安山，在縣西六十里。　壽山，在縣西北五十里。李白謂其攢吸霞露，隱居靈仙〔三〕。南隸安陸，北隸應山。　涓水〔四〕，在縣西一里。出大洪山黑龍池，繞城西隅。入雲夢澤，至黄港，會襄水、沔水，又東流至漢口入江。俗稱府河渡，亦名石潼。漻水，在縣西北五十里。水出應山，會於溳。漳水，在縣西南五十里。出大洪山，歷京山縣平拔，東流會入溳。灌水，在縣西南九里，亦出大洪山，東流會於漳，東流至黄港與漳合〔五〕。〔眉批〕灌水，在縣東南九十里〔六〕。出大洪山，東流會漳。

【校勘記】

〔一〕其城三重西枕溳水元和郡縣志　「重」，底本作「里」，川本同；「縣」，底本作「國」，川本同，並據滬本及元和志卷二七改。

〔二〕德安守禦千户所　底本脱「德」字，據川本、滬本及紀要卷七七補。

〔三〕攢吸霞露隱居靈仙　底本作「攢吸云而隱」，川本同，據滬本及清統志卷三四二改補。

〔四〕溳水　底本脱「水」字，川本同，據滬本及紀要卷七七補。

〔五〕灌水在縣西南九里至東流至黄港與漳合　底本叙列於上文溳水句中「繞城西隅」下，川本同，據滬本及紀要卷七七乙正。

〔六〕在縣東南九十里　「東」，川本、滬本同。紀要卷七七：德安府安陸縣，「灌水，在府西南九十里」。圖書集成職方典卷一一六三同，此「東」爲「西」字之誤。

安陸縣　漢縣。章山，在東四十里。古文以爲内方山。左傳：吴自豫章與楚夾漢。舊圖經云：豫章，即今之章山。陪尾山，在東北四十里。白兆山，在縣西三十里。西出大洪，巒嶂聯絡，東行一百餘里至此。裁減。衝，疲，簡淳。舊有高竅鎮縣南三十里。巡檢司，革。

雲夢縣　府南四十里。城周五百丈有奇。溳水，在縣西二里。西魏縣。雲夢二澤相連，接荆門州界。舊志傳云：鄖子之女，棄子於夢中；又楚子濟江，入雲中。皆此。〔眉批〕雲夢澤。舊志云：去安陸五十里。今縣治去安陸六十里。蓋安陸境山自鄳阨曼延〔一〕，至此乃盡，而迤南數郡，大澤衍溢，實自此始，故名縣云。按禹貢及諸家傳記〔二〕：雲夢澤方八、九百里，跨江南北，華容、枝江、江夏、安陸皆其地，合言之則爲一，分言之則二澤也。舊有興安鎮巡檢司，革。縣東十五里。裁減。地僻，簡淳。

【校勘記】

〔一〕鄳阨　「鄳」，底本作「鄙」，川本、滬本同，據紀要卷四六、圖書集成職方典卷一一六四改。

〔二〕按禹貢及諸家傳記　「記」，底本脱，川本同，據滬本及圖書集成職方典卷一一六四補。

應城縣　府南八十里。城周一千二百九十丈。南宋縣。蒲騷城，在縣北三十里。

左傳：鄖人軍于蒲騷〔一〕。即此。裁減。衝，煩，地瘠，民淳。設城北馬驛。嘉靖二十八年，以沙湖驛遷改〔二〕。崎山鎮巡檢司〔三〕，舊會典作嚴山鎮。崎山，在縣北二十五里。五嶺岡，在縣西五里〔四〕。高樓山，在縣東北二十五里，瀕涓。西河，出隨州大洪山之白龍池，至京山洑河入境，經梅家港，會於漢〔五〕。舊志云澴水，方輿勝覽云出應城縣，疑即此。義河，在縣西北四十里。源出隨之大洪山，至京山縣，環帶入境。上接安陸，下入漢陽府張家河。五龍河，在縣西南四十里。出京山之林泉山，至境分二港，會流入三臺湖。三臺湖，在縣西南五十里。中有土臺三。〔眉批〕臺湖，在縣南六十里。其水出三丫口及後湖，會流至涓口，入於漢。石羊湖，在縣東南三十里。經劉家隔，會流入涓口。

【校勘記】

〔一〕鄖人軍于蒲騷　底本「蒲」下有「縣」字，據川本、滬本及左傳桓公十一年删。

〔二〕設城北馬驛至以沙湖驛遷改　底本前「驛」字下有「崎山鎮，舊會典作嚴山鎮。崎山，在縣北二十五里」，文意不相連貫，川本同，據滬本及明會典卷一四五、紀要卷七七乙正。

〔三〕崎山鎮巡檢司　底本「巡檢司」三字錯簡於「以沙湖驛遷改」下，川本同，據滬本及紀要卷七七乙正。

〔四〕五嶺岡在縣西五里　「岡」，底本脱，川本、滬本同；「西」，底本脱，川本同，滬本缺，並據圖書集成職方典卷一一六四補。

〔五〕至京山洑河入境經梅家港會於漢　「洑河」，川本、滬本同。圖書集成職方典卷一一六四：西河，「逕京山大陽山，歷三汊河七里畈入境。」此「洑河」疑爲「三汊河」之誤。底本脱「經」字，川本同，據滬本補。

孝感縣　府南一百二十里。　城周七百丈有奇〔一〕。　南宋孝昌縣。　九嵕山，在縣東北八十五里。環阜疊嶂，前有大溪。　鳳皇山，在東四十里〔二〕，四面皆水。晉永和初，有鳳產其上。　無丞。　衝，煩，民刁，好訟。　設馬溪河、〔旁注〕縣東四十里。小溪河〔旁注〕縣北一百二十里。二巡檢司。　又黄茅嶺稱險要。〔旁注〕縣北二百五十里。　南義陽城，在縣北百里。梁天監三年，義陽郡陷於魏，乃置南義陽郡於此〔三〕。　新市，在縣北二百里。漢王常起兵新市，即此。

【校勘記】

〔一〕城周七百丈有奇　底本脱「丈」字，川本同，據滬本補。

〔二〕鳳皇山在東四十里　底本「東」上衍「西」字，川本同，據滬本及紀要卷七七删。

〔三〕南義陽郡　底本脱「陽」字，川本同，據滬本及洪齮孫補梁疆域志卷三補。

隨州　府西北一百六十里。　城周三里一百二十五步。　古隨國。晉以下爲隨郡。　杜佑曰：光化鄉在今郡東南三十餘里則荆州之域，餘則豫州之域。〔眉批〕漢東之國隨爲大。左傳。　介襄、鄖、申、安之間。漢東志。　厲山，在州北四十里。山有二穴，云是神農所生。祭法云：厲山氏之有天下。注云：神農氏起於厲山。西漢志注：隨，故厲國。左傳僖公十五年：齊師、曹師伐厲。杜預云：今義陽隨縣北有厲鄉。　栲栳山，在西北二百里。因山爲郡，巖石隘狹，道路交錯。　九十九岡，在州西北一百八十里。文獻通考：自棗陽至厲山九十九岡，爲漢東險阻，有括囊之勢，易入而難出。〔眉批〕大洪山，宋靖康間，邑人於此山立寨自保，賊不能破。在州西南一百二十里，周二百餘里。崛起雲間，四面險絶。又有白龍池在山南，黑龍池在山北。頂有太湖，一名太湖山。南接京山縣。　太平山，一名胎簪，最峻，東北諸山皆宗之。　淮水出其下，北流於桐柏。　涢水，出大洪山北黑龍池，繞州南，流入安陸縣界。　溠水，在州西北二百里栲栳山汪家店東南。與魯城河會於唐縣鎮，至治西安貴，會㵐水入於涢。左傳：楚除道梁溠，營軍臨隨。西魏改㵐西曰下溠〔一〕。以此。　㵐水，出太平山，南至州西，名扶恭河，又名浮纓河，入涢。　漳水，在州東三里。合諸溤之水。　浪水，在州南四十里。出大猿山，東南流，至於光化，入涢。　一統志：扶恭河，在州城西。上從栲栳山道家林流入州境。下流入安陸縣界，合漢水〔二〕，入大江。　平林城，在州東北八十里。新莽末，關東平林人陳牧、廖湛起兵於此。　梁置縣。隨縣，本朝并入隨州。與河南府唐縣接壤〔三〕。　無同。　山僻簡，民刁捍。　設隨州百户所。〔旁注〕隸安陸衛。　出山店、〔旁注〕舊會典作出山鎮，州西北八十里。梅丘鎮、〔旁注〕州西北九十里。唐縣鎮、〔旁注〕州西北九十里。合河店四巡檢司。　舊會典：巡撫楊豫孫疏請添設本州同知一員〔四〕，於出山、小林二處適中地方駐劄，移梅丘鎮巡檢司於界牌地方。

【校勘記】

〔一〕澱西　「澱」，底本作「厥」，川本、滬本同，據隋書地理志、寰宇記卷一四四改。

〔二〕漢水　「漢」，底本作「溪」，川本、滬本同，據明統志卷六一、圖書集成職方典卷一一六四改。

〔三〕與河南府唐縣接壤　「河」，底本作「湖」，川本同，據滬本改。按唐縣屬河南省南陽府，此「府」疑爲「省」字之誤。

〔四〕舊會典巡撫楊豫孫　底本脱「典」字，「撫」作「府」，川本同，據滬本補改。

應山縣　州東一百二十里。城周六百九十九丈。梁永陽縣。裁減。地瘠，稍衝，事簡。〔眉批〕三關九寨，北接中州，爲楚省巖嶂。平里市巡檢司，在縣西南七十里。嘉靖十九年，移置恨這關，在縣北七十里。滑石江巡檢司，係土人。

承天府

城周五里三百二十一步。古荆州。後周始置郢州。本朝初爲安陸府，洪武八年，降爲州，領京山一縣。嘉靖十年，升承天府。〔旁注〕睿宗獻皇帝初爲興王，國於此，既嗣大寳。郢王，洪武二十四年封。無子，國除。梁王，永樂二十二年封〔一〕。無子，國除。〔眉批〕南極大江，北枕襄、鄧，左憑漢東，右通巴、蜀。府志。　西桴江、漢，東馳京嶺。唐刺史劉丹記。　西左石城，下臨江、漢。富水志。　據江、漢上游，扼襄、沔、荆、鄂之喉。唐順之送柯僉序。　石城，府治西北。晉羊祜鎮荆州，立石城以爲固。　顯陵，在府城東十里松林山之陽，睿宗獻皇帝、后蔣氏合葬。建享殿〔二〕，設神宫監、顯陵衛、祠祭署。嘉靖十年〔三〕，封其山爲純德山。　石城水馬驛，舊爲石城驛，嘉靖十年改。〔旁注〕府南陽春門外。縣志：七里有奇。　豐樂河水馬驛，在府北九十里。嘉靖十八年，以魚料驛遷改。　富水遞運所，在南津河岸。　府城。唐崔耿記云：古石城戍。圖經云：子城三面墉基皆天造，正西絶壁，下臨漢江。　元爲安陸府。本朝因之，領京山一縣。洪武三年，增置長壽縣。九年，改府爲州，革長壽縣入州，直隸湖廣布政司。　長壽縣，元屬安陸府。本朝未立。　領州二，縣五。　屬荆西道。　全設。　設興都留守司，轄顯陵、〔旁注〕城北十里。承天〔旁注〕城内西北隅。二衛。〔旁注〕顯陵，本荆州左衛。嘉靖十八年改調，離府城十里，另建十營，以衛顯陵。　德安千户所、隨州百户所，並奉祠所。　承天衛，本安陸衛，嘉靖十八年改〔四〕。　㭸木山，在縣東一里〔五〕。左傳：楚武王卒於㭸木之下。即此。　聊屈山〔六〕，在府城東南，綿亘數十里。　陵寢重地，官多事煩，民饒，淳，易治。〔眉批〕陵園重地，謁辭祭告，日無停軌，供億浩煩，民困徵輸。　習俗狡僞，避徭畏罪之徒，爭投皇莊之佃，動梗約束，土户陵於客户，俗駸駸弊矣。　漢江，在府西南一里。　上至襄陽七百里，下至沔陽五百里。　其江自北來，經石城西南，至於沔陽、漢陽入大江。〔旁注〕漢水，自宜城經古鄀縣故城，又東逕府城，又南逕章山，又西南至於沔陽，出漢陽。

【校勘記】

〔一〕永樂二十二年封　「樂」，底本作「六」，川本同，據滬本改。

〔二〕建享殿　「享」，底本作「昌」，川本同，據滬本改。

〔三〕嘉靖十年　「十」，底本缺，川本、滬本同。明史地理志：「嘉靖十年，賜名純德山。」紀要卷七七：純德山，「舊名松林山，興獻陵寢在焉，嘉靖十年，詔改今名。」此缺者爲「十」字，據補。

〔四〕嘉靖十八年改　「八」，底本脱，川本、滬本同，據明史兵志補。

〔五〕在縣東一里　底本脱「東」字，「里」字重出，據川本、滬本及紀要卷七七補删。

〔六〕聊屈山　「山」，底本脱，川本、滬本同，據明統志卷六〇、圖書集成職方典卷一一三六補。

鍾祥縣　治。　嘉靖十年置。十八年，割荆門馬良七里、望鄉三里益縣地。　穴河，在縣南一百三十里穴口鎮。自漢江分流，東南百餘里，又東流至漢陽界，合漢入大江。　全設。　衝，煩，民疲。　舊口水驛，在縣南八十里。　郢東馬驛，在縣東七十里。　分守荆西道與守備内臣駐劄。　城北湖，在縣北五里。泛流通漢江。　龍母湖，在縣南三十里。水溢通漢江。

京山縣　府東一百一十里。　城周四里有奇。　元時徙治漢濱，後復舊治。　梁新陽縣〔一〕。〔眉批〕地廣，多山泉。民獷捍，健訟。　臼河〔二〕，在縣西南一百四十里。左傳：楚子奔隨，將涉于成臼。即此。新市城，在縣南三十里。富水廢縣，在縣北九十里。相傳漢光武起兵討王莽，駐此，後置縣曰新市。全設。衝，饒，民疲。舊有東廊馬驛，萬曆九年革。

【校勘記】

〔一〕梁新陽縣　川本、滬本同。宋書州郡志：新陽縣，「永初郡國有。」寰宇記卷一四四：京山縣，「歷晉、宋以來爲新陽縣，梁改爲新州。」此云梁置，則誤。

〔二〕臼河　「臼」，底本作「舊」，川本、滬本同。水經沔水注：「臼水出竟陵縣東北聊屈山。」明統志卷六〇、紀要卷七七、圖書集成職方典卷一一三六作「臼」，據改。

潛江縣　府東二百一十里。城周九百二十丈。元時，徙遷斗堤。舊時基在豆子河，去城西四十里。〔眉批〕地沮洳畏潦，民力本業。然姦民享遊田之利，而貧弱者有賦役不均之嘆。蓋王府之占田，軍之屯地，錯處其中，民困累極矣。舊隸荊州府，嘉靖十一年改隸。宋縣。潛江，在縣東一里。爾雅：水自江出爲沱，漢出爲潛。漢水自鄖、襄來，分流經縣界，入大江。無丞。事煩，民淳，貧，有水患淤田。舊有白洑水驛，嘉靖二十六年，以候埠驛改，萬曆九年革。蘆洑河，在縣東三十里，漢水分流處。府志：漢水自石城北三十里分流爲蘆洑河，經縣界，東南流復入漢〔一〕。爾雅云水自漢出爲潛者。是也。〔旁注〕魯澤記：經縣治之北，西南折〔二〕，以達荊通沔。壽寧山，在縣西半里。隋志：南郡松滋縣有涔水〔三〕，涔即古潛字。故史記云：沱、涔既道。今松滋分爲潛江縣〔四〕。

【校勘記】

〔一〕漢水自石城北三十里分流至復入漢　底本「自」上衍「分流」二字，「石城」下脱「北三」二字，川本、滬本同，據紀要卷七七删補。圖書集成職方典卷一一三五：「漢水自鍾祥（按承天府治鍾祥縣，即本書及紀要所謂之石城）北三十里分流爲蘆洑河。」是也。又，「入漢」下重出「漢」字，川本同，據滬本及紀要、圖書集成删。

〔二〕魯澤記經縣治之北西南折　川本、滬本同。雍正湖廣通志卷一〇九：魯鐸恩江河記：「漢水至蘆洑支出爲潛，自排沙流經縣之北，西向南折，以達荆通沔。」疑此「澤」爲「鐸」字之誤，文有脱誤。

〔三〕涔水　「水」，底本脱，川本、滬本同，據隋書地理志補。

〔四〕今松滋分爲潛江縣　川本、滬本同。按明史地理志載，潛江縣屬承天府，松滋縣屬荆州府。前者位處漢水南，後者地在大江南，兩地不相壤。紀勝卷六四引國朝會要云：「乾德三年，升安遠鎮爲潛江縣。」舊唐書地理志：「晉時松滋縣人避亂至此，乃僑立松滋縣，因而不改。」兩縣無關，此有誤。

沔陽州〔一〕　府南三百二十五里。舊直隸布政司，嘉靖十一年改隸〔二〕。城周一千六十丈。

唐復州城在今州北二里。宋端平中徙治〔三〕，即今沔陽。元沔陽府。本朝因之，洪武九年，改爲州。

玉沙縣，附郭，本朝省入州。晉以下爲竟陵郡。〔眉批〕襟帶隨、郢。宋朱昂廣澤廟序〔四〕。地江、漢之洳〔五〕。復州廳壁記。間江、漢以爲州。魯澤州城記。黄蓬山、望鄉山，俱在州南二百里大江之旁，二山相近。黄蓬山上有魯公城，相傳魯肅屯兵處〔六〕。〔眉批〕江水在州南二百里。源出岷山，東爲沱，又東至於澧，過九江，至於東陵，經白螺山南，又經止烏林南〔七〕，過茅埠口，又東過竹林灣，又東過新灘、水洪二口，又東北過沌口，沌水入焉。又東過漢口，與漢水合。白沙水，在東北里許。源出京山縣白沙灘，下流經州境。宋置玉沙縣。剅河新掘口，在州北七十里。七里沔，在州城北。夏水合諸水同入漢，自漢入潴，名七里沔。方輿勝覽：漢水名有四，曰漾，曰沔，曰滄，曰漢，特以地爲别耳〔八〕。滄浪水，在州北。禹貢：東流爲漢，又東爲滄浪之水。三澨，在州東南。一云景陵縣治即古三澨。晉杜預爲荆州刺史，開揚口達巴陵，逕千餘里，内避長江之險，外通零、桂之漕，即此。舊有深江、漢津、剅河各驛，革。領縣一。全設。〔旁注〕地鹵民貧，以耕魚爲業。萑葦之藪多盜，盜又富而多黨。頃年湖多淤爲膏，而各藩奏請爲業，士大夫之有力者亦從而强占之，民無所得利，而占者又有已業跳入其中，賦日逋而民久日貧。南臨大江，北枕襄、漢，多水患，萑葦之藪多。疲，冗，民淳。分巡荆西道駐劄。設沔陽衛。沙鎮，在沙湖；茅鎮，在茅埠，二巡檢司。

【校勘記】

〔一〕沔陽州　底本作「沔陽縣」，川本、滬本同，據明史地理志、紀要卷七七改。

〔二〕府南三百二十五里舊直隸布政司嘉靖十一年改隸　底本錯簡於上文潛江縣末，川本、滬本同，據明史地理志、明統志卷六〇乙正。

〔三〕宋端平中徙治　「中」，川本、滬本同，明統志卷六〇、嘉靖沔陽志卷六作「初」。此「中」爲「初」字之誤。

〔四〕廣澤廟序　底本「廣」上衍「賽」字，川本、滬本同，據勝覽卷三一删。

〔五〕地江漢之洳　川本同，滬本「地」下有「居」字。

〔六〕黄蓬山望鄉山至魯肅屯兵處　底本錯簡於上文潛江縣末，川本、滬本同，據紀要卷七七、圖書集成職方典卷一一三六乙正。

〔七〕經止烏林南　「止」，底本作「上」，川本、滬本同，據嘉靖沔陽志卷五、圖書集成職方典卷一一三六改。

〔八〕方輿勝覽至特以地爲別耳　「勝覽」，底本脱，川本同，滬本空缺；「特」，底本作「轉」，川本、滬本同，並據勝覽卷三三補改。

景陵縣　州北二百一十里。城周六百八十五丈。漢竟陵縣。〔眉批〕地卑下，四望皆水，民以堤爲命，各築垸塍自固。耕尚鹵莽，雖廣種而寡收。宋端平中，徙治沔陽鎮。元復舊治。五華山，在縣東北七十里。圍九百丈，北連鍾祥界。上有伏羲廟。元和志云：伏羲氏之後封於此，爲風氏國。甘魚陂，在縣西。左傳：楚公子比爲王，次于魚陂。即此。〔旁注〕捕盜通判駐皂角市。全設。僻，煩，民悍。有乾灘驛、乾鎮巡檢司。〔旁注〕舊基廢，今遷彭城河。並縣東八十里。三澨水，在縣南三十里。源自安陸，達景陵。禹貢：過三澨。今郢州長壽鄉磨石山發源東南流者〔一〕，名澨水，至復州景陵界，又名汊水〔二〕，即三澨之一也。　西江水，在縣境，乃襄江之一派也。　回河水，在縣北東七十五里。自鍾祥縣池河水東流至此。　便河，在縣南三十里。元守白景亮所開〔三〕。　義河，在縣東里許。　雲杜城，今縣北古城〔四〕，故志以巾口古鄖爲雲杜。　古竟陵城，在縣西北三十里巾港河西〔五〕。　雲夢城，在縣西，即古雲夢澤。

【校勘記】

〔一〕磨石山　「石」，底本脱，川本、滬本同，據嘉靖沔陽志卷六、圖書集成職方典卷一一三六補。

〔二〕又名汊水　「名」，底本脱，川本同，據滬本及嘉靖沔陽志卷六補。

〔三〕白景亮　「亮」，底本作「諒」，川本、滬本同，據嘉靖沔陽志卷六、卷一六及圖書集成職方典卷一一三六改。

〔四〕今縣北古城　「古」，底本作「舌」，川本、滬本同。嘉靖沔陽志卷六：「雲杜城，即今（景陵）縣治古城。」此「舌」爲「古」字之誤，據改。圖書集成職方典卷一一四四：景陵縣，「雲杜城，在縣西北」。所記方位有異。

〔五〕在縣西北三十里巾港河西　「西北三」，底本作「西二」，川本、滬本同。嘉靖沔陽志卷六：「古竟陵城，在巾港河西三里。」又云：景陵縣西北三十里曰石家河，又西曰馬溪河，「二河之南合流曰巾港河」。則巾港河在景陵縣西北三十里。圖書集成職方典卷一一四四：景陵縣，「古竟陵城，在縣西北三十里巾港河西。」是也。此脱「北」字，「二」爲「三」字之誤，據以補改。

荆門州　府西南九十里。　舊隸荆州府，嘉靖十一年改隸。　城周八百丈有奇。　元至元中，徙治古城。　唐縣。〔眉批〕居江、漢之間，爲四集之地。陸九淵荆門軍議。　當南北要衝，爲荆城門户。張居正荆州題名記。　内方山，在州東南一百八十里漢江之上。即禹貢内方，一名章山〔一〕。〔眉批〕靈鷲山，在州北三十里。有穴曰龍洞，深五里。　荆門山，在州南五里。其狀如門。宜都記：即楚之西塞。　荆山，在州西北二百里。卞和得玉處。　蒙山，在州西里許。兩山對起如蛾眉，麓有二泉，北曰蒙，南曰惠，蒙泉常寒。宋知州彭乘疊爲三沼〔二〕，延其流至竹陂河，入漢江〔三〕，民引以灌田。　漢水，在州東九十里，源出陝西嶓冢山。東至漢中，爲漢水。東流至武當縣，爲滄浪水。過潛江，爲沔水。　直河〔四〕，在州西南一百六十里，南流至潛江界，入平塘湖，通三湖，合沔水。〔旁注〕平塘湖，在州東南百五十里，南流入三湖，東合沔。　雲夢澤，在州北境，連德安雲夢縣界。　領縣一。　無判。　衝，煩，地瘠，民刁。　設荆山、〔旁注〕北門外。麗陽、〔旁注〕州北一百二十里。石橋、〔旁注〕州北六十里。建陽〔旁注〕州南九十里。四馬驛。　仙居口、建陽、六仙橋、州東南一百四十里。舊會典作六鄉橋，省志作六鄉。新城鎮州北九十里〔五〕。四巡檢司。　宜門、〔旁注〕州北一百二十里。荆江〔旁注〕州南九十里。府志作荆門。二遞運所〔六〕。　沙陽〔七〕，在東一百八十里漢江上。　長林縣，附郭，本朝并入州。

【校勘記】

〔一〕章山　「章」，底本作「嶂」，川本、滬本同，據明史地理志、紀要卷七七、圖書集成職方典卷一一三六改。

〔二〕宋知州彭乘疊爲三沼　「乘」，底本作「城」，川本、滬本同；「疊」，底本脱，川本、滬本同；「三沼」，底本錯簡於下文「延」字下，川本、滬本不誤。紀勝卷七八：荆門軍，蒙泉，「國朝至内相彭乘疊爲三沼。」又載：「彭乘，景祐三年，知荆門。」據以改補。

〔三〕延其流至竹陂河入漢江　底本作「延三沼其流至竹陂河入漢江」，據川本、滬本及明統志卷六三改。

〔四〕直河　「直」，底本作「宜」，川本、滬本同，據明統志卷六二、紀要卷七七改。

〔五〕六仙橋至州北九十里　底本錯簡於下文「長林縣附郭，本朝幷入州」之下，川本同，據滬本及明會典卷一三八乙正。

〔六〕宜門至二遞運所　「二」，底本作「三」，川本同，據明會要卷一四七改。滬本無此文。

〔七〕沙陽　「陽」，川本、滬本同，紀要卷七七、清統志卷三五二作「洋」。疑此「陽」爲「洋」字之誤。

當陽縣　州西一百三十里。　城周六百四十丈。　舊治玉陽山之東南半里。洪武初，徙方城。尋爲水齧，復故治。　本朝屬荆州府，今仍屬荆門州〔一〕。　漢縣。〔眉批〕地臨沮、漳。五今僻處山谷者〔二〕，尚有夷風，乃事簡俗樸，勤農尚儉，有足多者。　緑林山，在縣南一百二十里。王莽末，緑林兵起，即此。　紫蓋山，在縣西八十里。　玉泉山，在縣西北三十里。　沮水，在縣北一里，源出房縣西南景山，過臨沮縣界，與漳水合流，通沱江，至枝江縣界入大江。　漳水，在縣北三十里〔三〕。源出臨沮縣南，至當陽，與沮水合流入大江。　左傳：江、漢、沮、漳，楚水之望也。　楚文王師于漳澨，昭王涉睢。皆此。　睢、沮同〔四〕。　沱江，在縣南一百六十里。至枝江縣界，入大江。　禹貢：岷山導江，東别爲沱。即此。漢臨沮侯國，在縣北。長坂，在縣北六十里。曹操追昭烈，及於當陽之長坂，張飛將二十騎斷後。即此。麥城，在縣東八十里。關羽爲吕蒙所襲，乃走麥城。左傳莊公十八年：楚武王克權。杜預曰：權在南郡當陽縣。熨斗陂，在東北八十里。宋郡守吴獵嘗遏走馬湖、熨斗陂之水，西北置李公匱，以陷戎馬。山僻，地饒，民淳。設漳河口巡檢司，〔旁注〕縣北一百里。舊屬荆門州。

【校勘記】

〔一〕今仍屬荆門州　「荆門州」，底本作「荆州府」，川本、滬本同。明史地理志：荆門州領縣一，當陽。當陽，「元屬荆門州。洪武九年，改屬荆州府，十年五月，省入荆門縣，十三年五月復置，仍屬州」。明統志卷六二：荆門州領當陽縣，縣「洪武初隸荆州府，後改屬荆門州」。此「荆州府」爲「荆門州」之誤，據改。

〔二〕五今僻處山谷者　「五」，川本同，滬本無，疑作「至」。

〔三〕漳水在縣北三十里　底本脱「北」字，川本同，據滬本及紀要卷七七補。

〔四〕雎沮同　「沮」，底本作「同」，川本同，據滬本改。

襄陽府

元襄陽路總管府。本朝改爲襄陽府。〔眉批〕北接宛、許，南阻漢水。晉庾亮表：邑爲國都者，後梁蕭詧〔一〕，尋徙江陵。宜城、南漳在荆山之南〔二〕，爲古荆州。餘爲古豫州。魏以下爲襄陽郡。關羽攻没于禁等七軍〔三〕，兵勢甚盛，徐晃屯守不下〔四〕。孫權率兵向西，時曹仁鎮之。司馬懿言於魏文帝曰：襄陽水陸之衝，禦寇要地，不可失也。東晉庾翼爲荆州刺史〔五〕，將謀北伐，遂鎮襄陽。田土肥良，桑梓遍野，嘗爲大鎮。北接宛、洛，跨對楚、魏，爲鄢、郢北門。後梁蕭詧附庸於西魏，而都於此。漢水，出隴西嶓冢山，由漢中經鄖縣、均州、光化，至府城北折而南，下注宜城，抵承天府，至大别山入江。其水因地而名，曰漾，曰沔，曰漢，曰滄浪，蓋總名爲漢〔六〕，别言之有四耳。襄水，在府城西北。源出府北七里柳子山，北流爲檀溪，南流爲襄水。白河，在縣東北十里。源出南陽府鄧州界，下入漢。唐河，在縣東一百里。源出南陽府唐縣，入漢。領州一，縣六。屬下荆南道。全設。事煩，民疲，多水患。襄陽遞運所。有正城，有新城，附西城舊基大北甕門，繞東北角接正城。通周一十二里有奇。衛國公鄧愈築，二千二百二十一丈七尺。

【校勘記】

〔一〕蕭詧「詧」，底本作「登」，川本同，據本書下文、滬本及通鑑卷一六五改。

〔二〕在荆山之南　底本「南」字重出，據川本、滬本删。

〔三〕關羽攻没于禁等七軍　「七」，底本作「十」，川本、滬本同，據三國志魏書于禁傳、曹仁傳改。

〔四〕徐晃屯守不下　川本、滬本同。紀要卷七九：「徐晃赴救，襄陽不下。」三國志魏書武帝紀：建安二十四年，關羽獲于禁，「遂圍曹仁。使徐晃救之」，「晃攻羽，破之」。同書徐晃傳：「關羽圍曹仁於樊，又圍將軍吕常於襄陽」，「晃擊破之，太祖勞之曰：「全樊、襄陽，將軍之功也。」」則紀要是也，此「徐晃」下疑脱「赴救」或「救之」二字。

〔五〕東晉庾翼爲荆州刺史　底本脱「州」字，川本同，據滬本及晉書庾翼傳補。

〔六〕蓋總名爲漢　「漢」，底本脱，川本同，滬本作「一」，據寰宇通志卷五二、明統志卷六〇補。

襄陽縣　本朝徙治於府城内西北隅，爲倚郭縣〔一〕。　漢縣。〔眉批〕襄王，正統元年，徙封於此。　虎頭山，在縣南三里。元阿术過襄陽，嘗駐馬此山，指漢東白河口曰：若築壘於此，襄陽糧道可斷也。遂築鹿門、新城等堡。　百丈山，在縣南三十里。元兵逼襄陽，宋來興國以百艘侵百丈山，即此。　漢中廬縣城，在縣南。師古云：即春秋盧戎國。左傳：羅與盧戎兩軍之敗楚師于鄢。是也。襄陽記曰：漢侍中習郁於峴山南，依范蠡養魚法〔二〕，作魚池。池邊有高堤，種竹及長楸，芙蓉、菱芡覆水，自遊燕名處也。山簡每臨此池，未嘗不大醉而還，曰：此是我高陽池也。襄陽小兒歌之。又曰：鹿門山舊名蘇嶺山，建武中，襄陽侯習郁立神祠於山，刻二石鹿夾神道口〔三〕，俗因謂之鹿門廟，遂以廟名山也。　樊城，在治北三里漢江上，與治城對峙，本周仲山甫封樊國。三國時，關羽圍曹仁於樊，即此。元人以天下之力，攻襄、樊二城，六年而後克之。　鄧城，在縣東北二十里。齊將曹虎鎮此，魏孝文率兵十萬圍之，經月不下。唐於此置臨漢縣〔四〕，又改鄧城縣。宋廢入襄陽。其旁有牛首、安陽、古城、紅崖、白河、沙河、漁蘭〔五〕、新城、淳河、滚河十城。宋末，元兵圍襄陽，築此於要津，以絶宋援〔六〕。　鄾城，在鄧城南八里〔七〕，古鄾子國。左傳桓公九年：楚師圍鄾。　峴山，在縣南七里。有羊祜碑。　紫蓋山，在縣西北五里〔八〕。　萬山，在縣西一十里，與鄧縣分界。襄沔記以峴山、紫蓋與此爲三峴〔九〕。　隆中山，在縣西北二十五里。漢末，諸葛亮隱居於此。　鹿門山，在縣東南三十里，漢末，龐德公居此。　檀溪，在縣西四里。梁武帝鎮荆州，伐竹木沉檀溪，爲舟裝之備。今涸。　習家池，在縣北八里〔一〇〕。後漢習郁所穿，山簡鎮襄陽〔一一〕，每出遊，多之池上，置酒輒醉〔一二〕，名曰高陽池。　全設。　衝，煩，疲，悍，難治。　襄府並郡王二同城。　分巡下荆南道駐劄。　設襄陽衛。北九十里，與新野接壤。　樊城巡檢司，〔旁注〕縣北。雙溝巡檢司，〔旁注〕縣北七十里。油坊灘巡檢司，〔旁注〕縣西三十里。嘉靖十九年，移北泰山廟。　漢江水驛，西門外。　漟口水驛，縣南五十里。　吕堰馬驛，縣北七十里。　楚莊王冢，在府北鄧城鎮鄾城内。　楚昭王冢，在習池北。南齊建元中，盗發冢，得古書竹簡，青絲編簡〔一三〕。後沈約亦得數簡，以示劉繪，繪云：周禮逸篇。

【校勘記】

〔一〕爲倚郭縣　川本、滬本「爲」上有「以」字。

〔二〕養魚法　「法」，底本作「決」，川本同，據滬本及明統志卷六〇改。

〔三〕刻二石鹿夾神道口　「二」，底本作「之」，川本同，據滬本及明統志卷六〇改。

〔四〕唐於此置臨漢縣　「漢」，底本作「沮」，川本、滬本同。舊唐書地理志：鄧城縣，宋故安養縣，「天寶元年，改爲臨漢縣。貞元二十一年，移縣古鄧城置，乃改臨漢爲鄧城縣」。新唐書地理志、寰宇記卷一四五略同，元和志卷二一襄州臨漢縣是也。此「沮」爲「漢」字之誤，據改。

〔五〕紅崖白河沙河漁蘭　「崖」，底本作「涯」；「漁」，底本作「魚」，川本、滬本同，並據明統志卷六〇、圖書集成職方典卷一一五四改。

〔六〕以絶宋援　底本錯簡於上文「唐於此置臨漢縣」下，川本、滬本同，據明統志卷六〇、圖書集成職方典卷一一五四乙正。

〔七〕鄾城在鄧城南八里　「鄾」，底本作「濠」，川本同，據本書下文、滬本及明統志卷六〇改。「南」，底本脱，川本同，據滬本及明統志卷六〇補。

〔八〕在縣西北五里　「西」，底本脱，川本、滬本同；「五里」，底本作「里里」，川本、滬本作「五里」，據萬曆襄陽府志卷六、圖書集成職方典卷一一五一補改。

〔九〕襄沔記　「記」，底本脱，川本、滬本同，據明統志卷六〇、萬曆襄陽府志卷六補。

〔一〇〕在縣北八里　底本「里」字重出，川本同，據滬本及明統志卷六〇删。

〔一一〕山簡鎮襄陽　底本「簡」下有「山」字，據川本、滬本及明統志卷六〇删。

〔一二〕置酒輒醉　「輒」，底本作「轍」，川本同，據滬本及明統志卷六〇改。

〔一三〕青絲編簡　底本脱「絲」、「簡」字，川本同，滬本脱「絲」字，據明統志卷六〇、萬曆襄陽府志卷三補。

宜城縣　府東南一百二十里。　城周五里有奇。　楚鄢邑。漢縣。〔眉批〕平野四合。省志。　石梁山，在縣西三十里。　南泉山，在縣東七十里。　蠻河，在縣東南四十五里。發源自房縣界，經南漳入本縣西南，至破河腦入漢江。春秋時名鄢水、夷水，改名蠻水。　灌子灘，在縣北二十里，宋將范文虎以兵船二十艘援襄陽〔一〕，與元將阿朮、劉整戰〔二〕，敗於此。　赤灘，在縣東南三十五里。宋京湖都統張世傑帥師救襄陽，與元人戰於赤灘，敗之，即此。　漢水，來自襄陽，經縣東北，下流承天，入江。　縣境止一面阻山，三面俱臨江。　長渠，在縣西。宋曾鞏記曰：荆及康狼，楚西山也。水出二山之間，東南流，曰鄢水。左傳桓公十三年〔三〕：楚屈瑕伐羅，及鄢，亂次以濟〔四〕。是也。其後曰夷水。水經所謂漢水又南過宜城東〔五〕，夷水注之。是也。又其後曰蠻水，酈道元所謂夷水避桓温父名，改曰蠻水。是也。秦昭王二十八年，使白起將兵攻楚，去鄢百里立堤，壅遏水爲渠以灌鄢。鄢，楚都也，遂拔都。自鄢入秦〔六〕，而白起所爲渠，因不廢。引鄢以灌田，皆爲沃壤，今長渠是也。　無丞。　地衝，民頑，貧。　設鄢城水馬驛，在縣南門外。舊有蘇家湖驛，革。　楚王城，在縣東北三十里。括地志云：楚昭王故城，在襄州樂鄉縣東北三十二里〔七〕，故都城東五里，即楚國故城〔八〕。左傳定公六年：楚昭王遷都於鄀。是也。又按左傳僖公二十五年，秦人入鄀〔九〕。杜預云：鄀本在商密，秦、楚界上小國。其後遷於南郡鄀縣，意其後幷於楚與。

【校勘記】

〔一〕宋將范文虎以兵船二十艘援襄陽　「援」，底本作「接」；「陽」上脱「襄」字，川本同，據滬本及萬曆襄陽府志卷六改補。

〔二〕與元將阿术劉整戰　底本「元」作「淀」，「整」作「正」，川本同，據滬本及萬曆襄陽府志卷六改。

〔三〕左傳桓公十三年　「十」，底本脱，川本、滬本同，據左傳桓公十三年補。

〔四〕亂次以濟　「次」，底本作「此」，川本、滬本同，據左傳桓公十三年改。

〔五〕宜城　「宜」，底本作「直」，川本同，據滬本及水經沔水改。

〔六〕自鄢入秦　「自」，底本作「司」，川本同，據滬本改。

〔七〕樂鄉縣　「樂」，底本作「禦」，川本同，據滬本及史記楚世家正義引括地志改。

〔八〕故都城東五里即楚國故城　川本、滬本同。史記楚世家正義引括地志：「在故都城東五里，即楚國故昭王徙都鄀城也。」賀次君括地志輯校卷四：「『都』當作『鄀』，以形近致誤；『國故』二字衍文。」賀説是也，此有誤脱。

〔九〕左傳僖公二十五年秦人入鄀　川本、滬本同。按左傳僖公二十五年：「秦、晉伐鄀。」文公五年：「秦人入鄀。」此紀年與史事不合。

南漳縣　府西南一百二十里。城周四里。漢臨沮縣。荆山，在縣西北八十里〔一〕。

三面險絶，惟西南一隅通入徑。〔眉批〕四望山，在縣南三十里。東望襄陽，西望房縣，南望荆州，北望穀城，皆見，故名。司空山〔二〕，在縣西北一百三十里。險峻萬丈。成化初，劉千斤寇房縣〔三〕，工部尚書白圭從此山進兵平之，人以山名爲不虛云。漳河，在縣南一百三十里。自荆州府當陽縣西流至此〔四〕，入漢江。沮水，在縣南五十里〔五〕。蠻河，在縣西南一里。源出房縣界，經縣南，至宜城西南六十里，入漢江。羅國城，在縣東南八十里。楚使莫敖伐羅，即此。後徙枝江。無丞。地居荆、襄中，土沃，地僻，民悍。設方家堰、在縣東五十里。金廂坪在縣西南一百五十里。二巡檢司。省志作七里灘，在縣西七里，七里頭巡檢司，至嘉靖十九年移長坪店地方〔六〕。

【校勘記】

〔一〕在縣西北八十里　「北」，底本作「南」，川本、滬本同，據明統志卷六〇、萬曆襄陽府志卷六改。

〔二〕司空山　「司」，底本作「西」，川本同，據滬本及明統志卷六〇改。

〔三〕房縣　「縣」，底本作「陵」，川本、滬本同，據紀要卷七九改。明史地理志：房縣，元房州，洪武十年，「以州治房陵縣省入，又降州爲縣」。則洪武十年後爲房縣，是也。

〔四〕自荆州府當陽縣西流至此　川本、滬本同。紀要卷七九：南漳縣，漳水「東南流入當陽縣界，會於沮水。」此云漳水逕流誤。

〔五〕在縣南五十里　川本、滬本同。紀要卷七九：南漳縣，「沮水，縣西南百五十里」。此「南」下疑脱「百」字。

〔六〕省志作七里灘至移長坪店地方　川本同，滬本作「七里頭巡檢司，省志作七里灘，在縣西七里，至嘉靖十九年移長坪店地方」。

棗陽縣　城〔一〕。　府東北一百四十里。　漢襄鄉縣。　春陵城，在縣南三十里。漢記云：元朔五年，封長沙定王子買爲舂陵侯。本在零陵冷道之舂陵鄉，至戴侯仁上書請減邑内徙。元帝時，乃徙封蔡陽之白水鄉，因名其地爲舂陵。後光武即位，改曰章陵。九十九岡，在縣北二十五里。　北六十里接南陽唐縣界。　滾河，在縣西南四十里。合白河，入漢江。　漻源山，在縣南七十里。〔眉批〕大阜山，在縣東北五十里。　資山，在縣東南六十里。其上深廣可耕，修篁大木，環山之民皆資焉。　漻源山，在縣西南七十里。　白河，在縣南四十里。源出大阜山，西流入漢江。光武舊宅南有白水，即此。　瀘水，在縣南三十里。源出瀘山。張衡南都賦：溠、澧、濼、瀘〔二〕。是也。　漻水，在縣東五十里。西流入漢江。西魏置漻源縣，以此。　沙河，在縣西南一里。源出鹿頭店，流入滾河。　後漢書光武帝紀：幸章陵，修園廟〔三〕，因置酒舊宅，大會故人父老。注：光武舊宅在今隨州棗陽縣東南。宅南二里有白水焉，即張衡所謂「龍飛白水」也。

【校勘記】

〔一〕城　川本、滬本同。圖書集成職方典卷一一五二：棗陽縣城，「周圍四里二分。」此「城」下當脱上引六字。

〔二〕滍澧濼濜　「滍」，底本作「溞」，川本、滬本同，據文選南都賦改。

〔三〕幸章陵修園廟　「章」、「修」，底本作「春」、「祠」，川本、滬本同，據後漢書光武帝紀下改。續漢書郡國志：「章陵，故春陵，世祖更名。」是也。

穀城縣　府西一百八十里。　城周三里。　古穀國。　梁義城縣〔一〕。　穀山，在縣西北一十里，有古穀城〔二〕，即春秋穀伯綏舊國。　陰城，在縣北。　左傳：遷陰于下陰。　即此。　古洋河〔三〕，流自縣西，至兩河口與粉水合，入里仁港，達漢江。　無丞。　衝，冗，民疲。　設石花街（舊會典作石花街。　縣西五十里。）巡檢司〔四〕。　開林山，在縣西北四里。　漢蕭何子封筑陽侯，建國此山下。　薤山，在縣西南八十里。　粉水，在縣南。　源出房山，經本縣流入漢江。

【校勘記】

〔一〕梁義城縣　川本、滬本同。宋書州郡志：義成郡領義成縣，縣「晉孝武立」。南齊書州郡志：義成郡領義成縣。此「梁」爲「晉」字之誤，「城」爲「成」字之誤。

〔二〕有古穀城　底本作「府古國城」，川本同，滬本作「有古國城」，據明統志卷六一改。

〔三〕古洋河　「古」，底本作「大」，川本同，據滬本及紀要卷七九改。萬曆襄陽府志卷六作「古羊河」。

〔四〕石花街　「石」，底本作「市」，川本、滬本同，據明史地理志、萬曆襄陽府志卷一六、紀要卷七九改。

光化縣　府西北一百八十里。　城周九百六丈。　馬窟山，在縣東南五里。中有石窟，相傳漢時有馬數百匹從此窟出，形小似巴、滇馬。三國時，吳陸遜攻襄陽，又值此窟有馬數十匹出，遜載還建業。蜀使來，有兵家滇池者，識其馬色，云亡父所乘，對之流涕〔一〕。　固封山，在縣西北一十里。山之東舊爲晉順陽王城。　漢陰、酇二縣。　漢江，在縣西北里許。流縣東南，多衝決。　泌河，在縣東南。流至府界，與白河相合，入漢江。　金史移剌蒲阿傳：北軍在光化對岸棗林中。　地夾漢、蜀，扼新、鄧，枕太和，通秦、洛。　裁減。　衝，饒，民狡。　舊有酇陽水驛，革。　左旗營巡檢司，舊會典作積營，在縣西北二十五里〔二〕。

【校勘記】

〔一〕馬窟山在縣東南五里至對之流涕　底本此文錯簡於上叙穀城縣之末，川本、滬本同，據明統志卷六〇、正德光化縣志卷一、萬曆襄陽府志卷六乙正。「南」，底本無，川本、滬本同；「似」，底本作「自」，川本同，滬本作「如」，並據正德志、萬曆志補改。

〔二〕在縣西北二十五里　「北」，底本作「南」，川本、滬本同，據正德光化縣志卷二、萬曆襄陽府志卷一六改。

均州　府西三百九十里。　城周六里有奇。　漢武當縣。〔眉批〕東連漢、沔，西徹梁、洋。郡志序。　民多秦音。圖經。　太和山，在州南一百二十里〔一〕。〔眉批〕太和山志：永樂十年，敕名大岳。太和山又名太岳山，一名武當山。本朝永樂中，營建宮觀，弘麗副於五嶽。嘉靖中，賜名玄嶽。周八百餘里，有峯七十二。其最高者曰天柱。　牛頭山，在州東北五十里。其山高險，昔人曾於此置關。上有一石，形如油瓶。　曾河，在州南六里。源出太和山，東流經州南入漢。　浪河，在州東南七十里。源出太和山，東入漢。　有均水，在州前。漢地理志：丹水東流，入均水。　滄浪水，在北四十里。即禹貢滄浪水。又見沔陽州。　古塞城，在州北。　楚築以備秦。所據之山，高峻險峭，今名大塞山。　西抵鄖縣，北接河南內鄉，與竹山、房縣、上津、穀城、光化相爲唇齒。　無同。　煩，隘，民貧。　設均陽水驛，南門外；界山馬驛，州東北二十里〔二〕。　分守與守備內臣駐劄〔三〕。〔旁注〕均州守禦。　設千戶所，官軍俸糧俱於太和山香錢給取。　武當縣，本朝并入均州。

【校勘記】

〔一〕太和山在州南一百二十里　底本脱「南」字，川本同，據滬本及紀要卷七九補。

〔二〕州東北二十里　川本、滬本同。萬曆襄陽府志卷一五：「界山馬驛，在均州南一百二十里。」紀要卷七九、圖書集成職方典卷一一五四同，此「北」爲「南」字之誤，「二十」上脱「百」字。

〔三〕分守與守備內臣駐劄　「分守」二字，底本叙列於上文「界山馬驛」下，川本同，據滬本乙正。

鄖陽府

古荆州。春秋麇國地〔一〕。傳：楚子伐麇，至于錫穴〔二〕。即此。舊爲鄖縣，屬襄陽府均州。成化十二年開設。領縣七。屬下荆南道。二判。四省之交，時有寇盜，然僻，事簡，猶稱易治。〔眉批〕東南距荆，西通川、陝，北達豫，四省之交，萬山之會。吕冉鎮鄖樓記〔三〕。原傑疏文編九十三卷一、六等葉。世法録八十三卷三十三等葉。磚城，周六里三十步。自城西迤北，折而東，皆枕山無池〔四〕。漢江，出嶓冢山，由漢中經府城，南流入均州界。黎子山，在縣東北一百七十里〔五〕。昔嘗置關於此，今廢。龍門山，在縣東九十里。二厓對峙如門，水從中流。雷峯山，在縣東北六十里。山極高峻，今立巡司鎮之。滄浪山，在縣北一百里。上有横山似舟，中各生倉鬲。錫義山，在縣西一百八十里，一名天心山〔六〕。方圓百里，形如城，四面有門，上有石壇。古塞山，在縣東南八十里均州界。戰國時，楚城此以備秦。今名大塞山〔七〕。趙河，在縣北七十里。西流至縣東，爲盛水堰，溉田百畝。

【校勘記】

〔一〕麇國　「麇」，底本作「麋」，川本同，據滬本改。

〔二〕楚子伐麇至于錫穴　「麇」，底本、川本作「麋」，滬本作「麋」；「錫」，底本、川本、滬本作「鍚」，並據左傳文公十一年改。

〔三〕吕冉　川本同，滬本「冉」作「柟」。

〔四〕皆枕山無池　底本脱「山」字，川本同，據滬本及圖書集成職方典卷一一五九補。「無池」，圖書集成作「不可爲壕」。

〔五〕在縣東北一百七十里　川本、滬本同。康熙鄖陽府志卷四：「黎子山，七十里。」圖書集成職方典卷一一五九：鄖陽府，「黎子山，去郡七十里」。此「一百」爲衍文。

〔六〕一名天心山　「二」，底本脱，川本同，據滬本及紀要卷七九、圖書集成職方典卷一一五九補。

〔七〕今名大塞山　「塞」，川本、滬本同，明統志卷六〇、圖書集成職方典卷一一五九作「寒」。紀要卷七九：古塞山，「俗訛爲古寒山，一名大塞山」。

鄖縣　漢錫縣。無城。　馬山口堡，在縣西五十里。宣德間置，今戍守。有土城，周八十丈。　雷峯埡關〔二〕，在縣北七十里。　青桐關，在縣西北七十里，置巡檢司。　舊隸襄陽府均州。今改隸。　衝，煩，民貧，嚣悍。　軍門與分守下荆南道駐劄。　設湖廣行都司並鄖陽衛左、右、前三千户所。　鄖陽水驛。　雷峯埡巡檢司，在縣東北七十里。　龍門河，源出龍門山，南流入漢江。　神定河，在縣東南二十里。源出竹山，流經於此，入漢江。　遠河，在縣東六十里。源出陝，流入漢江。堵河，在縣西三十里。源出竹山，流入漢江。澐洲〔二〕，在縣東南五里漢水中。以水旋繞，故名。

【校勘記】

〔一〕雷峯埡關　「雷」，底本作「西」，川本、滬本同，據本書下文及明史地理志、康熙鄖陽府志卷一五改。

〔二〕澐洲　「洲」，底本作「州」，川本、滬本同，據康熙鄖陽府志卷四、圖書集成職方典卷一一五九改。

房縣　元房州。本朝改爲縣，屬襄陽府。在府南三百一十里。古房國，舜封堯子丹朱於房。漢房陵縣。〔眉批〕四面皆山，巍然高峻，有如房室。府志。馬良坪堡，在縣東南二百里，成化間置，今戍守。望夫山堡，在縣東南三百里。嘉靖中置，今戍守。湯池關，在縣東十五里。房山關，在縣西三十五里。高梘關〔一〕，在縣北十五里。馬欄關〔二〕，在縣東三十五里。以上四關，舊設守戍，今廢。房山，在西南四十三里，四面有石室如房。九臺山〔三〕，在縣西四十里。阜山，在縣南一百七十里。左傳文十六年：戎伐楚西南，至于阜山〔四〕。即此。景山，在西南二百里。山海經云：荆山之首曰景山。沮水，在縣南五里。源出景山，東流入漢口。左傳：江、漢、睢、漳，楚之望也〔五〕。無丞。山僻，刁悍。設房縣守禦千户所。板橋山巡檢司，在西北一百五十里。今移博磨坪。磚城，周七百二十五丈二尺，計四里有奇。灊瀨堰，在縣南十五里。〔旁注〕世傳尹吉甫所鑿，源通巫峽，可灌萬畝。今分爲三坂。南梘河，在縣西一里。流經穀城〔六〕，入漢江。建鼓山〔七〕，在縣東南百里。又有馬鬣山。元和郡縣志：建鼓與馬鬣山連，冬夏積雪。粉水，在縣東北五十里。源出房山，經穀城縣南，入漢江。

【校勘記】

〔一〕高梘關 「梘」，底本作「視」，川本同，據滬本及圖書集成職方典卷一一五九改。

〔二〕馬欄關 「欄」，底本作「操」，川本同，滬本無「馬欄關，在縣東三十五里」。據紀要卷七九、圖書集成職方典卷一一五九改。

〔三〕九臺山 川本、滬本同。明統志卷六〇：「九室山，在房縣西四十里。」康熙鄖陽府志卷四同，此「臺」爲「室」字之誤。

〔四〕至于阜山 「山」，底本作「陵」，川本同，滬本作「林」，據左傳文公十六年改。

〔五〕江漢雎漳楚之望也 「雎」，底本作「沮」，川本、滬本同，據左傳哀公六年改。

〔六〕流經穀城 「穀」，底本作「國」，川本同，據滬本及紀要卷七七改。

〔七〕建鼓山 「鼓」，底本作「穀」，川本、滬本同，據元和志卷二一、明統志卷六〇、康熙鄖陽府志卷四改。下「建鼓」改同。

竹山縣 元屬房州。本朝屬襄陽府。古庸國。秦上庸縣。上庸山，在縣西南四十里。上庸水出此。方城山，在縣東三十里。山上平坦，四面險固。山南有城，周十餘里。左傳：及庸方城。即此。中山，在縣西一百五十里。有三峯，中峯最高，今名七寶山。白馬山，在縣西南二十里。前後高聳，中抱小山，其形若馬。〔眉批〕洪坪堡，在縣南二百里。弘治中置戍，今廢。官渡堡〔一〕，在縣南一百二十里。成化中置，今廢。鄧家壩堡，在縣南三百餘里。弘治中置，今戍守。三界堡，在縣西北三百一十里古刹青桐關後。北接陝西白河縣界〔二〕，西接竹溪縣界。萬曆二年置，今戍守。黃茅關，在縣西十五里，古巡檢司。一作西北五十里〔三〕。取毒寨，在縣西百三十里。中山寨，在縣西百五十里。筑山，在縣西五里。筑水所出。漢昭烈屯兵筑口，即此。無丞。僻，瘠，民刁。設竹山縣守禦千户所。古陽關巡檢司，在縣西一百里。磚城，周三里。孔陽水，在縣西九十里。水出檀溪嶺。後周以此水名縣〔四〕。上庸水，在縣西四十里。源出上庸山，南流與孔陽合，入漢江。霍河，在縣南一里。其水與庸水合，即堵水是也。北星河，在縣北三里。源出陝之白河縣界，北來入庸水，東注。兩河口，在縣西南四十里。官渡、柿河二水至此相合，故名。堵水，在縣南一里。源出陝西平利縣界，下流過縣東，入漢江。

【校勘記】

〔一〕官渡堡　「渡」，底本作「塘」，川本、滬本同，據紀要卷七九、康熙鄖陽府志卷一五改。

〔二〕北接陝西白河縣界　底本脱「白」字，川本同，據滬本及方輿考證卷六〇補。

〔三〕黄茅關在縣西十五里古巡檢司一作西北五十里　川本同。滬本作「黄茅關古巡檢司，在縣西十五里，一作西北五十里」。

〔四〕後周以此水名縣　「此水」，底本作「屯」，川本、滬本同。元和志卷二一：上庸縣，齊置新豐縣，「後魏改爲孔陽縣，因界内孔陽水爲名」。寰宇記卷一四三：梁立新豐縣，又改爲武陵縣，後魏改爲京川縣，「廢帝二年，改爲孔陽縣，以西有孔陽水爲名」。隋書地理志：上庸縣，西魏改新豐曰上庸，「後周改曰孔陽」。圖書集成職方典卷一一五九：孔陽水，「後周以此水名縣」。是也，據以補改。

上津縣　〔旁注〕治在龍山西。　府西北二百五十里。　省志：四百八十里。　城周四百七十丈。　古商國，舜封契於商。　元罷縣入均州。本朝復置上津縣〔一〕，屬襄陽府。　裁減。　僻，煩。　設江口巡檢司，在縣南一百二十里。　舊屬均州，成化十四年改隸。　已上三縣，俱舊屬襄陽府，成化十二年改隸。〔眉批〕僻居山澗，地通均、商，漢流湍急，崖路陡險。府志。　絞腸關，在縣東北七十里。　楊六郎關，在縣南六十里。　姨娘子寨，在縣西南五十里〔二〕。　北山寨，在縣西北百五十里。　廟川堡，在縣西北百二十里。　嘉靖中置，今戍守。　十八盤山，在縣西一百五十里。　高峻，盤十八曲，方至其巔。　五峪山〔三〕，在北五里。　自秦嶺分枝，有五峯。　吉水，源出商州鐵鶻嶺，兩山相夾，經豐陽關入境〔四〕，過縣西南一百三十里入漢。　今名夾河。

【校勘記】

〔一〕本朝復置上津縣　「置」，底本作「至」，據滬本及明統志卷六〇改。

〔二〕在縣西南五十里　「十」，底本脱，川本同，據滬本及紀要卷七九補。

〔三〕五峪山　「峪」，底本作「谷」，川本、滬本同，據紀要卷七九、康熙鄖陽府志卷四改。

〔四〕豐陽關　「陽」，底本作「揚」，川本、滬本同，據明史地理志、紀要卷七九改。

竹谿縣　府西南五百九十里。省志：西二百六十里。磚城，周三百四十九丈。成化十二年，析竹山之尹店社置。連錢山，在縣西北六十里。裁減。山僻，民淳。設尹店巡檢司。省志：東九十里。白土關，在縣西六十里〔一〕。縣治河，發源白土關，四十里至廖家河，與竹谿河會。從縣西而東繞誥軸山，復南與進峪河水會〔二〕。東下三十里，名水坪，又二十里，名龍堰河，與安燕河水會。又十里，與南陽大河水會。又五里，與樊定河水會，遂東下爲竹山江。竹谿河，在縣西五里，源出縣西北三十里鷄籠山，入縣治河。南江河，在縣南七十里，源出陝之平利縣，即山江之源也。水源可行竹筏。至坪河口，與柿河合。柿河，在縣東南北疑作百。二十里〔三〕。柿河渡，在東九十里。小關子〔四〕，乃陝西平利縣、四川大寧縣與竹溪交界之所，舊設土巡檢司守之，後委平利縣鎮坪巡檢。磁瓦關〔五〕，在東四十里。五陵關，在西五十里。峒峪關，在西南五十五里。得勝寨，在南五十里。將軍寨，在南百二十里。　羊樓寨〔六〕，在南六十里。並廢。

【校勘記】

〔一〕省志至在縣西六十里　底本「省志：東九十里」作「在縣西六十里」，「在縣西六十里」作「省志：東九十里」，川本、滬本同。紀要卷七九：竹谿縣，「白土關，縣西六十里」，「尹店砦，在縣東九十里，有巡司」。康熙鄖陽府志卷一五：竹谿縣，「白土關，西六十里」。此以上下文而錯簡，據以乙正。

〔二〕進峪河　川本、滬本同。紀要卷七九、康熙鄖陽府志卷四皆作「淨峪河」。

〔三〕在縣東南北疑作百二十里　川本、滬本同。紀要卷七九：竹谿縣，「柿河，在縣東南百二十里」。康熙鄖陽府志卷四同。此「北」爲「百」字之誤，注文是也。

〔四〕小關子　「關」，底本作「闃」，川本、滬本同，據紀要卷七九、康熙鄖陽府志卷一五改。

〔五〕磁瓦關　「磁」，底本作「研」，川本、滬本同，據紀要卷七九、康熙鄖陽府志卷一五改。

〔六〕羊樓寨　「羊」，川本、滬本同，紀要卷七九作「楊」，未知孰是。

鄖西縣　府西一百四十里。省志：北二百九十里。　成化十二年，析鄖之武陽里、上津之津陽里置。　廣順山，在縣北五里。　槎牙山，在縣東十里。　裁減。　山險，瘠，樸，地接陝西山陽。〔眉批〕李四關，在西北八十里。　雞嶺關，在西五十里。　馬鞍關，在西七十里。　金花寨，在東南四十里。　廖家寨，在東南五十里。　磚城，周三百二十丈。　黃連埡，在縣南四十里。即本縣通舟漢水埠口。　牛頭山，在縣北八十里。抵山陽縣罩川。　漢水，在縣南五十里。　天河，在縣西一里，出商洛虎鳴峪，經縣南，會諸水，達於漢〔一〕。

【校勘記】

〔一〕牛頭山在縣北八十里至會諸水達於漢　底本錯簡於上敘竹谿縣之末尾，川本、滬本同，據紀要卷七九、圖書集成職方典卷一一五九乙正。

保康縣　治在岞峪山麓。　府南六百里。　磚城，周五百一十五丈。〔眉批〕九龍寨，在縣西南九十里。　馬腦關〔一〕。　馬良坪堡，在縣南百里。弘治中建。　望夫山堡，在縣西百二十里。嘉靖中建。　按此二堡，必即是房縣者，志重載耳。　岞峪山，在縣東五十步。　弘治十年，析房縣修文、宜陽等鄉置〔二〕。　裁減。　山樸，地僻，雜居流寓，民淳。　湯洋河，在縣西三十里。一名湯峽河。流合穀城河，入漢江。　萬連山〔三〕，在縣北三里，萬峯相連，疊翠可觀。　螃蟹溪，在縣東南百一十里。

【校勘記】

〔一〕馬腦關　「馬腦」，川本、滬本同，圖書集成職方典卷一一五九作「瑪瑙」，康熙鄖陽府志卷一五同，當是。

〔二〕析房縣修文宜陽等鄉置　底本作「析房縣置之文宜陽等鄉」，川本同，據滬本及康熙鄖陽府志卷一改。

〔三〕萬連山　「連」，底本作「里」，川本、滬本同，據明統志卷六〇、康熙鄖陽府志卷四改。

荊州府

城周一十八里有奇。　元江陵路總管府。本朝爲荊州府，立湘王府。　古荊州。楚國之都，謂之郢。秦爲南郡。三國初屬漢，糜芳以郡降吳〔一〕，關羽遂敗。晉師伐吳，杜預向江陵，斬其督伍延〔二〕。東晉桓沖屯上明，使劉波守江陵。至梁元帝都之，爲西魏于謹所陷。後梁居之，爲藩國。〔眉批〕東連吳會，西通巴、蜀，南極湘、潭〔三〕，北據漢、沔。三國志諸葛亮傳。　背負荊山之蜿蜒，而南嶺爲原隰，而郡奠之。岷江經其前，漢水繞其後，爲全楚上游。省志。　東晉以後，王居在建業，以揚州爲京師根本，荊州爲上流重鎮。比周、召之分〔四〕，故有西陝之號。郡縣志。　大江，自蜀之岷山，歷歸州、夷陵、宜都、枝江，經府城南，至公安、石首、松滋，東至武昌，與漢水合流。　藩封：遼王，永樂二年，徙封於此。隆慶三年，坐法國除。　荊州衛、荊州右衛〔五〕。　領州二，縣十一。　屬上荊南道。　二同。　川、貴要衝，供應浩煩，民疲，糧欠。　荊南驛。　荊州遞運所。　省志止有沙市驛。舊分水馬驛，今幷沙市。

【校勘記】

〔一〕麋芳以郡降吴　底本「吴」下有「兵」字，據川本、滬本删。三國志蜀書麋竺傳：「麋芳爲南郡太守，與關羽共事，而私好攜貳，叛迎孫權，羽因覆敗。」即是。

〔二〕伍延　「伍」，底本作「任」，川本、滬本同，據晉書杜預傳改。

〔三〕南極湘潭　川本、滬本同，三國志蜀書諸葛亮傳作「利盡南海」，此引誤。

〔四〕比周召之分　「比」，底本作「此」，川本、滬本同，據紀勝卷六四引元和志改。

〔五〕荆州衛荆州右衛　川本、滬本同。明統志卷六二：「荆州衛，在荆州府治西，洪武二十三年建。荆州左衛，在府城東，洪武初建。荆州右衛，在府城南，洪武中建。」紀要卷七八：「今亦置荆州衛，仍設左右二衛。」此蓋脱「荆州左衛」。

江陵縣　漢縣。郢城，在東北三里〔一〕。楚文王自丹陽遷此〔二〕，未有城。後子囊將死，遺言謂子庚必城郢。及平王時，遂城之。元志又云：郢城在安陸州，蓋安陸乃楚之郊郢。桓公十一年：鬬廉謂屈瑕曰：君次于郊郢，以禦四邑。是也。龍山，在縣西北一十五里，山勢綿延。晉桓温九日同參佐登山，風吹落孟嘉帽，即此。紀山，在縣北四十里。荆州漕河，在縣北四里，晉元帝鑿，自羅堰口入大漕河，由里社穴達沔水口，直通襄、漢江〔三〕。江陵主山，西北接荆門、當陽諸山。海櫝，在府東北十五里。江陵以水爲險。吴陸抗築大堰，高保融得之，名爲北海。宋紹興末，逆亮將渝盟，李師夔櫃上、下海以遏敵。開禧初，兵端既開，劉甲再作上、中、下三海〔四〕。孝宗時，知府吴獵修築之，趙方增修以壯形勢。淳祐中，孟珙再築，引沮、漳及諸湖水注之〔五〕，三海綿亘數百里，遂爲江陵天險。又爲八櫃蓄泄水勢。金人嘗犯荆門州，距江陵纔百里而去，以有三海之險故也。渚宫，在縣東南。楚頃襄王所建。梁元帝即位楚宫，即此。章華臺有二：一在城外沙市，楚靈王所築；一在監利縣東北。又記注云：在華容城内，今監利地也。全設。極衝，疲，民頑，糧欠，多水患。廣元王等俱同城。分巡上荆南道駐劄。設荆州衛，左、右衛。沙市、〔旁注〕縣東南十里。虎渡口、〔旁注〕縣西南二十里。郝穴口、〔旁注〕縣南九十里。龍灣巡檢司。舊有東馬驛，革。鎮流砥，在縣東南十五里沙市東。一名象鼻嘴。紀南城，在縣北十里。史記注：楚都于郢，今江陵縣北紀南城是也〔六〕。至平王，更城郢，在江陵東北，今郢城是也。荆州記：昭王十年，吴通漳水，灌紀南，入赤河，進灌郢城，遂破楚。則郢與紀南蓋二城云。沙市城，在縣南十五里。宋趙雄知江陵，築此。元末，僞漢將姜珏增築。舊城尚存。

【校勘記】

〔一〕郢城在東北三里　底本脱「三」字，川本同，據滬本及紀要卷七八補。

〔二〕丹陽　「丹」，底本作「當」，川本、滬本同。漢書地理志：「江陵，故楚郢都，楚文王自丹陽徙此。」此「當」爲「丹」字之誤，據改。

〔三〕自羅堰口入大漕河由里社穴達沔水口直通襄漢江　川本、滬本同。紀勝卷六四：「自羅堰口出大漕河，由里社穴沌口沔水口，直通襄、漢二江。」勝覽卷二七同。紀要卷七八同本書。恐有誤脱。

〔四〕劉甲　「甲」，底本作「申」，川本、滬本同。宋史劉甲傳：知江陵府，「甲謂：『荆州爲吴、蜀脊，高保融分江流，瀦之以爲北海，太祖常令決去之，蓋保江陵之要害也』。即因遺址浚築，亘四十里。」此「申」爲「甲」字之誤，據改。

〔五〕淳祐中孟珙再築引沮漳及諸湖水注之　「淳祐中」、「漳」，底本作「開禧初」、「澤」，川本、滬本同。宋史孟珙傳：淳祐四年，兼知江陵府，登城嘆曰：「江陵所恃三海，不知沮洳有變爲桑田者。」「迺修復内隘十有一，別作十隘於外。」「沮、漳之水，舊自城西入江，因障而東之，俾繞城北入於漢，而三海遂通爲一。」紀要卷七九亦作「淳祐中」。此「開禧初」爲「淳祐中」之誤，「澤」爲「漳」字之誤，據改。

〔六〕紀南城　底本作「南城」，川本、滬本同，據史記楚世家正義引括地志補「紀」字。

公安縣　府西南七十里〔一〕。　城周八百零五丈四尺。　晉縣。　劉備爲荆州牧，鎮油口，即此。〔眉批〕背負大江，右臨油口。　馬頭故城，在縣西北。陸抗所屯，以禦羊祜。陳亦爲重鎮。及隋軍來伐，遣將陳紀守之〔二〕。　黄山，在縣東南九十里。荆土平沃，逾荆門而南三百里，始有此山。　北有吕蒙城。　衝，煩，疲，悍，地卑下，連年水災，逃移者半。　設民安驛，在縣東六十里。　孫黄驛，在縣西南六十里。　孱陵水馬驛，治北三里。　舊有油口巡檢司〔三〕，革。　縣舊治在西南二十五里，近三穴橋。又古城，在南十五里大光村。

【校勘記】

〔一〕府西南七十里　「西」，川本、滬本同，明史地理志、明統志卷六二、紀要卷七八作「東」。此「西」疑爲「東」字之誤。

〔二〕陳紀　「陳」，底本作「成」，川本、滬本同，據隋書楊素傳改。

〔三〕油口　「口」，底本作「河」，川本、滬本同。明史地理志：公安縣，「北濱江，西北有油河流入焉，謂之油口，有油口巡檢司」。紀要卷七八：「今公安縣北有油口巡司。」此「河」爲「口」字之誤，據改。

石首縣　宋元祐中，徙治楚望山。　府東南一百八十里。　城周八百丈。　唐縣。　劉郎浦，在縣西大江北岸。吴孫權以妹妻先主，成婚於此。　石首山，在縣北江中。　全設。濱江，衝，煩，民貧樸，有水患。〔眉批〕宋史謝麟傳：調石首令，縣苦江水爲患，堤不可禦。麟壘石障之，自是人得安堵，號謝公堤。　石首水馬驛，在縣東南。　嘉靖十年，以石首、通化二驛並改。　調絃口巡檢司，並東六十里。　舊有柳子驛，革。

監利縣　府東二百里。　城周一千二百六十丈。　漢華容縣。　有乾溪。　全設。　事煩，民狡，田低，多水患。　設塔市驛，縣西六十里。　窑圻、縣西三十里。瓦子灣、縣東八十里。白螺磯、縣南一百四十里。分鹽所縣北八十里。四巡檢司〔一〕。　省志：有毛家口巡檢司，在縣北三十五里。　左傳桓公十一年：隨、絞、州、蓼。杜預云：州國，在南郡華容縣。

【校勘記】

〔一〕分鹽所　「鹽」，底本作「監」，川本、滬本同，據明史地理志、清統志卷三四五改。

松滋縣　府西南一百二十里。　城周五里。北臨大江。宋紹興中，徙治瀼口上。〔眉批〕西接夔峽，面江阻山。張居正重築縣城記。　江出岷山，歷巴、歸一帶，至松滋界，爲洋溪口，山水所出。復流二十里，至中溪，衍一支旁流爲董市小河。正流沉江而下十五里，復有西南十里洪溪，一山水所出。至潘家驛，分爲二支：一支爲烏稍尾、百里洲〔二〕。南一支經縣治，過下五里，爲沱老阬上瀼口，又五里，由朱家鋪下瀼口，歷青草灘一帶。二水至高家套復合，而至采穴東五十里新開河口，下三十里至古牆、虎渡，衍一支東南入洞庭。經流抵荆州府，去省，至大別，會漢。　舊縣在今縣東三十里，地名江亭。基址尚存。　雲臺山，在縣南百里。　九岡山，在縣南九十五里。　巴山，一名麻山，在縣南一十五里。　晉縣。　樂鄉城，在縣東七十里。吳陸抗與羊祜對壘處。上明城，在治西。〔旁注〕縣志云：今不詳所在，疑即今俗呼下古牆是也。　晉荆州刺史桓沖以苻堅强盛，自襄陽退屯之，上疏曰孱陵縣界。今上明城，即沖所築。至吳時，樂鄉城以上四十餘里，北枕大江，西接山峽，田土膏良，可以資業，遂爲重鎮。一柱觀，在縣東丘家湖中。渚宮故事：宋臨川王義慶在鎮，於羅公洲立觀，惟一柱〔二〕。全設。衝，煩，民疲刁，多水患。舊有潘家溪馬驛，〔旁注〕縣西三里。革。紅崖子寨〔旁注〕省志無子字。巡檢司，在縣南二百里〔三〕。川江，在縣北一里。岷江至此分爲三派，流三十里，復合爲一，達於江陵，入大江。清幽溪，在縣東南四十里。其水自天平〔四〕、麻寮等處，流至漢溪分流，一枝從孫黃渡入江，一枝從虎渡入江。西坪寨〔五〕，在縣南九十里。昔人屯兵之所。上菜洲，在縣北二里江水中。

【校勘記】

〔一〕一支爲烏稍尾百里洲　川本同，滬本「一」上有「北」字，疑是。

〔二〕於羅公洲立觀惟一柱　川本、滬本同。按渚宮故事「觀」下「惟」上有「甚大而」三字。

〔三〕在縣南二百里　川本、滬本同，紀要卷七八：松滋縣「紅崖寨，縣南百里」。清統志卷三四五同，此「二」疑爲「一」字之誤。

〔四〕天平　川本、滬本同，紀要卷七八作「添坪」。

〔五〕西坪寨　「坪寨」，底本作「寨坪」，川本、滬本同，據明史地理志、紀要卷七八乙正。

枝江縣　府西一百八十里。城周九百餘丈，東臨大江。宋徙治百里洲，又徙澌洋州，又徙白水鎮下沱市〔一〕。　古羅國。漢縣。　百里洲，在縣北六十里。周百里。梁書：陸法和有異術，隱百里洲〔二〕。即此。相傳縣有九十九洲，滿百即出王者。桓玄篡鼎，乃增一洲，僭號未久，洲尋没。宋文帝在藩，忽生一洲，未幾嗣位。　沱水，源自岷山，出於江，至於沱。禹貢：沱、潛既道。是也。上通夷陵，達荆州。　沱水，在縣南，有推烏灘，湍急如雷。　裁減。　軍民雜處，簡，刁，悍。　設枝江守禦千户所。　流店驛，在縣東南。

【校勘記】

〔一〕白水鎮下沱市　底本作「下沱白水鎮」，川本、滬本同。明統志卷六二：枝江縣，「遷治下沱市」。紀要卷七八：枝江縣，「咸淳六年，又徙白水鎮下沱市。」同治枝江縣志卷一同。此倒誤，脱「市」字，據改補。

〔二〕梁書陸法和有異術隱百里洲　川本、滬本同。按今本梁書無此文，疑有誤。

夷陵州　府西二百八十里。　城周八百六十二丈。　元爲夷陵路〔一〕。本朝甲辰爲府。洪武九年，改夷陵州，屬荆州府。　通鑑注：自三峽下夷陵，連山疊嶂，江行其中，迴旋湍急。至西陵峽口，始漫爲平流。　夷陵正當峽口，故以爲吴之關限。　漢縣。　白起攻楚，燒夷陵，即此。　吴爲西陵。　陸遜上疏曰：夷陵要害〔二〕，國之關險，失之則荆州可憂。　今州西北五里有赤溪，乃陸抗築壘以攻步闡拒晉師處。〔眉批〕馬鞍山〔三〕，在州西北三十里。漢昭烈爲陸遜所敗，升馬鞍山，陳兵自繞。峽口山〔四〕，在州西北二十里。兩岸壁立，蜀江西來，漩渦最惡。梁武陵王紀伐江陵，湘東王繹遣陸法和屯兵於此拒之。大江，轉黃陵廟，趨明月峽，州西二十里。過下牢溪，西北三十五里，帶州西南。浣沙河，在州西北二里。夷陵縣治，下臨峽江，名六羅溪。自此上泝，即上牢下牢關，皆山水清絶處。陸游老學庵筆記。黃牛峽，在州西九十里，高崖間有石，色如人牽牛狀〔五〕，人黑牛黃，故名。湍險紆迴，去遠猶見，行者歌曰：朝發黃牛，暮宿黃牛〔六〕。三朝三暮，黃牛如故。西津關，在州西大江右。領縣三。無同。衝，饒，煩，樸。施歸兵道駐劄。設千户所。夷陵遞運所。黃牛驛〔七〕，在州西北九十里。鳳棲驛。〔旁注〕南門外。白沙馬驛，嘉靖二十五年，以屈谿遷改。南津口巡檢司，州北十五里。狼尾灘，在州西百里。州城初在下牢溪。唐貞觀中，徙治步闡壘。宋建炎中，徙石鼻山。紹興中，復舊。端平初，徙治江南。元復江北。石鼻山，在州西北三十里，高五百餘仞〔八〕。萬曆十三年移於望州〔九〕。下臨江流，中有巨石，橫六七十丈，如筏。後周嘗移州治於此。西陵峽，在州西北二十五里，峽長二十里，三峽之一也。

【校勘記】

〔一〕元爲夷陵路　川本、滬本同。元史地理志：唐夷陵郡，又爲峽州，「元至元十七年升爲峽州路」。明史地理志：元峽州路，「太祖甲辰年爲府，九月降爲州，直隸湖廣行省。九年四月改州名夷陵。」則元爲峽州路。弘治夷陵州志卷一：「元改峽州路。」此「夷陵」爲「峽州」之誤。

〔二〕夷陵　「夷」，底本作「西」，川本、滬本同，據三國志吳書陸遜傳改。

〔三〕馬鞍山　「鞍」，底本作「鞭」，川本、滬本同，據明統志卷六二、紀要卷七八改。下同。

〔四〕峽口山　「口」，底本作「河」，川本、滬本同，據弘治夷陵州志卷二、紀要卷八二改。

〔五〕色如人牽牛狀　底本脱「牛」字，川本同，據滬本及水經江水注補。

〔六〕暮宿黃牛　「宿」，底本作「發」，川本、滬本同，據水經江水注改。

〔七〕黃牛驛　「驛」，底本作「峽」，川本同，據滬本及紀要卷七八改。

〔八〕高五百餘仞　底本作「高五里餘」，川本同，據滬本及明統志卷六二、弘治夷陵州志卷二改。

〔九〕萬曆十三年移於望州　川本同，滬本無，弘治夷陵州志卷三：石鼻山，「高五百餘仞，下臨江流，中有巨石」。正是本書上下文所云，此句當衍。

長陽縣　州南九十里。　無城。〔眉批〕地介夷徼，羣山環之。省志。　前後有東峯、鳳皇諸山，壁立環繞，四面阻塞。西則施州、建始諸水，奔流赴壑，會爲清江，東出大河，而治中域焉。　方山，在縣南三十里。四面俱有風穴，夏則風出，冬則風入，春秋則靜。　龍角山，在縣北。穴内有陰陽二石，陰石常濕，陽石常燥，旱鞭陰石則雨，潦鞭陽石則霽。　漢佷山縣。　古直城，在縣西北五十四里，四面險絶，有林木池水。　裁減。　僻，刁。　治南七十里有古捍關。　招來堡，枝江千户所。　設蹇家園、縣西三百里〔一〕。　漁洋關〔二〕、舊會典作漁陽，縣南二百里。　舊關堡三巡檢司。　清江，在縣東南〔三〕，一名夷水。源出施州衛蠻界，經建始縣境，流入本縣，至宜都縣入大江。其流獨清。

【校勘記】

〔一〕設蹇家園縣西三百里　底本作「設縣西三百里蹇家園」，川本同，據滬本及紀要卷七八乙正。

〔二〕漁洋關　「漁」，底本作「魚」，川本、滬本同，據紀要卷七八、圖書集成職方典卷一一九〇改。下「漁洋」改同。

〔三〕清江在縣東南　底本脱「東南」二字，川本同，據滬本及紀要卷七八補。

宜都縣　州東南九十里。　城周六百五十餘丈。　漢夷道縣。　荆門山，在縣北五十里大江南岸。　虎牙山，在縣北五十里北岸。與荆門山相對〔一〕，狀如虎牙。漢岑彭破田戎於此。公孫述遣將任滿依二山作浮橋拒漢師。其下有虎牙灘。入夷陵州。　清水，在縣城西入大江〔二〕。　馬鬃磧，在縣北三里大江之右。夏没冬現，行舟畏之。　裁減。　山多，田少，僻刁。　舊有白洋驛〔三〕，革。　清江口巡檢司，革。　普通巡檢司，在縣東北五十里。　漢洋河，在縣西十里。發源天址，經漁洋關，下會清江，入大江。

【校勘記】

〔一〕與荆門山相對　底本脱「山」字，川本同，據滬本及明統志卷六二補。

〔二〕在縣城西入大江　川本、滬本同。紀要卷七八：「清江，在宜都縣城北，自長陽縣流入界，繞縣城而北出合大江。」此「西」爲「北」字之誤。

〔三〕白洋驛　「洋」，底本作「羊」，川本、滬本同，據紀要卷七八、圖書集成職方典卷一一九五改。

遠安縣　州東北二百里。　城周八百餘丈。　晉高安縣。裁減。　僻，刁，悍。　縣北七十里南襄堡〔一〕，設千户所。　清溪，在縣西南六十里。發源龍女祠前，東流入沮水。　成化中，以劉千斤叛，尚書白圭覆議，以縣東莊築城，建守禦千户所，徙縣於城。

【校勘記】

〔一〕縣北七十里南襄堡　「北」、「襄」，底本作「南」、「鄉」，川本、滬本同，據弘治夷陵州志卷六、紀要卷七八改。又「七」，弘治志作「九」，此「七」爲「九」字之誤。

歸州　府西五百里。　古夔國地。漢秭歸縣。吳置建平郡。　王濬自蜀沿流伐吳。守將吾彦表晧曰：請建平增兵，若建平不下，晉師終不敢過〔一〕。晧不從。　元歸州。本朝因之，洪武九年，改爲秭歸，屬夷陵州。今復爲州。〔眉批〕左荆、襄，右巴、蜀，西施、黔，背金、房。大江經其前，香溪繞其後。秭歸志。　州城凡數遷。舊秭歸治在今城。宋端平，徙江南夔沱，次徙新灘，又徙白沙，徙南浦。洪武初，徙丹陽〔二〕。

四年，徙長寧〔三〕，在江南楚王臺，舊名楚王城。與千户所同城。周六里。嘉靖四十年圮於水〔四〕。四十一年，復徙江北秭歸舊治。磚城。周六里。龍會山，在州西北六十里，高百餘丈〔五〕。古木深菁。山下有連珠三洞，名曰風洞、火洞、水洞。五枝山，一名五朝山，在州東北八十里。高百仞，上有會仙橋，四圍皆萬丈懸巖。雲臺山，在州北八十里。馬營，相傳古屯兵之所，營東北走三四里。有響鈴埡、雲霧坪。大埡巖，在州東南五十里。宋孟珙克敵處。火烽巖，在州北七十里。國朝季逢春據此。江水，岷山發源而下，繞州治而東，至牛口，距黄陵二百餘里〔六〕。其兩岸壁立，百丈如削，非停午不見日者曰峽。馬肝峽，在州東三十里。陸游入蜀記云：壁高絶處有石下垂如肝，故以名峽。兵書峽，在州東十五里。相傳諸葛武侯藏兵書處，一名鐵棺峽。督郵石，在空舲峽口，即古宜都、建平郡二界也。遠望嶺表，有五六峯參差互出，上有奇石，如二人象，攘袂相對，俗傳兩郡督郵爭界於此。丹陽城，在州東七里，北枕大江〔七〕。周成王封楚熊繹於此，後移枝江，亦曰丹陽。後又移都郢，在江陵。後又移都壽春，亦曰郢。今有舊南邏口，城迹尚存。洪武四年，康茂才、湯和等與僞將龔興戰於東門，即其地也。夔城，在州東二十里夔沱之上。春秋夔子之國，後爲楚所滅。水經：江水東經夔城南。昭烈征吳，連營七百里，下至秭歸。大清鎮，在東南八十五里。吳置以備蜀。居三峽要衝，塞山巒之路。空舲峽，在州東五十里。知州葉承標三峽水陸議曰〔八〕：水退石出，不可直下。其迴旋曲折之勢，必有識水者探之，又得衆楫協而助之，乃可無害。過一、二里，即爲小空舲。中有巨石特立，東南皆淺灘，舟必挽從北岸深處，方可行也。若遇順風，舟難北挽，一抵淺灘，其船必危，行者慎之！夏秋水泛，必空舲乃可上。自歸州至長陽四百里内，峽水奔流，石磧險惡。香溪，在州東二十里。源出興山界。一名昭君溪。下牢溪，在香溪之側。領縣二。無同。山，衝，狡，悍。設長寧守禦千户所。歸州遞運所，在東門外。建平驛，今改旱，州東五里。萬曆十三年，移九灣，在州東八十里〔九〕。南邏口、州東十里。牛口州西六十里。二巡檢司。舊有萬流驛，萬曆元年革。萬曆三十三年，移屈大夫廟。古距州東五里。白狗峽，在州東一十五里。〔旁注〕二十里新灘之上。兩岸如削，白石隱起如狗吠。白沙故城，在縣東七十里。茅坪，即古所稱白沙市城。在一岡阜上，甚小，南北有門，前臨江水，對黃牛峽，今俗稱關索城。州西北二百里。

【校勘記】

〔一〕晉師終不敢過　「敢」，底本脱，川本同，滬本有。按三國志吳書三嗣主傳裴松之注引干寶晉紀曰：吾彥曰：「晉必有攻吳之計，宜增建平兵。建平不下，終不敢渡江。」滬本是，據補。

〔二〕丹陽　「丹」，底本作「當」，川本同，據滬本及嘉靖歸州全志卷上、嘉靖歸州志卷一改。

〔三〕長寧　「長」，底本作「在」，川本同，據滬本及嘉靖歸州志卷一改。

〔四〕嘉靖四十年圮於水　「四十」、「圮」，底本作「四十九」、「壩」，川本同。嘉靖歸州志卷一：「嘉靖四十年夏，久雨，忽沉陷崩裂，垣舍傾頹。」同治歸州志卷二：「舊城原在大江之南，嘉靖四十年，地忽陷裂，城垣傾圮，因遷江北。」此「九」字衍，滬本作「三十九」，誤；「壩」，滬本作「圮」，是，並據删改。

〔五〕高百餘丈　底本脱，川本同，據滬本補。

〔六〕距黃陵二百餘里　川本同，滬本「二」作「一」。

〔七〕丹陽城在州東七里北枕　底本此文錯簡於上文「晧不從」之下，川本同，據滬本及嘉靖歸州全志卷上乙正。

〔八〕知州葉承標三峽水陸議曰　「標」，底本空缺；「議」，底本作「設」，川本同，據滬本補改。

〔九〕今改旱至在州東八十里　川本、滬本同。紀要卷七八：「建平水驛，在歸州東五里。」圖書集成職方典卷一一九五：「建平驛，在歸州南八十里。」同治歸州志卷一同紀要。據此，建平水驛，在歸州東五里，後改爲驛，改置於州南八十里，此「州東五里」乃指水驛，云「旱驛」，誤。「州東八十里」之「東」疑爲「南」字之誤。

興山縣　土城，周三百三十四丈。正統七年，省入州。成化七年復置，尋廢。弘治二年復置。州志。永樂三年廢〔一〕。成化七年復置，尋廢。弘治二年復置。吳縣。裁減。僻，簡，饒竹木。簝葉塢，治東北二十里路上。塢長百二十里〔二〕，行人聚衆而入〔三〕。叢林怪石，獸蹄鳥迹交雜。舊有興山巡檢司，革。高鷄塞巡檢司〔四〕，舊係金竹坪，隆慶四年改。當夷陵、遠安、房、保康四界〔五〕。南陽溪，在縣北三十五里〔六〕。自鄖陽府房縣貓兒關〔七〕，至深渡内河口，會流入江縣前小河〔八〕，直通香溪口入江之地。

【校勘記】

〔一〕永樂三年廢　川本、滬本同。按明史地理志、紀要卷七八、清統志卷三五〇皆不載「永樂三年廢」，蓋誤。

〔二〕塢長百二十里　「塢」，底本作「鄖」，川本同，據滬本及紀要卷七八改。

〔三〕行人聚衆而入　「聚」，底本作「叔」，川本作「叙」，據滬本及紀要卷七八改。

〔四〕高雞塞巡檢司　「高」，底本作「馬」，川本同，據滬本及紀要卷七八改。又「塞」，川本、滬本及紀要同，明史地理志、圖書集成職方典卷一一九〇皆作「寨」，此「塞」疑爲「寨」字之誤。

〔五〕保康　「康」，底本脱，川本、滬本同。按明興山縣附近無「保」縣者。明史地理志：鄖陽府領有保康縣，地處興山縣東北，夷陵在興山東南，遠安在興山之東，房縣位於興山之合，正合本書所載當四縣界，據補。

〔六〕在縣北三十五里　「五」，底本作「里」，據川本、滬本及紀要卷七八改。

〔七〕自鄖陽府房縣貓兒關　川本、滬本同。紀要卷七八：興山縣，南陽溪，「自鄖陽府房縣流經貓兒關。」又載：「貓兒關，在縣北百里。」明史地理志，興山縣「北有貓兒關」。則貓兒關屬興山縣，不屬房縣，此「房縣」下脱「流經」二字。

〔八〕會流入江縣前小河　川本同，滬本無「江」字，疑衍。

巴東縣　州西九十里。本朝初屬歸州。洪武九年，改屬夷陵州。無城。宋初，治在江北岸東西兩瀼之間。宋末，徙江南岸，即今治。梁歸鄉縣。〔眉批〕上接巫、夔，當三峽之中。羣山合圍，江流中激。省志。前臨大江，後聳崇山。大江，源出岷山，歷嘉、叙、瀘，合涪江、巴江、黔江、南江、嘉陵、崖渠，凡蜀諸水，自巫山縣界來，經縣前，東入歸州界。石門山〔一〕，在縣東北三十五里，有石徑，深若重門。漢昭烈爲吳陸遜所破〔二〕，走經此門，追者甚急，乃燒鎧斷道，得免。東瀼溪，在縣北五里。西瀼溪，在縣西二十里。相傳唐杜甫嘗居此。無丞。衝，瘠，雜夷，民頑。設巴山驛，省志作巴東水驛。在縣東一里。連天關巡檢司，縣西南五十里。嘉靖三十六年，議將萬流驛水夫、館庫，並摘抽歸州、夷陵二遞運所水夫，協助本驛。野三關巡檢司，舊係石柱，隆慶四年改。

【校勘記】

〔一〕石門山　底本脱「山」字，川本同，據滬本及明統志卷六二、嘉靖巴東縣志卷一補。

〔二〕漢昭烈　底本脱「烈」字，川本同，據滬本及明統志卷六二、嘉靖巴東縣志卷一補。

岳州府

元岳州路總管府。本朝置岳州府，改爲岳州。今復爲岳州府。城周九里有奇。府志：七里。古荆州三苗之地。秦以下屬長沙郡。吴魯肅及孫晧末萬彧守之。晉陶侃亦鎮焉。宋以下爲巴陵郡。梁元帝遣陸法和等據赤亭，擒侯景將任約於此。隋末，郡人董景珍等以羅川令蕭銑爲王〔一〕，起兵於此。〔眉批〕囊山帶江〔二〕，處百越、巴、蜀、荆、襄之會。唐史。即吴邸閣城，魯肅所屯戍者。侯景之亂，岳獨完守。湘東王繹所謂巴陵城小而固者。是也。大江，在府西北，從荆州府石首縣北，流過城陵磯下，合洞庭諸水，入臨湘縣。其流清者爲洞庭，濁者爲大江，經咸寧、嘉魚、武昌，會流漢水。

風土記云：荆江自高注下，濁流洶湧，夏秋暴漲，則逆泛瀟、湘、洞庭，清流頓皆渾濁，岳人謂之翻流水。三江，在府城下。岷江爲西江，澧江爲中江，湘江爲南江，皆會於此，亦名三江口。宋慕容延釗等大破周保權軍於三江口，即此。洞庭湖，在西南。禹貢：九江孔殷。注云：即今之洞庭也。瀟、湘、蒸、澌、沅、澬、叙、辰、酉九水皆合於此〔三〕，故名九江。九江中，沅、澬、湘最大，皆自南而入。荆江自北而過，洞庭瀦其間，名爲五瀦。戰國策云：秦與荆戰〔四〕，大破之，取洞庭五瀦〔五〕。是也。每歲六、七月間，岷、峨雪消，水暴漲，自荆江逆入洞庭，清流爲之改色。洞庭一湖，兼包青草、赤沙，皆在其内。秋夏水漲，則浩渺無涯。春冬水涸，則洲渚全露，惟一帶而已。〔眉批〕五瀦。水經云：湘水左會小青口〔六〕，資水也，世謂之益陽江。左則沅水注之〔七〕，謂之横房口。東對微湖〔八〕，世謂之麋湖。西流注於江，謂之麋湖口。左則澧水注之〔九〕，謂之武陵江。此四水注於洞庭〔一〇〕，會於大江，故曰五瀦。葉世傑曰：鼎、澧、沅、湘合諸蠻黔南之水，匯爲洞庭。至巴陵，與荆江合。凡此數流，措其大者爲三江，細者爲五瀦也。領州一，縣七。二判。屬上荆南道。地瘠，民淳，多水患。城陵磯遞運所〔一一〕，在府北十五里。巡視洞庭都指揮一人。

【校勘記】

〔一〕羅川令　「川」，底本作「縣」，川本、滬本同，據新舊唐書蕭銑傳改。

〔二〕囊山帶江　「囊」、「帶」，底本作「南」、「大」，川本、滬本同，據通鑑卷二四四、明統志卷六二引唐史改。

〔三〕瀟湘蒸漸沅濱叙辰酉九水　「漸」，底本作「濱」；「酉」，底本作「白」，川本同，據滬本及明統志卷六二改。

〔四〕秦與荆戰　「戰」，底本作「州」，川本同，據滬本及戰國策秦策一、明統志卷六二改。

〔五〕五瀦　川本、滬本同。按戰國策秦策一作「五都」，姚宏注引史記作「五渚」。

〔六〕湘水左會小青口　「左」，底本作「右」，川本同，據滬本及水經湘水注改。楊守敬水經注疏「湘水左會清水口」下云：朱謀㙔訛作「水青口」，趙一清改云：長沙府志，清水潭在益陽縣西七里。戴震改同。

〔七〕左則沅水注之　「左」，底本作「右」，川本、滬本同，據水經湘水注改。

〔八〕東對微湖　「對」，底本作「到」，川本、滬本同，據水經湘水注改。

〔九〕左則澧水注之　底本脱「注之」二字，川本同，據滬本及水經湘水注補。

〔一〇〕此四水注於洞庭　「四」，底本作「五」，川本、滬本同，據水經湘水注改。

〔一一〕城陵磯遞運所　「磯」，底本脱，川本、滬本同，據隆慶岳州府志卷一〇、康熙岳州府志卷八補。

巴陵縣　治在府城外，别築土垣。洪武九年，改屬爲岳州，幷巴陵入焉。今復爲岳州府，仍立巴陵縣。

吴縣〔一〕。巴丘，在城南。吴魯肅以萬人屯巴丘，即此。〔眉批〕艑山，在縣南五里君山洞庭。湘人以吴船爲艑，山形似焉，故名。黄石，在君山東，艑山西大江之中。每春夏水漲，潛伏水中，舟行多危之。巴湖，舊名巴丘湖。風土記云：巴丘之名今不著，故以爲青草湖〔二〕。按寰宇記云：郡有青草、洞庭、巴丘三湖，則非青草明矣。郭璞釋雲夢藪曰巴丘湖，豈其跨江南北，其在巴陵者，故名與。府志。雲夢湖，與洞庭、青草二湖連。北洞庭，南青草，西雲夢，合爲一湖。省志。閣子湖，在縣東南二十里。楚許德勳潛軍閣子湖，即此。風土記云：閣子即角子語訛，然以其在洞庭之角，故名。按今㴩湖，水泛即舟通角子市，别無閣子湖，豈因市異其名與。

君山，在縣西南一十五里洞庭湖中。史記：始皇遊，浮江至湘山，遇風，幾不渡。因問湘君何神？博士對曰：堯女，舜之妃，葬此。始皇命伐湘山樹，赭其山。宋岳飛討楊么，伐君山木爲巨筏，塞諸港汊。即此。城陵山，在縣西北一十五里。蜀江西來，洞庭南注〔三〕，合流於此，乃一郡水口山也。彭城洲，在東北，宋謝晦反，到彦之進討，軍次彭城洲。彦之軍敗，退保隱磯〔四〕。青草湖，一名巴丘湖。北連洞庭，南接瀟、湘，東納汨羅之水。每夏秋水泛，與洞庭爲一，水涸則此湖先乾，青草生焉。赤沙湖，在洞庭西。夏秋水泛，與洞庭爲一，涸時惟見赤沙。舊記云：洞庭南連青草，西亘赤沙，七、八百里，是謂之三湖。㴩湖，在縣東南五里。爾雅曰：水泛入爲㴩〔五〕。唐張説集云〔六〕：㴩湖者，沅、湘、澧、汨之餘波，夏潦奔注，則溢爲此湖，冬霜既零，則涸爲平野。左傳：吴人敗楚于雍澨。即此。無丞。濱江，衝，冗，民刁，疲。上江防道與守備駐劄。有岳州衛左、右、中、前、後五所。岳陽馬驛，縣北三里。鹿角水驛，縣南五十五里。臨江馬驛，縣西九十里。鹿角鎮，多盜，設鹿角巡檢司。在縣南五十里。大雲山，在縣西北五十里〔七〕。岳陽樓，在府治西。風土記：城西門樓也，下瞰洞庭。巴丘故城〔八〕，在府東八里許。晉陶侃築。

【校勘記】

〔一〕吳縣　川本、滬本同。宋書州郡志：巴陵郡巴陵縣：「晉武帝太康元年立。」與此別。

〔二〕故以爲青草湖　「故」，底本作「放」，川本同，據滬本改。

〔三〕洞庭南注　「南」，底本作「北」，川本、滬本同，據明統志卷六二、紀要卷七七改。

〔四〕隱磯　「磯」，川本、滬本同，宋書謝晦傳作「圻」，通鑑卷一二〇同，胡三省注引水經注作「磯」。

〔五〕爾雅曰水泛入爲潨　川本同，滬本「泛」作「返」。按爾雅無「潨」字。但「潨」與「灉」通。爾雅釋水：「灉，反入。」郭璞注：「即河水決出又還入者。」則「泛」當作「反」，滬本是。

〔六〕唐張説集云　「集」，川本、滬本及明統志卷六二同，康熙岳州府志卷四、圖書集成職方典卷一二二九作「序」。按紀勝卷六九：「張説集趙冬曦乾湖詩序云：巴丘南潨湖者，蓋沅、湘、澧、汨之餘波焉。」則作「集」或「序」皆是。

〔七〕在縣西北五十里　川本、滬本同。紀要卷七七：「大雲山，在岳州府東北五十里。」此「西北」爲「東北」之誤。

〔八〕巴丘故城　川本、滬本同。明統志卷六二、紀要卷七七、圖書集成職方典卷一二二四作「陶侃城」，與本書下文所記合，此「巴丘故城」爲「陶侃城」之誤。

臨湘縣　府東北九十里。土垣〔一〕。編户十里。舊無城。成化中，知縣唐絹築。萬曆三年，甃磚。周五里。宋縣。裁減。衝，饒，悍，刁。設城陵水驛，西南四十五里。雲溪、西南四十里。省志：東四十五里。長安東南五十里。省志：東北十五里。二馬驛。鴨欄磯〔二〕、北十五里。城陵磯西南四十五里。二巡檢司。〔眉批〕東南皆壤，北爲湖，而西則盡爲江。大江，在縣北一里許。土門巡檢司，在縣南百里，嘉靖二十五年添設置。舊有鴨欄驛，萬曆十四年革〔三〕。連家湖河泊所，在縣南二里。

【校勘記】

〔一〕土垣　「土」，底本作「王」，川本同，滬本作「土」。隆慶岳州府志卷六：「臨湘縣舊無城，成化十一年，知縣唐絹始築土爲垣。」康熙臨湘縣志卷二略同。此「王」爲「土」字之誤，據改。

〔二〕鴨欄磯　底本脱「欄磯」二字，川本同，據滬本及明史地理志、紀要卷七七補。

〔三〕萬曆十四年革　「革」，底本脱，川本同，據滬本補。「十四」，川本同，滬本作「四」。

華容縣　府西北百八十里。城周七百餘丈。宋初，治安南港〔一〕，以水患，徙治故城西，即今治。晉南安縣。赤亭城，在縣西南九都五十里。三面臨水，極爲險隘。〔眉批〕北阻長江，三面阻洞庭。省志。寰宇記云：梁元帝使胡僧祐、陸法和等據赤亭城，擊破侯景將任約。即此〔二〕。華容河，在治北。北源大江，南達洞庭，晉杜預所開，以通零、桂之漕。無丞。衝，簡，民貧悍，水鄉，糧欠。設華容馬驛縣東北二百五十里。及明山古樓、縣南六十里。黃家穴縣東北一百十二里，嘉靖三十六年，移置塔市。二巡檢司〔三〕。舊有明山古樓水驛、黃家穴水驛，革。北河巡檢司，革。　廢南安縣，在今縣河之東章華臺側。　吴大帝所立者。　舊縣，唐神龍中移治檀子灣，去今縣十五里。

【校勘記】

〔一〕安南港　「安南」，底本作「南安」，川本、滬本同。康熙岳州府志卷一：華容縣，「宋至和因水患，遷治於故城西，築堤爲防，在安南港，即今縣治」。同書卷四：「縣東南十五里有安南港，舊縣存焉。」圖書集成職方典卷一二一九同。此「南安」爲「安南」倒誤，據以乙正。

〔二〕寰宇記云至即此　「法和」，底本作「雲門」，川本、滬本同。紀勝卷六九：赤亭湖，「寰宇記曰，在華容縣。梁元帝使胡僧祐、陸法和等據赤亭，擊破侯景將任約。」梁書侯景傳：「胡僧祐與居士陸法和退據赤亭以待之，約至與戰，大破之，生擒約。」南史胡僧祐傳、通鑑卷一六四同，據改爲「法和」。又，明統志卷六二、康熙岳州府志卷二一皆記於華容縣，與紀勝引寰宇記合，諸本繫於臨湘縣末，實乃錯簡，據以乙正。

〔三〕二巡檢司　底本錯簡於上文「黄家穴」三字下，川本同，據滬本及明史地理志乙正。

平江縣　府東南二百四十里。　城周六百餘丈。　元平江州。洪武二年，改爲縣。　秦羅縣。　羅子國，在縣南三十五里。楚文王徙羅子自枝江居此〔一〕。　汨水，在東一百一十里。　源出江西寧州，至縣東南，合純、盧二水，又西南會昌水，下流合羅水，又西北流入洞庭。　東接寧州界。無丞。僻，煩，民刁，地饒。設大荆驛，縣西一百二十里湘陰地方。長壽巡檢司，在縣東一百里。城周一千二百五十五丈。鵝龍江，在縣西百一十里。合汨水入洞庭。其西爲湘陰界。漢舊縣，在故縣鄉，有土城遺址。

【校勘記】

〔一〕楚文王徙羅子自枝江居此　川本、滬本同。按楚伐羅，見於左傳桓公十三年。上年杜預注：羅「後徙南郡枝江縣」。魯桓公十三年，當楚武王四十二年。後何時徙羅，左傳等不載。

澧州　府西五百七十里。城周九里三十四步。隋築松州城。元末，徙李泌所創新城。洪武初，復遷此。〔眉批〕左界洞庭，右接巫峽。郡守題名記。武陵在其南，江陵在其北，乃湖廣之孔道。澧陽樓記。關山，在州東十五里。杳關，盤據十餘里，高八十餘丈。欽山，在州西十五里，周二十里，高八十丈。將軍山，在州東南六十里。周三十里，高百餘丈。澧水〔一〕，至州城下，合涔、澹二水，入於洞庭。水經：澧水東過作唐縣北〔二〕，又東至長沙下雋縣西北，入於江。考下雋，即今沅陵、巴陵之間。大浮山，在州西南一百三十里。跨石門、武陵、桃源三縣界。大清山，在州西北一百六十里。彰觀山〔三〕，在州東十五里。涔水，在州北七十里。源出潭龍洞，會澧水〔四〕，入洞庭。楚辭：涔陽之極浦。是也。澹水，在州東二十五里津市。會澧水，流安鄉。松州城，在太和南村。隋置。新城，在州東三十里，晉車胤所寓。唐李泌築。元立新城鎮，至正間，徙路於此。元澧州路，元貞末，徙治於新城〔五〕。本朝甲辰年，改爲府。洪武五年，復舊治，九年改爲州。澧陽縣，爲州倚郭。元至元十五年，徙治於車胤新城〔六〕，距州東南二十里。本朝未立。無同。衡，煩，地饒，民刁。蜀府華陽王，洪熙元年，分封於此，同城。分守上荆南道駐劄。設澧州守禦千户所。舊有水東遞運所，革。蘭江水馬驛，州東二里。清化馬驛，州南六十里。嘉山鎮巡檢司。舊有順林驛，革。

【校勘記】

〔一〕澧水　底本脱，川本同，據滬本及明統志卷六二補。

〔二〕作唐縣　「作」，底本脱，川本同，據滬本及水經澧水補。

〔三〕彰觀山　「彰」，底本作「彭」，川本、滬本同，據明統志卷六二、隆慶岳州府志卷七改。

〔四〕澧水　「澧」，底本作「灣」，川本、滬本同，據隆慶岳州府志卷七、康熙岳州府志卷四改。

〔五〕元貞末徙治於新城　川本同，滬本作「元至正末，徙治於新城」。按明史地理志：澧州，「元元貞末徙治新城」。則滬本誤。

〔六〕元至元十五年徙治於車胤新城　「胤」，底本作「渚」，川本、滬本同。按本書上文云：新城，「晉車胤所寓」，元「至正間，徙路於此」。隆慶岳州府志卷七、康熙岳州府志卷二一同，此「渚」爲「胤」字之誤，據改。又此紀年疑誤。

石門縣　州西九十里。　土城，周五百餘丈。　隋縣。　石門山〔一〕，在縣西十五里官道中。兩崖壁立如門，高二丈。吳永安中，山石自然洞開如門，高三百丈，孫休以爲祥，因置天門郡。〔眉批〕紫和山，在縣東南十里。　澧水，經流至三江口，會渫水，合流至縣，爲零陽河。　渫水，在縣西北一百七十里。源出巴東，流經縣鯉魚山，合陽泉、雄黃諸溪水，至縣西四十里，入澧水。　無丞。　僻，簡，頗刁。　北境連僚洞。

【校勘記】

〔一〕石門山　「山」，底本脱，川本、滬本同，據隆慶岳州府志卷七、紀要卷七七補。

慈利縣　州西一百五十里。　土垣二百丈。　舊城在縣西十三都。洪武九年廢。　元慈利州。本朝洪武二年，改爲縣。　歷山，在縣西，澧水所出。　吳漊中縣。　漊水，在縣西二里，發源歸州界〔一〕，東經漊中縣，南流至定平索口，合索溪、守野潭、洄人市，東流，通四十八澗爲一。　南流至飯甑山觀嘉渚，會澧水，謂之後江〔二〕。　澧水，發源歷山〔三〕，東流至武水口〔四〕，左得溫湯水，右得大庸水、仙人溪水，又東得焦溪水〔五〕，左得圍布水、團巖水，下流觀嘉渚與漊水合，謂之前江。　觀嘉渚，在縣西三里，漊、澧合流之所。　賓郎洞〔六〕，在縣西北二百里茅岡寨之南，羣蠻往來之徑。一竇而入，後有大門，過此即爲傜界。昔傜人侵擾，邀擊而後屈服，與之盟，畫此爲界，鐫石像人立於道左。〔旁注〕周赧王冢。　桃花洞，在縣西北三百里。即知州郭逵破彭仕義處〔七〕。　無丞。　僻，煩，民淳。　白抵城，在縣西北。高千仞，四面絶壁，上廣十餘里。宋建炎中，土寇廖彦據此爲城。　零陽城，在縣東三里。　充城，在縣西二百四十里。　桑植安撫司，〔旁注〕在九溪衛西北四百里。　領美坪等一十八洞苗，隸九溪衛。〔眉批〕永定衛，在縣西南一百八十里。　九溪衛，在縣北九十里。　守禦大庸千户所〔八〕，在縣西一百一十五里。　隸永定衛。　守禦添平千户所，在縣北三百五十里。　守禦安福千户所，在縣西北二百九十里。　守禦麻寮千户所，在縣西北一百五十里。　並隸九溪衛。　岳州通判覈邊儲於九溪，守備飭兵防於永定，以爲營。　崇山，在縣西三十里。　舜放驩兜於此。　天門山，在縣西南百八十里，即古松梁山。　狀如香爐，有十六峯環列。　最高者曰天門，空虛透徹，上貫山頂。〔旁注〕吳永安六年云云〔九〕。　百丈峽，在縣西北百六十里，九溪衛西南七十里。石崖兩面對峙，高逾百丈，中有小峽，長三十里。　流泉峻急，古木槎枒。　峽畔有路，通永定，最險。　九溪，在縣北九十里九溪衛境，因以名衛。　其溪之目：曰索口，曰喝堡，曰龍館，曰書院，曰斗溪，曰大富，曰王富，曰下闌，曰大河，是爲九溪。　茅岡山，在縣西百九十里〔一〇〕。　一名峒岡。　跨安福、白崖、美坪諸洞。

【校勘記】

〔一〕發源歸州界　「發」，底本作「登」，據川本、瀘本及康熙岳州府志卷四改。「歸」，底本脱，川本同，據瀘本及明統志卷六二、萬曆慈利縣志卷四補。

〔二〕一南流至飯甑山觀嘉渚會澧水謂之後江　底本錯簡於下文「觀嘉渚」條下，川本同，據瀘本及隆慶岳州府志卷七、萬曆慈利縣志卷四乙正。

〔三〕發源歷山　底本脱「歷」字，川本同，據瀘本及明統志卷六二補。

〔四〕武水口　「口」，底本脱，川本同，據瀘本及萬曆慈利縣志卷四補。

〔五〕焦溪水　「水」，底本脱，川本、瀘本同，據隆慶岳州府志卷七、萬曆慈利縣志卷四補。

〔六〕賓郎洞　「賓」，底本作「濱」，川本、瀘本同，據明統志卷六二、萬曆慈利縣志卷四改。隆慶岳州府志卷七作「檳榔」。

〔七〕彭仕義　底本脱「彭」字，川本同，據瀘本及萬曆慈利縣志卷四補。

〔八〕守禦大庸千户所　「户」，底本作「衛」，川本同，據瀘本及隆慶岳州府志卷六、萬曆慈利縣志卷一六改。

〔九〕吴永安六年云云　川本同，瀘本作「考吴永安六年，其山洞開，圓朗如門，孫休以爲嘉祥，分武陵置天門郡」。隆慶岳州府志卷六作「吴永安六年，山洞開如門，孫休以爲祥，置天門郡」。

〔一〇〕在縣西百九十里　「百」，底本作「北」，川本同，據瀘本及隆慶岳州府志卷七改。

安鄉縣　州東南二百二十五里〔一〕。　無城。　漢作唐縣。裁減。　頗衝，事煩，水鄉，民貧。設南平驛，縣南。古田山，在縣西北六十里。上有石田，故名。澧江，在縣西五十步。南流而東折，入洞庭。黄山，在縣北六十里。土石皆黄，一名金峯山。小黄山，在黄山西一里〔二〕，一名石子嶺。元熊義山築城於上。

【校勘記】

〔一〕州東南二百二十五里　「二百」，川本、滬本同，明統志卷六二作「一百」，紀要卷七七、清統志卷三七三同。疑「二百」爲「一百」之誤。

〔二〕在黄山西一里　底本作「在黄山一里里」，據川本、滬本及隆慶岳州府志卷七改。

長沙府

城周一十四里二百二十步。元屬潭州路〔一〕。本朝改爲府，洪武三年，立潭王府，五年改長沙府。古荆州。楚黔中地。秦爲長沙郡。隋以後爲潭州。右納夏汭，左抗荆門。唐書。湘州控上流之勢，據三江之會。晉書。南五嶺，北洞庭，控湖、湘上游。元和郡縣志。湘、川之奥，人豐土闢，南通嶺嶠，唇齒荆、雍。通典〔二〕。〔眉批〕控扼湖、嶺，鎮撫蠻傜。宋湖南安撫李椿云。無土山，無濁水，民乘其氣，往往清慧而文。唐劉禹錫云。民以網罟爲業，漁利饒衍，而無積聚。元志。湘江，在府城西，環城而下。源出廣西興安縣海陽山，西北流，至分水嶺，分爲二派：曰灕水，流而南；曰湘水，流而北，由靈渠〔三〕，與灌水會。湘水至永州，與瀟水合，曰瀟湘。至衡陽，與蒸水合，曰蒸湘。至沅州，與沅水合，曰沅湘。會衆流以達洞庭。〔眉批〕長沙智度山，在縣北五十里。高數百丈〔四〕，環二百餘里，衆山羅列，獨黑石峯最高。唐將軍劉度居此〔五〕。瀏陽水，在縣北五里。源出大圍山，有二源：曰大溪，曰小溪。合流經瀏陽縣，西過縣前，名瀏水，西流入湘水。潙水，在縣北二十里。省志作六十里。源出安化青羊山，流入潙山，經寧鄉新康入三湘。新康河，在縣西五十里，東出大江，西則分爲二河：一通寧鄉，一通益陽。三汊磯，在大江西岸。怪石盤踞，湘水至此，迴旋洶湧，舟行畏之。銅官渚，在縣北六十里，有洲。舊傳楚鑄錢處。　藩封：潭王，洪武二年封。二十一年，坐法自焚，國除。領州一，縣十一。谷王，永樂初徙封於此。坐法自焚，國除。吉王，成化六年封。襄王，宣德四年封，正統元年，遷襄陽。長沙衛。全設。接壤江西，民悍，地饒，易治。長沙遞運所，南門外。

【校勘記】

〔一〕元屬潭州路　底本脱「潭」字，川本同，據滬本及明統志卷六三補。

〔二〕右納夏汭至唇齒荆雍通典　底本錯簡於上文安鄉縣之末，川本同，據滬本及嘉靖長沙府志卷三乙正。

〔三〕由靈渠　「由」，底本作「曰」，川本、滬本同，據嘉靖長沙府志卷三、康熙長沙府志卷七改。

〔四〕高數百丈　「百」，底本脱，川本同，據滬本及明統志卷六三、嘉靖長沙府志卷三補。

〔五〕劉度　「度」，底本作「波」，川本同，據滬本及明統志卷六三、嘉靖長沙府志卷三改。

長沙縣　附府治北。縣附府西八里。無城。秦臨湘縣〔一〕。全設。縣境有東、西、北三關。設臨湘驛，在縣南五里〔二〕。舊有彤關驛，萬曆元年革。縣北六十里臨湘鄉。喬口鎮巡檢司，在西北九十里。穿水有二，漏水有六，俱在縣界。伏流曰穿，平地湧泉曰漏，乃長沙異水。

【校勘記】

〔一〕臨湘縣　「臨」，底本脱，川本、滬本同。史記高祖本紀：「徙衡山王吴芮爲長沙王，都臨湘。」正義引括地志云：「潭州長沙縣，本漢臨湘縣。」水經湘水注：「經臨湘縣故城西，『秦滅楚，立長沙郡。』」據補。

〔二〕在縣南五里　川本、滬本同。嘉靖長沙府志卷四作「在縣治西南九里」，與此别。

善化縣　附府治南，同城。宋縣。無簿。二縣。衝，煩，地饒，民狡。吉府並龍陽王同城。分巡下湖南道駐劄。暮雲市巡檢司，在縣南五十里。善化嶽麓山，在縣西南。乃衡山之足，七十二峯之一。上有拜嶽石。雲蓋山，在縣西六十里。關山，在縣東四十五里。疊峯峭拔如城壁，中間僅通一車〔一〕。唐末鄧處訥遣蔣勛於此拒劉建鋒，後有馬武亦長處此。橘洲，在縣西四里。湘江中有洲四：曰橘洲，曰直洲，曰誓洲，曰白小洲。夏月水泛，惟橘洲不没。

【校勘記】

〔一〕中間僅通一車　「間」，川本、滬本及紀要卷八〇同，本書下文作「門」，同嘉靖長沙府志卷三。又本書下文「中門」下有「道路」二字，嘉靖長沙府志、紀要同。

湘潭縣　城府西南一百里。元湘潭州。本朝改爲縣。秦湘南縣〔一〕。〔眉批〕韶山，在縣西八十里。　昭山，在縣東北四十里。下有昭潭，隋以此名州〔二〕。　玉几峯，在縣南一百三十里，當衡山界，其形若几。　涓水，在縣西南一十五里。源自南嶽山，北合數小溪，流至縣龍口，東流入湘。　湘水，自永州湖口來，至本縣前，東下府城。　湘鄉河，在縣西一十五里，發源邵陽縣龍山下，過湘鄉縣，至本縣合石潭、雲湖二水，入湘江。　三門灘，在縣南百八十里。石峻水險，僅有洪路三處可行〔三〕。　雲湖，在縣西六十里，有九十汊、四十八泉。湖多雲氣，蔭田二千餘畝。　全設。　衝，饒，俗狡。　設湘潭驛。〔旁注〕縣南。　都石水驛，縣南二百里〔四〕。　下攝市巡檢司，縣南二十里。

【校勘記】

〔一〕秦湘南縣　川本、滬本同。按漢書地理志長沙國有湘南縣，秦無此縣之設置，誤。

〔二〕隋以此名州 川本、滬本同。明統志卷六三：湘潭縣，「梁改湘南曰湘潭，因昭潭爲名」。嘉靖長沙府志卷一同。此「隋」爲「梁」、「州」爲「縣」字之誤。

〔三〕僅有洪路三處可行 「僅」，底本、川本作「逕」，滬本作「徑」，據紀要卷八〇改。

〔四〕縣南二百里 「二」，底本作「一」，川本、滬本同，據嘉靖長沙府志卷四、康熙長沙府志卷一改。

湘陰縣 府北一百二十里。城周三里餘。元湘陰州。本朝改爲縣。古羅國。秦羅縣。廢羅縣，在縣東六十里，春秋羅子國。汨羅水，在縣北七十里，源出豫章。流經湘陰縣分二水：一南流，曰汨水；一經古羅城，曰羅水。至屈潭復合，故曰汨羅。西流入湘〔一〕。楚屈原自沈於此。〔眉批〕湘水經其南，洞庭負其北。 縣治舊在白鳥潭，今縣南二十里。後周廣順三年，遷今治，即羅縣東白茅村〔二〕。宋紹興初〔三〕，避楊么，又遷於南十七里赤竹城。紹興五年復今治。 磊石山，在縣西北一百里。 旁枕青草湖，北接巴陵，下臨湘口。 山石嵯峨，舊名萬歲山。 三十六灣水，在縣南。 本湘水北流〔四〕，至縣南三十里經江口〔五〕，乃分一派東流，爲三十六折。 屈潭，在縣北六十里。 東湖，在縣南十里。受撥水，入江。 撥水江，源出縣東清泉、白鶴、玉池、密巖諸山，匯於洞含口，縈紆三十里，入東湖。 青草湖，在縣北一百里，北與洞庭湖相連〔六〕。 黃陵山，在北四十五里大江之濆，上有舜二妃墓。 玉笥山，在北七十里屈潭之左，汨水經其野。 全設。 濱湖，衝煩，民刁疲，多盜。 設笙竹水馬驛，舊在縣南笙竹岐，後遷縣治。 營田，縣北六十里，營田鎮巡檢司。 舊有磊石驛、營田水驛〔七〕，革。

【校勘記】

〔一〕西流入湘　「湘」，底本作「江」，川本、滬本同，據明統志卷六三、嘉靖長沙府志卷三改。

〔二〕廣順三年遷今治即羅縣東白茅村　「三」、「白」，底本作「十二」、「北」，川本、滬本同，據嘉靖長沙府志卷四改。

〔三〕紹興初　「初」，底本作「中」，川本、滬本同，據康熙長沙府志卷一、圖書集成職方典卷一二〇五改。

〔四〕本湘水北流　「本湘水」，底本作「大江」，川本同，據滬本及明統志卷六三改。

〔五〕至縣南三十里經江口　川本、滬本同。嘉靖長沙府志卷三：「三十六灣水，在湘陰縣南，「至縣門經江口」，康熙長沙府志卷七、圖書集成職方典卷一二〇二同，此「南三十里」爲「門」之誤。

〔六〕北與洞庭湖相連　「與」，底本作「接」；「洞庭湖相連」，底本脱，川本、滬本同，據明統志卷六三、嘉靖長沙府志卷三、康熙長沙府志卷七改補。

〔七〕詧田水驛　底本「田」下衍「湘」字，川本同，據滬本及明會典卷一四五、嘉靖長沙府志卷四删。

寧鄉縣　城〔一〕。　府西一百二十里。在香林山之南。吳新陽縣。大霧山，在縣南五十里，峻嶺深谷。宋建炎間，金騎至境，劉廷佐駐兵於此〔二〕。大潙山，在縣西一百四十里。高六十里，周圍一百四十里，潙水出焉。玉潭江〔三〕，縣西南半里。三源：一出大潙，一出芙蓉，一出湘鄉豐山。三水合流，環縣而東，至新康口入湘。無丞。衝，刁，俗奢。乾江，在縣西北八十里。江上三峯秀聳。山下二江，一流歸寧鄉，一流歸湘鄉，春夏則水皆歸寧而江溢，秋冬則皆歸湘而江乾〔四〕。　東滄湖，在縣西南五里。

【校勘記】

〔一〕城　川本、滬本同。圖書集成職方典卷一二〇五：寧鄉縣城，「舊無城，崇禎末年，縣令沈始基之，西南北門，各爲壘數十丈。」康熙長沙府志卷四：寧鄉縣，「舊無城，近因通衢口建立四門圍栅欄以防之。」此「城」上疑脱「無」字。

〔二〕劉廷佐　「廷」，底本脱，川本、滬本同，據嘉靖長沙府志卷三、康熙長沙府志卷七補。明統志卷六三作「庭」。

〔三〕玉潭江　「江」，底本作「山」，川本同，據滬本及紀要卷八〇改。

〔四〕春夏則水皆歸寧而江溢秋冬則歸湘而江乾　「春夏」、「秋冬」，川本、滬本同，紀要卷八〇作「春秋」、「冬夏」，圖書集成職方典卷一二〇二、康熙長沙府志卷七同，此疑倒誤。

瀏陽縣　元瀏陽州。洪武二年，改爲縣。　城。　府東一百五十五里。　吴縣。〔眉批〕道吾山，在縣北一十五里。山列七十一峯，東連寶蓋，西接洞陽，崖溜高百餘仞，徑路四十四曲，内有龍湫。　寶蓋山，在縣東北七十里。　洞陽山，在縣西北六十里。　龍津水，在縣西三里。　自道吾山發源，過龍橋入瀏水。　大圍山，在縣東北一百五十里，山頂白沙湖，廣袤五十餘里。　分流四派：一爲瀏水，其三，入岳之平江，豫章之分寧，袁之萬載。　岡巒圍繞，盤踞四縣，故名。　瀏水，自大圍山發源，一曰大溪，一曰小溪，合流過縣西，入湘水。全設。事煩，頗疲，民狡，多盜。梅子園巡檢司，舊係瞿家寨[一]，萬曆四年改。瞿家寨，在縣東一百五十里。

【校勘記】

〔一〕瞿家寨　川本、滬本及嘉靖長沙府志卷四同，明史地理志、紀要卷八〇作「翟」，未知孰是。下同。

醴陵縣　無城。府東一百八十里。東漢縣。全設。稍衝，饒，淳。設淥口驛，在縣西百里[一]。荷塘馬驛，隆慶四年，以泗洲驛改。淥口巡檢司，縣西九十五里淥口鎮。西山，在縣西五里，唐李靖嘗駐兵於此。淥江，在縣西南半里，流至江口入湘[二]。元醴陵州。洪武二年改爲縣。舊泗洲驛，在縣西南九十里。

【校勘記】

〔一〕在縣西百里　底本「西」下衍「南」字，川本、滬本同，據本書下文及嘉靖長沙府志卷四、紀要卷八〇删。

〔二〕江口　川本、滬本同。紀要卷八〇：「淥江流經縣南，「西北流，而注於湘，曰淥口。」清統志卷三五四引舊志略同。此「江口」疑爲「淥口」之誤。

益陽縣　城。　府西北二百里。　秦縣。三國吴魯肅屯兵於此。　潰江，在縣西南五里。有二源：一出溆浦，一出新寧。至武岡，合流東下，經寶慶府境，又五百餘里至本縣前。過沅江縣，入洞庭湖。　全設。　衡，饒，民狡。　小盧山，在縣東南六十里。　浮丘山，在縣西一百里。　白鹿山，在縣西南二里。下有龍湫。　喬江，在縣東八十里。源自潰江分派，流經長沙縣喬口。　岐頭市，在縣西五里〔一〕。　商賈輻輳。　宋史張頡傳：知益陽縣，縣接梅山溪峒，多蠻僚出没。頡按禁地約束，招傜人耕墾。　元屬益揚州。本朝改爲縣。

【校勘記】

〔一〕在縣西五里　「西」，底本缺，川本、滬本同，據清統志卷三五五補。

湘鄉縣　城〔一〕。　府西南二百一十二里。　元湘鄉州。本朝甲辰年改爲縣。　東漢縣。　湘江，北流至縣，逕江口，乃分一派東流，爲三十六灣。〔眉批〕韶山，在縣南北四十里〔二〕，西有三峯，山勢綿亘百餘里，湘潭、湘鄉、寧鄉諸山，皆其麓也。　豐溪水，在縣南二里。西流入漣。　捲簾水，在縣南三里。　鴨橋水，在縣南四十里。入漣。　蕘塘水，出韶山東小澗，南流，復折東而入漣。　青陂水，在縣東十五里。南流入漣。　黄竹洞水，在縣西北九十里真女山。　側水，在縣西南七十里。出邵陽界，入漣。　龍山，在縣西一百八十里邵陽界。其對峙者曰珍漣山。　漣水，有二源：一出龍山〔三〕，一出珍漣山。合流九十里，會側水，繞破石，轉至縣南，匯而爲潭。又東過石潭百餘里，入於湘。湄水，在縣西五十里。源出安化縣龍安山，奔流數里，有石巖當路，水入巖中，伏流六、七里，分爲三派流出，東入於漣。全設。賦甲一郡，煩，饒，民頑。設武障市巡檢司，縣東五十七里。

【校勘記】

〔一〕城　川本、滬本同。圖書集成職方典卷一二〇五：湘鄉縣城，「舊無城，萬曆庚寅，知縣揭士奇議建未果，僅設四門於街口，各樓其上」。康熙長沙府志卷四同。此「城」上疑脱「無」字。

〔二〕在縣南北四十里　川本、滬本同。嘉靖長沙府志卷三作「南四十里」，紀要卷八〇同；圖書集成職方典卷一二〇三作「西北四十里」，康熙長沙府志卷七同。未知孰是。

〔三〕漣水有二源一出龍山　底本脱「漣水有二源，一出」七字，川本同，據滬本及紀要卷八〇補。

攸縣　府南三百六十里。城周一千一百二十步。元攸州。洪武二年改爲縣。漢縣。〔眉批〕司空山，在縣東四十里。南接雲陽，連山峻拔，左右有三十六峯。南齊司空張岊棄官隱此。丫尖嶺，在縣東南五十里，接茶陵界〔一〕，淳祐志云：攸爲潭之門户，南接安仁關〔二〕，隘如丫尖，即此。大烏山，在縣東百里。銀坑水，在縣東五十里，自大烏山發源，與陽昇江水亦出大烏山〔三〕，相合，入攸水。攸水，在縣東一十五里。源出江西安福縣封侯山，西流經鳳嶺，〔旁注〕縣東一百二十里。至縣東與洣水合流。又至茶陵江口，入於湘水〔四〕。洣水，在縣東七里。源出衡州府酃縣之洣泉，經茶陵州西北〔五〕，至攸縣東洣溪，與攸水合。無丞。地僻，富饒，民刁悍，有土寇。設鳳嶺巡檢司。志有淥田巡檢司，在縣南四十五里。

【校勘記】

〔一〕接茶陵界　「接」，底本作「即」，川本同，據滬本及紀要卷八〇改。

〔二〕安仁關　底本脱「安」字，川本同，據滬本及紀要卷八〇補。

〔三〕陽昇江　「昇」，底本作「界」，川本、滬本同，據嘉靖長沙府志卷三、康熙長沙府志卷七改。

〔四〕茶陵江口入於湘水　底本脱此八字，川本同，滬本空五格，據嘉靖長沙府志卷三、紀要卷八〇補。

〔五〕洣水在縣東七里源出衡州府酃縣之洣泉經　底本脱以上十八字，川本、滬本同，據紀要卷八〇補。

安化縣　府西三百六十里。無城。宋熙寧初，立於北橋之東。建炎中，遷清塘鄉之北岸〔一〕。元末毁於兵。洪武初，立今治〔二〕。宋縣。裁減。事簡，淳。燕子洞，在縣南三十里。其險隘有司徒嶺、黄羅巖、大霧山及龍塘、梅子口、七星、首溪、白沙渡、游浮六寨。仙溪〔三〕，源出大仙山，合衆小溪，出敷溪口，入邵河。大峯山，在縣東北七十里。有七十一峯，旁接大小仙山。青羊山，在縣東七十里，與大潙山相接。奇峯疊嶂，狀若芙蓉，一名芙蓉山。黃羅山，在縣西南一百二十里〔四〕。四面懸崖壁立，有小徑可緣而上。宋、元季，人避兵處。濱江，源出五溪蠻中，又一源出資，合流至邵陽、新化，過本縣，下益陽，入洞庭。二水至安化以合。邵河，在縣西五十里，源出靖州綏寧縣澗谷中，由寶慶府至本縣，下益陽，入洞庭。

【校勘記】

〔一〕清塘鄉　「清」，底本作「請」，川本、滬本同，據嘉靖長沙府志卷四、康熙長沙府志卷一改。

〔二〕元末毀於兵洪武初立今治　底本錯簡於上文「宋熙寧初」之上，川本、滬本同。嘉靖長沙府志卷四：安化縣治，「始於宋熙寧間，初立於北橋之東。至建炎中，遷於清塘鄉之北岸。元至正辛卯毀於兵。洪武元年，主簿羅謙亨開設縣治。」康熙長沙府志卷一略同。據以乙正。

〔三〕仙溪　「仙」，底本作「伊」，川本、滬本同，據嘉靖長沙府志卷三、康熙長沙府志卷七改。

〔四〕在縣西南一百二十里　「南」，底本作「北」，川本、滬本同，據嘉靖長沙府志卷三改。圖書集成職方典卷一二〇四作「縣南百里」，康熙長沙府志卷七同。

茶陵州　元茶陵州。洪武三年改爲縣。　府南四百八十里。　城周五里十三步，城周南阻江〔一〕。　漢縣。　舊爲縣，成化十八年升。　四山盤繞，八水襟帶，秀甲一郡。　茶陵介三路之間，崖谷深削，列聯諸峒。宋劉子邁築城記〔二〕。　僻，鐃，事煩，民狡。　設茶陵衛，領寧溪千户所。視渡口巡檢司。〔旁注〕州東北一百八十里〔三〕。雲陽山，在州西十里。史云雲陽氏爲炎帝〔四〕，處於沙，即雲陽山也。其峯七十有一。皇雩山〔五〕，在州東八十里。下有七石竅〔六〕，泉流不竭。洣水，出酃縣洣泉，合雲秋沔渡二水，北流入州界。合洮、顔、沙、漚諸水，至攸縣，合攸水入湘。東江，在州西南一里，會皇雩、仙芝衆流而下。

【校勘記】

〔一〕城周五里十三步城周南阻江　「里」，底本脱，川本、滬本同，據嘉靖長沙府志卷五、嘉慶茶陵州志卷三補。川本、滬本「城」下無「周」字。嘉靖長沙府志：「茶陵州城，「東南因江爲險，西以北爲濠」，「南導江流灌注其中，北復會於江，環繞若帶」。嘉慶茶陵州志同。疑此「南」爲衍字。

〔二〕茶陵介三路之間至宋劉子邁築城記　底本錯簡於上文安化縣之末，川本同，據滬本及圖書集成職方典卷一二〇一、嘉慶茶陵州志卷四乙正。「劉子邁築城記」，上述二書皆作「劉用行修城記」，與此别。

〔三〕州東北一百八十里　川本、滬本同。嘉靖長沙府志卷四：「視渡口巡檢司，在茶陵州北一百里。」紀要卷八〇作「茶陵縣東八十里」。此「一百」或「八十」其一疑衍。

〔四〕史云雲陽氏爲炎帝　「炎帝」，底本作「陽帝」，川本同，滬本作「史云雲陽氏是爲炎帝」。紀要卷八〇：「史記炎帝葬於茶山之野，茶山即雲陽山。」據改。

〔五〕皇雩山　「皇」，底本作「黄」，川本同，據滬本及嘉靖長沙府志卷三、嘉慶茶陵州志卷五改。

〔六〕下有七石竅　「下」，底本作「上」，川本、滬本同，據嘉靖長沙府志卷三、嘉慶茶陵州志卷五改。

寶慶府

元寶慶路。本朝洪武元年，改爲府。　城周九里十三步。　古荆州。吴以下爲邵陵郡。〔眉批〕東距洞庭，西連五嶺。邵州圖經。　介於長沙、零陵之間。邵陽圖志序。　接九疑之形勢，據三湘之上游〔一〕。宋開元寺塔記。　領州一，縣四。　屬下湖南道。　全設。　山僻，頗饒，事簡。　舊有資江水驛，革。

【校勘記】

〔一〕接九疑之形勢據三湘之上游　「接」、「湘」，底本作「按」、「江」，據明統志卷六三、隆慶寶慶府志卷三引宋開元寺塔記改。

邵陽縣　漢昭陵縣〔二〕。　龍山，在縣東八十里。有龍池，泉如湧潮。分爲二派，一入湘鄉爲漣水，一入邵陽爲邵水。〔旁注〕盤旋安化、湘鄉，盜發多聚此。其山秀峯拔出，四望相類，頂與衡岳平峙。　高霞山，在縣西南一百八十里，根盤永州府東安、祁陽縣界。〔眉批〕四望山，在縣南一百八十里〔三〕。　接高霞山，抵東安、祁陽二縣界。　石門山，在縣北六十里〔三〕，高峻，横亘數十里，兩山相夾如門。爲郡水口〔四〕。　濱水，在府城北。源出靖州綏寧縣，經武岡，至此合邵水，下經新化、益陽入洞庭。禹貢：九江孔殷。濱其一也。　茱萸灘，在縣西北四十里，濱江水勢險惡，昔人置銅柱於岸側，以固牽挽〔五〕，俗謂五十三灘、四十八灘，此其首也。邵水，在府城南。源出龍山，經馬鞍山城東五里。孔明廟下，號相公潭，深不可測。至城北合資水。全設。僻，煩，民樸，悍。江川王同城。分守下湖南道駐劄。設寶慶衛。〔旁注〕中、左、右、前、後五所。白水、沙平、永靖三堡。隆回鎮巡檢司，在縣北一百八十里。

【校勘記】

〔一〕漢昭陵縣　「陵」，底本作「陽」，川本、滬本同，據漢書地理志、續漢書郡國志改。

〔二〕在縣南一百八十里　底本作「在縣南八十里十里」，川本同，據滬本及明統志卷六三改刪。

〔三〕在縣北六十里　底本「在」下有「山」字，據川本、滬本及明統志卷六三刪。

〔四〕爲郡水口　川本、滬本同。按此四字與石門山無涉，隆慶寶慶府志卷三、康熙邵陽縣志卷一石門山下皆不載，疑衍。

〔五〕以固牽挽　「固」，底本脱，川本、滬本同，據明統志卷六三、隆慶寶慶府志卷三補。

城步縣　府西南四百里〔一〕。城周五里。本武岡州之城步巡檢司，弘治十七年，苗賊李再萬叛〔二〕，巡撫閻仲宇平之，奏割武岡並綏寧地置。裁減。山險，近苗，有瘴。〔旁注〕調衡州衛中所千、百户守禦。設城步千户所，編丁夫把守苗路，凡七處。民有三：一曰居民，在安化石井、赤水；一曰猺民，在城步、大水；一曰苗民，在五洞、六寨。〔眉批〕青角山，在縣東百里。真良水，在縣東二十里。遡西而流，至洪江，與蔣家渡水合。

【校勘記】

〔一〕府西南四百里　「西南」，底本作「北」，川本、滬本同，據明史地理志改。「四百」，底本作「一百四十」，川本、滬本同，據隆慶寶慶府志卷三改。圖書集成職方典卷一二二七作「四百二十」。

〔二〕苗賊李再萬叛　「叛」，底本作「荆」，川本作「判」，據滬本改。

新化縣　府北一百八十里。　城周四里有奇。　宋縣。　熊膽山，〔旁注〕府志作熊山。在縣北一百里，其山迤邐延袤，西接巴〔一〕、黔之山。　牛欄山，〔旁注〕府志作牛山。在縣南一百里。　爲控扼之所。　無丞。　僻，饒，民悍。　有隘五、堡三。　設蘇溪〔旁注〕縣北一百里。巡檢司。　舊有新化水驛，革。　梅山，在縣南四里。〔旁注〕府志無。　西山，在縣西一百里。　巖谷峻深，陰雲晝蔽。　澬水，合澬、邵、都梁、夫夷四水，經本縣，東下益陽，入洞庭。

【校勘記】

〔一〕巴　底本作「邑」，川本、滬本同，據明統志卷六三、紀要卷八一改。

武岡州　府西南二百八十里。　城周六百四十七丈。　元武岡路。本朝洪武元年，改爲府。九年降爲州，屬寶慶府。　漢都梁、夫夷二縣地。　晉縣。〔眉批〕控制溪峒，彈壓諸蠻。　宋創武岡軍敕牒〔一〕。方輿作唐開元中敕牒〔二〕。　山川深阻，民傜雜處。　州城之南，二水合流，中乃夷曠。　舊志。　地僻萬山，民傜團敘，或百數十家聚居雜處，寡信。　本志。　唐糾山，在州西南百里。　輿地廣記：　資水出此。　漢志：　都梁縣有路山，資水所出，東北至益陽入沅。　泮水，至都梁分派，縈紆百折，環繞州學，至玉帶橋，仍與都梁水合。　武岡山，在城北五里。二岡左右對峙。　唐元和中，黔、巫蠻爲寇，潭帥柳公綽招降之，柳宗元作武岡銘。　雲山，在州南一十五里。省志：　三十五。府志：　一十。自麓之山頂，層巒盤磴，有七十一峯，紫霄、月華最著。　都梁水，出城西南，會夫夷水，經新化、益陽，入洞庭。　都梁山，在州東一百三十里。山有水，源出本州，流至羅江廟前，與夫夷水合，經新化、益陽入洞庭。府志：　在西南百里，有水發源，流合巫水，漢以此山名縣。　領縣一。　無判。　岷府，永樂二十一年〔三〕，徙封於此。　黎山、安昌、南豐、綏寧、建德五王同城。　江川王，弘治元年，奏遷府城。　祁陽王，崇禎十年，奏遷祁陽。　並郡王十四同城。　守備駐劄。　武岡守禦千户所，設堡六。　城步、蓼溪隘、〔旁注〕州西北七十里〔四〕。　紫陽關、〔旁注〕州東一百五十里。　石門隘、〔旁注〕州南六十里。　峽口〔旁注〕州北一百二十里。　五巡檢司。　武岡縣附郭，本朝幷入州。　僻，饒，近傜，軍夷雜處，有嵐瘴。　嘉靖二十九年，岷康王奏於州城東南築新城，以處藩裔。　設東、南、北三門。

【校勘記】

〔一〕宋創武岡軍敕牒　川本同，滬本「宋」上有「見」字。

〔二〕方輿作唐開元中敕牒　「中」，川本、滬本同，勝覽卷二六作「間」，此引誤。

〔三〕永樂二十一年　川本、滬本同，明史地理志作「永樂二十二年」，隆慶寶慶府志卷三作「洪熙元年」，此誤。

〔四〕州西北七十里　「七十里」，底本脱，川本同，據滬本及隆慶寶慶府志卷三補。

新寧縣　州南九十里。　城周二里有奇。　宋縣。　宋紹興中，即金城村置新寧縣，治水頭江北。　國朝正統十四年，峒蠻楊乂伯亂，討平之。　景泰二年，徙縣於舊治西二里松關沙洲之原〔一〕。　夫夷水，在縣南里許，源出廣西全州界，過此至邵陽，會資水。　裁減。　簡，僻，近傜，微瘴。　設長沙哨千户所、衡州哨千户所。　靖位巡檢司，縣東南九十里。　舊屬武岡州。　其險爲楓木嶺關〔二〕。　樟木山〔三〕，在縣西南四十里，綿亘八十餘里。　山下多傜，鳥言夷面。　大小金峯山，在縣東十五里。　上有大小芙蓉嶺。　山畔有泉，飛瀑若雪。　花溪山，在縣西七十里。　傜僚環居其下。　水經石門，與夫夷水合流，達於資江。　嘯巖，在縣東百四十里〔四〕。　外險内寬，鄉人都避寇於此。　八十里山，在縣南三十里。　山之南北幾八十里，南抵全州四十里，北抵本縣四十里。　石磴峭峻若蜀道。

【校勘記】

〔一〕宋紹興中至徙縣於舊治西二里松關沙洲之原　底本錯簡於上文武岡州之末，川本、滬本同，據隆慶寶慶府志卷三乙正。

〔二〕楓木嶺關　「木」，底本作「水」，川本、滬本同，據紀要卷八一、清統志卷三六一改。

〔三〕樟木山　「樟」，底本作「梓」，川本、滬本同，據明統志卷六三、紀要卷八一改。

〔四〕縣東百四十里　「百」，底本作「北」，川本、滬本同，據紀要卷八一改。圖書集成職方典卷一二二八作「縣東百餘里」。

常德府

元常德路。本朝甲辰年，改爲府。　城周九里有奇，計一千七百三十六丈。　古荊州。秦黔中郡。漢爲武陵郡。隋以下爲朗州。　沅水，在府南二百里〔一〕。自辰州府界流入桃源縣境，經此東流，至龍陽縣北，入洞庭。　領縣四。　屬湖北道。　二判。　六省通衢，五溪要害，舊稱饒足，近被水患，盜多糧欠。　舊有栗店遞運所，萬曆二年革。　省志有新店遞運所，在府西南二十里〔二〕。　東抵洞庭，西接夜郎。樓圖南奏狀〔三〕。　黔中爲楚之南宇，左包洞庭之險，右控五溪之要。郡志。

【校勘記】

〔一〕府南二百里　川本、滬本同，明統志卷六四、嘉靖常德府志卷二作「府南」，此「二百里」三字衍。

〔二〕府西南二十里　川本、滬本同。嘉靖常德府志卷四：「新店遞運所，府西南二百二十里。成化七年，巡撫吳都御史琛臨府，看得桃源縣抵辰州府四百餘里，五站之地，夫馬應付甚難，乃奏添設遞運所於今新店驛。」此「二」上脱「二百」二字。

〔三〕樓圖南奏狀　川本同，滬本「圖」下無「南」字。

武陵縣　漢臨沅縣〔一〕。　武陵溪，在縣西三十里。源出武山，入沅水。　全設。　衝，煩，疲，淳。　榮府並郡王五同城。〔旁注〕弘治無封〔二〕。　分巡湖北道駐劄。　設常德衛。　府河驛。〔旁注〕縣東南一里。　大龍馬驛。〔旁注〕縣北六十里。　遞運所二。　舊會典有和豐驛，今無。　梁山，在縣北三十里。舊名陽山。　武山，在縣西三十里。山畔有槃瓠石，水出其下，謂之武陵溪。　高吾山，在縣西三十里，一名西山。其下即武陵溪。　善德山，在縣東南十五里。岡巒聳然，當江流之衝，宋宣撫使韓宣築城其上。　枉水，在縣南一里。源出枉山，又名枉渚。　楚辭：朝發枉渚〔三〕。即此。　朗水，在縣南八十里。自辰州府流至此入於沅，謂之朗江。　便河，在縣北一里。　元郡監哈嘛所開。　舊唐書：溫造爲朗州刺史，開後鄉渠九十七里，溉田二千頃，郡人獲利。

【校勘記】

〔一〕漢臨沅縣　「臨」，底本作「陵」，川本、滬本同，據漢書地理志、續漢書郡國志改。

〔二〕弘治無封　川本同，滬本作「弘治□□年封」。按底本疑有脱誤。

〔三〕楚辭朝發枉渚　底本脱「楚」字，川本同，據滬本及嘉靖常德府志卷二補。

桃源縣　元桃源州。洪武三年，改爲縣。　土垣。　府西八十里。　唐縣〔一〕。〔眉批〕安陽山，在縣西百二十里〔二〕。其崇隱雲。　延溪水，在縣東五里。源出高橋北村，流入沅水。　黃石溪，在縣北百二十里，源出香山，流合沅水。　大敷溪，在縣西百二十里。源出辰州府界，下流與沅水合。　桃源山，在縣南二十里。其南有秦人洞，洞北爲桃花溪，相傳昔人避秦之所。〔旁注〕壺頭山，在縣西二百里，與沅陵接界。　無簿。　山險，頗衝，民刁，有盜。　設桃源、〔旁注〕縣西二里。鄭家、〔旁注〕縣西南七十里。高都、〔旁注〕縣西南一百二十里〔三〕。　新店〔旁注〕縣西南一百四十里〔四〕。四驛。　高都鎮〔旁注〕縣西南一百二十里〔五〕。巡檢司。　舊有白馬渡巡檢司，革。　舊會典、省志：縣東二十五里有淥羅驛。今無。

【校勘記】

〔一〕唐縣　川本、滬本同。九域志卷六：宋乾德元年，「析武陵縣地置桃源縣。」紀勝卷六八引國朝會要云：「乾德二年，析武陵置桃源縣。」此云「唐縣」，誤。

〔二〕在縣西百二十里　「百」，底本作「北」，川本、滬本同，據嘉靖常德府志卷二、紀要卷八〇改。

〔三〕縣西南一百二十里　「二」，底本作「四」，川本、滬本同，據嘉靖常德府志卷四、圖書集成職方典卷一二五九改。

〔四〕縣西南一百四十里　「南一百四」，底本作「北二」，川本、滬本同，據嘉靖常德府志卷四改補。圖書集成職方典卷一二五九作「西南一百三十里」。

〔五〕縣西南一百二十里　「西」，底本脫，川本、滬本同，據本書上文高都驛及紀要卷八〇補。

龍陽縣　府東南八十里。　土城，周八百八十七丈。　元龍陽州。洪武九年，改爲縣。　吳縣。　軍山，縣東一百二十里，〔旁注〕省志：八十。吳治中潘濬討樊伷屯此〔一〕。　橘洲，在縣西北五十里，長二十里。即吳李衡種橘之所。今洲上有民居數百家。　無簿。　簡，淳，瘠，疲，有水患，多盜。　設河池水馬驛。〔旁注〕嘉靖十年，以河池水驛改〔二〕。　小江口、〔旁注〕縣西北四十里。省志作小港。鼎港口〔旁注〕縣東百二十里。二巡檢司。　舊有武口驛，革。　滄山、浪山，並在縣西九十里。下各有水相合出江，爲滄浪水。　寶臺山〔三〕，在縣北十五里。前對橘洲，後連內堤。　芷水，在縣西四十里〔四〕。　洞庭湖，在縣東百六十里，跨沅江界。　蠡湖，在縣東三十里〔五〕，跨沅江界，一名赤沙湖。　鼎口水，在縣東北百二十里。　宋改朗州爲鼎州〔六〕，以此。　西水，在縣東百八十里〔七〕。　漢志云：源出辰州酉陽〔八〕。

【校勘記】

〔一〕樊伷　「伷」，底本作「佃」，川本同，據滬本及三國志吴書潘濬傳裴松之注引江表傳改。

〔二〕嘉靖十年以河池水驛改　「河池水驛」，底本作「河池驛」，川本、滬本同。嘉靖常德府志卷四：河池水馬驛，龍陽縣江北，「洪武三年建舊水驛，嘉靖九年改爲水馬驛」。圖書集成職方典卷一二五九同。此「河池」下脱「水」字，據補。此紀年差一年。

〔三〕寶臺山　「寶」，底本作「室」，川本同，據滬本及嘉靖常德府志卷二改。

〔四〕在縣西四十里　「西」，底本作「東」，川本、滬本同，據明統志卷六四、嘉靖常德府志卷二改。

〔五〕在縣東三十里　底本「東」上衍「西」字，據滬本及嘉靖常德府志卷二删。「三」，底本作「一百六」，川本、滬本同，據嘉靖常德府志卷二、圖書集成職方典卷一二五六改。

〔六〕宋改朗州爲鼎州　底本「鼎」上有「馬」字，川本同，據滬本及宋史地理志删。

〔七〕西水在縣東百八十里　「西」，川本、滬本及嘉靖常德府志卷二同，圖書集成職方典卷一二五六作「酉」。按酉水，明屬辰州府沅陵縣，載於明史地理志、明統志卷六五、紀要卷八一，作「西」者恐誤。

〔八〕漢志云源出辰州酉陽　「酉陽」，底本作「陽水」，川本、滬本同，據嘉靖常德府志卷二、圖書集成職方典卷一二五六改。漢書地理志：充縣，「酉原山，酉水所出，南至沅陵入沅。」與此引漢志文不合，「漢志」二字誤。

沅江縣　府東南二百三十里。　土城，周九里。　梁藥山縣。　裁減。　簡，僻，淳。　赤山，在縣東北五十里洞庭湖邊。　唐天寶中改𧑅山。　沅水，在西南里許。　傍湖分派，逆行數十里，北會鼎水，入於湖。

辰州府

城周一千三百一十三丈。元爲路。本朝甲辰年，改爲辰州府。古荆州。東漢，發南郡人入武溪擊諸蠻，不克，後馬援至臨沅擊之，即此。隋以下爲辰州。領州一，縣六。屬湖北道。大剌巡檢司，在堡靖之蝦里坪〔一〕。正德中奏設。二判。江口驛，府西二百四十里。舊有鎮溪、〔旁注〕西三百里〔二〕。高巖〔旁注〕西北三百里〔三〕。二巡檢司，革。辰當沅、靖諸蠻咽喉出没之地，内可以控諸蠻，而外爲武陵障蔽。風土記。溪山阻絶，非人迹所履。元和志。地連溪洞，控邊面甚廣。宋志〔四〕。倚山阻水，雖近苗夷，事簡易治。據楚上游，當雲、貴、粱、益之孔道〔五〕，外扼永、保諸溪洞咽喉，内爲武陵、荆、襄障蔽。王世隆修城記。山多田少，國險民戇。同。舟行則湍急險峻，水多亂石。陸行則重岡曲隴，車難方軌。爲西南要害四塞之地。小酉山，在城西北二十里。山下有石穴，相傳穆天子藏易、書於此。虎溪山，在城西二里。三峿山，在城東二里。茗山，在城北三百三十里。深險阻絶，人迹罕到。辰州衛，左、右、中、前、後五所。領鎮溪軍民千户所及清水溪十一堡。沅江，在城西南三里，自渠陽錦江，溆浦、盧溪諸水合流，經縣前，東會鼎口水，入洞庭。北江，在城西北二十里，自酉陽、平茶、卯洞、施溪諸水合流，入沅水。施黔水，在縣西一百十里。自施州黔陽江發源，與會溪水合流，東入沅水。會溪，在縣西北一百十里。取五溪相會之義。

【校勘記】

〔一〕嘏里坪　「嘏」，川本、滬本同，圖書集成職方典卷一二六五作「蝦」，此「嘏」疑爲「蝦」字之誤。

〔二〕西三百里　底本脱「里」字，川本同，據滬本及紀要卷八一補。

〔三〕西北三百里　底本脱「西」、「里」二字，川本同，據滬本及紀要卷八一補。

〔四〕辰當沅靖諸蠻咽喉出没之地至宋志　底本錯簡於上文沅江縣之末，川本同，據滬本及紀勝卷七五、明統志卷六五乙正。

〔五〕當雲貴粱益之孔道　底本脱「雲」字，「益」字重出，據川本、滬本補删。

沅陵縣　東漢縣〔一〕。〔眉批〕酉溪，在縣西北十里。一名酉水，溪口有小酉山。其源出酉陽，合北江水，入沅江。明溪，在縣西南〔二〕。省志：東北一百里。明，古作樠。酈道元水經注：沅水出牂牁郡且蘭縣，去武陵界，分五溪，爲雄溪、樠溪、酉溪、潕溪、辰溪也。容溪，在縣東南一百里。水自容溪發源，其流與怡溪水合而入江。黔中故城，在城西，即秦之黔中郡地。會溪城，在府西北一百一十里。唐天授中，析辰州大鄉縣置溪州。宋熙寧中築城，隸沅陵。洪武中，改爲巡檢司。省志：大酉，西北四十。小酉，西北五十。府志：小酉，西北二十。大酉，在辰溪。大小酉山，在西北四十里。壺頭山，在縣東一百三十里，漢馬援征武陵蠻，進營壺頭，會暑甚，士卒多疫死，援穿山爲室，以避炎氣，今山邊有石窟在焉。明月山，在縣東一百五十里。山下有明月池，兩岸素崖峭立，若披霜雪。酉水，在縣西北十五里。源出酉陽，合北江水，入沅江，溪口有小酉山。辰水，在城東一里。源發三峿山，南流入沅水。沅水，在西南五里。源出四川播州，經沅州，入常德府界。銅柱，在西北一百二十里會溪城對江。五代晉天福五年，溪州刺史彭士愁納土求盟，楚王馬希範立銅柱爲界。全設。衡，煩，民淳，軍滑。分守湖北道駐劄。舊有沅陵遞運所〔旁注〕隆慶四年革。及界亭、〔旁注〕驛在縣東南一百三十里。辰陽〔旁注〕縣南對江。馬驛。北溶水驛〔三〕，在縣東五十里，隆慶六年改建結灘。北溶、馬底馬驛。明溪、〔旁注〕縣西北一百里。會溪、〔旁注〕縣西北二百里。池蓬〔旁注〕縣東一百三十里。三巡檢司。北溶驛，縣東六十里。嘉靖四十五年，以清浪驛并於辰陽驛，移於結灘地方。馬底驛。怡容水驛。

【校勘記】

〔一〕東漢縣　川本、滬本同。漢書地理志武陵郡領有沅陵縣，則西漢已置縣，此云「東漢縣」，誤。

〔二〕在縣西南　「南」，底本作「北」，川本、滬本同，據本書下文及明史地理志改。

〔三〕北溶水驛　「北溶」，底本脱，川本、滬本同，據圖書集成職方典卷一二六六補。

盧溪縣　在府西南六十里。　無城。　梁盧州。唐縣。　盧山，邑周圍名。　武山，在西一百八十里。有槃瓠廟。水出其下，播爲五溪。〔旁注〕一統志云：盧溪在縣西二百五十里。　鎮溪軍民千户所，在縣西二百三十里〔一〕。　裁減。　山僻，雜苗，頗刁。　舊有武溪驛，隆慶二年革。　河溪、院場坪二巡檢司，革。　船溪馬驛，縣西南三十里。　溪洞巡檢司，縣南三十里浦市口。　秤鉈山，在縣東南。其山横塞水口，若秤鉈然。山右隅水旁有石，長三尺許，隱見不常，謂之神石。　上勞山，在縣西一百二十里〔二〕。　雄峙二洞之間〔三〕，絡繹高廣。　鎮溪山，在所東南二十五里。巍然爲羣山之表，鎮溪水發源於此。　盧水，在盧山下，合沅水、武水而東流。　沅江，出播州，經沅州，會黔陽、麻陽、溆浦諸水，北流至縣前，合武水，始折而東注。　武溪，在縣西一百五十里。古作潕，即馬援所云武溪多毒淫者也。　鎮溪，在縣西二百五十里。自鎮溪山發源，其流合盧水，水中諸灘最爲險惡。　虎頭山，在縣北。　院場坪巡檢司〔四〕，在縣西南二十里。　扼辰、溆二邑之水道，控鎮、筸諸夷之咽喉，兩水互夾，勢難築城。　舊治在洗溪。宋改徙羅江口。萬曆元年，知縣王京改建虎頭山南。　省志：盧江在縣西二百五十里，即武水所出。

【校勘記】

〔一〕鎮溪軍民千户所在縣西二百三十里 「溪軍」，底本脱，川本、滬本同，據本書上文及明統志卷六五補。「三」，底本作「二」，川本、滬本同，據明統志卷六五、紀要卷八一改。

〔二〕在縣西一百二十里 「一」，底本作「二」，川本同，據滬本及圖書集成職方典卷一二六三改。

〔三〕雄峙二洞之間 「之」，底本作「洞」，川本同，據滬本及圖書集成職方典卷一二六三改。

〔四〕院場坪巡檢司 底本「坪」下衍「土」字，川本、滬本同，據本書上文及明史地理志、圖書集成職方典卷一二六五刪。

辰溪縣 在府西南一百一十里。漢辰陽縣。裁減。 衝，疲，民悍。 設辰陽水驛。〔旁注〕縣西。 山塘馬驛。〔旁注〕縣西南三十里，府志：廢。 辰溪遞運所。 舊有渡口鎮巡檢司，革。 石城，周五里。 當雲、貴兩省通衢，水陸來往不絶，重之密邇乾、麻，邊防最要。

漵浦縣 在府南二百七十里〔一〕。 唐縣。 漵水，在縣西三十里。出鄜梁山〔二〕，下流入沅水。楚辭：入漵浦，余儃迴。即此。 無丞。 僻，饒，刁，悍，雜苗夷。 設鎮寧、〔旁注〕縣北六十里。龍潭〔旁注〕縣南一百二十里。二巡檢司〔三〕。 城周九里三分。 桃花山，在縣北一里。

沅州　府西三百二十里。　盧陽縣倚郭。本朝幷入沅州。　城一千七十餘丈，周二里有奇。　元沅州。本朝丁未年〔一〕，改爲府。洪武九年，降爲州，屬辰州府。　唐巫州。〔眉批〕溪山阻絶，非人迹所履。元和志。　明山，在北二十里。周迴二百餘里。　領縣二。全設。　淳，煩，衝，悍，近苗。係貴州餉道。　偏沅巡撫、兵備駐劄。　沅水驛〔二〕，州南門外。　懷化驛〔三〕，州東北一百二十里。　羅舊馬驛〔四〕，州東北四十里。　銅安驛，州東北四百七十里。　盈口驛，州東北八十里。　盧黔驛，州東南八十里。府志：廢。　懷化遞運所。府志：廢。　州東一百二十里。　晃州巡檢司，州南一百二十里。　舊有西關渡口巡檢司，革。　舊會典有城南遞運所，而無懷化〔五〕。　便水馬驛，州西南五十里。　安江驛，在州東北二百九十里。　晃州馬驛，在西南一百二十里。　舊有安江、竹寨二驛，嘉靖四十五年革。　沅州衛，左、右、前、中、後五所，領羅舊、磚堡十一哨。　平溪衛，在州西一百五十里。　清浪衛，州西一百九十里。　鎮遠衛，在州西二百八十里。　偏橋衛，州西三百六十里。　清浪以下三衛，在貴州境。

【校勘記】

〔一〕在府南二百七十里　「二」，底本作「三」，川本、滬本同，據明統志卷六五、紀要卷八一改。

〔二〕鄜梁山　「鄜」，底本作「酈」，川本、滬本同，據水經沅水注、紀要卷八一改。

〔三〕二巡檢司　底本脱「檢」字，據川本、滬本及明史地理志補。

【校勘記】

〔一〕本朝丁未年　川本、滬本同，明史地理志作「太祖甲辰年」。此誤。

〔二〕沅水驛　底本脱「驛」字，川本同，據滬本及紀要卷八一補。

〔三〕懷化驛　底本脱「驛」字，川本同，據滬本及紀要卷八一補。

〔四〕羅舊馬驛　「馬」，底本作「八」，川本同，據滬本及紀要卷八一改。

〔五〕懷化　「懷」，底本作「渚」，川本同，據本書上文、滬本及明會典卷一四七改。按明會典記有懷化遞運所而無城南遞運所，與此別。

黔陽縣　府西三百三十里。　梁龍標縣。　羅公山，在縣東南一百六十里，周迴五百里，四面險絶，山頂有池，廣數十里。　南有沙溪，與武陽江合，北流，分爲兩溪。　裁減。　僻，煩，頗刁。　設安江巡檢司。〔旁注〕縣東九十里。　城周四百五十餘丈。　舊有安江遞運所，革。

麻陽縣　府西南二百四十里〔一〕。　唐縣。　裁減。　苞茅山，在縣東九十里。上有三脊茅，可以縮酒。　與貴州之思州接壤。　山僻，險，樸，雜苗夷。　設平溪衛巖門〔旁注〕縣東北五十里。巡檢司。　錦川，在縣西四里。　磚城，周五百丈。　永順宣慰司，在府西北九十里。保靖宣慰司，在府西北二百里。　並屬府節制。

【校勘記】

〔一〕府西南二百四十里　「南」，底本作「北」，川本、滬本同。圖書集成職方典卷一二六三：麻陽縣「東至本府（辰州）水路四百五十里，陸路三百八十里」。按明辰州府治沅陵縣，即今湖南沅陵縣，麻陽縣治今麻陽縣西南錦和，則麻陽縣在辰州府西南，此「北」爲「南」字之誤，據改。此記里數疑有誤。

衡州府

元衡州路。本朝改爲府。　古荆州。吳以下爲衡陽、湘東二郡。　湘水，出廣西〔旁注〕靜江府。興安縣海陽山，流至分水嶺，〔旁注〕靈紆渠。分流。南流爲灕，北流爲湘，東出海陽，經全、永州〔一〕，東北歷零陵，灣環曲折，至府城東，合烝水，北入於洞庭湖。〔旁注〕府志：東北流，過零陵五里，與營合，達於衡陽，烝水入焉〔二〕，會流於石鼓之下。　烝水，出寶慶府邵陽縣耶薑山，東北流，至衡陽縣界清陽水〔旁注〕水出雲阜山。入焉。又東流，經府城北，會於湘，謂之烝口。郡國志云：西俯烝水，水氣如烝，故曰臨烝。　衡州遞運所。　領州一，縣九。　屬上湖南道。　二判。　地僻，民淳，事簡。　府城，宋景定中〔三〕，知州趙與稅築。甃以石，周七里三十步三尺。　雍王，成化二十三年封。無子，國除。　雨母山，在縣西二十里。亦名雲阜山，上有石壇。湘水記：舜南遊經此。後立祠，每祭，有雲氣起。柿江、清陽二水出此山，東流會蒸水。　石鼓山，在縣東北二里餘，俯據蒸、湘合流之會。水經注：臨烝縣有石鼓，高六尺，湘水所經，鼓鳴則有兵革。大雲山，在西一百一十里，跨衡陽、祁陽、邵陽三縣界。梁江水，在縣西。源出邵陽縣界，北流三百里，會於蒸。

【校勘記】

〔一〕經全永州　底本「州」字重出，川本同，據滬本及明統志卷六四刪。

〔二〕烝水入焉　底本脱「水」字，川本同，據滬本補。

〔三〕宋景定中　「宋」，底本作「元」，川本、滬本同。按圖書集成職方典卷一二四四：衡州府城「洎開慶己未，元兵自南來，城破蹦爲墟。景定中，知州事趙興説始城之」。清統志卷三六二：衡州府城「宋景定中築」。據改。

衡陽縣　治。　編户五十一里。　吳臨烝縣。〔眉批〕漢昭烈牧荆州時，諸葛亮駐臨烝，調賦以供軍實。　耒水，出郴州桂陽之耒山〔一〕，西北流，過耒陽之東南，又北流入於湘，謂之耒口。　回雁峯，在縣南二里。或曰雁不過衡陽，然衡陽之南亦有雁，但過此則漸稀耳。或曰峯勢如雁翼之回，故名。徐靈期云〔二〕：南嶽周迴八百里，迴雁爲首，嶽麓爲足。　雍王，成化二十三年封。無子，國除。　岣嶁峯，在縣北五十二里。其上有禹碑。　全設。　水陸衝煩，淳饒易治。　衡、永、郴、桂分巡駐劄。　設衡州衛，左、右、前、後四千户所〔三〕。中所，洪武二十八年調鎮常寧。　臨烝、〔旁注〕

縣北烝水旁。七里〔旁注〕縣北六十里。一水驛。湘江東岸設有遞運所〔四〕。江東鎮、在縣南湘江東岸〔五〕。松柏市〔旁注〕耒江新城市。二巡檢司。舊有新塘水驛，在縣東南六十里。革。漢酃縣，在東十二里。鍾武縣，在西八十里。漢末賊區星嘗據此，孫堅平之。承陽縣，在西一百七十里。陳新城縣，在東一百二十里。

【校勘記】

〔一〕出郴州桂陽之耒山　「郴州」，底本作「柳州」；「耒山」，底本作「來山」，川本、滬本同，據本書下文及嘉靖衡州府志卷二改。

〔二〕徐靈期　「徐」，底本作「涂」，川本同，據滬本及明統志卷六四改。

〔三〕左右前後四千户所　底本「前」下有「中」字，川本同，滬本無。按本書云「四千户所」，下文云中所於「洪武二十八年調鎮常寧」，則此「中」乃衍字，據删。

〔四〕湘江東岸設有遞運所　底本脱「設有」二字，川本同，據滬本補。

〔五〕江東鎮在縣南湘江東岸　底本「江東鎮」上有「後及」二字，川本同，據滬本及嘉靖衡州府志卷三删。

衡山縣　府東北一百里，水路一百六十五里。編户十七里。〔旁注〕隋大業六年，徙治白馬峯下。唐以水患，徙白茅鎮，即今治。衡山，在縣西北三十里。舜典：南巡狩，至于南嶽。禹貢：岷山之陽，至于衡山。並此。〔旁注〕長沙志云：衡山軒翔，聳拔九千餘丈，尊卑差次。其山盤繞八百里〔一〕。七十二峯、十洞、十五巖、三十八泉、二十五溪、九池、九潭、九井。而峯之最大者五，曰祝融、紫蓋、芙蓉、石廩、天柱，惟祝融爲最高。〔眉批〕祝融峯，在縣西北三十里，高九千七百三十丈。在諸峯之北。湘水環帶山下，五折，乃北去。上有祝融君廟。紫蓋峯，在岳廟東。諸峯並朝祝融，獨此峯面南，與祝融爭高。杜甫詩：紫蓋獨不朝。謂此。 無丞。 衡，煩，民刁悍。 設皇華水驛，在縣東一十五里。 雷家埠，草市巡檢司〔二〕，在縣南百里攸縣界。 祝融峯，在縣西北三十里，位直離宮〔三〕，以配火德，高九千七百三十丈。 雲密峯，在山西北，有大禹嵓、桃花源。 岣嶁峯，在嶽南五十里，高一千五百丈，上有禹碑。 湘水，在縣東三里。 茶陵江，在縣西二十五里。 銅柱，在西北一百二十里。 吳黃武二年，都督程普與蜀將關羽分界，共鑄銅柱於此。 樟木關，在縣北三十里。爲北路襟吭〔四〕。 縣城，正德十二年，桂東盜起，知縣鄒岡築。 嘉靖元年，水漲城圮。三年，知縣彭簪甃以石，周四百九十六丈。 黃堡驛，萬曆元年，以霞流水驛改設於黃茅堡，爲腰站。在縣北九十里。

【校勘記】

〔一〕其山盤繞八百里　底本脱「里」字，川本同，據滬本及明統志卷六四補。

〔二〕草市巡檢司　「草」，底本作「革」，川本同，據滬本及紀要卷八〇改。

〔三〕位直離宮　「直」，底本作「置」，川本、滬本同，據明統志卷六四、嘉靖衡州府志卷二改。

〔四〕樟木關在縣北三十里爲北路襟吭　川本、滬本同。圖書集成職方典卷一二四四：衡州府樟木關，「在城北三十里，衡山路。」清統志卷三六三：「樟木關，在衡陽縣北三十里，路出衡山縣。」應叙於上文衡陽縣，此錯入。

耒陽縣〔一〕　府東南一百三十里。〔旁注〕陳徙治鷟山口。隋徙大陂市。唐武德中，復舊治。　編户二十八里，依耒爲城。　元耒陽州。洪武二年，改爲縣。　秦耒陽縣〔二〕。〔眉批〕溽江水，源出安仁縣，流至鷟山鄉，縣東北鄉，大陂市，入於耒。　侯計山，在縣東七十五里。山有七十峯，肥水出焉，西流入於耒。　侯曇山，在東南八十里，跨安仁界，半屬耒陽。　阜山，在縣北二里。盤踞二十餘里。鷟山，縣東北四十里〔三〕。　耒水，出郴州桂陽之耒山，西北流至縣之東南，北流抵衡陽縣界，至耒口，入湘。　縣城，正德十一年，知縣王睿築，周五百五十丈。　無丞。　僻，煩，民淳。　設羅渡鎮〔旁注〕縣西南五十里。巡檢司。　漢桂陽郡故城在縣西。　建武中，徙郡治此。　舊有耒江水驛，革。

【校勘記】

〔一〕耒陽縣　「縣」，底本作「山」，川本同，據滬本及明統志卷六四、嘉靖衡州府志卷一改。

〔二〕秦耒陽縣　「陽」，底本脱，川本、滬本同。元和志卷二九：耒陽縣，「本秦縣，因耒水在縣東爲名」。據補。

〔三〕侯計山在縣東七十五里至鷟山縣東北四十里　底本錯簡於上文衡山縣之末，川本、滬本同，據明統志卷六四、嘉靖衡州府志卷二乙正。

常寧縣　府南一百二十里。編户七里。吴新平、新寧二縣。裁減。地僻，軍民雜處，多訟。英頭山，在縣南十里，望之如干矛之英。吴水，源出永州府界，流至縣入湘。樟水〔一〕，源出本縣，流合宜水〔二〕。設守鎮常寧中千户所。河州、在縣西南三十里〔三〕。柏坊在縣北三十里〔四〕。二水驛。宜水，源出縣南塔山，會砝石水，西北流，注於湘。縣城，正統八年，副千户鄧英築。天順四年，甃以石，周六百七十四丈七尺。元常寧州。洪武二年〔五〕，改爲縣。

【校勘記】

〔一〕樟水　「樟」，底本作「接」，川本脱，據滬本及明統志卷六四、嘉靖衡州府志卷二改。

〔二〕英頭山在縣南十里至流合宜水　底本錯簡於上文耒陽縣之末，川本脱，據滬本及明統志卷六四、嘉靖衡州府志卷二、紀要卷八〇乙正。

〔三〕在縣西南三十里　底本錯簡於上文「設守鎮常寧中千户所」之下，川本同，據滬本及嘉靖衡州府志卷三乙正。

〔四〕在縣北三十里　底本錯簡於下文「二水驛」之下，川本同，據滬本及嘉靖衡州府志卷三乙正。

〔五〕洪武二年　「二」，川本、滬本同，明史地理志、圖書集成職方典卷一二四一作「三」，此「二」爲「三」字之誤。

安仁縣　府東二百里。　編户一十五里。　宋縣。裁減。　煩，刁。　設潭湖鎮，縣南七十里；安平鎮，縣北三十里〔一〕，二巡檢司。　險阨，有月嶺、相公山〔二〕。　楊梅峯，在西北一十里。五代時，馬殷將歐陽頵於此立寨，屯兵以備南漢。宋沈通父子亦保障於此。正德十二年，苗賊攻縣，鄉民多避兵其上。　永樂水，在縣南百一十步〔三〕。　源出郴州清溪，過縣北，流一百二十里，至衡山縣義塘江北，合洣水，入於湘。　小江水，在縣南。源出郴州，北流經縣界，至衡陽縣〔四〕，合茶陵洣水〔五〕。　縣城，正德中，知縣韓宗堯築〔六〕，周四百五十五丈六尺。　舊治在宣陽鄉。〔旁注〕西南三十里。　宋淳化中，縣令高岳徙治薌草坪，即今治。　熊耳山，在縣東南七十里〔七〕。　浦陽江，在縣南七十里。源出興寧縣界，北流至黄沙田，與永樂江合。　灘頭港，在縣東南二十里。　源出酃縣，北流二十里，入永樂江。　排山港，在縣東南五里。　源出茶陵州大市鎮，西流至鳳岡橋，水西入於湘。　至和山港入永樂江。　油陂港，縣南三十五里，源出永興縣〔八〕，東北流至和山港，入永樂江。

【校勘記】

〔一〕安平鎮縣北三十里　底本脱此八字，川本同，據滬本及紀要卷八〇補。

〔二〕月嶺相公山　川本、滬本同，紀要卷八〇作月嶺寨、相公山寨。此疑脱二「寨」字。

〔三〕在縣南百一十步　川本、滬本同。嘉靖衡州府志卷二：「永樂水，在安仁縣南十步。」此「百」字疑衍。

〔四〕至衡陽縣　底本「陽」上有「山」字，川本同，據滬本及明統志卷六四、嘉靖衡州府志卷二刪。

〔五〕洣水　「水」，底本脱，川本、滬本同，據明統志卷六四、嘉靖衡州府志卷二補。

〔六〕韓宗堯　底本作「陶璐」，川本、滬本同。嘉靖衡州府志卷三：「安仁縣，原無城，成化中知縣吳興始築土牆，正德中「知縣韓宗堯始相地開拓，易以石」。圖書集成職方典卷一二四四略同。本書下叙酃縣城「正德中，知縣韓宗堯築」，二者相鄰而互誤，據改。參見下文酃縣校勘記〔一〕。

〔七〕在縣東南七十里　「七」，底本脱，川本、滬本同，據明統志卷六四、嘉靖衡州府志卷二補。

〔八〕油陂港縣南三十五里源出永興縣　「油」，底本作「由」，川本、滬本同；「永興」，底本作「興」，川本同，滬本作「興寧」，並據圖書集成職方典卷一二四三、清統志卷三六二改。

酃縣　府東三百九十里。　編户一十四里。　雲秋山，在縣西四十里。　萬陽山，在縣西南八十里，周三百里。　集雷山，在縣東八十里，周三百里。　斜瀨江，源出桂東大桂山，由九潭江至蛟潭及高瀧、老鴉磨刀二瀧，流於江。　雲秋水，在縣西四十里。　經雲秋山下，東北流經縣東，復折西北，合洣水，入於湘。　洣泉，在縣東。　流合雲秋水，北入茶陵州境，即洣水之源。　縣城，正德中，知縣陶璐築〔一〕，周四百八十丈有奇。　炎帝神農氏陵，在縣西康樂鄉。宋乾德五年建廟，以祝融配食，置守陵户〔二〕。　宋縣。　裁減。　地僻，煩，刁悍。　沔渡江，發源萬陽山流漿源，達茶陵江。桃源溪，在縣南四十里〔三〕。源出雲陽五洞，北流至桃源江口，合雲秋水，至茶陵州，合洣水入湘。

【校勘記】

〔一〕陶璐　底本作「韓中堯」，川本、滬本同。嘉靖衡州府志卷三：酃縣城，正德辛未，「知縣陳鉶始議立城，府通判李文明、指揮彭寶、知縣陶璐、典史阿實等發邑民築土城」。圖書集成職方典卷一二四四略同。本書上文安仁縣城「正德中，知縣陶璐築」，二者相鄰而互誤，據改。參見上文安仁縣校勘記〔六〕。

〔二〕置守陵户　「户」，底本脱，川本、滬本同，據明統志卷六四、嘉靖衡州府志卷四補。

〔三〕在縣南四十里　「南」，底本作「西」，川本、滬本及明統志卷六四同，據嘉靖衡州府志卷二、圖書集成職方典卷一二四三改。按今酃縣南之河漠水流逕縣南桃源，即明、清稱之爲桃源溪者也。

桂陽州　元桂陽路。本朝洪武元年，改爲桂陽府。九年，降爲州。府西南二百六十里，水路三百里。編户四十六里。大湊山，在州西。舊出銀礦，今絶。龍渡山，在州南三十里。下有泉。石門山，在州西北六十里。山有巖穴如門。歸水〔一〕，自藍山穿石門西注，舟筏皆經其下。襟帶湘江〔二〕，控引交、廣。五雲觀記。外撫五峒。宋紹興改軍奏狀。潭流水〔三〕，在州西北百三十里。源出潭流山下。黄田灘水，在州北七十里。源出巖塘山〔四〕。馬迹山，在州北九十里〔五〕。　流渡水，在州北七十里。源出巖塘山。　湟水，去州七十里。漢武帝使路博德將兵出桂陽，下湟水伐南越〔六〕。　桐梁水，在州西六十里。　沙溪水，在州西北二十五里。　東晉晉寧縣，在州北三十里。　宮市縣，在州北九十里。　平陽故城，在州東。晉平陽縣。　藍山，在西一百里，跨臨武、藍山二縣界。　春水，州北三十里，一名衡塘水。源出道州春陵山，東流經藍山縣界，又東北流至州界，會巋水，北至常寧縣界入湘。循州境之十八灘，至焦源河，入於湘。　州城，成化四年，都指揮使翟璥築。周五百二十八丈。　領縣三。　全設。　僻，煩，民淳。　設桂陽守禦千户所、遞運所。〔旁注〕州南。　泗洲寨、〔旁注〕州北八十里。牛橋〔旁注〕州南六十里。二巡檢司。　潭流山，在州西北一百九十里，接寧遠縣界，舊出礦，今絕。下有溪，名潭流水，極深，流合春水。　寧岡山，在州北七十里。山高十里，周迴四十五里，爲桂陽水口。過此即十八灘。　湖屯水，源出龍渡山，南流至湖屯，折而東南流至鹿頭山，又北流入郴州界。

【校勘記】

〔一〕巋水　「巋」，底本作「歸」，川本、滬本同，據本書下文及紀勝卷六一、明統志卷六四、嘉靖衡州府志卷二改。

〔二〕襟帶湘江　「湘江」，底本倒誤作「江湘」，川本、滬本同，據明統志卷六四引宋練亨甫桂陽五雲觀記乙正。

〔三〕潭流水　底本脱「水」字，據川本、滬本及紀要卷八〇補。

〔四〕源出巖塘山　川本同，滬本作「俗呼十八灘」，同嘉靖衡州府志卷二、紀要卷八〇。

〔五〕馬迹山在州北九十里　「山」，底本作「水」；「九」，底本脱，川本、滬本同，據嘉靖衡州府志卷二改補。

〔六〕下湟水伐南越　「水」，底本脱，川本同，據滬本及漢書武帝紀、南越傳補。按漢書所載之湟水，即今廣東連江，此説誤。

臨武縣　州東南一百八十里〔一〕。　編户二十五里。　平陽縣，本朝未立。　桂陽州，本朝未立〔二〕。　陽山縣，本朝未立〔三〕。　漢縣。無丞。　山川僻險，有寇及瘴。其要害爲走馬營、雞頭營、黄茶坪、水頭營。　舊有赤土巡檢司，在縣東四十里。革。　兩路口巡檢司，在縣西北八十里。省志作石陂。　縣城，天順四年，縣丞張禎築。周五百八十二丈。

【校勘記】

〔一〕州東南一百八十里　「東南」，川本、滬本及明統志卷六四同，明史地理志作「南」。按明桂陽州治今桂陽縣，臨武縣即今縣，位於桂陽縣南偏西，明志是。

〔二〕平陽縣本朝未立桂陽州本朝未立　川本、滬本同。明史地理志：桂陽州，元桂陽路，治平陽縣，「洪武元年爲府，九年四月降爲縣，省平陽縣入焉。十三年五月升爲州」。則云「平陽縣，本朝未立」，是，云「桂陽州，本朝未立」，誤。臨武縣在桂陽州南，非同地，平陽縣、桂陽州應叙於上文桂陽州下才合，記述於此，亦誤。

〔三〕陽山縣本朝未立　川本、滬本同。明史地理志：連州領有陽山縣，「元屬桂陽州。洪武二年三月，桂陽州廢，屬連州」。則陽山縣與臨武縣無關，叙述於此，誤。

藍山縣　州西南二百里。　編户二十五里。　縣城，天順八年，知縣蕭祓築，周四百五十丈。　漢南平縣。　九疑山，在縣西南五十里。　藍山，在縣北五十里。其高數里，延袤八十餘里，跨南平、寧遠界。　裁減。　簡，淳，微瘴。　設寧溪守禦千户所，在縣西二十五里，隸茶陵衛。　縣北四十五里〔一〕。　乾溪、〔旁注〕縣北四十五里〔二〕。　小山堡、〔旁注〕縣西十里，革。　大橋、〔旁注〕新會典作乾橋大溪，誤。　張家陂、〔旁注〕縣西二十里，革。　毛俊堡〔旁注〕縣東二十里〔三〕。　五巡檢司〔四〕。　漢南平縣，在東五里。　唐舊治，在北一十五里。

【校勘記】

〔一〕縣北四十五里　川本同，滬本繫於下文「乾溪」之下。嘉靖衡州府志卷二：「乾溪水，在藍山縣北八十里。」與此記里數不合。同書又載：「藍溪水，在藍山縣北五十里。」紀要卷八一：「藍水，藍山縣北五十里。」疑「縣北」上脱「藍溪」二字。

〔二〕縣北四十五里　「北」，底本作「西」，川本、滬本同。嘉靖衡州府志卷三：藍山縣，「乾溪巡檢司，在縣北四十里」。

紀要卷八十一同。此「西」爲「北」字之誤，據改。

〔三〕毛俊堡　「俊」，底本作「後」，川本同，據滬本及明會典卷一三八、嘉靖衡州府志卷三改。

〔四〕五巡檢司　底本脱「檢」字，川本同，據滬本及明史地理志補。

嘉禾縣　冒嵩少集：湖南尹將軍協剿臨、藍，開嘉禾縣。

永州府

城周九里二十步有奇，西臨瀟水。　古荆州。漢以下爲零陵郡。　湘江，在府城北十里。源出廣西興安縣海陽山，下全州，流經府界，至湘口，與瀟水合。　瀟水，出九疑山朱明峯，南流至三江口，東北與沲水合。又東北流至府城西，北流至湘口，會於湘。〔旁注〕地理志：出營陽冷道縣，經九疑過永州入湘。　領州一，縣七〔一〕。　元永州路。本朝改爲府。　屬上湖南道。　全設。　僻遠，民饒。　舊有永州遞運所，隆慶四年革。　湘江東西，中直浯溪，石崖天齊。唐元結中興頌。　勢控駱、越，勝踞衡、湘。省志。　北接衡嶽，南連九疑。舊經。　南控百粵，北湊三湘。宋掌禹錫記。　西山，在府城西瀟江之外，唐柳宗元記云：窮山之高，則凡數州之土壤皆在袵席。焦山，在縣西北一百里。馬鞍嶺，在縣東三十里。山勢險峻，路通寧遠，傜峒連絡，盜賊出没。分水嶺，在縣西二百里，南流爲瀟，北下爲湘。愚溪，在西瀟水之上。黄溪，在東七十里，九疑之西。瀟湘鎮，在縣北十里二水會流處〔二〕。雷石鎮，在縣南六十里，當瀧水口。泉陵城，在縣北二里。晉惠帝分灌陽縣置〔三〕，隋省。

【校勘記】

〔一〕縣七　「七」，底本作「六」，川本、滬本同。按本書記永州府領零陵、祁陽、東安、寧遠、永明、江華、新田七縣，與明史地理志同，此「六」乃「七」字之誤，據改。明統志卷六五記永州府領縣六，無新田縣，縣置於崇禎十二年，而明統志所載乃天順年間政區建置，故不錄。

〔二〕二水會流處　川本、滬本同。康熙永州府志卷二：「瀟湘鎮，在北十里，瀟、湘會流之處。」此「二水」上疑脱「瀟湘」二字。

〔三〕晉惠帝分灌陽縣置　川本、滬本同。漢書地理志：零陵郡，領有「泉陵，侯國」。則漢代已置，此誤。

零陵縣　漢泉陵縣。永水，出縣西南一百里永山，流入湘江。縣境有鼻亭，即古有庳國。宋類苑云：道州、永州間，地名鼻亭，窮巖絶徼，非人迹可歷，去兩州各二百里，舜封象於此，今失其地。賢水，在縣南六十里。源出縣南二十五里澹山巖。永水，在縣南九十三里。

出永山，入湘江。　無簿。　衡，險，煩，饒。　岷王、南渭王府俱同城。　分守上湖南道駐劄。　設永州衛五千户所。　湘口水驛，縣北十里。　黄陽堡巡檢司，舊係高溪市，隆慶元年改〔一〕。　舊有方瀲水驛，萬曆九年革。

【校勘記】

〔一〕隆慶元年改　「元」，底本作「四」，川本、滬本同，據明史地理志、康熙永州府志卷三改。

祁陽縣　府北一百里。　城周一千一百一十二丈。記作四百十八丈。萬曆壬寅石城。　吳縣。　祁水，〔旁注〕一名小東江。　出寶慶府邵陽縣界餘溪，東北流九十里，至縣北入湘。　白水，在縣東六十里。　自寧遠縣界來，出白水市，入於湘。　浯溪，在縣南五里，流入湘江。　裁減。　饒，衝，民悍。　有歸陽驛、〔旁注〕東北一百里。　三吾驛、〔旁注〕縣東六十里〔一〕。　排山驛。〔旁注〕縣北一百里。　歸陽市、白水市、永隆太平市、江湘市四巡檢司。　排山驛〔二〕，縣北一百里〔三〕。　原係瀟南馬驛，嘉靖十八年改。　祁陽距衡陽一百九十里，中爲排山，上去祁一百里，下至衡九十里。　白沙鎮，在縣北百二十里。　五代時置鎮遏使。　扼水陸之衝，居楚、粵之要。省志〔四〕。　四達之衢，視零陵尤爲繁劇。　祁山，在縣北一十五里。　三江，在縣東七十里。

西流入瀟湘。白河江，南流入湘江。清江，東流與白河江合。峽山，在縣六十里，山瀕大江，兩山夾峙〔五〕。四望山，在縣西南一百二十里，勢最高聳，登巔望之，衡、邵、永、道皆在目。瀟湘江，經縣治之南，折而東。

【校勘記】

〔一〕縣東六十里　川本、滬本同。圖書集成職方典卷一二七九：「三吾水驛，在祁陽縣治東十五里，後改入長樂門原立正廳及鼓樓。」康熙永州府志卷三：「三吾驛，在祁陽縣南門外。」此誤。

〔二〕排山驛　底本脱，川本同，據滬本及明會典卷一四五、紀要卷八一補。

〔三〕縣北一百里　底本「一百」下衍「六十」，川本同，據圖書集成職方典卷一二七九、康熙永州府志卷三刪。

〔四〕省志　川本同，滬本作「府志」。

〔五〕兩山夾峙　底本「兩」上有「山」字，川本、滬本同，滬本「兩」作「呐」。弘治永州府志卷二：「峽山，「瀕臨大江，兩山下夾。」此「兩」上「山」字衍，據刪。

東安縣　府西九十里。城周三百五十丈。宋縣。裁減。山僻，民疲，近苗。守鎮東安百户所。結陂市、盧洪市巡檢司，縣東南一百里。舊有石期驛，東南四十里。萬曆九年革。結陂市巡檢司，革。盧洪江，在縣東北一百里〔一〕。東南流，出江口，入湘。清溪，在縣北四十里。源出舜嶺下，由縣南東流四十里，入湘。祐水〔二〕，在縣東北十里，源出新化鄉，東流入清溪。南控百粤之徼。掌禹錫壁記。與五嶺接。寰宇記。石城，周五百九十六步，在江之北。

【校勘記】

〔一〕在縣東北一百里　底本脱「東」，「一百」，「里」下衍「許」字，川本、滬本同，據弘治永州府志卷二、康熙永州府志卷八補删。

〔二〕祐水　「祐」，底本作「祜」，川本、滬本同，據弘治永州府志卷二改。康熙永州府志卷八、圖書集成職方典卷一二七二作「宥江」，「祐」、「宥」音同。

道州　〔旁注〕府南一百六十里。元道州路。本朝洪武元年改爲府，九年降爲州。營道縣，倚郭，本朝幷入道州。吴營陽郡。〔旁注〕瀟南驛，在州治東，今革。宜山，在州北十五里。山極高峻，盤踞十數里，八面環觀，方正如一。麻山，在州北八十里。兩崖對峙，石壁千仞，麻灘走其下，其聲如雷。州之北户，此爲絶險。營水，出營山，流六十里至州城西，與沲水合。經宜陽鄉，與舜源水、瀟水合。轉注單江，至本府入湘〔一〕。濂溪，在州西二十餘里安定山下。周元公故居。領縣三。瀟水，在州西北。自南流一百里，至州城北，與沲水合〔二〕。無同。僻，饒，民淳，近猺。〔眉批〕北自零陵界入道，瀟水夾兩山之間，逶迤百餘里。山勢險峻，懸崖千仞，纔通一徑。行者逆坂而登，下臨不測之淵。若有重載，必資舟楫。其水勢皆自高而瀉下，石錯出其間，非其土人習於水事，則有觸溺之患。由道入永，則爲順流而下，勢險而疾。是道阨水陸之衝，居楚、越之要，可爲得地形矣。又北枕瀟、宜諸山，東、西、南三面繞營、沲諸水，正合兵家山陵水澤之説，故易守難攻。　天順中，設永道守備指揮一員駐劄。　設寧遠衛。〔旁注〕中、後二所。　麻灘驛。〔旁注〕州北六十八里。　營道山，在州西北五十里，接永州白水山。　白鷄山，在州西北六十里。山極險峻，與全州、灌陽諸山相連，舊有鄰寇之害，設兵以守，今白鶴營是。　營山，在州西四十里。層巒疊嶂，綿亘數十里，與全州、灌陽連界。唐武德四年，置營州於此山之下。　魚壘山〔三〕，在州西五十里。山極深阻，西連灌陽，南通富賀，山夷常出没於其間，設固西營以守之。　銀山，在南二十五里。與宜山對峙。　將居山，在州南四十里，地名四眼橋。山極深阻，亦呼大尖嶺，連九疑、蒼梧之墟。苗夷據之以爲淵藪，居民歲受其害，故設滴水、靖邊、周塘、中軍四營以守之〔四〕，既有千長，又猺官二名以統之。

【校勘記】

〔一〕至本府入湘　底本「府」上有「縣」字，川本同，據滬本及明統志卷六五删。

〔二〕至州城北與沲水合　底本脱「沲」字，川本同，據滬本及明統志卷六五補。

〔三〕魚壘山　「壘」，底本作「疊」，川本、滬本同，據康熙永州府志卷八、圖書集成職方典卷一二七三改。

〔四〕滴水靖邊周塘中軍四營　底本脱「滴」字，據川本、滬本及康熙永州府志卷八補。按康熙永州府志作「滴水、靖邊、洪塘、中軍五營」，云「五營」，實四營。紀要卷八一作「滴水、靖邊、周堂、中營四營」；圖書集成職方典卷一二七三作「滴水、靖邊、洪塘、周塘、中軍五營」，甚是。

寧遠縣　州東七十里〔一〕。石城，周四里。漢泠道縣。天門山，在縣東南四十里，平地直上千餘丈〔二〕。九疑山，在縣南六十里，亦曰蒼梧山。文穎曰：九疑山半在蒼梧，半在零陵。郭璞曰：其山九溪皆相似。或云：九峯參差互相隱映，望而疑之，故名。九峯各有一水，四水南流，會於南海；五水北注，會於洞庭。舜陵在焉。〔眉批〕浯溪嶺，在縣西南二十里，與黄嶺相接，路通道州。桂嶺，在縣南四十里，桂水出焉。石梯嶺〔三〕，在縣西北八十里，爲西鄉之關阨。分水嶺，在縣東北一百二十里，頂有水分二流，西北注祁陽，東南注縣。山海經云：海内南經：蒼梧之山，帝舜葬於陽，帝丹朱葬於陰，注：今丹陽復有丹朱冢也〔四〕。竹書亦曰：后稷放帝朱於丹水。與此義符。丹朱稱帝者，猶漢山陽公死，加獻帝之謚也。大荒南經：赤水之東，有蒼梧之野，舜與叔均之所葬也。注：叔均，商均也。舜巡狩死於蒼梧而葬之。商均因留，死亦葬焉。墓在今九疑之中。春陵山，在縣東北七十五里。〔旁注〕州志：東七十里。府志：北七十。五山相接，舂水出焉。舂水，在縣北八十里。源出舂陵山，東南流至此，下流經桂陽州藍山境，入湘。舜源水，出九疑山舜源峯，流至縣東，西折而北，與沲瀟二水合流，至本府入湘〔五〕。九峯：一曰朱明，瀟水源〔六〕。二曰石城，沲水源。三曰石樓，巢水源。四曰娥皇，沲水源。五曰舜源，瀑水源。六曰女英，砅水源〔七〕。七曰簫韶，漭水源〔八〕。八曰桂林，洑水源〔九〕。九曰杞林〔一〇〕，洄水源。檀弓云：舜葬蒼梧之野。史記云：舜卒於蒼梧，葬零陵之九疑。山海經曰：南方蒼梧之淵〔一一〕，其中有九疑山焉。舜之所葬，在長沙零陵界。漢書：武帝南巡狩，至於盛唐，望祀虞舜於九疑。吕氏春秋云：舜葬紀市，不變其肆。傳曰：舜葬蒼梧九疑之山。此云於紀市，九疑山下亦有紀邑。

盪寇將軍壘，在縣東六十里。齊時，以李道辨爲南道開拓南蠻大使，築城於此。無丞。

山僻，民頑，微瘴。

設守鎮寧遠左千户所〔一二〕。

白面寨巡檢司，在縣北八十里。洄水，即歸水，出杞林峯，東流至藍山縣。

九疑魯觀巡檢司〔一三〕，舊係江華縣濤墟，隆慶四年改。

春陵城，在縣北五十里，漢封長沙定王子買爲春陵侯。隋省。

泠道故城，在縣東南。

大曆故城，在春陵城北十五里。

【校勘記】

〔一〕州東七十里　「東」，底本作「北」，川本同，據滬本及明統志卷六五改。按明永州府治零陵縣，治今永州市，寧遠縣，位於今永州市東南。

〔二〕千餘丈　「丈」，川本及康熙永州府志卷八同，滬本及明統志卷六五、弘治永州府志卷二作「尺」。

〔三〕石梯嶺　「梯」，底本作「姊」，川本、滬本同，據圖書集成職方典卷一二七三、康熙永州府志卷八改。

〔四〕丹陽　「丹」，底本作「當」，川本、滬本同，據山海經海内南經郭璞注改。

〔五〕東西折而北與沲瀟二水合流至本府入湘　底本繫於下文「九峯」條末，川本同，據滬本及明統志卷六五乙正。

〔六〕瀟水源　「瀟」，底本作「湘」，川本、滬本同，據明史地理志、康熙永州府志卷八改。

〔七〕砅水源　「砅」，底本作「石」，川本、滬本同，據明史地理志、康熙永州府志卷八改。

〔八〕簫韶漭水源　底本作「簫石水源韶漭水源」，川本、滬本同，據圖書集成職方典卷一二七三、康熙永州府志卷八改。

〔九〕洑水源　「洑」，底本作「伏」，川本同，據滬本及圖書集成職方典卷一二七三、康熙永州府志卷八改。

〔一〇〕杞林　「杞」，底本作「起」，川本、滬本同，據紀要卷七五改。清統志卷三七〇作「梓林」，紀要云：「杞林，亦曰梓林。」圖書集成職方典卷一二七三、康熙永州府志卷八作「杞桂」。

〔一一〕蒼梧之淵　「淵」，底本作「川」，川本、滬本同，據山海經海内經改。

〔一二〕寧遠左千户所　「遠」，底本脱，川本、滬本同，據明統志卷六五、康熙永州府志卷一四補。

〔一三〕九疑魯觀巡檢司　「觀」，底本作「關」，川本、滬本同，據明史地理志、康熙永州府志卷三改。

永明縣　州西七十里〔一〕。　石城三百六十丈。　南阻江。　枇杷守禦千户所，在縣東南四十里。石城，周五里六百四十八丈。　桃川守禦千户所，在縣西南四十里。　土城，周四里五百五十丈。　齊營陽縣。　裁減。　地僻，民淳，微瘴〔二〕。　設桃川、枇杷二千户所。　白面墟巡檢司〔三〕，在縣西二十五里。　桃川市巡檢司，在縣西南四十里。　舊有白象巡檢司，革。　在縣西南四十五里。　掩水，在縣治西。源出大掩山，下有石掩穴口，故名。東流與沲水合，經三江口，與瀟水、舜源水合。　沐水，在縣西南三十里。南流五十里，至荆峽，入恭城縣。

【校勘記】

〔一〕州西七十里　「州」，底本作「府」，川本、滬本同。明史地理志：永明縣屬道州，明統志卷六五：「永明縣，在道州西七十里。」此「府」爲「州」字之誤，據改。

〔二〕微瘴　「瘴」，底本脱，據川本、滬本補。

〔三〕白面墟巡檢司　「面」，底本作「石」，川本、滬本同，據明史地理志、弘治永州府志卷一改。

江華縣　州南七十里。　舊治在塞山北，陽華江南。天順六年，遷於西北五里黄岡頭。唐縣。　沲出九疑山石城、娥皇二峯間，在縣東北二百五十里〔一〕。南流至縣，衆水所會。行數里，别而爲二，又十里，合爲一。又西過道州，經三江口，合瀟水、舜源水，北流至府入湘。吴望山，在縣南五十里。　裁簡。　地僻，民淳，近苗，微瘴。　設守鎮江華右千户所。〔旁注〕并於縣。周城磚城周五百六十丈。隆慶元年，增築新城二百二十九丈。　錦岡、錦田寨巡檢司〔二〕。　禾田山，在縣東南一百七十里。　冬冷山，在縣南一百二十里，接廣西賀縣界。高廣陰寒〔三〕，冬冷水出焉。　白芒嶺，在縣西一里〔四〕。　砅水〔五〕，出九疑女英峯，在縣東北。流八十五里，與沲水會。　洑水，出九疑桂林峯，在縣北。流七十里，合沲水。　地廣人稀，山多瘴霧，居連茅草，雜處傜僮。

本志。磚城，周三百六十丈。守鎮錦田前千户所，在縣東二百五十里。一統志：東三百。城周三百二十丈。

【校勘記】

〔一〕在縣東北二百五十里　川本、滬本同。康熙永州府志卷八：沱水，「約行二百五十餘里，乃與縣之東河相合而下」。此云「在縣東北」爲「約行」之誤。

〔二〕錦田寨　「寨」，底本作「塞」，川本、滬本同，據弘治永州府志卷一、康熙永州府志卷三改。

〔三〕高廣陰寒　「高」，底本作「爲」，川本、滬本同，據明統志卷六五、弘治永州府志卷二改。

〔四〕在縣西一里　「一里」，底本作「亦」，川本同，據滬本及弘治永州府志卷二改。

〔五〕砯水　「砯」，底本作「砅」，川本、滬本同，據本書上文寧遠縣及明史地理志、康熙永州府志卷八改。

新田縣〔一〕

【校勘記】

〔一〕新田縣　底本其下錯簡「州在百重山内」至「歐禮築城記」一段，川本同，據滬本及萬曆郴州志卷六、卷八改移於下文郴州内。參見郴州校勘記〔一〕。

郴州

古荆州。項羽徙義帝都郴，即此。漢爲桂陽郡。三國時，吴、蜀分荆州，以湘水爲界，桂陽以東屬吴。州在百重山内。宋張舜民南遷録。北瞻衡嶽之秀，南直五嶺之衝。宋陳純夫州學記。控扼交、廣，襟帶湖、虔。歐禮築城記〔一〕。領縣五。屬上湖南道。虔鎮兼制。全設。元郴州路。本朝爲郴州。郴陽縣，本朝省入州。地僻，民饒，多盜，微瘴。設郴州守禦千户所。石陂〔旁注〕州南四十里兩路口。巡檢司。郴江，在州東一里，源出黄岑山，北流至此，下流會耒水及白豹水，入湘江。又一水自五蓋山至沙江，合流四十里，逶迤至州城，〔旁注〕東南。水益清駛。北流過蘇仙山下，〔旁注〕東北七里。兩岸山勢，類多夾水如峽。六十里至郴大江口，又流一百二十里，合程水，至永興，下經耒河，合湘水。桂水出黄岑山，東出仰天湖，北流入高亭界，合耒水〔二〕。有橘井、温泉。舊有郴江驛，革。省志有兩路口巡檢司，在州西八十里，無石陂。黄岑山，在州南五十里，郴水所出，即五嶺之一，從東第二騎田嶺也。其支曰摺嶺。舊志謂爲楚、粤之關，與諸嶺連屬，横絶南北，寒燠氣候頓殊。棲鳳水，在州北五十里。源出桂陽州龍渡山，東北流至州界，又西北流經棲鳳渡〔旁注〕北五十里。合白豹水，〔旁注〕高亭。下流〔旁注〕至永興。入郴水。三川水，在州南一里。發源自坦山萬華巖，流至燕子泉、通陂堰，至秀水分三派〔三〕。一自通陂堰出劍泉，合崇德河水，入郴。一自秀水橋過故郴陽縣前，下至烏石磯，入郴。一自郴陽縣過飛仙橋，下至四浦莊灌田。北湖，在州北一里。其水流七里入郴。源出劉仙滄，凡幾折而注於此。

【校勘記】

〔一〕州在百重山内至歐禮築城記　底本錯簡於上文新田縣之下，川本同，據滬本及萬曆郴州志卷六、卷八乙正。

〔二〕桂水出黄岑山至合耒水　底本作「出黄岑山東仰大湖北流入高亭界桂水合耒水」，川本、滬本同。萬曆郴州志卷七：「桂水，在州西南六十里鳳德鄉，北流入高亭界，合耒水。」又，「仰天湖，在黄岑山東，出桂水、寒溪。」清統志卷三七七：黄岑山：「其東爲仰天湖，其北郴江水出焉，其同出者爲桂水，爲寒溪水。」又，桂水，「源出州南黄岑山，西北流入永興縣界，至森口入耒江」。此「桂水」錯入「高亭界」下，「東」下脱「出」字，「大」爲「天」字之誤，並據改正。

〔三〕至秀水分三派　「分」，底本作「三」，據川本、滬本及紀要卷八二改。

永興縣　州北八十里。城周五百七十丈。漢便縣。裁減。淳，簡，微瘴。設高亭、〔旁注〕縣西五十里。安福〔旁注〕縣北四十里。二巡檢司。舊有皇華驛，革。四十八峯山，在縣北九十里。高亭山，在縣西三〔旁注〕五。十里。周百一十里，耒陽界。唐以此山名縣。白豹山，在縣西九十里。周百里，接耒陽縣。峻險，高數百丈。白豹水，在縣西二十里。源出白豹山，與江水合。〔旁注〕合油塘水。流至郴口，與郴水合。龍耳山，在縣西二十里。周五十餘里，界本州。他邑皆密邇傜蠻，永興獨相距稍遠。李永敷築城記。潦溪水，在縣北，源出黄沙泉，北流至衡州府安仁縣界，又北流入郴水。長安水，在縣西南六十里。源出鬱鳳山，西流七里，合郴水，入耒陽。四十二渡水，源出乾溪。北流四十里〔一〕，至百斛村，勝船五石。西流入耒江〔二〕。

【校勘記】

〔一〕北流四十里　「北」，底本作「上」，川本、滬本同，據萬曆郴州志卷七、圖書集成職方典卷一二八九改。

〔二〕至百斛村勝船五石西流入耒江　「百斛」，川本、滬本同，萬曆郴州志卷七、圖書集成職方典卷一二八九、清統志卷三七七作「博笏」。「耒」，底本作「内」，川本、滬本同，據上述三書改。

宜章縣　州南九十里。城周五里。隋義章縣。武水，在縣東三〔旁注〕西四〔一〕。十里。源出桂陽州臨武縣西山下，〔旁注〕萃蔭山。東流入本縣界，會大小章水，入廣東韶州府界〔二〕。章水，〔旁注〕有二：一曰大章，一曰小章。俱出黄岑山，東流至縣北二十五里永平鄉合流，至靈石合白清水，至三沌，合遼水〔三〕、長樂水、武水，下樂昌瀧。裁減。僻，淳，有瘴。郴桂守備駐劄。正德年〔四〕，設有守禦宜章後千户所。自茶陵衛調。白沙、〔旁注〕縣南八十里。赤石〔旁注〕縣東五十里。二巡檢司。平和水，在縣北四十里。出戴家源，經十二渡至天頭石門，出爲瀑布，下沙流至冷水灣，東匯入巖。寶雲水，在縣西七里連陽鄉。發源寶雲山。黄岑山，在縣北十六里。高約千丈餘，絶頂一覽，郴、桂皆在其中，昌黎所謂最高而横絶南北是也。摺嶺，在縣北三十五里。即黄岑山之北麓，入永興縣，東入桂陽縣百丈嶺。其路盤疊。莽山，在縣西南一百一十里。〔旁注〕南二百。接廣東韶州界，延袤百六十里，有九十九峯。香口嶺，壤接苗寇，萬曆二年題准建城。

【校勘記】

〔一〕西四　川本同、滬本作「一作四十里」。萬曆郴州志卷七：「武水，在宜章縣南四十里。」嘉慶宜章縣志卷四：「武水，在縣西南四十里。」此誤。

〔二〕入廣東韶州府界　底本脱「入」字，川本同，據滬本及明統志卷六六補。

〔三〕遼水　「遼」，底本作「潦」，川本、滬本同，據紀勝卷五七、萬曆郴州志卷七、嘉慶宜章縣志卷四改。

〔四〕正德年　川本同，滬本「年」上空缺。嘉慶宜章縣志卷一三：「明洪武九年，設宜章守禦所。」此疑誤。

興寧縣　州東一百里。　城周四百丈。　漢漢寧縣〔一〕。　裁減。　簡，淳，有瘴。〔旁注〕宋紹定中〔二〕，徙治管子壕。　設瑪瑙堡〔三〕，撥軍防守。　有州門、縣東三十里。　滁口縣南五十里。　二巡檢司〔四〕。　舊資興縣，在縣南二十里鳳皇山左。

【校勘記】

〔一〕漢漢寧縣　川本、滬本同。續漢書郡國志：桂陽郡領有漢寧縣，「元和元年置。」元和志卷二九：資興縣，「本漢郴縣地，後漢於此置漢寧縣」。此「漢」應作「後漢」。

〔二〕宋紹定中　底本「定」上有「興」字，川本同，據滬本及明統志卷六六删。

〔三〕瑪瑙堡　「瑪」，底本作「馬」，川本、滬本同，據萬曆郴州志卷七、紀要卷八二改。

〔四〕滁口　「滁」，川本、滬本及萬曆郴州志卷七同，明史地理志、紀要卷八二作「滁」。

桂陽縣　州東南二百里。　城周四百丈。　東晉汝城縣。〔眉批〕南距廣東，北控江西，界乎羣山之間。曾鑑築城記。　三桂孤危，在窮嶠外。州志。　耒山，在縣南五里。　四面孤絶。　耒水，在縣南。　源出耒山，〔旁注〕舊名龍潭。　漢志謂之耒水。　西流會資興水，又西北會郴水，經衡州耒陽、衡陽縣界，入於湘〔二〕。〔旁注〕省志：北流至縣，又西北逕興寧縣，合清溪、程鄉溪等水，又北過永興之西，經耒陽縣東南，復北流過衡陽界，入於湘。　裁減。　僻，淳。　設廣安守禦千户所。〔旁注〕隸茶陵衛。　濠村、〔旁注〕縣北三、四十里。

鎮安、〔旁注〕縣東六十里。益將、〔旁注〕縣西、東四十里〔二〕。長樂山口〔旁注〕縣南。四巡檢司。虔志。桂陽守禦千户所，附城。廣安守禦所，向遷入城，今仍在茶陵衛社園下防守。屋嶺山，在縣南四十里，最高。水分南北流，其北即耒山，乃耒水所自出〔三〕，其南流入曲江。白雲山，在縣南六十里。形勢極高，磅礴二、三百里，登其頂，韶、雄、郴、桂皆在目中〔四〕。龍頂坳〔五〕，在縣東二十里。東岡尖山之巔有清泉水〔六〕，東流自益將入江西，歷贛歸鄱陽；南流自三江口〔七〕，經韶入南海；西流自縣郭耒水入郴，下洞庭。俗呼二十四坳。東坑水，在縣東七十里。闊三步，深三尺。流十里，至益將，入南安，通船，下贛州〔八〕。淇江水，在縣北二十里。自桂東縣南流何公塘北，下興寧〔九〕，入郴江口，通船，下湘、湖。屋嶺水，在縣南六十里。源出屋嶺，分南北流。南爲屋嶺水，流百餘里，與韶州府仁化縣大江合，入海。孤山水，在縣東北十里。其水曲屈北流君子嶺，入銅坑橋，達益將，百五十里，下江西南安〔一〇〕，通船，下贛州。蓬塘水，在縣南二里。

【校勘記】

〔一〕入於湘　底本作「入湘湘」，據川本、滬本及明統志卷六六改。

〔二〕縣西東四十里　「西東」，川本同，滬本作「東」，無「西」字，同紀要卷八二，萬曆郴州志卷七作「西」，或年代不同有遷移。

〔三〕耒水　「水」，底本脫，川本、滬本同，據萬曆郴州志卷六、圖書集成職方典卷一二九〇補。

〔四〕韶雄郴桂皆在目中　底本脫「目」字，川本同，據滬本及萬曆郴州志卷六補。

〔五〕龍頂坳　「坳」，底本作「㘭」，川本、滬本同，據萬曆郴州志卷六、圖書集成職方典卷一二九〇改。下「下二十四㘭」之「㘭」改同。

〔六〕東岡尖山之巔有清泉水　川本、滬本同，萬曆郴州志卷六、圖書集成職方典卷一二九〇無「東岡尖」三字，疑衍。

〔七〕南流自三江口　「自」，底本作「至」，川本、滬本同，據萬曆郴州志卷六、圖書集成職方典卷一二九〇改。

〔八〕流十里至益將入南安通船下贛州　川本、滬本同。紀要卷八二：桂陽縣，「東坑水，在縣東七十里，亦流入上猶縣界，合於猶水」。與此別，此文疑誤。

〔九〕自桂東縣南流何公塘北下興寧　底本「興寧」下有「江」字。萬曆郴州志卷七：淇江水，「自桂東南流何公渡，下興寧，入郴江」。圖書集成職方典卷一二九〇：淇江，至桂陽縣境「合何公渡水，下興寧，入郴江」。此「何公塘」之「塘」疑爲「渡」字之誤，「興寧」下之「江」字衍，據刪。

〔一〇〕其水曲屈北流君子嶺入銅坑橋達益將百五十里下江西南安　底本「君子嶺，入銅坑橋，達益將」、「下江西南安」，錯簡於下文「蓬塘水，在縣南二里」下，又於「百五十里」下重出「入南安界」，據萬曆郴州志卷七、圖書集成職方典卷一二九〇改刪。

桂東縣　州東二百八十里。城周二百五十丈。宋縣。裁減。僻，饒，淳，瘴。〔眉批〕

萬王山〔一〕，在縣東五十里。嚴溪，在縣南二、三十里增口，有大石室，水流石下有聲。行十里，合漚江。有煙竹、寒口、新坑三堡。設鎮守百户所三。東境高分巡檢司。〔旁注〕縣東八十里。守鎮寒口堡百户所，在縣東三十〔旁注〕十五。里。守鎮新坑堡百户所，在縣南二十里。守鎮煙竹堡百户所，在縣北二〔旁注〕南三。十里，俱無城，並洪武中置。州志：興寧諸堡並列，但云歲調百户一員戍守，不稱百户所。

【校勘記】

〔一〕萬王山　「王」，底本作「玉」，川本、滬本同，據紀要卷八二改。萬曆郴州志卷六作「萬王城山」。

靖州

城周九百四十二丈八尺。古荆州。秦爲黔中郡地。唐爲夷、播、叙三州之境。後周時，節度使周行逢死，叙州刺史鍾存志奔武陽〔二〕，而楊正巖以十洞稱徽、誠二州。宋熙寧九年，十洞酋長楊通藴送款内附。崇寧初，改爲靖州。元靖州，屬辰州路〔三〕。本朝洪武元年，仍爲州，三年，升靖州府，九年，復爲靖州，隸湖廣布政司。永平縣，州倚郭，本朝并入靖州。〔眉批〕牂牁之北，武陵之南，扞蔽沅、湘，控扼溪峒。省志。　蠻壤相犬牙。營造記。　九疊山，在州南二十里，山勢盤紆，九峯相次。　飛山，在州西北一十五里。雙峯突出，四面斗絶，其上平廣，夷人保險之所。宋大觀初，於此置飛山堡。　漠溪，在州城南。源出古城，達於渠河。　渠河，在州城東。源出佛子嶺，下合衆流，環州城，會於郎江。　領縣四。　屬湖北道。　無同。　山僻，地饒，民淳，雜苗夷，有瘴。　參將與守備駐劄。　設靖州衛，黄團、江團等七驛，金灘、茅營諸堡。　零溪巡檢司。〔旁注〕州西一百二十里。　黄團驛，在州南一百八十里。　銅鼓驛，在州南一百八十里。　鐵爐驛，在州南一百五十里。　江團驛，在州南一百二十里。　三里坪驛，在州南九十里。　西樓驛，在州南六十里。　石家驛，在州南三十里。　永平驛，在州南三里。　俱隸五開衛。　會典無。　守禦天柱千户所，在州西北二百里〔三〕。　守禦屯鎮汶溪後千户所，在州西北二百五十里。　俱無城。

【校勘記】

〔一〕鍾存志　「存」，底本作「崇」，川本同，據滬本及紀勝卷七二、通考卷三九改。

〔二〕辰州路　「辰」，底本作「長」，川本同，據滬本及元史地理志、明統志卷六六改。

〔三〕在州西北二百里　「百」，底本作「十」，川本、滬本同，據嘉靖湖廣圖經志書卷一九、紀要卷八二改。

通道縣　州南一百里。　城周三百五十丈。　唐恭水縣〔一〕。　佛子嶺，在縣東南一百里，廣西分界處。收溪寨，在縣南五十里。誠州與廣西融州，古無道路。宋知州周仕隆始遣人由小徑趨廣西〔二〕，觀山川形勢，自寨至廣西佛子坡三十里。本朝設巡檢司防守。收溪巡檢司，在縣西南五十里。播陽巡檢司，在縣西北五十里。福湖山，在縣北六十里。下臨溪，林木廣盛，中有祠，以祀山神〔三〕，夷人畏鬼，不敢樵采。宋元豐中，通道廣西，正出是山之間。芙蓉江，在縣南七十里。來自綏寧，蓋唐之芙蓉縣溪也。羅蒙江，在縣西二十里。源有三：一出佛子嶺，爲羊鎮堡江；一出天星里，爲天星江；一出洪州所，爲洪州江。多星江，在縣西四十里。宋元豐中，置多星堡，以此名。

【校勘記】

〔一〕唐恭水縣　川本、滬本同。新唐書地理志：播州遵義縣，本恭水，貞觀元年，以牂地置，十四年，更恭水曰羅蒙，「十六年，更羅蒙」。治今貴州遵義市，與通道縣相去殊遠。紀勝卷七二引四朝國史地理志云：「本羅蒙縣，崇寧二年改今名。」即通道縣。清統志卷三七六：通道縣，「唐朗溪縣南僚地，五代時爲蠻地，宋崇寧一年置羅蒙縣，尋更名通道」。是也，此以爲即唐恭水縣，誤。

〔二〕周仕隆　「周」，底本作「李」，川本、滬本同，據紀勝卷七二、明統志卷六六改。

〔三〕中有祠以祀山神　底本脱「中」、「以祀」三字，「山」字重出，「祠」錯簡於「神」下，川本同，滬本删一「山」字，據嘉靖湖廣圖經志書卷一九補改。明統志卷六六作「中有神祠，以祀山神」。

會同縣　州東北一百里。　城周三百六十丈。　宋縣。　郎江，〔旁注〕省志作朗。　在縣西南一百五十里。　沅江，在縣西一百五十里。〔旁注〕省志：五十。　出西南蕃界，過長潭、雲潭、文溪、金溪，至托口與郎江合流。　南通廣右，西連貴之思州。　簡，淳，雜苗。　設洪江驛，〔旁注〕縣東一百二十里。　豐山、連山等十二堡。　鎮遠、〔旁注〕縣西九十里。　若水、〔旁注〕縣東九十里。　江東鎮三巡檢司。　分石，在縣東八十里，沅、靖之界，沅以西，石皆西向，靖以東，石皆東向，故名。　郎江，在縣北一百五十里。　從湖耳山陰，迤過朗坡，横流入狼洞，會於三江口。　上受渠河、潭溪之水，至托口與沅江合，流於郎，即唐之郎江，宋郎江寨以此名。　洪江，在縣東一百里。　即渠河、潭溪、郎江流及沅州若水江，下會衆水，入此江，九溪之中雄溪也。　九溪〔一〕：曰朗、曰潕、曰雄、曰龍、曰辰、曰叙、曰柱〔二〕、曰武、曰酉，而雄居其一。　文溪江，在縣西北二十里。　出朗耳界爲潭溪〔三〕，北至雲潭，又北至文溪寨，東至於分石，又東至於托口會渠江，又東會於黔陽江，又東會若水，入於沅之洪江。　若水，在縣東八十里。　有兩源，一自本州貫堡楠木山下，一自綏寧武陽關峽寨遠來，會爲若水，同入洪江。

【校勘記】

〔一〕九溪　底本脱「九」字，川本同，據滬本及紀要卷八二補。

〔二〕柱　川本、滬本及嘉靖湖廣圖經志書卷一九同，明統志卷六六、紀要卷八二作「桂」。

〔三〕在縣西北二十里出朗耳界爲潭溪　「二十」，川本、滬本及紀要卷八二同，嘉靖湖廣圖經志書卷一九作「一百二十」，此疑脱「一百」二字。「朗耳」，川本、滬本及嘉靖湖廣圖經志書同，紀要卷八二作「湖耳」，恐未確。

綏寧縣　州東一百一十里。城周二百六十五丈。〔旁注〕元屬武岡路。洪武三年，改隸靖州。宋縣。裁減。僻，簡，悍，雜苗，多瘴。設黄石等五堡，武陽等三寨。青坡、〔旁注〕縣北八十里。臨口〔旁注〕縣西南一百二十里。二巡檢司。西門河，在縣西門外。自西南而東北〔一〕，繞縣而去，可通小舟。一名小洪江，蓋流入洪江故也。茶溪，在縣南五里。風門山，在縣東一百二十里。有大、小二嶺，比諸山最高。楓木嶺，在縣南一百三十里。最高險，苗賊出没之處。大金溪，在縣東五里。大湅溪，在縣西十里。

【校勘記】

〔一〕自西南而東北　「自」，底本作「而」，川本、滬本同，據嘉靖湖廣圖經志書卷一九改。

天柱縣　舊天柱所，萬曆二十五年置。裁減。

施州衛軍民指揮使司　古荆、梁二州之界。〔旁注〕夜郎故地。　後周置亭州。〔眉批〕當巴、荆之會，隱然爲西南重鎮。衛志。　地雜夷僚。黔中記。　國朝洪武四年，置施州，領建始一縣，屬夔州府。十四年，又置施州衛指揮使司。二十三年，始割建始隸夔，省州入衛，更爲施州衛軍民指揮使司，改屬湖廣都司〔一〕。　清江，一名夷水，自紹慶發源，繞衛城而東，流入荆州府宜都縣，出大江。蜀江水皆濁，惟此獨清。元和志：昔廩君浮土舟於夷水，即此。　領軍民千户所一，宣撫司四，安撫司九，長官司十一〔二〕，蠻夷長官司五。　僚、夷雜處，俗尚淳樸。　方輿扞山，古吳、蜀分境之處。　舊有施州馬驛，革。　又有三會驛，隆慶五年革。　施州踞巴、巫之境，故廩君國焉。廣袤方二千餘里，皆引庸、蜀，而與南郡、武陵、牂牁三方錯入。夷、僚介居其中，出魚復、朐肕〔三〕，則蜀警，向巫縣、佷山、夜郎，則楚警。故雖蕞爾蠻夷，而實楚、蜀之險會地也。國家樹以戎衛，分布千、百夫長，歲時屯戍之。守以武臣，開署於荆，而撫夷則以郡倅專領焉。繼以黄中之叛，設憲臣一人，駐夷陵鎮之。尋革，而覃壁復叛，楚、蜀大臣交章而議兵。始克底定，乃以荆郡丞代倅往撫其地，守署移建衛城，檄武臣居守之。復命故憲臣之按荆南者兼兵衛，專時巡以詰戎略，邊鄙由是稍靖焉。顧其溪雰瘴霧，飄忽蒙密，而箐道險絶，單騎馳阪，猶或難之。故不惟秉憲大臣憚於捫歷，鮮有至者，即郡丞時往撫焉，亦多以不習風土，居無何而旋軫矣。藉令諸武弁屯戍者，或以荒遊自弛，黷利而蔑紀。則諸夷安所繫命，不將重啓其玩而階之釁耶？故慎選其人以分扼險要，而憲臣與郡丞歲勤廉察之，兹誠控馭清江之要策也。　客星山，在衛城西十五里。　複嶺重嶂，蜿蜒盤礴，南連雪嶺，高出雲霄。　倚子山，在衛東十五里。宋開慶初，郡守謝昌元徙州治於此。　銀山，在衛東百八十里。　頂有高峯，昔人於此避兵。　石乳山，在衛西一百七十里，周迴百餘里。　朝貢水，源出石乳山東北，名丹陽溪。　至城東六十里，名龍溪。東合馬水，經銀山，入清江。　沱河，出衛北百里龍馬溪，至衛北二十五里觀音崖下，入清江。宋史：林栗與譚汝翼戰於沱河橋。　即此。　酉溪，出容美界，至忠峒[四]，名大水。　經卯峒，名慢水[五]。　至辰州府東，入沅水。　即禹貢九江之一，酈道元水經注五溪之一也。　黔溪，出北荒，名柘林溪。　經天池、雒浦，名黔黎溪。　南至金洞、唐崖，入黔江縣，名黔江。　凡二百餘里，會思州之水德江，又三百里，入岷江。　龜溪，出石乳山北流[六]，名支隴渡。　至雲陽縣界，凡三百餘里，入岷江。　九渡溪，發源石砫宣撫司，至都亭里[七]，入清江。　鐵溝水，在衛東七里。　南入河隴溪[八]，至紅石崖，入清江。

大田軍民千户所　衛西北三百五十里。　以上一衛一所，苗部俱在坰野，分生、熟而居。　積翠山，在所北里許。　朝霞嶺，在所東五十里[九]。　萬頃湖，在所西南二百里，與酉陽接界。

施南宣撫司　衛東一百里。　領安撫司五。　來龍山，在司西里許。　有醴泉出其下。　天柱峯，在司東三十里衆山中。有石屹立如柱，高千餘丈。

東鄉五路安撫司　領長官司三，蠻夷官司二。

搖把峒長官司

上愛茶峒長官司

下愛茶峒長官司

鎮遠蠻夷官司

隆奉蠻夷官司　龍馬山，去司里許〔一〇〕。細沙溪，在司東二十里。源出大山，流入龍平溪。白沙溪、白石溪俱會里。

忠路安撫司　領長官司一。

劍南長官司　石旗山，去司里許〔一一〕。中應溪，去司里許〔一二〕。兩會溪，去司五里〔一三〕。

忠孝安撫司　石門山，在司南里許。龍泉，在司西里許。

金峒安撫司　領蠻夷官司一。

西坪蠻夷官司〔一四〕　積玉山，在司北二里。極高，每冬積雪，至春不消。翠屏山。黑崗〔一五〕，在司北二里。洞若城門，水從中流，二里許始出，夏寒冬温。復上有小洞，窅絶人徑，以木爲闌干。洪武中，涼國公征蠻，以箭射之。弘治間忽落，人得之，長二丈，箭鏃如蝟。今存。寒谷溪，在司北里許。兩會溪，在司北五里。

中峒〔旁注〕省志作洞。安撫司　增置。

散毛宣撫司　衛西三百二十里。　領安撫司二。　西溪，發源忠峒，經司治東三十里〔一六〕。即辰州之北江。

大旺安撫司　領蠻夷官司二。

東流蠻夷官司

臘壁峒蠻夷官司　芭蕉溪，去司里許〔一七〕。

龍潭安撫司　白鳳山，在司西十里。　黔水，發源本衛，經司治前，過彭水，至涪州，入岷江。

忠建宣撫司　衛東二百五十里。　領安撫司二。　連珠山，在司北里許。　且車溪〔一八〕，發源木册，經司治前二十里，入西溪。　弄羅溪，發源木册，經司治二十五里，入西溪。　車弄溪，發源冒珠洞，至司西二十五里〔一九〕，入西溪。

忠峒安撫司　明珠山，在司西六里。　毋古溪，源出高羅界，經司治西四里〔二〇〕，入西溪。

高羅安撫司　領長官司一。　勞喜山，在司北里許。　白龍溪，源出東門山，至司前會西溪，名三江口。

木册長官司　棲鳳山，在司北十五里。　宣德九年六月己酉，以木册長官司隸施州衛。木册故隸施州衛高羅安撫司，其長官田谷佐奏，高羅常倚勢凌轢之，侵奪其土地人民，已蒙朝廷分理，然彼宿怨未平，恐復加害，乞徑隸施州衛。上從之。

思南長官司　增。　隸忠建宣撫司。

鎮南長官司　在衛南二百五十里。　直隸施州衛。　鎮南山，在司南里許。　西溪，源出忠峒，經司至辰州府，入南江路也。

唐崖長官司　直隸施州衛。　萬峯山，上有杉篁洞，杉篁溪出焉。　黔水，在司前，經涪州入江。

容美宣撫司〔二〕　衛東南二百二十里。　領安撫司一，長官司四。　山水無考。

盤順安撫司〔三〕　增設。

椒山瑪瑙長官司

五峯石寶長官司

石梁下峒長官司

水盡源通塔平長官司〔四〕

【校勘記】

〔一〕改屬湖廣都司　底本「都」上衍「布」字，川本同，據滬本及明統志卷六六删。

〔二〕長官司十一　川本、滬本同。明史地理志：「長官司十三」，本書下文載長官司十二，所載「盤順安撫司」，實爲長官司，則總數爲十三，與明志合，此「一」爲「三」字之誤。

〔三〕朐肥　底本作「昫肥」，川本同，據滬本及明統志卷六六、嘉靖湖廣圖經志書卷二〇改。

〔四〕忠峒　「峒」，底本作「洞」，川本、滬本同，據本書下文及嘉靖湖廣圖經志書卷二〇改。

〔五〕慢水　「慢」，底本作「漫」，川本、滬本同，據嘉靖湖廣圖經志書卷二〇、紀要卷八二改。

〔六〕北流　「流」，底本作「溪」，川本、滬本同，據嘉靖湖廣圖經志書卷二〇改。

〔七〕都亭里　「里」，底本無，川本、滬本同，據嘉靖湖廣圖經志書卷二〇補。紀要卷八二作「都亭山下」，二者有別。

〔八〕在衛東七里南入河隴溪　「東」、「河隴」，底本作「南」、「活龍」，川本、滬本同，據嘉靖湖廣圖經志書改。

〔九〕在所東五十里　底本脱「所」字，川本同，據滬本及明統志卷六補。

〔一〇〕去司里許　川本、滬本同，嘉靖湖廣圖經志書卷二〇作「在司前」，此缺方位「南」字。

〔一一〕去司里許　川本、滬本同，嘉靖湖廣圖經志書卷二〇作「在司右」，此缺方位「西」字。

〔一二〕去司里許　川本、滬本同，嘉靖湖廣圖經志書卷二〇作「在司左」，此缺方位「東」字。

〔一三〕去司五里　川本、滬本同，嘉靖湖廣圖經志書卷二〇作「在司前」，此缺方位「南」字。

〔一四〕西泙蠻夷官司　「西泙」，川本、滬本及明統志卷六六、明史土司傳同，明史地理志、明會典卷一二四作「西坪」，紀要卷八二作「西萍」。

〔一五〕黑峝　「峝」，底本作「洞」，川本、滬本同，據嘉靖湖廣圖經志書卷二〇改。

〔一六〕經司治東三十里　「東三」，底本脱，川本、滬本同，據嘉靖湖廣圖經志書卷二〇補。

〔一七〕去司里許　川本、滬本同，嘉靖湖廣圖經志書卷二〇作「在司前」，此缺方位「南」字。

〔一八〕且車溪　「且」，底本脱，川本、滬本同，據嘉靖湖廣圖經志書卷二〇補。

〔一九〕至司西二十五里　「司西」，底本脱，川本、滬本同，據嘉靖湖廣圖經志書卷二〇補。

〔二〇〕經司治西四里　「西」，底本脱，川本、滬本同，據嘉靖湖廣圖經志書卷二〇補。

〔二一〕容美宣撫司　「容美」，底本作「容姜」，據川本、滬本及明會典卷一二四、明史地理志改。

〔二二〕盤順安撫司　川本、滬本及紀要卷八二同，明史地理志：「盤順長官司，元元統二年正月置盤順府。至正十五年四月升軍民安撫司。洪武五年三月改爲長官司。」則應是長官司。

〔二三〕水盡源通塔平長官司　底本脱「官」字，川本同，據滬本及明統志卷六六補。

九溪衛　城周一千丈。〔旁注〕九里。　省民環城而居，其外爲熟苗，又其外爲生苗。　督理九永邊儲岳州府通判一人。　古索口市也。喝堡、龍館諸溪合索口而九，故稱九溪。洪武初，以土酋夏克武總領其地，編栅以守。二十二年，其子夏得中叛，命東川侯討平之。二十三年，始命指揮吕成、韓忠等城之，爲九溪衛。　設鎮撫司一，左、右、中、後千户所四。外領千户所三，曰安福、添平、麻寮；安撫司一，曰桑植。　天馬山，在衛東五里。遠望屹然，鎖斷江流，形如天馬，故名。　南山，在衛南。綿亘數十里，或起或伏，如屏障然。　紫駝峯，即衛之北山。其勢冠絶羣山，爲一衛之勝。四時煙霧接天，以形似名。　馬頸峯，在衛西北。與紫駝峯對，夾索口溪流，山勢亦高絶。草木利最饒，軍民資之。馬鬃嶺，在衛北三十里，壁立萬仞，下望極險不可測。嶺上路小如馬鬃，故名。茅花嶺，在衛西八十里。壁立高峻，莫測尋丈。佘洞，去衛六十里，在茅花嶺西北。洞下有壁石如門〔一〕，西溪之水，合流穿於門，注入伏流，至地名魯陽溪，數十里方見。其流接連衛前索口溪水。白馬洞，在衛城東三里。發源魯陽溪，流而東，合於澧〔二〕。澧水，源發慈利縣西歷山，東流至武水口，左得温湯水，右得大庸水、仙人溪水，又東得焦溪水，左得圍布水、團巖水，下流觀嘉渚與漊水合，繞衛城東西南三面如帶。漊水，源出歸州界，逕舊漊中縣南，至定平索口，合守野潭，環衛城西、南、東三門如帶，水清不見，東入澧水，合於洞庭。秀水，源出天麻山〔三〕，縈迴環繞西南小渚，流入漊水。至守野潭合澧水，東流〔四〕。守野潭，在衛東。索口溪，即衛前之水，今湮塞，有溝。喝堡溪，在衛東北。龍館溪，在衛東。書院溪，在衛東。斗溪，在衛東北。大富溪，在衛東。王富溪〔五〕，在衛東北。下闌溪，在衛南。大河溪，在衛南。已上九溪，衛名以此。關二：九淵，二十二都；野牛，十九都。

安福守禦千户所　城周五里三十步五百五十三丈。以下四所，各設掌印土官千户一人，巡捕漢官千户一人。官兵城守，坰野皆苗部。距衛西，握諸峒之口。洪武四年，設於西水之北，當諸夷峒口，以土官夏克武爲千户，領土兵守之，隸大庸衛。二十三年，子得中叛，既平，調漢官守禦。始建於酉水之西瓦窑岡，改隸九溪衛，而九溪前所亦調此協戍焉。竹寨山，在所後。八斗溪，在所後。繞西樓，連永定衛溪水，至慈利縣，會本衛溪水合流，亦名酉水。關六：油羅、大泉、于制、野雞、三江口、閘口，並慈利十四都。

添平守禦千户所　土城，周三百八十丈。　本宋添平臺宜寨。元季，土酋覃順有其地。甲辰歸附。洪武元年，舉可爲寨官者，夏克武以順請。二年，始度寨下平衍地，相距方一里許，創爲所。以順爲千户，率領土兵守之，轄魚洋、走避〔六〕、細沙、遥望、鵶兒、中靖、磨崗、石磊、長梯、龍溪十隘。其後十隘皆以百户分戍，與土官參用之。初隸常德衛，後隸九溪衛。其酋長、隘兵，任其耕藝，無租税。幕職禄給於九溪，設官，土、漢雜用。　馬頭山，在所左。　南河，在所西，流東繞所前。其源接連本衛索口溪水。

麻寮守禦千户所　土城，周四百十五丈。　故夷寨。洪武二年，以千、百户官其寨。酋唐勇等領諸土人爲隘丁，自食以戍。繼亦參用武臣守之。其山羊、九女、櫻桃、梅梓、欄刀、黄家、青山、靖安、守所諸隘〔七〕，分戍百户如添平。初隸常德衛，後隸九溪衛。其官兵悉自食其力，幕職禄給於九溪，設官，土、漢雜用。　鼓城山，在所前十五里。圓突如鼓。　臨羊寨，在所後。溪澗一帶，東南流，至所前横過而西，不通舟楫，會本衛溪水。

桑植安撫司　元始設之，以羈十八洞蠻。洪武二十三年，麻寮千户招徠諸土人，向思富等言：父、叔原職安撫，歲爲國家捍蠻，陬頋從百户向乾甫詣京師修貢〔八〕，奏乞如故事。制許之。永樂四年，始建司，以思富爲安撫，世守其地，隸九溪衛。雷打崖，在司西南。其崖崩裂，傳爲雷擊所致。往來高懸梯子界，即過其崖。雖單槍獨人，舉目驚顫。楊公坡，在司南，山勢最高，往來艱險。小澗一帶，從西流至西南，又一小澗之水來合，盤旋司前，流向東去，不通舟楫。峒十八：桑植、即安撫司。美坪、朝南、那步、人士、黄河、魚龍、夾石、苦南、捍坪、鬣遼、金藏、柘山、爛巖〔九〕、黄家、板山、龍潭、書洛。

【校勘記】

〔一〕洞下有壁石如門　川本、滬本同，紀要卷七七作「洞下有石，壁立如門」，此疑脱誤。

〔二〕澧　川本、滬本同，紀要卷七七作「漊水」，此「澧」疑爲「漊」之誤。

〔三〕天麻山　川本、滬本同，紀要卷七七作「麻山」，此「天」字疑衍。

〔四〕至守野潭合澧水東流　川本、滬本同。紀要卷七七：「九溪衛東有守野潭，即漊水、秀水合流處也。」此疑誤。

〔五〕王富溪　底本脱「王」字，川本、滬本同，據本書上文慈利縣及紀要卷七七補。

〔六〕走避　「避」，底本作「遜」，川本、滬本同，據明統志卷六二、紀要七七改。

〔七〕其山羊至守所諸隘　川本、滬本同。按紀要卷七七録志云：「麻寮所屬十隘。」此處疑脱「曲溪」一隘。

〔八〕陬頋從百户向乾甫詣京師修貢　「陬」，川本同，滬本作「輒」。

〔九〕爛巖 底本脱「巖」字，川本同，據滬本及紀要卷七七補。清統志卷三七二作「爛洞」。

永定衛 城周九里一百二十步二千一十丈。 官兵城守，垌野皆苗部。 守備九永兼制永順、容美等處都指揮一人。 初設於永順宣慰司羊峯地。洪武三年，編柵爲城，簡沔陽、安陸、黄州、襄陽諸軍歲戍之〔一〕，曰羊山衛。復以屯餉艱阻，始遷於慈利西南一百八十里，臨庸水之陽，名大庸衛。革除間，更命衛曰永定，而别建大庸千户所隸焉。 隘六：黑松，慈利十三都；後坪，慈利十三都；金藏，慈利九都；桑溪，大庸所；龍伏〔二〕，慈利八都；茅岡。 關三：大坪，慈利十一都；百丈，慈利十都；新政〔三〕，慈利十二都。

大庸守禦千户所 城周二里二百八十步，計五百丈。 初設於衛城西郭外桑溪關。革除年，始遷於衛之西南。 領關三，而慈利之後坪亦隸焉。 山水俱無考。 關三：那平、青魚灘、邊巖下，並慈利十二都、後坪亦隸焉。 二衛環合萬山，蠻蜑錯據，自漢迄元，雖並隸州縣，大抵荒徼視之。 國初平定楚服，諸酋内附，始度要害之地，創建二衛，以防禦諸峒蠻。 繼命藩臣分守荆南，兼領九永兵備，鎮於澧，邊鄙用是不聳焉。 初，二衛之建也，惟以指揮領千百户。 至景泰初，始議設九永守備一人，駐九溪。 正德中，并於施州。 至嘉靖中，復置。 其九永邊儲，初董以澧州判官。 正德十三年，始改命岳州府通判往慈利監視之。 隆慶三年，議以通判覈邊儲於九溪，以守備飭兵防於永定，爲定制云。

【校勘記】

〔一〕簡沔陽安陸黄州襄陽諸軍歲戍之　底本空缺「黄」、「襄」字，川本同，據滬本及紀要卷七七、康熙永定衛志卷一補。

〔二〕龍伏　「伏」，底本作「虎」，川本、滬本同，據紀要卷七七、康熙永定衛志卷一改。

〔三〕新政　「政」，川本、滬本及紀要卷七七同，康熙永定衛志卷一作「攻」。

永順軍民宣慰使司　領州三，長官司六。　唐溪州。　永樂七年五月，革湖廣永順軍民宣撫司之南渭、永順二州。十年十月庚申，復設湖廣南渭州，以彭什才爲知府。初，什才父萬滿爲南渭州知州，後以土人作亂，户口損耗，而萬滿亦殁〔一〕，遂革之，以其地隸永順軍民宣慰司。至是，以什才能安輯土民，故有是命。〔眉批〕依山爲郡，四通八達之地。舊志。　東抵荆、湘，西通巴、蜀，南近辰、陽，北距歸、峽。新志。

南渭州　永順州、上溪州、施溶州、南渭州，並本朝洪武二年立。

施溶州

上溪州

臘惹洞長官司

麥著黄洞長官司

驢遲洞長官司

施溶溪長官司

白崖洞長官司

田家洞長官司

【校勘記】

〔一〕而萬滿亦歿　「歿」，底本作「設」，川本同，據滬本改。

保靖州軍民宣慰使司　領長官司五。宋保靖州。鎮筸參將駐劄。〔眉批〕四山環抱，澗水中流。新志。

五寨長官司　舊有杜望、陰隆江二巡檢司，直隸布政司，革。

筸子坪長官司　舊有滑石江巡檢司，直隸布政司，革。省志不言革。

茅岡隘冠帶長官司

兩江口長官司

鎮遠臻剖六峒橫波等處長官司〔一〕　以上三司並增置年代無考。永樂三年七月丁酉，設筸子坪長官司，隸湖廣都司；答意、治古寨二長官司，隸貴州宣慰司。時辰州衛指揮僉事龍能等招諭筸子坪等處，三十五寨生苗龍廖彪等四百五十三户向化，廖彪等各遣子來朝，請設官撫治。上曰：百蠻能慕義求内屬，宜從其意。遂命設長官司，以廖彪爲筸子坪長官，各野爲答意長官，龍答哥爲治古寨長官。俱給印章，賜冠帶、襲衣、鈔幣，仍命蠲其民租徭。復設陰隆江、滑石江二巡檢司，隸筸子坪長官司，以苗首廖喬勝等爲巡檢。

【校勘記】

〔一〕横波　川本、滬本同，紀要卷八二作「横坡」。

清浪、鎮遠、偏橋、銅鼓、五開五衛建在貴州等境，瞿塘衛、忠州千户所建在四川境，雖並隸湖廣都司，然各隨其地繫之。

苗徼設衛所控馭者二十有九，岳、辰、寶、衡、永、郴、靖境皆是。設漢、土官兼治者一，施州大田。設土官統率者二，永順、保靖。設衛省於異省，制御苗部，與本省接境者七，清浪等衛、忠州所。

宋史余卞傳：五溪蠻叛，斷渠陽道，扼官軍不得進。卞適使湖北，帥唐義問即授卞節制諸將〔一〕，陰選死士三千人，夜銜枚繞出賊背，伐山開道，漏未盡數刻，入渠陽。黎明整衆出，賊大駭，盡鋭來戰。奮擊，大破之，蠻遂降。有詔廢渠陽軍爲砦〔二〕，盡拔居人護出之。徽宗即位，復渠陽爲靖州。

王祖道傳：知桂州。蔡京開邊，祖道欲乘時徼富貴，誘王江酋楊晟免等使納土，夸大其辭，言向慕者百二十峒〔三〕，五千九百家，十餘萬口，其旁通江洞之衆，尚未論也。王江在諸江合流之地，山川形勢，據諸峒要會，幅員二千里，宜開建城邑，控制百蠻，以武臣爲守，置溪峒司主之。詔以爲懷遠軍，且頒諸司使至殿侍軍將告命，使第補其首領，置二砦，爲立學。又言：黎人爲患六十年，道路不通，今願爲王民，得地千五百里。遂以安口隘爲允州，中古州地爲格州，增提舉溪峒官三員〔四〕。又言：羈縻知地州羅文誠、文州羅更晏、蘭州韋晏鬧、那州羅更從皆内附，請於黎母山心立鎮州，爲下都督府，賜軍額曰靜海，知州領海南安撫都監，徙萬安軍於水口。南丹州莫公佞獨拒命，發兵討擒之。遂築懷遠軍爲平州，格州爲從州，南丹爲觀州，并允、地、文、蘭、那五州置黔南路。又與融州張莊謀，使莊奏言：海南一千二十峒，皆已團結，所未得者百七十峒，今黎人款化，則未得者才十之一耳。於是傜、黎渠帥不勝忿，蜂起侵剽，圍新萬安軍及觀州，殺官吏。祖道在桂四年，厚以官爵金帛挑諸夷，建城邑，調兵鎮戍，輦輸内地錢布、鹽粟，無復齊限。地瘴癘，戍者歲亡什五六，實無尺地一民益於縣官。其所創名州縣，不旋踵皆罷。張莊傳：莊知桂州，兼黔南路經略安撫使、知靖州。王子武者，惠恭皇后族子也。靖州界接平、允、從三州，子武欲通之，因請復元祐所棄渠陽軍。渠陽既城，乃上言：湖北至廣西，繇湖南則迂若弓背，自渠陽而往，猶弓弦耳。因以利啗諸蠻，使納土，立里堠。莊忌之，且欲蠻之多屬廣西爲己功，因誘復水蠻石盛唐毀其烽表、橋梁。董必傳：代舒亶守荆南，城通道等六砦，置靖州折博市易，且移飛山營戍。公私煩費，荆人病之。

【校勘記】

〔一〕唐義問　「問」，底本作「間」，川本、滬本同，據宋史余卞傳、唐義問傳改。

〔二〕有詔廢渠陽軍爲砦　底本「渠」上有「而」字，「軍」上有「之」字，川本同，據滬本及宋史余卞傳改。

〔三〕向慕者百二十峒　「二」，底本作「三」，川本、滬本同，據宋史王祖道傳改。

〔四〕增提舉溪峒官三員　「增」，底本作「曾」，川本同，據滬本及宋史王祖道傳改。

總志例云：近志叙各府次第，既不本之一統志，又不仿乎道屬遠近，似於錯互無章。乃承天一府，以世宗湯沐之地，拔次武昌。今海内一統，尺地莫非天子之所有，自兩都外，即鳳陽湯沐已勿論，則承天可知也。今志照各道所領，首武昌道，則武昌、漢陽、黄州；次荆西道，則承天、德安；次上荆南道，則荆州、岳州；次下荆南道，則襄陽、鄖陽；次湖北道，則常德、辰州；次下湖南道，則長沙、寶慶；次上湖南道，則衡州、永州；次附著郴州、靖州，而施州一衛，九溪、永定二衛，永順、保靖二司隸焉，遵制典也。

通鑑：梁簡文帝大寶二年，徐文盛等克武昌，進軍蘆洲。注：蘆洲在武昌西。昔伍子胥渡此，解劍與漁父，漁父不受，覆舟而死，即其處。水經注：漢邾縣故城，南對蘆洲。蘇軾曰：武昌縣劉郎洑正與蘆洲相對，伍子胥奔吴所從渡江也，亦曰伍洲。

漢建安十三年，黄祖在夏口。注：應劭曰：沔水自江夏別至南郡華容爲夏水，過江夏郡而入於江。蓋指夏水入江之地爲夏口。庾仲雍曰：夏口，一曰沔口，或曰魯口。水經注曰：沔水南至江夏沙羨縣北，南入於江。然則曰夏口，以夏水得名；曰沔口，以沔水得名；曰魯口，以魯山得名，實一處也。其地在江北。自孫權置夏口督，屯江南，今鄂州治是也。故何尚之云：夏口在荆江之中，正對沔口。賢注亦謂夏口戍在今鄂州。於是相承以鄂州爲夏口，而江北之夏口晦矣。

十三年，周瑜請得精兵數萬人，進住夏口。注：前書地理志曰：夏水過江夏郡，入江水。水經注曰：黄鵠山，東北對夏口城，亦沙羨縣治。蓋齊、梁之魯山城，今之漢陽軍即其地，所謂漢口也。祝穆曰：夏口，一名魯口。似指漢水之口。然何尚之云：夏口在荆江之中，正對沔口，而章懷太子亦謂夏口戍在鄂州。故唐史皆指鄂州爲夏口。蓋本在江北，自孫權取對岸夏口之名以名之，而江北之名始晦。

吴越春秋：楚囊瓦伐吴，吴使伍胥、孫武擊之，圍於豫章。注：豫章，地名也，在江夏之間。杜預曰：豫章，漢東，江北地名。孔穎達曰：漢書地理志：豫章，郡名，在江南。此則在北者，上地之名[一]。按宋武帝討劉毅，遣王鎮惡先襲，至豫章口。豫章口去江陵城二十里，乃知春秋之豫章，非今隆興郡名之豫章也。詩：江有汜。集傳：水決復入爲汜。今江陵、漢陽、安復之間，蓋多有之。朱子曰：夏水自江而别，以通於漢，漢復入江，冬竭夏流，故謂之夏。而其入江處今名夏口，即所謂江有汜也。

世説：武昌陽新縣北山上，有望夫石，狀若人立者。傳云：昔有貞女，其夫從役，遠赴國難，攜弱子餞送此山，立望而化爲石。

東坡題跋：隋書地理志，黄州乃永安郡。今黄州東十五里許[二]，有永安城。圖經以爲春申君故城，非是。春申君所都，乃故吴也。

南史安成康王秀傳[三]：先是，夏口常爲戰地，多暴露骸骨。秀於黄鶴樓下祭而埋之。一夜，夢數百人拜謝而去。

舊唐書敬宗紀：寶曆二年四月庚戌，鄂岳觀察使牛僧孺奏：當道沔州與鄂州隔江相對，纔一里餘，其州請并省，其漢陽、汉川兩縣隸鄂州〔四〕。從之。

【校勘記】

〔一〕上地之名　「上」，川本、滬本同。按周生春吳越春秋輯校匯考闔閭内傳元大德本、明弘治本作「土」，古今逸史本作「上」。

〔二〕今黄州東十五里許　「東」，底本脱，川本、滬本同，據東坡志林卷四補。

〔三〕安成康王秀傳　「康」，底本脱，川本、滬本同，據南史安成康王秀傳補。

〔四〕其漢陽汉川兩縣隸鄂州　「汉」，底本作「議」，川本同，據滬本及舊唐書敬宗紀改。

元史世祖紀：歲己未九月甲辰〔一〕，登香鑪山，俯瞰大江。江北曰武湖，湖之東曰陽邏堡，其南岸即滸黄洲。宋以大舟扼江渡，帝遣兵奪二大舟。乙巳遲明，至江岸，與宋師接戰者三，殺獲甚衆，逕達南岸。丁未，帝駐滸黄洲。己酉，抵鄂。庚戌，圍鄂。壬子，登城東北壓雲亭，立望樓，高可五丈。冬十月辛未朔，移駐烏龜山。十一月丙辰，移駐牛頭山。丁卯，發牛頭山。閏月庚午朔，還駐青山磯。至元十一年九月丙戌，行中書省以大軍發襄陽。癸巳，師次鹽山，距郢州二十里。宋兵十餘萬當郢，夾漢水，城萬勝堡，兩岸戰艦千艘，鐵絙横江，貫大艦數十，遏我舟師不得下。惟黃家灣有溪，經鷂子山入唐港，可達於江。宋又爲壩，築堡其處，駐兵守之，繫舟數百，與壩相依。伯顏督諸軍攻拔之，鑿壩挽舟入溪，出唐港，整列而進。十月乙丑，破沙洋堡，翌日攻新城，拔之。乙酉，次復州，降之。十二月丙午，次漢口。宋淮西制置使夏貴，都統高文明、劉儀，以戰船萬艘分據諸隘。都統王達守陽邏堡，京湖宣撫朱禩孫以遊擊軍扼中流〔二〕，師不得進。用千户馬福言，自漢口開壩，引船會淪河口，逕趨沙蕪，遂入大江。乙卯，阿里海牙督萬户張弘範等攻武磯堡。宋夏貴以兵來援，阿术率萬户晏徹兒等四翼軍對青山磯泊。丙辰，萬户史格以一軍先渡，爲宋荆鄂諸軍都統程鵬飛所敗。總管史塔刺渾等率衆赴敵，鵬飛敗走。進軍沙洲〔三〕，抵觀音山，夏貴東走，遂破武磯堡，始達南岸。丁巳，伯顏登武磯山。己未，師次鄂州。

伯顏傳：伯顏與平章阿术由中道循漢江趨郢州，萬户武秀爲前鋒，遇霖雨水溢，無舟不能涉。伯顏曰：吾且飛渡大江，而憚此潢潦耶？乃召一壯士，負甲仗〔四〕，騎而前導，麾諸軍畢濟。次鹽山，距郢州二十里。郢在漢水北，以石爲城。宋人又於漢水南築新郢，横鐵繩，鎖戰艦，密樹椿木水中。下流黃家灣堡，亦設守禦之具。堡之西有溝，南通藤湖，至江僅數里。乃遣總管李庭、劉國傑攻黃家灣堡，拔之，蕩舟由藤湖入漢江。諸將請曰：郢城，我之喉襟，不取，恐爲後患。伯顏曰：用兵緩急，我則知之。攻城，下策也，大軍之出，豈爲此一城哉？遂舍郢，順流而下。宋淮西制置使夏貴等，以戰艦萬艘，分據要害；都統王達守陽邏堡；京湖宣撫朱禩孫以遊擊軍扼中流，兵不得進。千户馬福建言：淪河口可通沙蕪入江。伯顔使覘沙蕪口，夏貴亦以精兵守之。乃圍漢陽軍，聲言由漢口渡江，貴果移兵援漢陽。十二月丙午，軍次漢口。辛亥，諸將自漢口開壩，引船入淪河，先遣萬户阿剌罕以兵拒沙蕪口，逼近武磯，巡視陽邏城堡，徑趨沙蕪，遂入大江。壬子，伯顔戰艦萬計相踵而至，以數千艘泊於淪河灣口，屯布蒙古、漢軍數十萬騎於江北。諸將言：沙蕪南岸，彼戰船在焉，可攻而取。伯顔曰：吾亦知其可必取，慮汝輩貪小功，失大事，一舉渡江，收其全功可也。遂令修攻具，進軍陽邏堡。

【校勘記】

〔一〕歲己未九月甲辰　「己未」，底本作「戊午」，川本、滬本同，據元史世祖紀改。

〔二〕京湖宣撫朱禩孫　「京」，底本作「荆」，川本、滬本同，據中華書局點校本元史世祖紀五校勘記〔六〕改。下同。

〔三〕進軍沙洲　「洲」，底本作「州」，川本、滬本同，據元史世祖紀改。

〔四〕負甲仗　「仗」，底本作「伏」，川本同，據滬本及元史卷一二七伯顔傳改。

羅田　多雲山，在縣北百五十里。四時多雲氣，雖晴日麗天，雲亦連屬不絕。　官渡河，在縣前。源出紫潭沖，流入黃岡界，過蘄水，下巴河〔一〕，注江。

【校勘記】

〔一〕流入黄岡界過蘄水下巴河　「蘄」，底本作「圻」，「下」，底本脱，川本、滬本同，並據嘉靖湖廣圖經志書卷四改補。弘治黄州府志卷二作「沿東塔山及黄岡、蘄水，下巴河口，出大江」。

麻城　縣前河，源出河南光山黄土關，至縣東南，入長河。元史定宗紀：元年，權萬户史權等耀兵淮南，攻虎頭關寨，拔之，進圍黄州。

黄陂　甘露山，在縣東十五里。灄河，在縣東北二百里〔一〕。發源河南羅山，南流入大城潭。縣北八十里。縣前河，上接灄河，通漢水。沙口，在縣南五十里。上連武湖〔二〕，下則通大江。一名沙武口，又名沙洑口。灄口，在縣西南四十里。

【校勘記】

〔一〕在縣東北二百里　「東北」，底本作「西南」，川本、滬本同，據明統志卷六一、嘉靖湖廣圖經志書卷四改。

〔二〕武湖　「武」，底本作「五」，川本、滬本同，據嘉靖湖廣圖經志書卷四、紀要卷七六改。

府志：郡西北一隅，介黄岡、黄陂、麻城之間，地險遠，素爲盜淵藪，諸先建置，大都以是耳。

今既建黄安，則岐亭府行署爲虚，宜移駐鵝籠巡司於此，以示搤拊之形。雙城司距黄安僅三十里而近，且孤僻不當要害，宜移置黄陂站，則北可控柴家山白沙關，西可制老山林木嶺一帶，亦便宜之術也。麻城既建驛，其地去虎頭關最密邇，宜省司存驛可也。

京山　白沙水，在縣東北六十里。按程縯職方機要云：唐地理志，郢州富水有白沙山，白沙水所出〔一〕。而水經言江水過下雋，東得白沙口，謂白沙水入江處也。撞河，在縣東北八十里。源發隨州洪山白龍池，下流至漢川縣，入大江。富水河，在縣東北一百里。自隨州界流入德安府應城縣。楊家河，在縣東北百二十里。自隨州洪山黑龍池發源，下通漢川，入大江。

【校勘記】

〔一〕郢州富水有白沙山白沙水所出　底本作「郢州復水有白沙水白沙山所出」，川本同，據滬本及新唐書地理志改。

沔陽州　襄河，在州西里許。長夏河，在州南四十里，江之沱也。夏水自監利入，東爲太馬長川，過沙口，又東北過柴林河，至直步，與漢水合。水經：夏水出江流於江陵東南〔二〕，又東過華容，又東至雲杜入沔。監利，古華容也。禹貢蔡傳：夏水，首出于江，尾入于沔，亦謂之沱。通典：復州沔陽有夏水。輿地廣記：夏水入沔謂睹口，冬竭夏流，故曰夏水。漢書江夏郡注謂夏水過郡入江，即今漢口。然夏水至直步，即合漢水，不當逆流至漢口入江。若云夏流，則盛夏江漲，亦可漫衍而上也。睹口今亦失其處，豈漢濁易淤〔二〕，遂至湮塞耶？又按楚辭：過夏首而西浮。夏之首也。左傳：吳伐楚，至於夏汭。沈尹射奔命於夏汭，薳射以繁、揚之師會夏汭〔三〕，夏之尾也。漢以前，多言夏言漢，其後多言沔漢，沔夏一水異名〔四〕。故漢口亦曰夏口，又曰沔口。中下襄河，在州東北六十里。漢之潛也。漢水自安陸東播爲蘆洑河，入潛江。東南至於上新口，逕鮎魚套，逕白議口〔五〕，達於三江口。又自上新播於下新口，逕伯口。復自柳口東播於蔞蒿汀，至直步，直步湖，在東南四十里。夏水從西來注之〔六〕。逕螺子瀆，州東七十里。逕渣潭，東北趨太陽，入於襄河。又自渣潭東南逕小陽，逕張家池，逕壩港，入陽明湖。州東一百七十里〔七〕。俱匯於白湖，出沌口，入江。漢水又自蘆洑播於排沙〔八〕，逕深江，逕剅河〔九〕，逕范溉闕，州北百二十里。逕栗林，逕麻港，逕南灣，至黃荊口，入下帳，下帳湖，在景陵縣南一百七十里。東匯於白湖。又自范溉南播於劉家渡，入於三江口。又自栗林口播於蔣家灣，逕蓮臺，趨大湖口，合黃荊水，流入江。漕河，在州西一里〔一〇〕。江水逕潛江入於河。一統志作西南。江水、潛水所入。太白湖，在州東北二百里〔一一〕。潛自西北注之，西湖、州東南百里。李老泗港、沙湖水匯焉。沱自南注之，直步、黃蓬、〔旁注〕州南二百里。陽明諸水匯焉。沔之巨壑也。周二百餘里，達沌口入江，故屬沔，今半屬漢陽。七里沔，在州東一里。周地圖記〔二〕：夏水合諸水同入漢，自漢入瀦，名七里沔，州名蓋取諸此。方輿勝覽：在復州。今考州之南長夏河，即夏水也〔三〕，水泛則其水合諸水於州之東北渡口，下流六十里，地名滄浪，古有滄浪驛，或疑此是也。漢水自襄河而入，江水、夏水自西南而入，三水所匯之所是也。或云：竟陵之南三十里，湖東七里泛，即七里沔也。未詳孰是。　汊河，在州北。流入漢陽府界。

【校勘記】

〔一〕夏水出江流於江陵東南　「流」，川本、滬本同。楊守敬水經注疏夏水改作「津」，云：朱謀㙔訛作「流」，戴震、趙一清依酈道元注文改「津」。「荊州記江陵縣東三十里有津鄉，蓋沿江津得名。漢時於此置戍，有江津長司之。夏水蓋出於此。江津成亦見江水注。」

〔二〕豈漢濁易淤　「濁」，底本作「竭」，川本、滬本同，據嘉靖沔陽志卷五、圖書集成職方典卷一一三六改。

〔三〕繁揚之師　「師」，底本作「揚」，川本同，據滬本及左傳昭公五年改。

〔四〕多言夏言漢其後多言沔漢沔夏一水異名　二「多」字，底本脱；「言沔漢沔夏」五字，底本缺，川本、滬本同，據嘉靖沔陽志卷五補正。

〔五〕白議口　「議」，川本、滬本同，圖書集成職方典卷一一三六作「汊」。

〔六〕夏水　底本作「下水」，川本、滬本同，據紀要卷七七改。

〔七〕州東一百七十里　「一百」，底本作「北」，川本同，據滬本及嘉靖沔陽志卷五改。

〔八〕排沙　「排」，底本作「挑」，川本、滬本同，據紀要卷七七、圖書集成職方典卷一一三六改。

〔九〕剅河　底本脱「河」字，川本同，據滬本及紀要卷七七補。

〔一〇〕在州西一里　底本「一」下有「百」字，川本、滬本同。嘉靖湖廣圖經志書卷一一：漕河，「在沔陽州西北一里」。紀要卷七七：漕河，「在州西南一里」。此「百」字衍，據删。

〔一一〕在州東北二百里　底本脱「東北二百」四字，川本同，據滬本及紀要卷七七補。嘉靖沔陽志卷五作「東二百五十里」。

〔一二〕周地圖記　「周」，底本脱，川本、滬本同，據勝覽卷三一、嘉靖沔陽志卷五補。

〔一三〕夏水　底本作「下水」，據川本、滬本及紀要卷七七改。

孝感　大悟山，在縣東北一百二、三十里，高二百餘丈，廣四十里，上有平壤，耕之可食中農。　澴河，在縣北五十里，出河南信陽州，逕應山雞頭山，至天磨河入境。逕新店，縣北二百五十里。會清風澗水，爲雙河口，爲大公潭，縣北一百六十里。爲小河溪。縣北一百二十里。至兩河口，爲晏家河，縣北九十里。爲澴河鎮。縣北五十里。一支會白沙河，合於西河。西河、小河上通澴河。逕至而東入於漢。一支會白龍潭水，又會八埠口水，入於漢。一支會馬溪河、〔旁注〕縣東南八十里。溠川、

〔旁注〕縣東北七十里。陡山、蒲湖水〔一〕，至黄陂沙口入於江。淪河，即鄖水支流。逕雲夢，入埠口，流經本縣，下流入於荆江。灌河，源出白兆山，達雲夢蒿子港口入鄖，與安陸縣灌水是一。

【校勘記】

〔一〕蒲湖水　「蒲」，川本、滬本同，紀要卷七七作「衛」。

監利　夏水，在縣東南五里。禹貢傳注曰：華容有夏水，首出于江，尾入于沔，一謂之沱。監利本漢華容地，傳云尾入于沔，即夏水。魯洑江，在縣東南三十里，即太馬河。南通荆江，北入沔、漢。三國時，魯肅屯兵處。太馬長川，在縣南一里，周環二百餘里。新沖河，在縣西四十里。通江陵漕河。盛洪堰河，在縣北八十里。通沔陽州界。

巴東　長豐山，在縣西北百里。懸崖峭壁，高千萬仞，崖間有蜂蜜，居人用索懸於崖上攀取之。安居山，在縣西南五十里。高千仞，廣百里，四面懸崖峭壁。上有三路，一平坦，一極陡峻難上，昔人多避兵於此。三壩河，在縣西六十里。源出九府坪，一流入房縣，一流入大寧，一流入西瀼溪，合大江。

興寧　浦溪山，在縣南六十里，即瑶岡嶺。高萬丈，周二百里，常有雲氣覆之，三朝無雲必雨。石菌山，在縣北三十里。秋溪山，在縣西三〔旁注〕南四。十里。周百里〔一〕，接桂東、桂陽縣界。資興水，在縣東二十里。一統志：東南六十里。源出古錮泉，五十里至舊興寧縣前，横流至瀘渡，合耒水。西流八十里，水勢險惡，下流合於郴水。發源自第五都李家洞〔二〕，接桂陽縣界。山下有泉，方廣十里餘，泉旁石壁峭立，其水澄澈深邃，名鈷錮泉。至平石，與杭溪合，經連坡，至舊縣前，横流十里，合瀘渡。瀘渡江，渡在縣南四十里，發源自桂東縣萬王城山，流入桂陽縣唐延里，〔旁注〕是爲洪江。北至豐樂，二十里沿潭，六十里至高活。水勢險惡，李杓鑿山通道，於是可舍舟從陸以避險。自高活五里至結魚，又二里至瀘渡，又十五里至江口瀧頭〔三〕。凡十二灘，巨石堆疊，舟師非蕩舟不能渡。十五里出東津渡，又七十里合郴江口〔四〕，至耒江，下入湘。程水江，在縣西四十里。發源有四：一自縣東北四十里醽醁泉，一自源頭佛母墓前，一自鳳梧山，一自延溪，至鹿鳴橋，出程江口，合郴江。

【校勘記】

〔一〕在縣西三南四十里周百里　川本、滬本同。嘉靖湖廣圖經志書卷一四作「在縣西南三十里，周迴四百里」，此「西」或「南」或爲「西南」之誤，「百」上脱「四」字。

〔二〕李家洞　「家」，底本脱；「洞」，底本作「峒」，川本、滬本同，據嘉靖湖廣圖經志書卷一四、清統志卷三七七補改。

〔三〕江口　川本、滬本及嘉靖湖廣圖經志書卷一四同，紀要卷八二作「末江口」。

〔四〕郴江口　「口」，底本脱，川本、滬本同，據嘉靖湖廣圖經志書卷一四、紀要卷八二補。

石首　按郡圖，古有九穴、十三口，以導荆水。宋築江堤以防水，塞南北諸古穴，民多苦之。元大德間，堤決石首縣，達魯花赤薩德彌實復築諸堤。後堤決不常，守江陵趙公爲奏開六穴，江陵則郝穴，監利則赤剥，石首則楊林、宋穴、調絃、小岳，民賴其利。元王廷端有記〔一〕。便河，在縣西南二里，達洞庭。

【校勘記】

〔一〕王廷端　「端」，底本作「瑞」，川本、滬本同，據嘉靖湖廣圖經志書卷六王廷端石首重開古穴記改。

荆門州　編都廢縣，在州東門外。北即長林地，有櫟林長坂。　古樂鄉，晉安帝時置，在舊長林縣界。　安居廢縣，在州東六十里石牌西。梁置。隋改昭丘縣，大業初，又改荆臺縣。　宛城，在州南六十里，舊志云：魏立荆州，治宛城，即其地。　基州章山縣，在州東一百二十里。唐置。　故荆州府，在當陽古城。　荆門縣，在州東門外故長林縣地。　荆門軍，先在長林，後移於當陽之方城，又移於古城。　新城，在州東南百二十里。宋吕文焕都統邊居誼築。　緑麻縣城，在州東南一百二十里漢江上緑麻山。亦居誼築。

歸州　牛口灘，在州西六十里，設有巡檢司。稍東即白水灘。説曰：水盈時，小船宜避之。　羅頭灘，在州西五十里。　石門灘，在州西四十里石門候館之前，説曰：此處北岸有高崖，半横江中，川水湖瀉，自南而北，轉而東流，衝逼於崖，瀠洄湍激。舟過必先挽從南岸而下，艣槳稍不得力，必抵於崖，其勢最險。自四月至九月，江水泛溢，切宜防之。　拽灘，在州西三十里。説曰：諺云有拽灘便無新灘，蓋新灘險於涸，而拽灘險於盈也。登岸而行僅一、二里許，其船須俟水勢稍退，然後可行。　五龍灘，在州西北二十里。　滑石灘、和尚灘、番灘，俱在州西北五十里。　叱灘〔一〕，自州西三、四里，以至治前一帶，水石相激，如噴叱聲，故名。官漕口爲上叱灘，雷鳴洞爲中叱灘，黄石口爲下叱灘〔二〕。有大潭如甕，舟行不慎，多覆溺之患，又名人鮓甕。説曰：叱灘之險，在半盈半涸時，諸潭之險，惟此爲最。余每驗其洶湧之勢，稍俟一、二日即平矣，或從廟旁登岸過州治，可二、三里許，行者記之。　拗灘，在州治前一里。灘石水洶，舟不能上，率避而行江南岸，故名。　楊公灘，在州南三里。　王家灘、張家灘，在州東五、七里。　小新灘，在州東新灘之上。　新灘，在州東三十里，此灘最爲險惡。宋天聖中，山崩，石龕爲害。皇祐三年〔三〕，知歸州趙誠聞於朝，自十月至二月禁行舟，鑿之，而灘害始去。嘉靖二十一年，山復崩。二十八年，知州王錫鑿北岸磄口。萬曆三十六年，知州張尚儒再鑿之。陸游入蜀記云：新灘南岸曰官漕〔四〕，北岸曰龍門，龍門水湍急，多暗石。官漕差可行，故舟率由南上。然石多鋭，易穿船，故爲峽中最險處，必空舟乃可行，舟人利重載，鮮不及也。又云：灘害至今未悉去，若乘冬、春間水落石出時，并力盡鑱去鋭石，則害可除。然灘上居民皆利於敗舟，賤賣板木及滯留貨賣，或賂石工，以爲石不可去，須斷以必行乃可成。説曰：每年九月以後，江水漸涸，衝激奔騰，臨流而望，目眩神驚，舟必薄於上灘，登陸而行，貨物亦從陸運，另覓善水者操舟而下。其上、下灘相去五里耳，人人皆知避之。惟香溪出峽時，儻遇順風，最難薄岸，此舟人之所玩也，宜預防之。鼓沉灘、將軍灘，在州東南三十里，新灘下有泡漩，甚險，由此而下曰羊背。説曰：水盈時，宜避之。白馬灘，在東三十里。空舲灘、踏洞灘，在州東六十餘里。空舲灘即空舲峽，峽中屹立一大石，左下有連珠三石，峙伏水中，號曰連珠石。踏洞碎石洪濤，下流奔注，魚鱉所不能游，水際多奇石，五色燦然可愛，亦或有文成物象及符書者。説曰：此灘波浪頗大，惟舟楫得力，萬無一失。自此三十里至黄牛驛，其間有北洞灘、登灘、使君灘、騾尾灘、虎頭灘、大洪硃灘，波浪沸騰，乍起乍伏，不可不時督衆楫也。北洞以下俱屬夷陵。叱溪，在州西北三里許。發源興山，石巖中飛瀑而出，名曰洒水。流二十餘里，過石山、龍王洞。又六十餘里，有石巖三座，名曰香爐石。又十餘里，而聚一深潭，名錦被潭。又六十餘里，地名白洋坪。從高岡發下一土嶺，横插過溪二、三里〔五〕，水隨灣轉而出，名曰象鼻子。又六十里，至五龍潭、九魚沱，而二十里至沐手池，又五里至溪口，入江。南邏溪，在州東南十里。水發源頗廣，一自長陽界雲臺、荒倉坪會白羊溪，一自玄武洞、夾石沖、龍門溪而合流入江。諸鎮惟新灘頗稱囂喧，有南岸、北岸〔六〕、上滄、下沱之别。每年春冬，水涸灘險，舟行上下，必搬運行李材貨，空載而後可行，附近民多立牙行爲之雇直。夏秋水泛，舟不停留，而衆亦散而歸農矣。屈廟前大江渡口，爲楚、蜀孔道，洪濤巨津。遇西北風起，恐順流出石梁之外。若遇黑夜，决不可渡，慎之。陸道之險曰周坪關，在州東六十里，古設關把隘處。馬鹿關，在州南九十里。鑿石通道。貓兒關，在州西北。北門關，在州北五里。通興山。東石門關，距州八里許。西石門關，距州四十里，江以北，崖高數丈，中鑿江以南懸崖下，劈石爲徑三尺許，旁臨大江。一線如門，石磴而上，僅通一人行，下臨大江，俱至險也〔七〕。

【校勘記】

〔一〕叱灘　「叱」，底本作「吒」，川本、滬本同，據嘉靖歸州全志卷上、嘉靖歸州志卷一改。下同。

〔二〕黄石口　「黄」，底本作「烏」，川本、滬本同，據嘉靖歸州全志卷上、嘉靖歸州志卷一改。

〔三〕皇祐三年　底本脱，川本同，據滬本補。
〔四〕官漕　「漕」，底本作「礄」，川本、滬本同，據陸游入蜀記改。上下「官漕口」、「官漕」改同。
〔五〕横插過溪二三里　底本脱「插」字，據川本、滬本補。
〔六〕北岸　底本脱「岸」字，據川本、滬本補。
〔七〕俱至險也　川本同，滬本作「最險」。

安仁　仙山，在縣南七十里，山形險峻，綿延數十里。大湖山，在縣南六十里。高廣可容萬家。其下有大湖。曹婆山，在縣南五十五里。山勢險巇，徑路幽僻。舊有寨，今反爲山寇巢穴矣。侯曇山，在縣西南四十里。半在耒陽，半屬安仁。

酃　雲秋山，在縣西四十里。周環八十里，高三千九百丈，雲氣黯澹，望之常如秋色。月嶺，在縣西三十里。其上寬平。正德十年，酃被寇，邑人羅宓明率衆立寨其上。橋陽嶺，在月嶺西。介在茶陵，爲一邑之阨塞。洣泉，在縣東，即洣水之源。合雲秋水，北流逕茶陵州之南，西北過攸，與容水、洋湖水會，入於湘。

桂陽州　大湊山〔一〕，在州西，周迴二十里，呼田寶山〔二〕。其上高寒，多積雪。黄田灘水，在州北四十里，俗呼爲十八灘。水石相激，奔流而下，舟至此，人皆山行，險惡不讓呂梁。知州吳淵鑿山開路，民便之。

【校勘記】

〔一〕大溱山 「溱」，底本作「溙」，川本同，滬本作「臻」，據明統志卷六四、紀要卷八〇改。

〔二〕田寶山 川本、滬本同，圖書集成職方典卷一二四三作「寶山」，無「田」字。

臨武 金香山，在縣北四十里。南連桂嶺，其高並之。五代及宋時於此設銅冶。石江水，源出縣之東山，東流十五里，流至石江橋下，又東流五里，至斜江，又東南十五里，至蒲萄灣，與武水合。長江水，出東山，北流過桂陽境，出水尾，合桂水，入於湘。

耒陽 上堡市，在縣南四十里。産錫。四方之賈，羣萃其中，操其奇贏，役使大衆，開坑三十餘場，坑夫數十萬。彼皆亡命無賴之夫，作姦犯科，結爲死黨，或聚慝招亡，或探丸胠篋，有司莫敢誰何，萬一叵測，此殆其辭階乎〔二〕。議者或欲設巡司以涖之，亦一策也。新城市，在北四十里，陳割臨蒸縣東鄉爲新城縣，即其地也。唐省入臨蒸。

【校勘記】

〔一〕此殆其辭階乎　川本同，滬本作「此殆其亂階乎」，疑是。

常寧　塔山，在縣南。東跨大小猛峒，西連㹀石洞〔一〕，南拱泗洲寨，北抱湘江。山腰有白石七級。

【校勘記】

〔一〕西連㹀石洞　「連」，底本作「南」，川本同，據滬本及圖書集成職方典卷一二四二改。

東安　黑土嶺，在縣西北三十五里。路當險隘，設有軍人二名、哨長一名把守。清溪江，源出舜峯萬山間，奔流東注，節安衆水，如枝條依幹然。經縣城南，繞東北四十里，入湘水。湘江，發源廣西之興安，至全州柳浦〔一〕，入東安境，北流達零陵，合瀟水。

【校勘記】

〔一〕全州　「全」，底本作「金」，川本同，據滬本及紀要卷八一改。

郴州〔一〕

雷溪山，在州東六十里，周迴二百里。其脈從五蓋山來，雷溪之水出焉。五蓋山，在州東南三十里，周迴一百八十里。山有五峯，狀如蓋。黄岑山，在州南五十里，周迴三百八十一里。舊志謂爲郴水所出〔二〕，今考兹山在高坦之南〔三〕。〔旁注〕高坦嶺，在州南四十里。高坦東麓，溪澗分流，北流入萬歲橋河，南流經仙人掌巖而下，入宜章。黄岑猶在仙掌西南，則水勢無由越高坦而北也。但此山勢脈綿亘數十里，皆高峻，難盡名之。一支分爲白石嶺，郴水出焉。白石爲黄岑之支，水出白石，即謂之出自黄岑可也。舊志謂爲五嶺之一，爲楚、粤之關，五嶺從東而數，一大庾，二騎田。注云：騎田即郴黄岑山。按廣州記五嶺有桂陽嶺，豈黄岑與？舊志謂：嶺北大雪，南微雪，北雨，南往往晴，一越此嶺，寒暄氣候頓殊。此與諸嶺横絶南北語頗不誣。白石嶺，在州西南三十里，周迴五十里。石頭城關，在州東三里。香山拗關，在州南五里。武昌關，在州西七里。桂門關，在州北五里〔四〕。

【校勘記】

〔一〕郴州　「郴」，底本作「柳」，川本同，據滬本及萬曆郴州志卷六改。

〔二〕郴水　「郴」，底本作「柳」，川本同，據滬本及萬曆郴州志卷六改。

〔三〕今考兹山在高坦之南　底本脱「高」字，川本同，據本書下文、滬本及萬曆郴州志卷六補。

〔四〕在州北五里　「北五」，底本缺，川本、滬本同，據萬曆郴州志卷七補。

永興　大步江，在縣東八十里，源出興寧縣北，合數流，可勝舟，經安仁縣，出衡山縣雷家堡。四十二渡水，一名注水，在縣東一百里。源出乾溪，北流四十五里，至博笏村可勝舟，西流百五十里，入耒水。森水，〔旁注〕疑即耒水〔一〕。在縣西十五里。長安、白豹、油塘諸水會流於此，達耒江。油塘江，在縣西二十里。源出桂陽州，至州境，下入森水。

【校勘記】

〔一〕疑即耒水　川本、滬本同。按本書下文云：森水，「達耒江」。森水，爲耒江支流。萬曆郴州志卷七：耒水，「在桂陽縣南，發源耒山，西流會資興水，又北會郴水，注於湘」。則森水非耒水。

桂陽　耒山，在縣南。四面孤絶，耒水所出。山之南有屋嶺山。舊志云：在縣南汝城鄉，高二百步，周一百一十丈。盗賊竊發，土人作寨以避，俗號爲石頭巖，即今縣南城頭寨也。寰宇記云：耒山，在郴州義昌縣〔二〕。考義昌廢址與城頭寨鄰，南耒水流寨脚，正耒水也。屋嶺山，在縣南四十里。其山最高，水分南北流，北有耒山，即耒水所出，南流入曲江，達南海。渌水，出舊廬陽縣南十五里，自白雲山北流，入耒水。延壽隘，在縣南三十里文明鄉，經大官嶺右。

【校勘記】

〔一〕郴州　「郴」，底本作「柳」，川本同，據滬本及寰宇記卷一一七改。

桂東　八面山，在縣西六十里。山甚危峻，延袤二百里〔一〕，登之則郴、衡、贛、吉諸山可見，興寧、桂東，各當四面。諺云：八面山，去天三尺三。蓋天險也。漚江，有三源。一出酃縣界煙竹堡平水山，經兩水口，自北而南，至縣合流，衝激成漚，是名漚江。一出縣東四十里胸堂山，自南而西而北。一出雙溪，自西而南，至縣合流，不通舟楫，八十里至桂陽何公渡，〔旁注〕東北三十里。又三百里達郴江，入湘。

【校勘記】

〔一〕延袤二百里　「袤」，底本作「襃」，川本同，據滬本及萬曆郴州志卷六改。

宜章　黄沙堡，在縣西九十里。宜章所領軍戍守。笆籬堡，在縣南七十里。郴州所領軍戍守。里田堡，在縣東八十里。有城。調長沙、永州衛軍戍守。栗源堡，在縣南五十里。郴州所領軍戍守。

興寧　乾坑關，在縣南八十里，界宜章縣延壽峒。鳥道臨坑，不可仞計，據險要擊，一夫當百。正德十二年，征剿後，以省費罷守。滁口關〔一〕，在縣南七十里。通桂陽、延壽賊巢，險峻四塞，舊巡司在焉。正德中，移司黄家洄，借寇以喉舌而捫其足，識者恨之。永安堡，在縣南四十里。隆慶間，峒傜猖獗，既撫安之，復設堡於此，歲輪把總官一員領民軍防守。瑪瑙堡，在縣東三十里。歲委郴屬千百户一員，領軍及民兵防守。

【校勘記】

〔一〕滁口關　「滁」，川本及明史地理志同，本書前文興寧縣、滬本作「滁」，萬曆郴州志卷七同。

正統六年十二月丁巳，革湖廣瞿塘衛楊灡津三關，設瞿關巡檢司，置巡檢一員，隸四川夔州府。初洪武中，於瞿塘衛楊灡津設關三處，每年輪流撥軍守之，歲久弊生，行旅病焉。至是，四川梁山縣知縣李政奏：楊瀾津上下相去不過十里，而設三關，實爲繁擾，乞革之，設巡檢司巡視爲便。兵部移文巡按御史覆視，御史亦言宜如所請，故有是命。

黄岡　黄歇壘，在縣北十五里。傳爲楚春申君所封。隋置永安郡於此。宋蘇文忠公曰：此歇之始封。蓋楚都申、郢，故歇封於春申，如齊孟嘗封於薛之類。「春」者，蘄春、壽春是也。「申」者，申、光之間是也。必兼二城封焉。案史記，黄歇初封淮北十二縣，後十五歲，言於楚王曰：淮北地邊齊，其事急，請以爲郡便。因獻淮北十二縣，改封於江東。中國今信陽州，蘄春今蘄州，與永安並在淮南，非也。　赤壁，在城西北大江濱。蘇文忠公作賦之所。案水經當名赤鼻，非周瑜破曹公之赤壁也。　元史翟彦暉傳：伏甲二百於赤壁之下，夜半，敵水陸並至，彦暉等曳槍，俟其半過而擊之，敵大敗，死者無算。　武湖，在縣西北百三十里，爲黄陂縣界，東即陽邏。宋謝晦走武湖，戍主生執之。　西陽城，縣東南一百三十里[一]。漢舊縣。魏爲重鎮。太和中，吴揚言欲獵江北，豫州刺史滿寵度其必襲西陽，先爲之備。吴主聞之，遂還。晉爲弋陽郡[二]。　大崎山，在縣東北百六十里，山勢巃嵸，甲於一郡。又北去大崎十里，爲小崎山，與麻城分界。　陽邏堡，在縣西百二十里。〔旁注〕南岸即江滸黄州[三]。　春秋爲羅汭。其地東接蘄、黄，西抵沔、漢，南渡鄂渚，北距五關，爲大江要害。又西北一十里曰沙洑口。宋開慶元年，元主入寇，次陽邏堡，大敗宋師，遂自沙洑口渡江，圍鄂州。咸淳十年〔四〕，元伯顔南侵，宋都統制王達守陽邏堡，朱禩孫以遊擊軍扼中流，夏貴以舟師分據要害，兵不得進。馬福言：陽邏堡西沙洑口可以入江〔五〕，伯顔使覘沙洑口，夏貴亦以精兵守之。伯顔進圍漢陽，聲言取漢口渡江，貴果移兵往援，伯顔乘間遣阿剌罕將奇兵倍道襲沙洑口，奪之，遂引船達大江。復攻陽邏堡，三日不克。伯顔密謀於阿朮，以鐵騎三千遡流四十里，至青山磯〔六〕，雪夜抵南岸。伯顔乃急攻陽邏堡，夏貴引兵遁，元人拔陽邏。香爐山，在縣西北一百二十五里。宋咸淳中，元世祖南侵，登以俯瞰大江，命伯顔、卜花帖木兒敗宋將夏貴〔七〕，遂拔陽邏。界河，在縣北。自白沙關發源，南流合感化河，至團風口入江。沙洑口河，在縣西北一百三十里。發源德安之孝感縣，至此入江。其西爲黄陂縣界。舊州長河，在縣西北百二十里。源出光山，南至團風口入江。感化河，在縣西北一百五十里，爲黄安縣界。發源羅田，至雙河口，而會舊州長河。上巴河，在縣東八十里。省志：四十五。發源治西北〔八〕，迤邐至一流河，抵魚博下巴河，達江。下巴河，在縣東四十里。源出羅田尤河嘴。三江口鎮，在縣西三十里。有江三路，至此合流。萬曆二年，因寧警，增置守備於此。七磯，未詳。府志：巴河，在縣南四十里，與蘄水蘭溪合而入江。源出羅田尤河嘴，遡流而東八十里，即上巴河。道觀河，在縣北百二十里。源出崎山，入大江。沙河，在麻城、黄岡界中。街步河，在縣西北百三十里。發源黄陂縣界。

【校勘記】

〔一〕縣東南一百三十里　「一百」，底本脱，川本、滬本同，據元和志卷二七、弘治黄州府志卷一補。

〔二〕晉爲弋陽郡　川本、滬本同。宋書州郡志：西陽郡，「晉惠帝又分弋陽爲西陽國」，治西陽縣。則晉惠帝爲西陽國，後又改爲西陽郡，此説不確。

〔三〕南岸即江滸黄州　「江」，底本脱，川本、滬本同，據紀要卷七六補。

〔四〕咸淳十年　底本「十」下衍「一」字，川本、滬本同，據宋史瀛國公紀删。元史卷一二七伯顔傳，元至元十一年伐宋，正是南宋咸淳十年。

〔五〕陽邏堡西沙洑口可以入江　「陽」，底本脱，據本書上文、川本、滬本補。「沙洑口」，元史伯顔傳作「沙蕪口」。下同。

〔六〕遡流四十里至青山磯　「四」，底本作「二」，川本、滬本同。元史伯顔傳：伯顔密謀於阿术，使領鐵騎三千，泛舟直趨上流。元四翼軍「泝流西上四十里，對青山磯而泊」。此「二」爲「四」字之誤，據改。又，「青」，底本作「香」，川本、滬本同，據宋史瀛國公紀、元史伯顔傳改。

〔七〕夏貴　「貴」，底本作「費」，川本同，據滬本及元史伯顔傳改。

〔八〕發源治西北　「治」，底本作「至」，據川本、滬本及明統志卷六一改。

蘄水　城山，在縣西二十里。有吴大帝土城遺址。案三國志，吴主與周瑜會議柴桑，謂瑜曰：船糧戰具俱備，卿當前發，孤當續發，爲卿後援。當時瑜以舟，權以陸，故經此。迄今師旅由九江趨江夏者，必道江北，蘄爲南北交衝之地，自古然矣。回風磯，在縣西南五十里大江濱。下巴河，在縣北七十里。南門河，即浠水。源出英麓，繞治前，合衆流，入大江。

鄖陽府

周武王時，庸人、濮人從王伐商。頃王三年，楚子伐麇，成大心敗麇師於房渚〔一〕。潘崇復伐麇，至于錫穴，麇子逃歸。八年，楚使廬戢黎侵庸，楚人、秦人、巴人滅庸〔二〕。景王十四年，楚師遷房於荆山〔三〕。案今鄖縣即麇地，竹山、竹溪即庸地，上津即商地，保康即介麇、庸之間，鄖西即介麇、商之間。赧王二年，秦使張儀以商於六百里地欺楚。三年，秦、楚戰於丹陽，楚師大敗，秦遂取漢中郡。十一年，秦復與楚上庸。二十五年，秦攻楚黔中，拔之，楚獻漢北及上庸地〔四〕。三十七年，秦與魏、韓上庸地五郡〔五〕，南陽免臣遷居之。秦始皇九年，遷蜀四千餘家家房陵。十六年，韓獻南陽地。虜趙王遷〔六〕，徙於房陵。漢獻帝建安二十四年〔七〕，劉備遣宜都太守孟達從秭歸北攻房陵，殺房陵太守蒯祺。又遣養子副軍中郎將劉封，自漢中乘沔水下，與達會攻上庸。上庸太守申耽舉衆降。魏文帝黄初元年，孟達率部曲四千家降魏，魏以房陵、上庸、西城三郡爲新城郡〔八〕，以達領新城太守。太和元年，孟達謀歸漢，司馬懿潛軍進討，倍道兼行，八日到其城下，攻拔之。正始二年〔九〕，蔣琬以諸葛亮數出秦川，道險，運糧難，卒無成功，乃多作舟船，欲乘漢、沔東下，襲魏興、上庸。會舊疾連動，未行，衆不可，乃止。晉穆帝永和十年〔一〇〕，桓温統步騎四萬發江陵，水軍自襄陽入均口，至南鄉，步兵自淅川趨武關〔一一〕，命司馬勳出子午道以伐秦。敗秦軍於藍田及白鹿原，至灞上而還〔一二〕。孝武太元四年，秦人拔魏興。九年，桓沖遣上庸太守郭寶〔一三〕，攻秦魏興、上庸、新城三郡，拔之。齊東昏永元元年〔一四〕，魏主至馬圈，命荆州刺史廣陽王嘉斷均水口，邀齊兵歸路，陳顯達引兵渡水西〔一五〕，據鷹子山，與魏戰，大敗。軍主崔恭祖等，以烏布幔盛顯達〔一六〕，出均水口南走。魏人追奔至漢水而還。梁武帝大同二年，東魏丞相歡伐魏〔一七〕，遣司徒高敖曹趨上洛，克之。唐肅宗至德元年，第五琦見上於彭原，請以江、淮租庸市輕貨，泝江、漢而上，由上津至洋川，陸運至扶風以助軍。上從之，尋加琦山南等五道度支使〔一八〕。本朝兵事，詳世法録。弘治二年〔一九〕，竹山寇野王剛作亂於洪坪，都御史戴珊遣都指揮康太討平之。嘉靖八年，楊文政等爲亂，劫商南、上津、南鄭諸縣，都御史潘旦遣都指揮王言討平之。十八年，平利、竹、房盗起，殺竹溪主簿，都御史汪以旃遣都指揮鄖陽府同知白濬討平之〔二〇〕。祝穆曰：天下之大川，以漢名者二。班固謂之東漢、西漢，而黎州之漢水源於飛越嶺者不與焉。固之所謂東漢，則禹貢之導漾自嶓冢山，逕梁、洋、金、房、均、襄、鄖，復至漢陽入江者也。西漢則蘇代所謂漢中之甲，輕舟出於巴〔二一〕，乘夏水下漢，四日而至五渚者。其源出於西和州徼外，逕階、沔與嘉陵水合，俗謂之西漢。又逕大安、利、劍、果、合與涪水合，入於江。此條宜入漢中府。

【校勘記】

〔一〕楚子伐麇成大心敗麇師於房渚　「麇」，底本作「麋」，川本同；「房渚」，底本、川本作「房諸」，並據滬本及左傳文公十一年改。下同。

〔二〕八年楚使廬戢黎侵庸楚人秦人巴人滅庸　川本、滬本同。按其事見於左傳文公十六年，時當周匡王二年。本書云頃王八年，誤。

〔三〕景王十四年楚師遷房於荆山　川本、滬本同。按左傳昭公十三年云：「楚之滅蔡也，靈王遷許、胡、沈、道、房、申於荆焉。」杜預注：「滅蔡在十一年。許、胡、沈，小國也。道、房、申，皆故諸侯，楚滅以爲邑。荆，荆山也。」則楚遷房於荆爲魯昭公十三年，時當周景王十六年。本書云「景王十四年」，誤以滅蔡事繫年。

〔四〕二十五年秦攻楚黔中拔之楚獻漢北及上庸地　「黔」，底本作「默」，川本同，據滬本改。按史記秦本紀：秦昭襄王二十七年（周赧王三十五年）「因蜀攻楚黔中，拔之」。史記楚世家：楚頃襄王十九年（周赧王三十五年）「秦伐楚，楚軍敗，割上庸、漢北地予秦」。則本書云「二十五年」，繫年誤。

〔五〕三十七年秦與魏韓上庸地五郡　川本、滬本同。按史記秦本紀：秦昭襄王三十四年（周赧王四十二年）「秦與魏、韓上庸地爲一郡」。則本書云「三十七年」，繫年誤。

〔六〕虜趙王遷　川本、滬本同。史記秦始皇本紀：十九年，「王翦、羌瘣盡定取趙地東陽，得趙王」。索隱：「趙王遷也。」同書六國年表：秦始皇十九年，「王翦拔趙，虜王遷邯鄲」。則在秦始皇十九年，非上文所記十六年，或脱「十九年」三字。

〔七〕漢獻帝　「獻」，底本作「新」，川本同，據滬本改。

〔八〕魏以房陵上庸西城三郡爲新城郡　底本上「郡」字作「縣」，下「郡」字脱，川本同，據三國志蜀書劉封傳改補。滬本有下「郡」字。

〔九〕正始二年　「正始」，底本脱；「二」，底本作「四」，川本、滬本同，並據通鑑卷七四補改。

〔一〇〕永和十年　「十」，底本作「九」，川本、滬本同，據晉書穆帝紀、通鑑卷九九改。

〔一一〕淅川　「淅」，底本作「浙」，川本、滬本同，據晉書桓温傳、通鑑卷九九改。

〔一二〕灞上　「灞」，底本作「壩」，川本、滬本同，據通鑑卷九九改。晉書桓温傳作「霸」。

〔一三〕桓沖　底本作「桓仲」，川本同，滬本作「沖」，據晉書桓沖傳改。

〔一四〕永元元年　「元」，底本作「二」，川本、滬本同，據南齊書陳顯達傳、通鑑卷一四二改。

〔一五〕陳顯達引兵渡水西　「引」、「西」，底本脱，川本、滬本同，據南齊書陳顯達傳、通鑑卷一四二補。

〔一六〕以烏布幔盛顯達　底本作「以布幔甚顯達」，川本同，滬本脱「烏」字，據南齊書陳顯達傳改補。

〔一七〕東魏丞相歡伐魏　「歡」，底本作「勸」，川本同，據滬本及通鑑卷一五七改。

〔一八〕山南等五道度支使　「度支」，底本作「租庸」，川本、滬本同，據舊唐書第五琦傳、通鑑卷二一九改。

〔一九〕弘治二年　「二」，底本作「三」，川本、滬本同，據明史戴珊傳、明通鑑卷三六改。

〔二〇〕鄖陽府　底本作「勛陽府」，據川本、滬本改。

〔二二〕輕舟出於巴 「輕」，底本作「逕」，川本同，據滬本及行水金鑑卷八〇改。

荆州府

梁元帝陵，在府城津陽門外。梁宣明二帝陵〔一〕，在紀山。楚穆王冢，在枝江縣西二十五里長樂鄉。楚莊王冢，在府城西龍山。前後陪葬者十家，皆成行列。楚康王冢。舊志云：郢城西。楚平王冢，在府城東室丙莊蓼臺湖。楚昭王冢，在枝江縣西北楚江、當陽兩境間。楚懷王冢，在枝江縣。高氏三王墓，在府西龍山鄉。武信王季興、文獻王從誨、貞懿王保融。荆州圖記：江陵縣東七十里，有楚昭王墓，高四丈餘。王仲宣登樓賦所謂西接昭丘是也。舊唐書李皋傳：拜江陵尹、荆南節度使。先，江陵東北有廢田傍漢古堤二處，每夏則溢。皋始命塞之，廣田五千頃，畝得一鍾。規江南廢洲爲廬舍，架江爲二橋，流人自占二千餘户，自荆至樂鄉凡二百里，旅舍鄉聚凡十數，大者皆數百家。

【校勘記】

〔一〕梁宣明二帝陵 「二」，底本作「三」，川本、滬本同，據明統志卷六二改。圖書集成職方典卷一一九六：「梁宣帝陵，在城北紀山。明帝陵，亦在紀山。」即宣明二帝陵。

永樂十六年十二月丙子朔，武當山宮觀成，賜名曰太嶽太和山。山有七十二峯、三十六巖、二十四澗。峯之最高者曰天柱，境之最勝者曰紫霄、南巖，上軼遊氣，下臨絶壑。紫霄、南巖舊皆有宮，南巖之北有五龍宮，俱爲祀神祝釐之所。元季兵毁，至是，悉新建宮。五龍之東十餘里，名玄天玉虚宮，紫霄曰太玄紫霄宮，南巖曰大聖南巖宮，五龍曰興聖五龍宮。又即天柱峯頂冶銅爲殿，飾以黄金，範真武像於中。選道士二百人供灑掃，給田二百七十七頃並耕户以贍之，仍選道士任自垣等九人爲提點，秩正六品，分主宮觀巖祀事，上資太祖高皇帝、孝慈高皇后之福，下爲臣庶祈禳災沴。凡爲殿觀、門廡、享堂、廚庫千五百餘楹。上親製碑文以記之。

山堂考索：江、淮所恃以爲藩籬者，江陵也。江陵所恃以爲脣齒者，襄陽也。秦兼天下，自漢以北爲南陽，即今鄧州。自漢以南爲南郡，即今江陵。襄陽乃南陽、南郡二郡之地，故南接江陵，北接鄧州，西接巴、蜀，實爲衝要，南北必争之地。襄至江陵，步道五百里。郡志云：勢同脣齒，無襄陽則江陵受敵，故江陵以襄陽爲西捍。襄陽北有樊城，即古樊邑。自樊城北有光化，即古酇城，去鄧一百二十里。襄陽西由房州達金州以入蜀，即古魏興郡。苻堅攻蜀由此入，晉吉挹於西城縣南築壘拒之。桑仲據襄陽，西上吞蜀，遣李横攻金州，敗，退保房州。晉建元元年，庾翼曰：襄陽，荆、楚之舊，西接益、梁，與關、隴咫尺，北去河、洛千里〔一〕，土沃田良，方城峻險，水道流通，進可掃蕩秦、趙，退可保據上流。宋建炎四年，趙鼎言：襄陽左顧川、陝，右視湖、湘，而下瞰京、洛，真帝王之宅，宜屯重兵於襄陽。漢晉春秋：諸葛亮家於南陽之鄧縣，在襄陽城西二十里，號曰隆中。南豐曾氏曰：荆及康狼，楚之西山也。水出二山之間，東南流。春秋之世曰鄢水。左傳桓公十三年：楚屈瑕伐羅及鄢，亂次以濟。是也。其後曰夷水，水經所謂漢水又南過宜城縣東〔二〕，夷水注之。是也。又其後曰蠻水，酈道元所謂夷水，避桓温父名，改曰蠻水，是也。秦昭王二十八年，使白起將攻楚，去鄢百里，立堨壅是水爲渠以灌鄢。鄢，楚都也，遂拔之。秦既得鄢，以爲縣。漢惠帝三年，改曰宜城。宋孝武帝永初元年〔三〕，築宜城大堤爲城〔四〕，今縣治是也。更謂鄢曰故城〔五〕。鄢入秦，而白起所爲渠迄不廢，引鄢水以灌田，今長渠是也。胡文定公曰：荆渚，江左上流也。故楚自秭歸徙都〔六〕，日以富彊，近并穀、鄧，次收漢東，下收江、黄〔七〕，横行淮、泗〔八〕，遂兼吴、越，傳六、七百年而後止。此雖人謀，亦地勢使然也。後逮漢衰，劉表牧之，坐談西伯。先主假之，三分天下〔九〕，關羽用之，威震中華。孫氏有之，抗衡曹魏。晉、宋、齊、梁倚爲重鎮，財賦兵甲，當南朝之半〔一〇〕，其爲江東屏蔽，猶虞、虢之有下陽也。林氏曰：江陵，郢也。襄陽，鄢也。自江陵而圖北方，必經襄陽。襄陽，楚之北津也。呂氏曰：楚武王經略漢東之初，便欲滅隨，後來反以厚意結隨以爲助，使之勿救援小國。故漢東之小國盡爲楚所滅，而隨獨終春秋之世。林氏曰：楚得隨、唐而蔡、鄭始懼。

【校勘記】

〔一〕北去河洛千里　「北」，底本無，川本、滬本同。晉書庾翼傳：「北去洛河，不盈千里。」此脱「北」字，據補。

〔二〕宜城縣　「宜」，底本作「空」，川本、滬本同，據水經沔水改。

〔三〕宋孝武帝永初元年　川本、滬本及通鑑地理通釋卷一〇同。按「永初」爲宋武帝年號。宋書州郡志：華山郡，「胡人流寓，孝武大明元年立，今治大隄」。元和志卷二一宜城縣，「宋孝武帝大明元年，以胡人流寓者，立華山郡理之。後魏改爲宜城」。紀要卷七九：鄀城，「劉宋築宜城大堤，改置華山縣」。此「永初元年」當爲「大明元年」之誤。

〔四〕築宜城大堤爲城　底本「宜城」下衍「城」字，川本、滬本同，據通鑑地理通釋卷一〇删。

〔五〕更謂鄀曰故城　川本、滬本及通鑑地理通釋卷一〇同。此疑有誤。參見校勘記〔三〕。

〔六〕秭歸　底本作「秭婦」，川本同，據滬本及通鑑地理通釋卷一〇改。

〔七〕下收江黄　「收」，底本作「及」，川本同，據滬本及通鑑地理通釋卷一〇改。

〔八〕横行淮泗　底本脱「横」字，據川本、滬本及通鑑地理通釋卷一〇補。

〔九〕三分天下　「三」，底本作「二」，川本同，據滬本及通鑑地理通釋卷一〇改。

〔一〇〕南朝　「朝」，底本作「朔」，川本、滬本同，據通鑑地理通釋卷一〇、歷代名臣奏議卷四七改。

鍾祥　清平山，在縣東南二十里，岳懷王、崇寧公主二墓在焉。　寶鶴山，在縣東南二十里，郢靖王墓在焉。　瑜靈山，在縣東南三十里，梁莊王墓在焉。　馬良山，在縣漢江西七十里，即禹貢所謂内方，一名章山。　三國馬良兄弟五人居此，並有才名，時人謂之語曰：馬氏五常，白眉最良。因名馬良山。　漢江，在縣西五里。　按水經：沔水自武都至樂城稱沔〔一〕，度口至姚方稱漢，襄陽至沙羡又稱沔，其實一水也。今郢城上遡宜城，下至沔陽，東岸逕鍾、京、景三縣，西岸逕鍾、荆、潛、沔四州、縣境，沔水逕故鄀縣南入境〔二〕。今荆門界漢江北有縣故基，南岸有石崖，俗名石梁山。山上有臺，即水經所謂南臨沔津。津南有石山，上有古烽火臺。縣北有大城，楚昭王爲吴所迫，絶郢徙都者也〔三〕。　豐樂河注之。又南逕石城，即郡城〔四〕，又南十里，〔旁注〕縣南十五里。　爲刷馬灘，南與臼水合，東南流逕内方山東，又東會權口，即古之權國也。東南與陽口合，逕古雲杜縣東，夏水從西來注之，又東逕左桑，又東合巨亮水口〔五〕，又東得合驛口，又東謂之横桑，又東謂之鄭潭〔六〕，又東得斷沔〔七〕，又東與力口合，出境至漢陽，入於大江。　豐樂河，在縣北九十里。源出大洪山西北，灌田甚廣。　臼水，源出聊屈山，合澨水，注於漢。左傳定四年：吴師入郢。昭王奔隨，涉於成臼。即此水也。　權水，源出西蒙諸山，逕太子岡，會流爲曹將軍港，逕内方山，東南流逕古權國城北〔八〕，東南有那城，又東入於漢。敖水，在縣東百里。源出黄仙洞，西流合枝水，逕洋梓河、殷家河、直河，注於漢。晉太元六年，桓石虔與苻秦將閻振戰於潡水〔九〕，大破之。石城，即縣西城。晉羊祜鎮荆州，立石城以爲固。竟陵城，在縣南。漢縣。長壽廢縣，在東南郭内。

【校勘記】

〔一〕沔水自武都至樂城　底本脱「至」字，據川本、滬本及水經沔水注補。

〔二〕鄀縣　「鄀」，底本作「都」，川本、滬本同，據水經沔水注、圖書集成職方典卷一一三六改。

〔三〕絶郢徙都者也　「絶」，川本、滬本同。水經沔水注作「自紀」，楊守敬水經注疏：朱謀㙔脱「自」字，紀訛作絶。趙一清增、改云：絶，當作紀。漢書地理志南郡若縣下云：楚昭王畏吳，自郢徙此。紀郢上落自字，戴震增、改同。」

〔四〕即郡城　底本脱，川本、滬本作「即都城」，圖書集成職方典卷一一三六作「即郡城」。水經沔水注：沔水南逕石城西，「晉惠帝元康元年，分江夏西部置竟陵郡，治此」。則圖書集成是，據以補正。

〔五〕巨亮水口　「巨」，底本作「區」，川本、滬本同，據水經沔水注改。

〔六〕又東謂之鄭潭　「東」，底本脱，川本、滬本同，據水經沔水注補。「鄭潭」，川本、滬本同，水經注作「鄭公潭」，楊守敬水經注疏：朱謀㙔脱「公」字，「全祖望、戴震增公字」。

〔七〕又東得斷沔　「斷」，川本、滬本及圖書集成職方典卷一一三六同。水經沔水注作「死」。

〔八〕東南流逕古權國城北　「北」，底本脱，川本、滬本同，據水經沔水注補。

〔九〕閻振　川本、滬本同。按晉書孝武帝紀、桓石虔傳作「閻震」，苻堅載紀、通鑑卷一〇四作「閻振」。

宛委餘編：水經注云：武當山，一曰太和山，亦曰參上山〔一〕，山形特秀。又曰仙室。荊州圖副記曰：山形特秀，異於衆嶽。峯首狀博山香爐，亭亭遠出，藥食延年者萃焉。晉咸和中，歷陽謝允捨羅邑宰，隱遁斯山，故亦曰謝羅山。

襄陽城南十餘里爲習家池〔二〕，不能二畝許，乃是流泉匯而爲池耳。前半里許，俯大江。按水經注：沔水逕蔡洲，與襄陽湖水合，水上承鴨湖，東南流逕峴山西〔三〕，東南流注白馬陂水，又東入侍中襄陽侯習郁魚池。郁依范蠡養魚法，作大陂。陂長六十步，廣四十步，池中起釣臺。池北亭，郁墓所在也。列植松篁於池側沔水上，郁所居也。又作石洑逗，引大池水於宅北，作小魚池。池長七十步，廣十二步，西枕大道，東北二邊限以高堤，楸竹夾植，蓮芡覆水，是遊晏之名處也。山季倫之鎮襄陽，每臨此池，未嘗不大醉而返。人爲之歌曰：山公出何去，往至高陽池。日暮倒載歸，酩酊無所知。然則今之習池，非昔之舊矣。又其地高，不可引湖水。

盛弘之荊州記云：葉東界有故城，始犨縣，東至瀙水，達沘陽界，南北聯亘數百里，號爲方城，一謂之長城。南北雖無基築，皆連山相接〔四〕，而漢水流其南，故屈完曰：楚國方城以爲城，漢水以爲池也。郡國志：葉縣有方城。郭仲産曰：苦菜、于東俱有方城。又楚狂接輿耕於方城之南，蓋皆傍此長山方城而名者也。

楚昭王避吳師，自郢涉睢濟江，入於雲中，遂奔鄖。鄖即鄖子國，在宋爲安州，今爲德安府〔五〕，非今之鄖縣也。雲中即雲夢地，江南爲夢，江北爲雲。郢本楚都，在江陵北十二里紀南城，所謂南郢也。今之承天，初爲安陸。梁及唐、宋爲郢州，所謂北郢也。

【校勘記】

〔一〕參上山　川本、滬本同。水經沔水注作「嵾上山」。楊守敬水經注疏：「上字當衍。上文堵水歷嵾山下，即此山。初學記二引盛弘之荆州記作『嵾山』。元和志一名嵾山，寰宇記引武當山記中央一峰，名曰參嶺……亦嵾山之一證。」

〔二〕襄陽城南十餘里爲習家池　「南」，底本脱，川本同，據滬本及元和志卷二一補。

〔三〕東南流逕峴山西　底本「西」下衍「流」字，川本、滬本同，據水經沔水注删。

〔四〕南北雖無基築皆連山相接　「南北」，川本、滬本同，水經潕水注作「北面」，楊守敬水經注疏：朱謀㙔訛作「若南北」。底本脱「相」字，據川本、滬本及水經潕水注補。

〔五〕德安府　「德安」，底本作「安德」，川本、滬本同，據明統志卷六一、紀要卷七七乙正。

唐韓文公記宜城驛曰：此驛置在古宜城内。驛東北有井，傳是昭王井，有靈異，至今人莫汲。驛前水，傳是白起堰西山下澗，灌此城壞，楚人多死，流城東陂，臭聞遠近，因號其陂臭陂。有蛟害人，漁者避之。井東北數十步有楚昭王廟，有舊時高木萬株〔一〕，歷代莫敢翦伐，尤多古松大竹。舊廟屋極宏盛，今惟草屋一區。每歲十月，民相率聚祭其前。廟後小城，蓋王居也。其内處偏高，廣員八、九十畝，號殿城，當是王朝内之所也。多磚，可爲書硯。

【校勘記】

〔一〕有舊時高木萬株　「高」，底本作「喬」，川本、滬本同，據全唐文卷五五七韓愈記宜城驛改。

沈括筆談：禹貢孔安國注：雲夢之澤在江南。不然也。據左傳：吳入郢，楚子涉睢濟江，入于雲中。王寢，盜攻之，以戈擊王，王奔鄖〔一〕。楚子自郢西走涉於睢，則當出於江南，其後涉江入於雲中，遂奔鄖。鄖則今之安陸州，涉江而後至雲，入雲然後至鄖，則雲在江北也。左傳曰：鄭伯如楚，王以田江南之夢。杜預注云：楚之雲、夢，跨江南北。曰江南之夢，則雲在江北明矣〔二〕。蓋江南則今之公安、石首、建寧等縣，江北則今之玉沙、監利、景陵等縣，乃水所委，而其地最下，江南二浙水出稍高，雲方土而夢已作乂矣〔三〕。

楚章華臺，亳州城父縣、陳州商水縣、荆州江陵、長林、監利縣皆有之。據左傳，楚靈王六年，成章華之臺，與諸侯落之〔四〕。注：章華臺，在華容城中。華容即今之監利縣，非岳州之華容也。至今有章華故臺在縣郭中，與杜説相符。

今郢州本謂之北郢，非古之楚都。或曰：楚都在今宜城界中〔五〕，有故墟尚在。亦不然也。此鄢也，非郢也。據左傳：楚成王使鬬宜申爲商公〔六〕，沿漢泝江，將入郢，王在渚宫下見之。沿漢至於夏口，然後泝江，則郢當在江上，不在漢上也。又在渚宫下見之，則渚宫蓋在郢也。楚始都丹陽，在今枝江。文王遷郢，昭王遷鄀〔七〕，皆在今江陵境中。杜預注左傳云：楚國，今南郡江陵縣北紀南城也。謝靈運擬鄴中集詩云〔八〕：南登宛、郢城。今江陵北十二里有紀南城，即古之郢都也，又謂之南郢。

【校勘記】

〔一〕王奔鄖　「鄖」，底本作「郢」，川本同，據滬本及左傳定公四年、夢溪筆談校證卷四改。下「遂奔鄖」、「鄖則今之安陸州」、「入雲然後至鄖」，皆同改。

〔二〕則雲在江北明矣　「雲」，底本脱，川本、滬本同，據夢溪筆談卷四補。

〔三〕雲方土而夢已作乂也　「雲」，底本脱，川本、滬本同，據夢溪筆談校證卷四補。

〔四〕楚靈王六年成章華之臺與諸侯落之　「六」，底本作「七」，川本、滬本及夢溪筆談卷四同。按左傳昭公七年：「楚子成章華之臺，願與諸侯落之。」魯昭公七年當楚靈王六年，據改。

〔五〕或曰楚都在今宜城界中　底本此句下衍「或曰楚都」四字，川本、滬本同，據夢溪筆談卷五删。
〔六〕闕宜申　「申」，底本作「中」，川本同，據滬本及左傳文公十年改。
〔七〕文王遷郢昭王遷都　「郢」，底本作「都」；「昭王遷都」，底本脱，川本、滬本同，據夢溪筆談卷五改補。
〔八〕擬鄴中集詩　川本、滬本同。按文選卷三〇作擬魏太子鄴中集詩八首。夢溪筆談卷五脱「擬」字。

文苑英華：蘇頲論清舜廟狀曰：臣謹按地圖，舜陵在九疑之山，舜廟在太陽之溪，舜陵古老已失，太陽溪今不知處。秦、漢以來，置廟山下，年代寖遠，祠宇不存，每有詔書，令州縣致祭，奠酹荒野，恭命而已。說文：九疑山，舜所葬，在零陵營道。

宋范成大記：浯溪，近山石澗也。流出江中，臨石崖峭壁，纔高尋丈。中興頌在最大一壁，碑之上餘石無幾。

長沙府

長沙之山，大勢自蜀岷山始，歷南粤之梅山嶺，析而爲二。其一東歷贛、吉，枝西入爲茶陵，爲攸。歷袁，枝西入爲瀏陽之黄岡，〔旁注〕縣南三十里。又西入爲醴陵之章仙、〔旁注〕縣東北七十里。石笋、〔旁注〕東三十里〔一〕。王仙、東山，〔旁注〕治東。又西爲鳳凰、〔旁注〕西五里。丁仙、〔旁注〕西七里。吉仙〔二〕，〔旁注〕西五十里。至善化之闕山、青旗、錫山、妙高峯，〔旁注〕府城南。是爲府治。自黄岡而北，爲寶蓋、〔旁注〕瀏陽東北七十里。大光、〔旁注〕東北九十里。大圍、石柱、〔旁注〕東北一百六十里〔三〕。七寶〔旁注〕東一百七十里。而下入平江。一西歷九疑，至於衡山。枝北入湘鄉之上麓、望嶽，又北入爲湘潭，至嶽麓而止。又西入爲安化，爲寧鄉，又北爲益陽，下入常、武。湘江界乎其中。湘江，源出海陽山，至分水嶺，分而爲二，其流北曰湘。湘北流，歷永州瀟水，至衡陽，蒸水入之；又北流七十里，至衡山，洣水、攸水入之；又北流一百八十里，渌水入之；又北流九十里，漣水入之；又北流十里，涓水入之；又北流九十里，靳水入之〔四〕；又北流十五里，過長沙，瀏水入之。又北流九十里，至青泥灣分而爲二：一自菱子口出；一自三十六灣過湘陰北十里，與菱子口合流。又北六十里，合沅水入洞庭〔五〕。此長沙山水之大略也。

【校勘記】

〔一〕東三十里　川本、滬本同。圖書集成職方典卷一二〇三：石笋山，「在醴陵縣治東七十里」。清統志卷三五四同。此「三」爲「七」字之誤。

〔二〕吉仙　「吉」，底本作「古」，川本同，據滬本及嘉靖長沙府志卷三改。

〔三〕東北一百六十里　「北」，底本脱，川本、滬本同，據嘉靖長沙府志卷三、康熙長沙府志卷七補。

〔四〕靳水　「靳」，底本作「蘄」，川本、滬本同，據嘉靖長沙府志卷三、康熙長沙府志卷七改。

〔五〕沅水　「沅」，底本作「流」，川本、滬本同，據嘉靖長沙府志卷三、康熙長沙府志卷七改。

長沙　大富山，在縣北七里。一名羅洋。峯巒峻拔，流水縈帶，一郡奇觀也。鵝羊山，在縣北二十里〔一〕。成少卿升化之所。智度山，在縣北五十里。高數百丈，環二百餘里，衆山羅列，獨黑石峯最高。唐將軍劉度居之。瀏水，在縣北五里。源出大圍山，有二源：曰大溪，曰小溪。合流經瀏陽縣西，名渭水〔二〕，過縣前，名瀏水。西流入湘水。溈水，在縣北二十里。源出安化縣青羊山，流入溈山青潭中。穿水，水伏流曰穿，一東流入蓮花橋，一自東北流至草場門。漏水，平地湧泉曰漏。一在普庵橋出，一在水陸橋下出，一在靈官橋側出，一在舊潮宗門出〔三〕，一在通貨門下側出，一在潮宗門下側出，入大江。銅官渚，在縣北六十里。有洲，舊傳楚鑄錢處，其山亦名銅官山。唐杜甫有守風詩。喬口鎮，在縣西北九十里。唐杜甫有入喬口詩。

【校勘記】

〔一〕在縣北二十里　「北」，底本脱，川本、滬本同，據嘉靖長沙府志卷三、康熙長沙府志卷七補。

〔二〕渭水　底本作「謂西水」，據川本、滬本及明統志卷六三改删。

〔三〕潮宗門　「潮」，底本作「朝」，川本、滬本同，據嘉靖長沙府志卷三及康熙長沙府志卷四、卷七改。下同。

善化　嶽麓山在縣西。亦名靈麓峯，衡山七十二峯之一。山上有石方丈，如人於此望拜南嶽，名拜嶽石。　關山，在縣東四十五里。疊峯峭拔，有如城壁，中門道路僅通一車〔一〕。唐末，鄧處訥遣蔣勛於此拒劉建鋒〔二〕。後有馬武，亦嘗戍此。　湘江，在縣西，環城而下。源出廣西興安縣海陽山，西北流，至分水嶺，分爲二派：曰灕水，流而南；曰湘水，流而北。由靈渠與瀟水會〔三〕。湘水至永州與瀟水合，曰瀟湘；至衡陽與蒸水合，曰蒸湘；至沅州與沅水合，曰沅湘。會衆流以達洞庭。　靳江，在縣西二十三里。源從寧鄉縣來，入湘江。經楚大夫靳尚墓前，因名。　穿水，源從城東來，向城南西湖橋下入江，是三穿之一也。　漏水，一在本縣舊靈官渡，一在舊上搭橋，一在德潤門。　橘洲，在縣西四里。上多美橋，故名。湘江中有洲四，曰橘洲，曰直洲，曰誓洲，曰白小洲。夏月水泛，惟橘洲不没。諺云：昭潭無底橘洲浮。

【校勘記】

〔一〕中門道路　「中門」，底本作「東門」，川本同，據滬本及嘉靖長沙府志卷三改。紀要卷八〇作「中間」。

〔二〕鄧處訥遣蔣勛於此拒劉建鋒　「訥」，底本作「納」，川本同，據滬本及新唐書鄧處訥傳改。「勛」，底本作「勗」，川本、滬本同，據新唐書鄧處訥傳改。

〔三〕瀟水　「瀟」，底本作「蕭」，川本同，據滬本及嘉靖長沙府志卷三改。明統志卷六三作「灌水」，與此別。

湘潭　曉霞山，在縣南七十里。元姜天麟築室講學於上。　隱山，在縣西南一百一十里。山頂有龍湫，山下有池。　涓水，在縣西南一十五里。源出南嶽山，北合數小溪，流至本縣龍口，東流入湘。　湘鄉河，在縣西十五里。發源邵陽縣龍山下，合本縣石潭、雲湖二水，入湘江。　鑿石浦，在縣西九十五里。　空靈岸，在縣西一百六十里。唐杜甫有次空靈岸詩。

湘陰　黄陵山，在縣北四十里。舜二妃墓在山上，故名。酈道元水經注云：江有支水曰黄陵，西入於湘。　玉笥山，在縣北七十里屈潭之左。水經注云：汨水西經玉笥山。隋於此置玉州。　磊石山，在縣西一百里。旁枕青草湖，北接巴陵，下臨湘口，山石嵯峨相疊，因名。　汨羅江，在縣北七十里。源出豫章，流經湘陰縣，分二水：一南流，曰汨水；一經古羅城，曰羅水。至屈潭復合，故曰汨羅，西流入湘。　黄水，在黄陵山下。西流三十五里，入於湘江。　三十六灣水，在縣南。本湘江，北流至縣門，逕江口，乃分一派東流，爲三十六折。　青草湖，在縣北百里。北與洞庭相連，亦曰重湖。　旁有疊石山，水涸則見山足，水溢則與洞庭混而爲一。　屈潭，在縣北六十里。水經注云：汨水西經玉笥山，又西爲屈潭，即羅潭也〔一〕。　羅縣故城，在縣東六十里。春秋時羅子國。秦立爲縣。漢、晉皆屬長沙郡。隋屬玉州，後屬羅州。唐省。　赤竹城，在縣南一十七里。宋紹興間，遷縣城於此。址存。

【校勘記】

〔一〕羅潭　川本、滬本及嘉靖長沙府志卷三同。按水經湘水注作「汨羅淵」。楊守敬水經注疏：朱謀㙔無汨字，趙一清云：落汨字。説文：長沙汨羅淵，屈原所沈之水。熊會貞按：「方輿勝覽引此亦脱汨字，御覽六十五引有汨字。」

湘鄉　東臺山，在縣東一十里。一名鳳凰山。南連華蓋，下瞰漣水，上有平石若臺。韶山，在縣南四十里。西有三峯，山勢綿亘百餘里，湘潭、湘鄉、寧鄉諸山皆其麓也。龍山，在縣西一百八十里。山顛有池，池中多鯉，常有煙霞，相傳以爲龍。漣水出其下。珍漣山〔一〕，在縣西一百八十里，與龍山對峙。漣水別枝出其下。漣水，在縣東南。有二源：一出寶慶府邵陽縣界龍山，一出安化縣界珍漣山。合流九十里，會側水，繞破石，轉至縣南，匯而爲潭。又東過石潭百餘里，入於湘江。側水，出邵陽縣界，經定勝市側，入於漣，因名側水。湄水，出安化龍安山〔二〕。合流數里，有大石巖，當泉水之心，水入崖中，約流五里許，復有崖洞，分爲三穴，復自其中流出，名曰湄水〔三〕，東流入於漣。破石，在縣南三百里。漣水環流其下，石如砥〔四〕。

【校勘記】

〔一〕珍漣山　「珍」，底本作「瓓」，川本同，據滬本及明統志卷六三改。下同。

〔二〕出安化龍安山　底本脱「化」字，川本同，據滬本及明統志卷六三補。
〔三〕名曰湄水　「名」，川本、滬本同，嘉靖長沙府志卷三作「各」，此「名」疑爲「各」字之誤。
〔四〕石如砥　「砥」，底本作「破」，川本、滬本同，據嘉靖長沙府志卷三改。

寧鄉　大潙山，在縣西一百四十里。高六十里，周圍一百四十里。草木深茂，鳥獸羣聚，潙水出焉。　大霧山，在縣南五十里。宋建炎間，金騎至境，劉廷佐駐兵於此。　玉潭江，在治南半里。有三源：一出大潙山，一出芙蓉山，一出湘鄉之豐山。三水合流，環縣治而東，至新康口。

益陽　白鹿山〔一〕，在治西南。下有龍湫，蒼崖古木，清絶可愛。唐裴休講道於此。　五溪，在縣西北五十八里。亦名軍山，吴潘濬討五溪蠻，曾營於此。　浮丘山，在縣西一百里。峯巒倚伏，亞於南嶽。　濱江，在縣治西南。有二源：一出溆浦，一出新寧。至武岡，合流東下，經寶慶府境，又五百里，至益陽，過沅江，入洞庭。　資江，在縣東八十里。濱江分派，流經長沙資口。　關瀨潭，在縣西南五里。漢昭烈入蜀，留關羽鎮荆州，後吴遣吕蒙取桂陽、長沙、零陵三郡〔二〕，羽爭之，吴使魯肅屯益陽以拒羽，即今青泥灣關羽潭是也。　故城在縣西南，吴魯肅所築。唐移於今治。

【校勘記】

〔一〕白鹿山　底本脱「山」字，川本同，據滬本及明統志卷六三補。

〔二〕後吳遣吕蒙取桂陽長沙零陵三郡　「取」，底本作「聚」，川本同，據滬本及三國志吳書吕蒙傳改。又，底本脱「吕」字、「零」字，川本同，據滬本及三國志吳書吕蒙傳補。

瀏陽　太湖山，在縣西。三峯鼎峙，中有巨湖。下有别駕祠，即易雄故居。道吾山，在縣北一十五里。列七十一峯，東連寶蓋，西接洞陽，又名蓮花峯〔一〕。崖溜高百丈餘，徑路四十四曲，内有龍湫。洞陽山，在縣西北六十里。唐孫思邈煉丹於此。大圍山，在縣東北百五十里。舊名首禪山〔二〕。山頂有白沙湖，廣袤五十餘里。流分四派：一爲瀏水，其三入岳之平江，豫章之分寧，袁之萬載。岡巒圍繞，盤踞四縣〔三〕，因名大圍。渭水，其源有二，俱出大圍山，一名大溪，一名小溪。至二十一都合流，過縣前，入於湘江。清渭水，源自南鄉二十七都出〔四〕，至縣南浦子港口入湘。

【校勘記】

〔一〕又名蓮花峯　底本「蓮」上有「于」字，據川本、滬本及明統志卷六三删。

〔二〕首禪山　「禪」，川本、滬本及紀要卷八〇同，嘉靖長沙府志卷三、康熙長沙府志卷七作「褌」，未知孰是。

〔三〕岡巒圍繞盤踞四縣　「巒」、「踞」，底本作「蠻」、「距」，川本同，據滬本及明統志卷六三改。

〔四〕二十七都　「七」，底本作「一」，川本、滬本同，據嘉靖長沙府志卷三、康熙長沙府志卷七改。

出。　醴陵　西山，在治西。唐李靖嘗駐兵於此。　小潙山，在縣東二十里。衆山環繞，湍流中出。　淥江，東出安城鄉安陵山，西北流，入湘水。　雙江，在縣東二十里。萍、瀏二水合流，入淥江。

攸　司空山，在縣東四十里。南接雲陽，連山峻拔，左右有三十六峯。南齊司空張岊棄官隱此〔一〕。　攸水，在縣東一十五里。源出江西安福縣封侯山，西流經鳳嶺，至縣東與洣水合流，又至茶陵江口入於湘。

【校勘記】

〔一〕南齊司空張岊棄官隱此　底本「南」上有「而」字，據川本、滬本及明統志卷六三刪。

安化　浮泥山，在縣東北七十里。崖壁峭絶，浮壤沃饒，土人攀緣而上，開畲種穀。　移風山〔二〕，在縣東南七十里。梅山傜人於此從化，故名。　金溪五嶺，在縣北七十里。　黄羅巖，在縣西南一百二十里。四面懸崖壁立，有小徑攀緣而上，宋、元季世，人避兵於此。邵河，在縣西。源出靖州綏寧縣澗谷間，由寶慶至縣界，下益陽，入洞庭。温江，在縣南一十五里。源出常安十都，有二窟水，一清一濁，冬温夏冷，或名東温、西温。水流不遠，合爲一溪，曰温江，合湄江雷鳴洞水，出湘江。五寨：曰梅子口寨，在縣西五里；曰七星寨，在縣東南七十里；曰首溪寨，在縣東北九十里；曰白沙渡寨，在縣西北一百二十里；曰游浮寨，在縣西南九十里。五代時，梅山蠻僚爲患，宋太宗討平之，因立五寨以防禦焉。

【校勘記】

〔一〕移風山　底本脱「山」字，據川本、滬本及嘉靖長沙府志卷三、康熙長沙府志卷七補。

茶陵州　雲陽山，在縣西十里。其峯七十有一，其大曰紫微，曰偃霞，曰石柱，曰白蓮，曰隱形。又有百靈闕、真仙、玉華、秦人諸洞，赤松壇，老君巖，五雷池。其上多甘泉怪石，其陰多木。皇雩山，在州東八十里。下有七石竅，泉流不竭，灌田數萬畝。百丈山，在州東南五十里〔一〕。有潭泉，深不可測，其中有龍，其陰多竹木〔二〕。洣江，出酃縣洣泉，合雲秋沔渡二水，北流一百里，達於茶陵〔三〕。顏江，出青臺山，北流四十里，達於洣。漚江，出百丈山，西流四十里，達於洣。沙江，出三蛟泉，西流三十里，達於洣。茶水，出景陽山，東流一百二十里，合白鹿泉，達於洣。元末十寨，曰花石、虎背〔四〕、嚴和、古城、老虎、白石、高水、仙女、會仙、麻石，俱州民避兵之所。古城東五十里茶王城，爲漢元朔節侯訢所築〔五〕。北十里曰金州城，爲宋祥符鄧宜築。在今治者，爲宋劉子邁所築。子邁紹定中知縣事，湖南安撫余嶸曰：茶陵介三路之間，列聯諸峒，寇盜竊發，非城弗守。乃命子邁城之。南東枕江，水衝蕩不能城〔六〕。子邁括鐵數千斤，鑄爲犀，置江岸以殺水勢，乃列木石其下，而土其上，城乃成。

【校勘記】

〔一〕在州東南五十里　底本空缺「里」字，據川本、滬本及嘉靖長沙府志卷三補。

〔二〕其陰多竹木　「竹木」，底本缺，川本同，滬本脱「竹」，據嘉靖長沙府志卷三、嘉靖茶陵州志卷上補。

〔三〕茶陵　底本作「洣」，川本、滬本同，據嘉靖長沙府志卷三、嘉靖茶陵州志卷上改。

〔四〕虎背　「背」，底本作「皆」，川本同，據滬本及紀要卷八〇改。

〔五〕訢　底本作「欣」，川本、滬本同，據漢書王子侯表改。

〔六〕水衝蕩不能城　「衝」，底本作「衡」，川本同，據滬本及嘉靖茶陵州志卷上改。

臨湘　魚梁山，在縣南一里，爲縣治之案山。龍窖山，在縣東南一百二十里，跨臨湘、通城、崇陽、蒲圻四縣。上有龍湫、雷洞、石門。大雲山，在縣東南一百里。〔旁注〕九十。連七十餘峯，南屬巴陵，北屬本縣。黄皐山，在縣東十五里。城陵磯山，在西南四十五里。團山，在西南三十五里，濱江。象骨山，在西南三十里。山海經：巴蛇吞象，出其骨於此。道人磯山，在西南二十里。〔旁注〕省志：東南十五里。濱江，高十餘丈，如道人面北而立。白馬磯山，在東北二十里。〔旁注〕七十五。濱江。鴨欄磯山，在東北十五里。吳建昌侯慮鬭鴨之所。松陽湖，在西南三十里。上通雲溪，下通象骨港，舊設河泊所，今革。白泥湖，在南五、八里。春夏水漲，上接大江，下通清江、柘薗二口。蕁湖，在東五里。風土記云：岳陽雖水鄉，蕁最難得，惟此湖有之。連家湖，在東五里。上接白泥，下通清江，設河泊所。今水散少魚。黄蓋湖，在東九十里。會蒲圻、臨湘、嘉魚三縣水，匯爲巨浸。每歲夏秋之間，岷、峨水溢，自荆、渚泛洞庭，波濤浩渺，往往寇盜乘之。故有江防，以統率守備，而於城陵、鴨欄之地，各設巡司。其東南鄰界通城，重岡互林，南通寧武。諸不逞者，每連搆山中逋流，爲患叵測。故又於土門界設巡司，犬牙錯落，扼險守要。湘江水，在縣西北二、三里。三湘至此，與岷江合流。大江，在縣西南五里。自巴陵縣城陵磯東下經此。府志：北臨大江，湘水合焉。城陵磯，在縣南六十里〔二〕。

【校勘記】

〔一〕府志北臨大江至在縣南六十里　川本同，滬本作「城陵磯，在縣南六十里。府志：北臨大江，湘水合焉」。

衡山　七十二峯：祝融、芙蓉、雲密，在山西北。碧羅、碧雲、棲真、靈芝、華蓋、赤帝、軫宿、柿蒂、青岑，以上諸峯，俱在嶽廟後。岣嶁，在嶽南五十里。湘中記：禹登山，獲金簡玉牒，治水之書。屏嶂，在嶽廟後。〔旁注〕湘潭界。紫蓋，在嶽北。諸峯並朝祝融，如拱揖狀，獨此峯面南。金簡、仙巖、雲隱、翠鷲，以上諸峯俱在嶽北。石囷、石廩、天柱、煙霞、喜陽、香爐、白雲、九女、雙石、耆闍、安上、靈禽、文殊〔一〕、擲鉢，以上諸峯俱在嶽北紫蓋鄉。朝日、紫霄、馬鞍、靈應、惠日、日蓋、女善、靈藥、瑰霄，以上諸峯俱在嶽東。會仙、降真、集賢、採霞、⿱山前岃〔二〕、祥光、彌陀、石榴、雲龍、雲麓，在長沙古潭州之西。潛聖、天堂、永和，以上諸峯俱在嶽西。吐霧、巾紫〔三〕、永叅〔四〕、明月、會善、碧岫，在湘潭界。雲居，以上諸峯俱在嶽西南。白石、蓮花，以上二峯在嶽西崇嶽鄉〔五〕。白馬、彌勒，在嶽廟西。鳳凰，在嶽西永平鄉。曉霞，在縣東。瑞應，在嶽廟西。高奇，在嶽西湘潭界。峽崎，在嶽西湘潭界。回雁〔六〕。按南嶽諸峯，多因仙、釋而得名。愚意有天地即有此山，有山即有其名，未必皆由仙、釋也。使未有仙、釋之前，此山不名耶？但層巒疊嶂中，蛇虺所穴，虎豹所居，人迹罕到其處。而異端之徒，逃形避世，往往冒險以營衣食，又自神其説以惑世人。愚者不知，因而傅會之，故其地其山每因之而得名，如文殊、彌陀諸峯是也。冬餘湅筆，未暇考其故名以易之，乃仍舊志以書於册云。〔眉批〕衡嶽志有朱羽〔七〕、紫雲、觀音、妙高、天台、仙頂、雷祖、日華，而無靈芝等峯。又云屏障，即峽峙。

【校勘記】

〔一〕文殊　「殊」，底本作「珠」，川本同，據滬本及圖書集成職方典卷一二四二改。

〔二〕崱岃　川本、滬本及圖書集成職方典卷一二四二同，嘉靖衡州府志卷二作「側刀」，云：「形如刀，側在山西。」

〔三〕巾紫　「巾」，底本作「中」，川本、滬本同，據嘉靖衡州府志卷二、圖書集成職方典卷一二四二改。嘉靖衡州府志云：其山「無林木，多杜鵑，花形若紫巾然，故名。」

〔四〕永叅　「叅」，底本作「泰」，川本、滬本同，據嘉靖衡州府志卷二、圖書集成職方典卷一二四二改。

〔五〕吐霧至以上二峯在嶽西　以上三十八字底本脱，川本同，據滬本及嘉靖衡州府志卷二補。

〔六〕回雁　川本同，滬本「回雁」下有「在嶽南」三字。圖書集成職方典卷一二四二：衡州府，「迴雁峯，在城南里許。」此脱。

〔七〕朱羽　川本、滬本同，圖書集成職方典卷一二四二作「朱明」，此疑誤。

臨武　東山，在縣東三十里。高與西山等，有八水源出其下〔一〕，又名八源嶺。金城山，在縣東四十里。山高而廣，前代鄉民於上疊石爲城以避寇。西山，在縣西一十里，爲邑之望山，水源多自此出。去縣二十里，西界藍山，直接九疑之麓。山勢險絕，雄據百餘里，溪壑深杳。僚人耕獵於其間，時爲諸苗鄉導，居民苦之。地近廣西，而山氣嚴凝，春獨積雪。舜峯山，在縣西北三里。高百餘丈，三面壁立，前開一徑，以通上下，山頂平衍可二百畝。元末，邑人避難於此，築栅拒守。華陰山，在西三十里。跨藍山界，連接西山，直通嶺表。桂嶺，在西北八十里。跨藍山界，北接金香山，左連馬嶺，高八百餘丈〔二〕。武水，源出縣之西山，俗呼爲水頭山，名武溪。東流繞縣治，轉而南流十五里，合赤土溪，漸深，可通舟。又百里，至郴州宜章縣〔三〕，合章水，流入南海。華陰水，源出華陰山下，分爲三支：一東北流於武水合〔四〕；一西流出藍山縣，合舜水，入於湘；一南流出廣東連州，合樂昌水、湟水，入於海。長江水，源出東山，北流過長江橋，合桂陽州水，入湘。石江，發源下流，與武溪合。赤水江，在平田鄉〔五〕。源出大龍山，東流十五里，至蒲萄灣，合武水。高安水，源出西山，繞高安廟。

【校勘記】

〔一〕有八水源出其下　「源」，底本脱，川本、滬本同，據嘉靖衡州府志卷二補。

〔二〕左連馬嶺高八百餘丈　「連」，底本脱，川本、滬本同，據圖書集成職方典卷一二四三補。「八」，底本脱，川本、滬本同，據圖書集成、清統志卷三七五補。

〔三〕又百里至郴州宜章縣　「百」，川本、滬本及紀要卷八〇同，嘉靖衡州府志卷二作「二百」。「郴」，底本作「柳」，「宜」下有「平」字，川本同，據滬本及嘉靖衡州府志、紀要改删。

〔四〕一東北流於武水合　「於」，川本、滬本同，圖書集成職方典卷一二四三作「與」，此「於」疑爲「與」字之誤。

〔五〕平田鄉　「田」，底本作「曰」，川本、滬本同，據嘉靖衡州府志卷二改。

藍山　黄蘖山，在縣南九十里。一名都龐山〔一〕，與連州分界，即五嶺從東第三都龐嶺是也。　藍嶺，在縣北四十里，跨桂陽、臨武二境。　歸水，在縣南三里。源出九疑山，東流經縣界，至古城。又東北經桂陽州，會舂水，注於湘。西北爲舜水，東流與湘水合。道州志：洄水出九疑山杞林峯。　石柱山，在縣北二十里，一名天柱。　百疊嶺，在縣東二十里。上有娥皇、女英祠。　藍溪水，在縣北五十里。源出藍嶺。　龍溪水，在縣北二十里。源出九疑山。　乾溪水，在縣北八十里。源出藍嶺。　英溪水，在縣東十五里。源出華陰山〔二〕，西流合舜水。　華荆津水，在縣東三十里。源出華陰山，西流合舜水。　蒙溪水，在縣西二十里。源出九疑山。　樓溪水，在縣西北五里。源出東樓峯，合舜水。　竹館廖溪水，在縣西北十五里。　東樓水，在縣西南五里。

【校勘記】

〔一〕都龐山　「都」，底本作「多」，川本、滬本同，據明統志卷六四、嘉靖衡州府志卷二改。

〔二〕華陰山　「陰」，底本作「英」，川本、滬本同，據本書下文及明統志卷六四、嘉靖衡州府志卷二改。

應山　應山，在縣治東南里許，一名應臺山。　吉陽山，在縣南五十里。有南、北二山，隋吉陽縣在其南。　壽山，在縣南五十里。　高貴山，在縣北六十里。一名大龜山，西接平靖關〔一〕。　禮山，在縣東八十里。梁於此置應州。齊置禮山關。隋置禮山縣。　黃茆嶺，在縣東三十里。　汶水，在縣西北二里。經東南，合方家河、黃沙河、白沙河，南會爲澴，過孝感，入於漢。　中界河，在縣東三十里。　大洪河，在北三十里。　漢東河，在西四十里。三水西南會爲溳，至峯子，入於溳。　平靖關，即古冥阨塞，今名恨這關，綱目集覽作行者關。在縣北七十里，與信陽州接界。　武勝關，即古直轅塞，在縣東北一百二十里。齊名禮山關。　黃土關，在縣西北九十里。　平康寨，在縣東二十五里天井澗。北宋人避兵於此，虜不能犯。　黃陵寨，在縣東二十五里。　興安寨，在縣北四十里。　鍋底寨，在縣東北四十里。　鵶狐寨，在縣東北四十里。　牛心寨，在縣東北四十里。　鐵城寨，在縣西北五十里鐵城山北。　龍爬寨，在縣東北六十里。　婆婆寨，在縣北八十里。舊傳婦人避兵聚衆保於此。

【校勘記】

〔一〕一名大龜山西接平靖關　底本錯簡於上文藍山縣末，川本、滬本同，據紀要卷七七乙正。

道州　泡水，在州西南八十里。東北流五十里，與沲水合。　龍遥水，在州西北四十里。出遥山，南流二十里，與宜水合。　下洑水，在州西北七十里。出上洑山，〔旁注〕州北八十里。西流十里，與上洑水合，入沲水。　瀧灘，在州東北宜陽鄉。水流石中而湍激曰瀧。自江至庠亭，謂之入瀧；至零陵縣界瀧白灘，謂之出瀧。春夏水漲，則漕運可通，亦能病舟。〔旁注〕多爲石敗。宋嘉定中，太守林致祥命工沿瀧鑿山開道，澗水所限處作橋，自庠亭達永之雷石，遂爲通道。　營道城，在州西四十里營山下小坪〔一〕。

【校勘記】

〔一〕小坪　「小」，底本脱，川本、滬本同，據圖書集成職方典卷一二八〇、康熙永州府志卷九補。

寧遠　黄嶺，一名横嶺，在西南十五里。舜溪、浯溪經其下。　浯溪嶺，在西南二十里。與黄嶺相接，路通道州。　石梯嶺，在縣西北八十里。爲西鄉之關阨。

界。永明　馬陵源山，在縣南一百里，舊巡檢司在焉。荆子嶠山，在縣南七十里，與賀縣分界。羣山連亘如城〔一〕，南中有警，於此修守。荆峽鎮山，在縣南八十里。兩山對峙，通一小江，泄桃川〔二〕、扶靈之水，實永明之關險。都龐嶺，在縣北五十里。東北連掩山，西南連荆峽鎮，其絶頂曰都逢，土人謂逢爲龐。秦王翦降百越，發謫戍五萬人守五嶺，都龐其一也〔三〕。瀑帶水，出縣南二十里神光山，東會枇杷龍泉，至居安寺前，自高注下十餘級，如曳素練，是爲瀑水。下注平川〔四〕，深數丈，長一里許，是爲帶水。二水同流，東入瀟江。遨水，出賀州富川縣木馬山，流入遨岡鎮〔五〕，西流至桃川墟。扶靈水，源發賀郡西北，流至扶靈山，納東江澤及三鄉水，折而西，出荆峽鎮，經韶州入南海。限山，在縣東五里。自都龐嶺分支，三十里過縣治後，東南限瀟水〔六〕，若城墉之限，故名。一作礲山。黄嶺，在縣西南十五里〔七〕，浯溪逕其下，一作横嶺。銅嶺，在縣東南四十里。極高，介永明、江華間。

【校勘記】

〔一〕羣山連亘如城　「羣」，底本作「郡」，川本同，據滬本及弘治永州府志卷二改。

〔二〕桃川　「川」，底本作「門」，川本、滬本同，據弘治永州府志卷二、康熙永州府志卷八改。紀要卷八一作「江」。

〔三〕都龐其一也　「都」，底本作「多」，川本同，據滬本及明統志卷六五改。

〔四〕下注平川　「平川」，底本作「乎」，川本同，據滬本改。圖書集成職方典卷一二七三作「平潭」。

〔五〕遨岡鎮　「鎮」，底本作「鐵」，川本、滬本同，據圖書集成職方典卷一二七三、康熙永州府志卷八改。

〔六〕東南限瀟水　「限」，川本、滬本同，圖書集成職方典卷一二七三、康熙永州府志卷八作「隔」，此「限」疑爲「隔」字之誤。

〔七〕在縣西南十五里　川本同，滬本「里」下有「有舜陵」三字。圖書集成職方典卷一二七三作「府志謂舜陵」，康熙永州府志卷八作「古志謂舜陵」，此當脱，滬本誤。

江華　秦水，源出縣南五十里吳望山，西南流，與冬冷水合。折水，在縣西南。出賀縣界，東流四十里，與冬冷水合。馮乘故城，在縣西南二十里〔一〕，即富川縣界。

【校勘記】

〔一〕在縣西南二十里　「南」，底本作「東」，川本、滬本同，據弘治永州府志卷三、康熙永州府志卷九改。

道州　營堡：白鷄營，在州北營陽鄉。正德十三年立，永州衛輪委指揮一員守。中軍、滴水、靖邊、周塘四營，在州東南蔣居鄉。嘉靖中立，寧遠衛輪委指揮一員提督。因西營，在州西營樂鄉。嘉靖二十四年立，永州衛委千户一員。教場營，在北門外。委團操哨百户一員。鎮南營，在南關外。萬曆元年立，委本衛百户一員。鎮西營，在西門外。萬曆四十年立。高峙營，在州東二十里白芒鋪。萬曆初立，委百户一員。壕腹營，在肖川。萬曆三十五年立。寧遠太平營、扼鑾營、永安營、扶壘營、偃武營、大陽營〔一〕，輪委寧遠衛指揮一員提督。江華白芒營、高賽營、金鷄營、神仙營，輪委寧遠衛指揮一員。桃川靖西營、小水營、石硿營〔二〕、鎮峽關、魚大營、苦子營、清溪營、養牛岡營。按圖則枇杷之南有大關營、短岑營；桃川之南有馬鑑營，東有巖口塘營，北有熊福營；永明之西南有鵝山營，西北有潘家營。今並不載。

【校勘記】

〔一〕扼鑾營永安營扶壘營偃武營大陽營　川本同，滬本無。「偃」，康熙永州府志卷一四作「演」，此疑誤。

〔二〕石硿營　「硿」，川本、滬本同，康熙永州府志卷一四作「螺」，此疑誤。

夷陵　吳大司馬陸抗上疏曰〔一〕：西陵、建平，國之藩表。宋孟珙爲夔路制置大使，大開屯田，調夫築堰，募農給種，首秭歸，尾漢口，爲屯二十萬頃。嘗考諸古，劍門以漢中、武都爲屏蔽，失漢中、武都，則劍閣不足賴矣。白帝以秭歸、夷陵爲保障，失秭歸、夷陵，則白帝不可恃矣。自漢以下，若岑彭、諸葛亮、桓温、劉毅、朱齡石、劉光義及我朝廖永忠〔二〕，皆擁舟師西指，遡江扣關，麾城斬邑，易如拾芥，皆以先得秭歸、夷陵也。漢昭烈襲取劉璋，既北收漢中，即東爭夷陵。嗚呼，若昭烈者，可謂能知保蜀矣。

【校勘記】

〔一〕陸抗上疏曰　「上」，底本作「長」，據川本、滬本及三國志吳書陸抗傳改。

〔二〕廖永忠　「忠」，底本作「思」，川本同，據滬本及明史廖永忠傳改。

施州　國朝洪武四年置施州，十四年置衛，至二十三年，始廢州入於衛，因其邊徼羈縻之，爲立宣撫、安撫、蠻夷、長官諸司，以部領蠻落，不重繩以漢法。後又令荆州通判一人，歲往檢之，諸蠻皆願奉約束，不盜邊。至嘉靖四十二年，施州蠻王忠聚黨攻劫，掠龍潭，攻支羅，荆、蜀二藩皆騷動。詔二藩、巡撫大臣會兵討以聞。時巡撫都御史谷中虚下令督荆南諸將，往據諸險要，屬藩參王紹元諭降，以沙市巡檢趙應奎入其巢，質忠出降。尋請下吏殺之，而應奎亦以計脱。繼屬荆州守趙賢、岳州守姜繼魯往支羅條畫善後策，置施州兵備僉事一人，駐夷陵控制之，西境乃平。隆慶四年，金峒覃璧復叛〔一〕，烝嫂，謀奪印。巡撫都御史劉慤以狀上，請討之。慤移鎮荆州，遣守、巡督諸將分道往剿。師圍半載，璧力屈，自詣轅門伏罪。乃疏削去安撫司，奪其印章，降爲金峒峒長。立璧父覃勝宗爲峒長〔二〕，領諸蠻，以支羅百户轄之，改通判，以同知撫夷施州。其後兵備亦罷，以荆南分巡使兼領焉。施州，蓋國初入外孔道也，重之以衛，慮遠矣。地方廣，而軍民之居施者，性率雜夷。其地有師生而無提調，有民社而無地主，則假之於撫夷夷之權〔三〕，而權輕，事必候可而後行。每歲大徭役，赴府不下二、三次，歷千五百路，崎嶇乃若此，其有謀猷能展用哉？武弁惡侵己之權，百計中傷，雖欲安居不得也。出許正吾集。

【校勘記】

〔一〕覃璧　「璧」，底本作「壁」，川本同，據滬本及明史湖廣土司傳改。下同。

〔二〕覃勝宗　川本、滬本同，明史湖廣土司傳作「覃勝」。

〔三〕則假之於撫夷夷之權　下「夷」字，川本同，滬本作「者」，疑是。

公安　周瑜爲南郡守，分南岸地以給備。備别立營於油河口〔一〕，改名公安。建安二十四年，吳主權定荆州，次年，自公安徙都鄂。諸葛瑾、諸葛融並同孫遵、鍾離牧，皆爲公安督。宋嘉熙中，京湖安撫制置使孟珙屯兵公安〔二〕，遂遷縣於油河口之東南。時荆門北皆爲虜地，而孟公於江陵則通三海，於公安則遷油江，以水爲塹，其守乃固。今斗湖堤，公所作以障油口水者，脱有衝決，民牽負而趨，數百年來，陽侯之災猶不至横罹者，堤之功也。大江，首自灌洋，尾至沙堤，約百餘里。每夏月時，水高於城，江水縈城如帶，城偃出江面如舌，所賴象鼻嘴砥柱其上耳，不然，無城久矣。江水穴虎渡而行，經三穴橋，繞黃山之西，出洞庭者，曰西河。從三穴橋分派入黃金口，過故孱陵縣，東行三十里，逆縣前，折西南，繞黃山之東，出會口與西河合者，曰東河。派殊而流合，以東西河爲歸者，曰油河。油河口，即先主屯營處。繞斗堤之背，當春夏之交，江水泛溢入江，逶迤三十里，至三穴橋，出西河。案說文：油水出武陵孱陵西，東南入江。隋書地理志：澧陽有藥山〔三〕，有油水。今考澧水皆入湖，無緣入江，而油水亦無發源處，止是大江之支流耳。今口已塞，不復通江。斗湖，在城西南。元石首重開古穴記曰：按郡國古有九穴、十三口，沿江之南北，以道荆水之流。夏秋泛溢，分殺水怒，民賴以安。宋以江南之力，抗中國之師，荆湖之隙日開，費日廣，兵食常苦不足。於是有興事功者出而畫荆南留屯之策〔四〕，保民田而入官，築江堤以防水，塞南北諸古穴，陰寓固圉之術。歲以冬十月迄春三月築堤，以夏五月迄秋八月防水，終歲勤動，良農廢業。今日堂堂天朝，梯航效貢，豈與此水而爭咫尺之利哉？觀此記，油江口殆塞於宋，而復開於元者也。邑地形偃出，水勢直擣其脅，油口其交擣處。故老相傳，舊有閘，其上爲橋，今石枕尚在。自築此口，江水之橫擊者無所泄怒，日蝕月削，故北洲愈生，而南岸之潰，不至畫橋縣基斗堤不已也〔五〕，其勢然也。今九穴、十三口皆塞，油口無獨開之理。無已，則移治稍南以避其鋭，厚築陽公堤〔旁注〕南門外。以捍水，亦百世之利也。禹貢：江水東至于澧，過九江，謂洞庭也〔六〕。今江水與洞庭别派，無緣入澧。余謂洪水泛濫之初，蕩然一壑。今江爲堤所束，故從公安、石首東下。如其不然，夏秋之間，浩淼千里，亦安能辨其孰爲江，孰爲澧也？隋志稱公安有靈溪水。水經注：江水東逕燕尾洲北，合靈溪水，水無泉源，上承散水，合成大溪，南流注江。又云：江陵城地東南傾，故緣以金堤，自靈溪始。其地當在今郡城之上，不知隋志所載即此否也？宋書武帝紀：何無忌、劉道規既至江陵，與桓振戰於靈溪。水經注：江水東至華容縣西，又逕南平郡孱陵縣之樂鄉城北，又東，右合油口，又東逕公安縣北。劉備之奔江陵，使築而鎮之。杜預克定江南，罷華容置之，謂之江安縣，南郡治。吳以華容之南鄉爲南郡，晉改曰南平也。故側江有大城，云倉儲城，即邸閣也〔七〕。案漢華容治當在江北，踞公安上流，今邑治正華容南鄉地也。晉地志：公安，吳置以爲南郡。今云預置，恐誤。樂鄉、倉儲二城不可考，云邸閣者，疑即晉以來南平諸王邸，否則孫氏行宫也。桑欽，漢人，而南平、公安，皆晉、吳以後名字，殆不可曉。水經注：油水出武陵孱陵縣西界，縣有白石山，油水所出，東逕其縣西，與涚水合。水出高城縣涚山〔八〕，東逕其縣下，東至孱陵縣入油水也。又云：油水自孱陵縣之東北，逕公安縣西，又北流注於大江〔九〕。案油口是大江枝瀆，引江水入西河，無逆流出江者，而白石山、高城縣，不載圖經，考晉、宋以來地志亦無之。涚水疑即虎渡口水，然亦大江别派，無復源泉。諸水皆入洞庭，而水經云入江。余疑東西河亦後人所開，今虎渡水一支入黄金口，東北逕邑之西，則前此東西河未開，油口未塞，諸水東北行，合油水入江無疑矣。西河至長安，東河至特丘，皆高鄉，勢必疏鑿，方可入湖。夫河、濟現伏，辨味乃知，則油水之出白石，安可謂無也。雷恩沛序曰：江自夔門而下荆門，勢浩瀚不可遏。江之入澧也，禹導之也。江之入荆也，不知何時。昔以長江入九江，故殺而漫。今以九江入長江，故阨而溢。公安距油口上下數百里間，凡十多口，用泄江怒，使四出耳，合數百里皆堤矣。水土激而蕩，風雨乘之，上蕩則下漏，而決裂之勢成矣。油水出武陵白石山，與漉水會，而孱陵城背油向澤。其油水流公安西，又北，乃入江，是古城皆去江遠甚。今割江滑而與之爭，安能當陽侯之波？

【校勘記】

〔一〕油河口　川本、滬本同。按三國志蜀書先主傳裴松之注引江表傳作「油江口」。即油水入江之口。水經江水：「又東南，江水從西南來注之。」注云：「又東，右合油口。」二者皆是。

〔二〕宋嘉熙中京湖安撫制置使孟珙屯兵公安　底本「珙」下衍「而」字，川本同，據滬本删。按宋史理宗紀：嘉熙二年，「以孟珙爲京湖安撫制置副使，置司松滋縣」，四年，「以孟珙爲四川宣撫使兼知夔州」，淳祐三年，以孟珙爲「京湖安撫制置大使、夔路策應大使。」宋史孟珙傳：淳祐四年，珙奏：「襄、蜀蕩析，士無所歸，蜀士聚於公安，襄士聚於郢渚。」則聚兵於公安時在淳祐中孟珙爲京湖安撫制置使，此云「嘉熙中」，誤。

〔三〕澧陽　「陽」，底本作「州」，川本、滬本同。隋書地理志：澧陽郡澧陽縣，「有藥山，有油水。」此「州」爲「陽」字之誤，據改。

〔四〕畫荆南留屯之策　「南」，底本作「尚」，川本、滬本同，據圖書集成職方典卷一一九七元林元石首重開古穴記改。

〔五〕不至畫橋縣基斗堤不已也　「畫橋」，川本同，滬本作「盡呑」。疑是。

〔六〕禹貢江水東至于澧過九江謂洞庭也　川本、滬本同。按今本尚書禹貢無此文。

〔七〕東至華容縣西至即邸閣也　底本脱此九十二字，川本同，據滬本及水經江水注補。

〔八〕高城縣　「城」，川本及水經油水注同，滬本作「成」。楊守敬水經注疏：「趙（一清）『城』作『成』。」漢書地理志南郡領有高成縣，即是，作「成」是。

〔九〕出武陵孱陵縣西界至又北流注於大江　底本脱此七十字，川本同，據滬本及水經油水注補。

平江　幕阜山，在縣北九十里，一名天岳山。高一千八百丈，周圍五百里。相傳吳太史慈爲建昌都尉，拒劉表從子磐於此。石牛山，在縣東北一百里。上有井泉，可避地〔一〕。大石牛可容萬人，小石牛可容千人。宋紹興間，劉鍾入寇，邑人余國瑞、國器與羅孝芬據險拒之，有孝芬石牛寨記。廬山，在縣東五十里。高二百餘丈，周迴百餘里。上有瀑布，下有盧水。連雲山，在縣東北五十里，舊名純山。水經云：純水出東南純山〔二〕。山勢峭拔，雲氣常覆其上，故名。永寧山，在縣北六十里。四面削成，其上沃野可耕。宋、元邑人據險自守，與石牛俱得保全。昌山，在縣東南五里。吳魯肅常屯兵於此。按平江之山，以幕阜爲祖，來自衡、岳、吉、贛，吉、贛又自梅嶺，梅嶺源於蜀之岷山。幕阜之後，爲江西分寧諸州邑。汨水，一名潤水，一名吳昌水，即縣南大江。按水經云：汨水出豫章艾縣桓山，西南逕吳昌縣北，今平江縣〔三〕，又西逕汨羅戍，注湘。艾，今寧州古艾城〔四〕。桓山，今黄龍山。漢桑欽曰：潤水出豫章，西過長沙羅縣，又西累石，即今磊石，入於湘。郡縣記云：汨水出艾縣桓山，逕羅縣，又西逕汨羅戍，南入湘。汨羅戍，即今歸義市。風土記云：汨水出豫章界，與純水合。風土記云：唐改吳昌〔五〕，置城，以界内昌江名之。舊志云：汨水又名吳昌水，水臨昌山，因名焉。合衆説觀之，汨、潤、昌一水而異名。韻玉載汨乃羅水名，下潤字注云：同上。則潤亦汨音。州志云：宋萬鎮常疑龍閃江稱爲江，乃潤字之誤，其辨精矣。弘治志别存昌水，出南江鄉，誤矣。純水。水經云：源出縣東南純山，今連雲山。西北流逕塔水橋，入汨。盧水，在縣西北。源出盧山，南流，逕故縣城，逕江口，入汨。湘川記云：漢昌郡前，盧溪後會。又以其流逕古羅縣，又名羅水。梅仙水，在縣北八十里。源出幕阜山，逕南江，至梅仙山，西流南折，逕將軍山〔旁注〕在縣西三十里。入汨。白沿水，在縣東九十里。由瀏陽大圍山逕黄陂洞，行三十里，與九嶺水合流，從長壽河南橋入汨。浯溪水，在縣西七十里。源出湘陰白石山界，由長單橋逕大陂段，行四十里入汨。省志：汨水在縣東北百二十里。源出江西寧州之桓山，流自龍門，至縣東合純、羅二水，經縣西北會昌水，下流合羅水。楚辭有汨羅，即此。又過磊石，會湘水，入洞庭。昌水，在縣北八十里。出幕阜，流至南江，下流合汨水。盧水，在縣東六十里。出盧山，西北流，合汨水，經縣南，流注西北，會昌水。純水，在縣東南五十里。源出純山，流合汨水，經縣前，西北會昌水。與縣志異，並存之。按平江汨水自桓山行四十里，與白鉛二水分雙江，爲長壽村，自雙江合流逕榔木潭、義口，則舟方水合焉。由闊田〔六〕，横江合焉。由塔水橋，而純水合焉。由潭灣、淺灘，大坑小坑水合焉。由香團〔七〕、石潭，新江水合焉。由白湖口，中洞水合焉。由江口，盧水合焉。由横槎、金窩而下，遲江、秀野、小泉坑、朱樹坑諸水合焉。由魯德山，清水合焉。由縣治右，凌源水、九曲池合焉。自縣治而下，由澄清、駟馬橋，晉坑水合焉。由將軍山，而梅仙水合焉。他如甕江、梓江、黄塘江、涪水〔八〕，皆自縣治而下合汨水者也。汨水流逕湘陰歸義市，逕磊石，入洞庭云。

【校勘記】

〔一〕可避地　川本同，滬本「地」上有「寇」字，明統志卷六二「避」上有「以」字，嘉靖湖廣圖經志書卷七同。圖書集成職方典卷一二一九：「上有井泉，可溉。大石牛堪容萬人，小石牛堪容千人，皆可避兵。」此三字繫於「井泉」，爲「可溉」之誤。或應繫於下文「小石牛可容千人」之下，方合。

〔二〕純水出東南純山　「東」，底本作「西」，川本、滬本同，據本書下文及水經湘水注改。

〔三〕今平江縣　「今」，底本作「合」，川本、滬本同。水經湘水注：汨水「東出豫章艾縣桓山，西南逕吳昌縣北，與純水合」，「汨水又西逕汨羅戍南，西流注於湘。」不載「合平江縣」之文。隆慶岳州府志卷七汨水引水經注文釋云：「吳昌，今平江縣。」則此爲注文，「合」爲「今」字之誤，據改。

〔四〕古艾城　「城」，底本作「因」，川本同，據滬本及明統志卷四九、紀要卷八四改。

〔五〕唐改吳昌　川本、滬本同。宋書州郡志：吳昌縣，「後漢立曰漢昌，吳更名。」紀勝卷六九：平江縣，「皇朝郡縣志云：後漢分爲漢昌縣，吳改曰吳昌。圖經云：晉、宋因之。」此誤。

〔六〕闊田　「闊」，底本作「潤」，川本、滬本同，據隆慶岳州府志卷七、清統志卷三五八改。

〔七〕香團　底本「香」下衍「田」字，川本、滬本同，據隆慶岳州府志卷七、清統志卷三五八删。

〔八〕涪水　「涪」，底本作「浯」，川本、滬本同，據隆慶岳州府志卷七、清統志卷三五八改。

華容　東山，乃縣東諸山之總名。峯巒秀惠，連亘百餘里，古松夾道，驛路經其中。石門山，在縣東三十里。一名仙廬山。墨山，在縣東四十里。舊名玄石山，有大小玄洞。石磯，在縣北五里，臨華容河。按華容之山當自石首來，故沔志引東皐雜録謂竟陵者，陵之竟。石首者，石之首。蓋其山迴合秀麗，多奇峯怪巒，與巴陵、平江迥絶，故張燕公以爲天下絶境。大江，與監利相望，東、西、南三面皆阻洞庭。舊志載雲夢澤，而杜預、郭璞、張揖及宋山川志，俱以華容東南巴丘湖當之。范曄亦云：雲夢澤在華容南〔一〕。鄭康成、孔穎達又謂華容之澤。蔡沈以華容爲雲夢地。又子虚賦：雲夢方九百里。羅泌路史謂：若華容、枝江、江夏、安陸皆有雲夢。未詳是否。

華容河，在縣北一里。亦稱沱水、夏水。一統志以爲晉杜預所開，以通零、桂之漕者。及考預傳，預以巴丘湖，沅、湘之會，荆蠻所恃，乃開楊口，起夏水，達巴陵，内瀉長江之險，外通零、桂之漕，百姓歌之。今按水經：夏水出江流[二]，於江陵東南，又東過華容南，又東至雲杜入沔。蔡氏書傳：華容縣有夏水[三]，首出於江，尾入於沔，亦謂之沱。則預所開，當始江陵。今縣河乃從石首來，豈楊口即古調弦，因楊岐得名[四]。而是河亦自江出，冬竭夏流，故當時均以沱、夏稱，固非沔陽之長夏河，楊口亦非竟陵之夏楊水耶？

涌水。水經：江水又東南，當華容縣南，涌水出焉。又云：江水又東，涌水注之。酈道元注：水自夏口南通於江，謂之涌口。左傳：閻敖游涌而逸。注云：涌水在華容。今按古華容兼監利、石首，涌水未知何在，姑存之。

赤沙湖，在縣南。

黄洋港，在縣西三十五里。沅水會赤沙，注洞庭之水。風土記云：澧水注於洞庭，謂之澧口。沅水注於洞庭，謂之鼎江口，又自鼎江口至遊橋，入黄洋港，屈折而達褚塘諸河。

古許國。春秋定公四年：許遷于容城。任公輔以爲華容縣，是。酈道元亦然。風土記又謂：隋改縣名以此。羅泌路史直以爲岳之華容云。按許四遷，皆逼於楚，當是此邑。

章華臺，在縣東一里，相傳楚靈王所築。今江陵、監利俱有此臺，未知何據。左傳：楚王成章華之臺。杜預注：臺在南郡華容城内。預時古華容已分而三，所謂華容者，或指此。惟風土記以爲不然。相傳臺北張家湖側，復有細腰宫遺址，今亦不敢盡信。宋乾道間，知縣胡綰與邑士張左林輩考舊迹〔五〕，芟萊蕪，增土而建臺焉。今亭廢，然土山上尚有方臺，蓋綰所爲者，未知靈王之臺果在此否也？

【校勘記】

〔一〕范曄亦云雲夢澤在華容南　川本、滬本同。按此出續漢書郡國志，「范曄」當爲「司馬彪」。

〔二〕夏水出江流　「流」，川本、滬本同，水經夏水作「津」。楊守敬水經注疏：朱謀㙔「津」訛作「流」，戴震、趙一清依注文改。

〔三〕華容縣　「縣」，底本作「南」，川本、滬本同，據隆慶岳州府志卷七、圖書集成職方典卷一二一九引蔡氏書傳改。

〔四〕楊岐　「岐」，底本作「枝」，川本、滬本同，據隆慶岳州府志卷七、圖書集成職方典卷一二一九改。

〔五〕胡綰　「綰」，底本作「涫」，川本同，據滬本、本書下文及隆慶岳州府志卷七、一三改。

房　唐書韋景駿傳：景駿爲房州刺史。州帶山谷，俗參蠻夷。景駿始開貢舉，悉除淫祀，又通狹路，並造傳館，行旅深以爲便。

澧州　宋史史方傳：澧州民訴下溪州蠻侵其土地，遣乘驛往視，自竹疎驛至申文崖，復地四百餘里。又置澧州、武口、楊泉、索溪四砦,以扼賊衝。

元史世祖紀:至元十一年師次鹽山,距郢州二十里。宋兵十餘萬當郢,夾漢水城萬勝堡,兩岸戰艦千艘,鐵絙横江,貫大艦數十,遏我舟師不得下。惟黄家灣有溪,經鷂子山入唐港,可達於江。宋又爲壩,築堡其處,駐兵守之,繫舟數百,與壩相依。伯顔督諸軍攻拔之,鑿壩挽舟入溪,出唐港,整列而進。伯顔大軍次漢口。宋淮西制置使夏貴,都統高文明、劉儀以戰船萬艘,分據諸隘,都統王達守陽邏堡,京湖宣撫朱禩孫以游擊軍扼中流〔一〕,師不得進。用千户馬福言,自漢口開壩,引船會淪河口,徑趨沙蕪,遂入大江。

【校勘記】

〔一〕京湖宣撫朱禩孫 「京」,底本作「荆」,川本、滬本同,據中華書局點校本元史世祖紀五校勘記〔六〕改。

巴東 通鑑:漢主夜遁,驛人自擔燒鐃鎧斷後,僅得入白帝城。注:漢主初連兵入夷陵界,沿路置驛,以達於白帝。及兵敗,諸軍潰散,惟驛人自擔所棄鐃鎧,燒之於隘以斷後,僅得脱也。

歸州　後漢書和帝紀：永元十二年，秭歸山崩。注：秭歸縣屬南郡，古之夔國，今歸州。袁山松曰：屈原，此縣人，既被流放，忽然暫歸，其姊亦來，因名其地爲秭歸。郡國志〔一〕：和帝永元十二年，南郡秭歸山高四百丈，崩，填溪，殺百餘人。

【校勘記】

〔一〕郡國志　川本、滬本同。按下述秭歸山崩事見於續漢書五行志，「郡國志」爲「五行志」之誤。

升庵集：徐靈期衡山記云：夏禹導水通瀆，刻石書名山之高。劉禹錫寄呂衡州詩云：傳聞祝融峯，上有神禹銘。古石琅玕姿，秘文龍虎形。崔融云：於鑠大禹，顯允天德。龍畫旁分，螺書匾刻。韓愈詩：岣嶁山尖神禹碑，字青石赤形模奇。又云：千搜萬索何處有，森森緑樹猿猱悲。古今文士稱述禹碑者不一，然劉禹錫徒聞其名矣，未至其地也。韓退之至其地矣，而未見其碑也。崔融所云，則似見之矣。宋朱晦庵、張南軒遊南嶽，訪不獲。其後晦庵作韓文考異，遂謂退之之詩爲傳聞之誤。王象之輿地紀勝云：禹碑在岣嶁峯，又傳在衡山縣雲密峯，昔樵人曾見之，自後無有見者。宋嘉定中，蜀士因樵夫引至其所，以紙打其碑七十二字，刻於夔門觀中，後俱亡。近張季文僉憲自長沙得之，云是宋嘉定中何政子一模刻於嶽麓書院者，凡七十七字。云：承帝曰嗟，翼輔佐卿，州渚與登，鳥獸之門，參身洪流，明發爾興，久旅忘家，宿嶽麓庭，智營形折，心罔弗辰，往求平定，華、嶽、泰、衡，宗疏事裒，勞餘伸禋，鬱塞昏徙，南瀆衍亨，衣制食備，萬國其寧，竄舞永奔。按此乃是僞撰，古以門、奔、禋、辰爲一音，卿、衡、亨爲一音，庭、寧爲一音，興爲一音，今混而用之。又其云久旅忘家，智營形折，皆非三代以上人語也。

荆州記曰：三峽長七百里，兩岸連山，略無絶處，重崖疊嶂〔一〕，隱天蔽日，常有高猿長嘯，屬引清遠。漁者歌曰：巴東三峽巫峽長，猿鳴三聲淚沾裳。

舊唐書白居易傳：元稹會居易於峽口，於峽州西二十里黄牛峽口石洞中，置酒賦詩，戀戀不能訣。

【校勘記】

〔一〕重崖疊嶂　「崖」，底本作「陽」，據川本、滬本及水經江水注改。

寶慶府

邵陽　大余湖山，在城東南八十里。巔有臺，臺側有石如懸，凡禱雨者，視水自懸石滴下以爲驗。石門山，在城北六十里。横亘數十里，兩山相夾如門。頓家山，在城北二百餘里[一]，抵溆浦界。極險峻。西遊山，在城東南一百里。盜每出没。望雲山，在城東一百五十里。頂高五十里，四麓奔瀉，天池泓淨，下溉田數十頃。桃林山，在城東一百二十里，接湘鄉。麻塘山，在縣北一百八十里，跨溆浦、酉陽。賊酋潛伏，時爲辰苗應援[二]。嘉靖三十九年，總督軍門剿捕之。玄溪山，在縣北一百八十里，接新化、溆浦。嘗爲流寇所據。嘉靖十三年，僉事張素設紙錢堡待之。四望山，在縣南一百八十里[三]，與高霞山相接。勢極危邃，爲盜藪。梅子嶺，在縣西三百二十里[四]，接武岡。黄茅嶺，在縣東北六十里[五]，接安化、新化。建州城，在城北二里，隔資水，晉邵陵郡治址。隋改建州，後移今治。新城廢縣，在縣東九十里。吴置。晉幷入邵陽縣。建興廢縣，在縣境，晉置，屬邵陵郡。唐省入武岡縣，屬邵州。宋十五寨，俱在縣境。宋時蠻寇剽掠邵陽，命將討平，置武岡、真田[六]、白沙[七]、水竹、界岡、三堂、羅尾、盆溪、塘兒、古限、查水、新興、安定、三門、硤口十五寨，管土丁，拏手守之。今遺址俱存。

【校勘記】

[一]在城北二百餘里　「二百」，底本作「二十」，滬本作「一百」，據嘉靖湖廣圖經志書卷一六、紀要卷八一改。

〔二〕賊酋潛伏時爲辰苗應援　「賊酋」、「辰苗」，川本、滬本同，隆慶寶慶府志卷三作「苗賊」、「辰賊」。

〔三〕在縣南一百八十里　「一百」，底本脱，川本、滬本同，據嘉靖湖廣圖經志書卷一六、隆慶寶慶府志卷三補。

〔四〕在縣西三百二十里　「三百二十」，川本、滬本同，嘉靖湖廣圖經志書卷一六作「五十」，圖書集成職方典卷一二二七作「四十五」，此疑誤。

〔五〕在縣東北六十里　「東北」，底本作「南」，川本、滬本同，據圖書集成職方典卷一二二七、清統志卷三六〇改。按本書下文云：「接安化、新化。」安化縣在邵陽縣東北，新化縣在邵陽縣北，黄茅嶺在邵陽縣東北，正與二縣接。

〔六〕真田　底本作「軍由」，川本、滬本同，據明統志卷六三、隆慶寶慶府志卷三改。

〔七〕白沙　「沙」，底本作「河」，川本、滬本同，據明統志卷六三、隆慶寶慶府志卷三改。

新化　梅山，在縣南四里。荆、湖之間有兩梅山，此爲上，安化爲下。及考安化志，有是名而實未有是山。宋史：熙寧中，章惇開梅山。即此。　石槽山，在縣南六十里。宋章惇過此有詩。　黄陽山，在縣西四十里。上有九井、十三峯，狀如蓮花，一名蓮花寨，其巔平廣，昔人避兵於此。　熊山，在縣北一百里。封禪記：黄帝南伐楚，至於召陵，登焉。晉郡名取諸此。　南園，在縣南。　黄會園，在縣東。　羅家坪園，在縣南。並洪武二十三年，知縣蕭岐開置，教民種植桑麻茶株，以充貢獻。今享其利。　高平廢縣〔一〕，在永寧鄉。吳置，隋并入邵陽〔二〕。　白溪廢縣，在縣北八十里石馬鄉，地名白沙百石坪。紹聖初遷治於此。遺址尚存，至今名舊縣。

【校勘記】

〔一〕高平　「平」，底本作「坪」，川本、滬本同，據晉書地理志、宋書州郡志改。

〔二〕隋并入邵陽　「邵陽」，底本作「新化」，川本、滬本同。寰宇記卷一一五邵州邵陽縣：「高平縣城，『隋開皇九年，以其地并入邵陽縣，其城廢。』紀勝卷五九引同，此「新化」爲「邵陽」之誤，據改。

城步　蓮荷山，在縣西四十里。道經綏、靖，四面峻拔，茂林叢棘。萬曆三十九年，知縣作條陳設堡〔一〕，委本所千户輪撥戍守，往來稱便。巫山江，源自巫山，流出多派，東經威溪〔二〕，〔旁注〕東八十里。入濱水，西經南江，〔旁注〕縣南。入綏寧洪江。

【校勘記】

〔一〕知縣作條陳設堡　川本、滬本同，圖書集成職方典卷一二二七作「知縣竹設堡」，未知孰是。

〔二〕威溪　底本作「成漢」，川本同，滬本作「威漢」，據隆慶寶慶府志卷三、紀要卷八一改。

武岡　大小角尖山，在州北一百八十里。通辰、沅。都梁城，在州東五里。漢長沙定王子定封都梁侯〔一〕，國於此。夫夷城，在州東北一百四十里。漢長沙定王子義封夫夷侯，國於此。武岡廢縣，在州西南。晉置。唐屬邵州〔三〕。本朝洪武九年，省入州。臨岡廢縣，在州境。本臨口寨。宋崇寧中置，紹興中廢。

【校勘記】

〔一〕漢長沙定王子定封都梁侯　下「定」字，底本作「遂」，川本、滬本同，據漢書王子侯表改。

〔二〕唐屬邵州　「邵」，底本作「郡」，川本同，據滬本及新唐書地理志、元和志卷二九改。

新寧　長湖江，在縣西四十里〔一〕，發源都梁，匯流爲湖。　新寨江，在縣西二十里，發源花溪山，經石門，達於資水。

【校勘記】

〔一〕在縣西四十里　「西」，底本作「四」，川本同，據滬本及隆慶寶慶府志卷三改。

往士大夫家奴不過數輩，傴僂磬折，見客必趨，鮮入公府者。自猾市爲利，招引依附，而喜事驟灼者，入其術中，乃至爲所驅使而不覺。若乃重儓十百，持蓋在輿，洋洋市中，不知身尚爲僕，而頤指氣使，實繁有徒，則亦有勢者爲之叢也。　往時葛巾素服，望而可知爲某郡人士。守其師説，必曰某先生之言。今斷斷多口〔一〕，不用以窮經説禮，而用以郵訛造謗。　農釋耒而出途，女下機而過市，賤不安於賤，而有淩躐之心，商不止於商，而攝差掾之役。邵陽之土沃，勤與慵相間也〔二〕，勇則似其天性焉。新化之用物博，田與植皆利也，訟則似其天性焉。郡邑産金、銀，禁開采。産硃砂、雄黄。産炭，炭有木、有煤，人以煤代薪，其利及於鄰邑。墁室者以火煉石爲灰。産靛，可用以染。産葛、苧、麻、綿，布極細，不亞他産。鐵産於新化者，亦名鑛。麝香出熊膽山。茶出武岡、新化，有税。産蜜，有黄、白色，石出者最珍。産絹，有土紬、綿紬。産蠟，有黄、白。産皮，有諸獸。是皆隨地則良，匪敢言異。而或致徵者騷然，求者未已。總之，國出貨豐，則多逐末之民；國出貨儉，則多力本之民。今四方之賈坌集，以車來者，亦以賄遷，可以徵質文奢儉之變也。噫！

【校勘記】

〔一〕斷斷多口　「斷斷」，川本、滬本同。按疑爲「斷斷」之誤。

〔二〕勤與慵相間也　「與」，底本作「于」，川本同，據滬本改。

盧溪　羅泌曰：世言高辛氏之犬曰盤瓠，非也。伯益經曰：卞明生白犬〔一〕，是爲蠻人之祖。卞明，黄帝之曾孫也。白犬者，乃其子之名，若後世之烏彪、犬子、豹奴、虎㹠云者，非真犬也〔二〕。崇山，在所西六十里〔三〕。按慈利縣志：崇山在澧州天門山之西。舜放驩兜於此山之下。則此崇山爲西南苗、佬腹中之地〔四〕。元時山下置衛鎮守。本朝洪武中，改爲守禦千户所，洪武末，以艱於餉道，遂廢。推官侯加地曰：此衛宜復。蓋在苗腹之中，選世將守撫，久之自將馴若，亦控制苗、佬之長策也。尖崖山，在所西北九十里。峯巒巀嶪〔五〕，頂有石室。高巖水，在縣西四百五十里。水自巖穴中流出，與鎮溪合，入盧水。洗溪，在縣南二十里，舊縣治，今改爲院場坪巡檢司。鴉溪，在縣西二百六十里。〔旁注〕鎮溪千户所西。水自崇山發源，其流合武溪，經縣東注，與沅水合。武口州〔六〕，在縣東。平原廣闊，田地幾數百畝。

【校勘記】

〔一〕下明生白犬　底本「下」上有「市」字，據川本、滬本及路史發揮三論槃瓠之妄删。

〔二〕非真犬也　「真」，川本、滬本同，路史發揮三論槃瓠之妄作「狗」。

〔三〕在所西六十里　「所」，川本、滬本同，圖書集成職方典卷一二六三作「鎮溪所」，與下文合。

〔四〕則此崇山爲西南苗佬腹中之地　「腹」，底本作「福」，川本同，據滬本及圖書集成職方典卷一二六三改。

〔五〕峯巒巀嶪　「嶪」，底本作「嶫」，川本同，據滬本及嘉靖湖廣圖經志書卷一七改。

〔六〕武口州　川本同，滬本作「武口鎮堡」。

辰溪　龜山，峙立江邊，其形如龜。　大酉山，與龜山相連，離縣治十里。澗在南。　辰溪水，〔旁注〕省志：縣東南十里。酈道元注曰：出縣三山谷，東南流，獨母水注之。源出龍門山，歷獨母溪，北入辰水。辰水又經縣北，合流縣前之水，即沅水也。　五城山，在縣北四十里。楚威王使莊蹻定黔中〔一〕，因山爲城，故名。　房連山，在縣東四十五里。　九峯嶺，在縣西南三十里。　桑溪，在縣東二十里。自辰溪水發源，合流入江。　助溪，在縣東五十里。　嵩溪，在縣南六十里。　洞水溪，在縣南十五里。俱省志。

【校勘記】

〔一〕楚威王　「威」，底本作「成」，川本同，據滬本及史記西南夷列傳改。

漵浦　盧峯山，在縣西二十里。綿亘八十餘里，巋然爲衆山之表，下有鎖子洞、對馬洞。　紅旗山，在縣東二十五里。山脊平曠，相傳馬援駐兵於此。　雙龍江，即漵浦縣前江。其水自龍潭、龍灣二江發源，故名。　龍潭，在縣南一百二十里，當黔陽界。有溪東流，至巡檢司前，匯而爲潭，由地中行者二里，始出而南流焉，即雙龍江發源處。　龍灣，在縣東二十里。有水自頓家山出，匯而爲潭，東流二十里，入於江。

沅州　明山，在州北二十里。高數百丈，周二百餘里，岡巒重複，環抱州城。㵲水，即沅水〔一〕，環州城西南五里。源出四川播州，經沅至辰，入常德。楊溪，在州南十里。源出三繞坡，入㵲水。龍門溪，在古鎮江寨東六十里寅門山，東北流五十里，入辰水。板門山，在古鎮江寨南二百步，對峙如門。向氏未歸之日，恃險據之。保牢山，在鎮江寨東南五里。〔旁注〕一統志：州東一百。烏溪水出，回巖曲嶺〔二〕，重複深阻，昔人避難，保聚其中。

【校勘記】

〔一〕㵲水即沅水　川本、滬本及圖書集成職方典卷一二六四同。明統志卷六五：㵲水，在沅州城西，一名㵲溪，「上自鎮遠，下流入沅水」。嘉靖湖廣圖經志書卷一七同。明史地理志：舞水，「即无水也，流入於沅水」。此云恐誤，或「沅水」爲「无水」之誤。

〔二〕回巖曲嶺　「回」，底本作「四」，川本、滬本同，據圖書集成職方典卷一二六四、清統志卷三六八改。

黔陽　龍標山，在縣東。沅、靖二水合流經其下。雙石崖，在縣南五十里。〔旁注〕省志：東南九十。濱江有二石對立，傳言石根隨水高下，土人神之，舟楫莫敢犯。景泰中，苗寇亂，人皆避其上，因築寨置戍，爲安江雙崖城。黔水，亦名黔江，在縣西南三里。源出牂牁，流經縣前，入沅水，北通沅水，南會於靖，環帶縣前。赤寶山，在縣南對河一里。芷水經其下，黔水在西，潕水在左。稔禾溪，在縣東南百里。源出羅公山，西北流入沅水。雲騰湫，在縣東南百二十里安江寨雙石巖下。洪江溪，在縣東百六十里。源出溪洞古城，東北流入江。小龍溪，在縣東南九十里。源出柘木隘。大龍溪，在縣東南百里。源出羅公山。二溪水脈相通，其流皆入沅水。砂溪，在縣東南二百里。源出羅公山，東北入武岡口。

麻陽　西晃山，在縣南三十里。龍門山，在縣東六十里。〔旁注〕省志：東北百里。連山參差，岡石對峙，最爲險絶。錦水，在縣西三里。自銅仁發源，上接龍門〔一〕，流經縣前，入沅水。龍門溪，在縣東三十里〔二〕。源出龍門山，合西溪，東流入辰水。西溪，在縣東北四十里。源出古富州，東北流入辰水。

辰郡四望皆山，厥土磽角〔三〕，厥田下下。屬邑之黔、沅、溆，稍稱沃壤，辰溪次之，麻、盧又次之，然地僅彈丸，而逼逼於苗夷矣。沅陵幅員遼闊，奇山怪石，西南天險在焉。土無膏，田無腴，獨當衝、煩，乃以六升有奇起畝。而黔、沅反倍減也，是所望於平賦者。

【校勘記】

〔一〕上接龍門　「上」，底本脱，川本、滬本同，據嘉靖湖廣圖經志書卷一七補。

〔二〕在縣東三十里　川本、滬本同。嘉靖湖廣圖經志書卷一七作「在縣東北一百里」，紀要卷八一作「在縣東北三十里」，圖書集成職方典卷一二六四作「在縣東六十里」，未知孰是。

〔三〕厥土磽角　「角」，川本同，滬本作「确」。

施州　禹貢荆、梁二州之域，春秋巴國之界，戰國楚巫郡地。秦屬黔中郡。漢爲巫縣境，隸南郡。武帝元鼎六年，置牂牁郡。後漢末，劉璋分置巴東郡。三國蜀先主分南郡置宜都郡。吳孫休分宜都置建平郡。晉永嘉二年，置夜郎郡〔一〕。後周保定初，置施州，尋改爲亭州，以郡有都亭山故也。隋開皇初，郡罷，并入亭州。大業初，改爲庸州，後爲清江郡。義寧二年，復置施州。唐貞觀八年，以業州并入施州。開元間，改清江郡，又改爲清化郡〔二〕。乾元元年，復爲施州。五代前後蜀並因之。宋屬西川路。咸平四年，改屬夔州路。元隸夔州路，并清江入焉。本朝因之，仍屬夔州府。

【校勘記】

〔一〕夜郎郡　底本空缺「郎」字，川本同，據滬本及晉書地理志補。

〔二〕又改爲清化郡　川本、滬本同。舊唐書地理志：施州，「天寶元年，改爲清化郡。乾元元年，復爲施州。」此「又改爲清化郡」前脱「天寶元年」四字。

方輿崖略[一]：楚在春秋、戰國間稱六千里，跨淮、汝而北之，將及河。本朝分省，亦惟楚爲大。其轄至十五郡，如鄖之房、竹山，荆之歸、巴東，與施、永、偏橋、清浪等衛所，動數千里，入省逾月，文移之往復，夷情之緩急，皆所不便。而辰、永督學，屢合屢分；鄖、沅開府，或興或罷；黎平生儒，此考彼試；種種非一。况貴竹、粤西兩省，雜以傜、僮、夷、苗，主以衛所，間以土酋，咸不成省，院司以官至者，人我咸鄙夷之。謂當以辰州、沅州、靖州分屬貴州[二]，永州、寶慶、郴州分屬廣西，則十三省大小適均，民夷事體俱便。

三湘總之一湘江也，其源自海陽而北入洞庭。其流過永而瀟水入之，則爲瀟湘。過衡而蒸水入之，則爲蒸湘。過常而沅水入之，則爲沅湘。湘江其初最清，百尺而毛髮可鑑，比會衆流，下洞庭，始濁。湘君、湘夫人，古人以堯女舜妃當之，唐人用以爲怨思之詩。然計舜三十登庸，釐降二女於潙汭，即年二十，而舜以百十歲崩蒼梧，二女亦皆百歲人矣。黄陵啼鵑，湘妃竹淚，至今以爲口實，可笑也。

禹貢：九江孔殷。釋之者曰：即洞庭也。沅、漸、元、辰、溆、酉、澧、資、湘九水皆合於此[三]，故名九江。又九江，沅、資、湘最大，皆自南而入。荆江自北而過，洞庭瀦其間，名五瀦。戰國策云：秦與荆戰，大破之，取洞庭五瀦[四]。是也。每年六、七月間，岷、峨雪消，江水暴漲，自荆江逆入洞庭，清流爲之改色。

武當謂山阜高大〔五〕，非玄武不足以當之。今其巨坂造天，危巒逼漢，良然。然自天柱而外，別無奇詭之觀，徒土木之偉麗爾。當文皇造五宮時，用南五省之賦作之，十四年而成，殆不可以萬萬計者。當時勝國府庫積蓄既多，而五嶺、九邊咸無兵餉歲例之費，今日國家財力何能爾爾。

洞庭水淺，止是面闊招風，驚濤軟浪，帆檣易覆，故人多畏之。湖中有數蛟，有喜食糟粕者，遇舟中攜糟物過，則出而奪之。有喜食硃砂者，遇舟中攜硃砂過，則出而奪之。奪則濤興浪起，或危舟楫，齎此物者，或重裹以犬羊之鞹。

洞庭水漲，延袤八百里，盜賊竊發，乃於岳州立上江防兵備，轄三哨官兵偵治之。上哨自岳州府南津港至長沙湘陰縣，哨約三百餘里，南接蒼梧，北達荆、郢，東會漢、沔，爲洞庭左臂。哨内小巡把總一，哨官鹿角、磊石、穴子、湘陰哨四，巡檢鹿角、營田各一。信地兵船，自府五里至南津港，五里荆埠港，十五里河公廟，二十五里新牆河口，十五里萬石湖，六里鹿角，二十五里啄鈎嘴，二十五里磊石，十五里鯽魚夾，十五里青草港，十里顏公埠，十五里穴子哨，十五里白魚折〔六〕，十五里營田司，二十五里大頭寨，五里黄嶺〔七〕，十五里蘆林潭。水退，各船分移於扁山、高沙洲、沅沙港、蘆林潭等地。中哨自君山後湖至常德傅家折，約三百六十餘里，西北通巫峽，西抵辰、沅，東南極瀟、湘，爲洞庭右臂。哨内小巡把總一，哨官明山一，巡檢古樓一。信地兵船，自君山後湖五十里蓼荆灣，過洞庭大湖至昌蒲臺五十里。昌蒲臺内七十里石門山，迤西六十里白茅磯，迤北十五里傅家圻；自昌蒲外迤東八十里團山，二十里吉山，十五里古樓，三十里明山。水退，分移布袋口、洞庭夾、白水夾、上下井灘等信地。下哨長江一帶，自岳州至嘉魚界墩子口，約三百餘里，南吞七澤，北迎湘、郢，東聯潯、黄，西接三巴，爲洞庭咽喉。哨内小巡百户一，哨官茅埠、竹林各一，巡檢黄家、瓦子、城陵、白螺、鴨欄、茅鎮、石須共七。信地兵船，過江北岸四十里瓦子灣〔八〕，二十里藤站湖，十五里鹽船套，二十五里楊圻腦，二十里黄家穴，六十里上茅〔九〕，六十里西江嘴；西岸流水口四十里白螺磯，三十里楊林山，二十里白螺山，三十里王家保，二十五里新堤口，十里茅埠鎮，三十里烏林磯，十五里竹林灣，十五里杜家洲，五里紀家洲；東岸城陵司五里團山磯，十五里象骨港，二十里道人磯，三十里清江口，十五里高家墩，三十里石頭口，十五里六溪口，十五里岳公灣〔一〇〕，十里墩子口，十里嘉魚縣。此萬曆乙酉馮仁軒露備兵岳州時刻圖。

古今譚形勝者，皆云關中爲上，荆、襄爲次，建康爲下。以今形勝，則襄陽似與建康並峙者〔一一〕。建康東南皆山，西北皆水；襄陽東北皆水，西南皆山。以勢則襄山據險而建山無險，以勝則江水逆來而漢水順去。故論荆、襄則襄不及荆，其規矩大而要害攬也。荆州面施、黔，背襄、漢，西控巴峽，東連鄢、郢，環列重山，襟帶大江，據上游之雄，介重湖之尾，爲四集之地。蜀漢據而失之，驍將既折，重地授人，僻在一偏〔一二〕，不卜而知其王業之難成也。

蘄、黄之間，近日人文飈發泉湧，然士風與古漸遠，好習權奇，以曠達爲高，繩墨爲耻，蓋有東晉之風焉。然其一段精光，亦自鏟埋不得。毋論士大夫，即女郎多有能詩文者〔一三〕，如周元孚、董夫人輩。又毋論詩文，近且比丘尼輩出，高譚禪理，如所云澹然、明因、自信等，余蓋於李卓吾八觀音問中崖略見之。李以菩薩身自任，踪迹太奇，其與耿司寇以學問相傾，不啻剚刃。

蘄竹爲器，抽削如絲，織巧甲於天下。復有蘄艾、蘄龜、蘄蛇。艾則惟荆王府内片地出者佳，然不多得。蛇與龜皆生於他鄉村。蛇則頭有方勝，尾有指甲，兩目如生，自刳腸盤屈而死者，可已大風。龜則背有緑毛，可辟蠅蟲，置之書篋，數年不死。然多假者，以小龜塗馬矢放陰溝中，緑毛自生，攜出不久即落也。竹以色瑩者可簟，節疏者可笛，帶鬚者可杖。

宜章登舟即古所稱瀧水，兩岸皆石，頗似巴江。水小而險，最善壞舟，不數日而達韶州，其勢甚速。然止可用舴艋，力不能載十石。韓文公入潮陽由此。

永近粤，鄉村間稍雜以夷僚之俗，男子衣裙曳地，婦女裙褲反至膝止，露骭蹺足〔一四〕，不避穢汙，着草履者其上也。首則飾以高髻，耳垂大環，鑄錫成花，滿頭插戴。一路鋪遞皂快、輿夫、馬卒之役〔一五〕，皆以婦代男爲之，致男女混雜戲劇，官不能禁。

長沙卑濕，古今一辭。余過其地，見長沙雖濕，非卑而濕也。蓋猶在洞庭上流，岳陽〔一六〕、漢陽尚在其下，安得言卑？惟諸郡土皆黑壤，而長沙獨黃土，其性黏密不滲，故濕氣凝聚之深。若論卑濕之地，當以閩、廣爲最。漳、泉葬者，若全棺入地，則爲水所宿。番禺，江一日而潮汐兩至蒼梧〔一七〕，其地下可知。

鄖地界河南、湖廣、陝西、四川四省，山谷阨塞，林箐蒙密，既多曠土，又有草木，可采掘而食，自古爲逋流之地。國初，鄧愈剿除之，空其地，禁流民不得入。天順歲饑，民又徙入〔一八〕，不能禁。至成化元年，亂乃生，劉千斤挾石和尚僭號改元，遣尚書白圭討平之。未幾，餘孽李鬍子又亂，再遣項忠。忠乃招諭，撥發還鄉者百四十萬〔一九〕，編戍者萬人，然後擊殺李鬍子。十二年，流民復集，都御史李賓恐逐之生變，請因而撫定之，使占籍以實襄、鄧户口。乃命副都原傑往籍流民，得一十萬二千户〔二〇〕，遣歸者一萬六千餘，願留者籍之〔二一〕，改鄖縣爲郡治以開府，至今乃安。高岱謂：項忠之盪定，乃一時之功；原傑之經略，則百世之利。

黎平府立於湖廣五開衛之中，原爲犬牙相制之意。雖其壤接平溪，然夷箐難行。其路復出楚中，既過沅州，則皆楚地，復經黔陽、會同、靖州、銅鼓，四五百里方至。過他省而抵己郡，毋論窵遠，如事體何？又青衿子弟〔二二〕，由楚督學選就試，方入貴試院。舊時貴院於黎平士子有暗記，如兩都監生例。及乙酉遣京官主考，硃卷無識，遂至一榜中黎平十人，占貴三之一，貴士遂鬨然，不欲黎士就貴試。此於夷情、士習、官體、文移，均屬未妥。

施州、保靖、永順，正當海内山川土守之中〔一三〕，反爲槃瓠種類盤踞。施州東抵巴東五百里，西抵酉陽九百里，南抵安定硐、北抵石砫司各七百里，依稀閩、浙全省地。而永順東、西、南、北咸徑六百里。保靖東、西亦五百里，南、北半之。其俗男不裹頭，女衣花布，親喪打葬，就日而埋。疾病則擊銅鼓、沙鑼以祀鬼神。居常則漁獵腥羶，刀耕火種爲食。不識文字，刻木爲契。短裙椎髻，常帶刀弩爲威。其人雜夷僚，不可施以漢法，歷代止羈縻之。本朝籠以衛所、土司，有事調之則從征，逮之則不至。南去爲辰州，又南爲柳、慶，族皆其種，俗亦近之。秦、漢所稱黔中之地。然辰以南屢經征伐，其人遂分夷、漢，夷者統以土司，漢者治以有司，不若施、永之一概羈縻也。然雖漢人漢法之處，其城市者衣服言語皆華人，而山谷間亦頗雜以傜俗，不盡純也。

楚中與川中，均有采木之役，實非楚、蜀産也，皆産於貴竹深山大壠中。貴竹乏有司開采，故其役專委楚、蜀。大約木非難而采難，伐非難而出難，木值百金，采之亦費百金，值千金，采之亦費千金。上下山坂，大澗深坑，根株既長，轉動不易。遇坑坎處，必假他木抓搭鷹架，使與山平，然後可出。一木下山，常損數命。直至水濱，方了山中之事。而采取之官，風餐露宿，或至半年一年。及其水行，大木有神，浮沉遲速，多有影響，非尋常所可測料。

天生枏木，似專供殿庭楹棟之用。凡木多輪囷盤屈，枝葉扶疏，非杉、枏不能樹樹皆直，雖美杉亦皆下豐上鋭，頂踵殊科，惟枏木十數丈餘，既高且直。又其木下不生枝，止到木巔方散幹布葉，如撐傘然。根大二丈，則頂亦亞之，上下相齊，不甚大小，故生時軀貌雖惡，最中大廈尺度之用。大者既備官家之采，其小者土商用以開板造船，載貨至吳中，則拆船賣板。吳人截取以爲他物料，力堅理膩，質輕性爽，不澀斧斤，最宜磨琢，故近日吳中器具皆用之，此名香楠。又一種名鬬柏楠，亦名豆瓣楠，剖削而水磨之，則片片花紋，美者如畫，其香特甚，爇之，亦沈速之次。又一種名癭木，遍地皆花，如織錦然，多圓紋，濃淡可挹，香又過之。此皆聚於辰州。或云，此一枘也，樹高根深，入地丈餘，其老根旋花則爲癭木，其入地一節則爲豆瓣楠，其在地上者則爲香楠。

楚本澤國，最稱多魚。大江上下，則美鱘、鰉。其形甚醜，身長五尺，則鼻亦四尺餘，口在鼻下，如在腰間，魚蝦遇輒避，苦不得食，每仰游開口，接而食之。今所造鮓，硬骨而適口者，即鼻肉也。鼻善痛而長，又善觸，故游必鼻向上，尾向下，又不敢近岸〔二四〕，畏崖石。取者若探其情，極易得之。此種爲江魚，可網不可蓄。其鬻種於吳、越間者爲鰱魚，最易長，然不誕子。或云：楚人鬻者，先以油餅餌之，令不誕也。細者如針，千餘頭共一甌盛之。在彼無不活者，吳、越人接手中即漸死，若隨接隨入池中，又無不活者。入池當夾草魚養之，草魚食草，鰱則食草魚之矢。鰱食矢而近其尾，則草魚畏癢而游〔二五〕。草游，鰱又隨之。凡魚游則肥〔二六〕，定則否，故鰱、草兩相逐而易肥。計然爲十洲、三島，爲此故。草魚亦食馬矢，若池邊有馬廄，則不必飼草。

【校勘記】

〔一〕方輿崖略　川本、滬本同。按方輿崖略係明王士性廣志繹卷一篇名，以下諸條皆録自廣志繹卷四江南諸省。

〔二〕靖州　「靖」，底本作「清」，川本同，據滬本及廣志繹卷四改。

〔三〕沅漸元辰溆酉澧資湘九水皆合於此　「元」，川本、滬本同，胡渭禹貢錐指作「溓」，此「元」爲「溓」字之誤。

〔四〕五瀦　川本、滬本同。戰國策秦策一作「五都」，姚宏注引史記作「五渚」。

〔五〕武當謂山阜高大　川本及廣志繹卷四同，滬本「當」下有「志」字。

〔六〕白魚折　川本、滬本作「白魚圻」，廣志繹卷四作「白魚場」。

〔七〕黄嶺　川本、滬本及廣志繹卷四作「横嶺」。

〔八〕過江北岸　底本、川本作「過江過岸」，滬本作「過岸」，據廣志繹卷四改。

〔九〕上茅　川本、滬本同，廣志繹卷四作「上茅灣」。

〔一〇〕岳公灣　川本、滬本同，廣志繹卷四作「丘公灣」。

〔一一〕則襄陽似與建康並峙者　底本脱「與」字，川本同，據滬本及廣志繹卷四補。

〔一二〕僻在一偏　川本及廣志繹卷四同，滬本作「僻在一隅」。

〔一三〕即女郎多有能詩文者　底本脱「多」字，川本、滬本同，據廣志繹卷四補。

〔一四〕露骭蹺足　川本、滬本同，廣志繹卷四作「露骭跣足」。

〔一五〕馬卒之役　川本、滬本同，廣志繹卷四作「馬卒之徒」。

〔一六〕岳陽　「陽」，川本、滬本同，廣志繹卷四作「渚」。

〔一七〕番禺江一日而潮汐兩至蒼梧　川本同，滬本「日」下有「之内」二字，廣志繹卷四作「番禺，江一日兩潮汐至蒼梧」。

〔一八〕天順歲饑民又徙入　川本、滬本同，廣志繹卷四「天順」下有「中」字。

〔一九〕撥發還鄉者百四十萬　「撥」，川本、滬本同，廣志繹卷四作「捕」。又「百四十萬」，川本、滬本及廣志繹卷四同，疑誤。

〔二〇〕一十萬二千户　「二千」，滬本同，川本作「三千」，此句廣志繹卷四作「十一萬三千户」。

〔二一〕願留者籍之　「留」，底本作「流」，川本、滬本同，據廣志繹卷四改。

〔二二〕青衿子弟　「衿」，底本作「矜」，川本同，據滬本及廣志繹卷四改。

〔二三〕正當海内山川土守之中　「土守」，川本、滬本同，廣志繹卷四作「土宇」。

〔二四〕尾向下又不敢近岸　底本脱「下又不敢」四字，川本、滬本同，據廣志繹卷四補。

〔二五〕則草魚畏穢而游　底本脱「魚」字，川本同，據滬本及廣志繹卷四補。

〔二六〕凡魚游則肥　川本、滬本同，廣志繹卷四作「凡魚游則尾動」。

浙江

杭州府

古名臨安。禹貢揚州。〔眉批〕左浙江，右具區，北大海，南天目，四川之所交會，萬山之所重複，亦天下之形勢也。宋晁無咎。川澤沃衍，有海陸之饒。隋志。人性敏柔而慧，厚於滋味，急於進取，善於爲賈。宋地理志。宋史地理志：人性柔慧，尚浮屠之教，俗奢靡而無積聚，厚於滋味，善進取，急圖利，而奇技之巧出焉。舊有市舶提舉司一，隆慶元年革。浙江都指揮使司領衛一十有六：曰杭州前，曰杭州右，曰紹興，曰寧波，曰台州，曰處州，曰温州，曰海寧，曰昌國，曰松門，曰臨山，曰金鄉，曰海門，曰定海，曰盤石，曰觀海。其所之直隸都司者六：曰海寧守禦千户所，曰嘉興守禦千户所，誤〔一〕。曰湖州守禦千户所，曰嚴州守禦千户所，曰金華守禦千户所，曰衢州守禦千户所。

吴越王鏐始都於此，宋高宗南渡復都焉。〔眉批〕元爲杭州路，立江浙等處行中書省於此。本朝吴元年改爲杭州府，屬江浙行省。洪武九年改行省爲浙江等處承宣布政使司，府仍屬焉。

通鑑：唐景福二年，錢鏐發民夫二十萬及十三都軍士，築杭州羅城，周七十里。

倚天目，負大海，前引閩、粵，後達江、淮，偏安一都會。

縣九。屬浙西道。

浙江，出休寧之浙嶺。金華之浙溪，合於桐廬〔二〕，入富陽縣界，東北過府城南，又東至龕、赭二山入於海〔三〕。

吴亨壽曰：坎爲月體，月爲陰精，在天爲月，在地爲水，一而已矣。以其氣之相通，故有以方諸取水於月者，而况夫大海爲水之所歸而月生焉者乎？故水之有潮應月而至，而子午之位爲陰陽之始，於其所始而月加焉，則陰與陽感而陰以升，陰與陰遇而陰以盛，當其所加之時，湧而逆上，固其理也。月一晝夜，凡一加子、一加午，故潮一日再生，月一日退天十三度十九分度之七，故潮日遲於一日，所以初三之潮，晝遲而入十八之夜；十八之潮，夜遲而入初三之晝也。一月之間，生明生魄，潮亦再盛焉。生明之潮，則自前月二十六長水，謂之起信；歷晦朔至月三日，謂之大信；初四潮勢漸殺，謂之落信；歷上弦至月十日，謂之小信。生魄之潮則自十一始長，歷望至十八而盛，自十九始殺，至下弦二十五而衰，其起落大小之信亦如之。月於一月三十日之間，凡二十九出。潮於一月三十日之間，凡五十八至。故天下之至信者，莫如潮也。或曰：如子之説，則潮之爲候，亦宜月半以前由微漸大，月半以後由大漸微，以象夫三五而盈，三五而闕可也。今乃於明魄之生兩盛焉，何哉？曰：明魄之盛固以如前所云，然月一月一周天，而一日之間，則一加子、一加午者也。潮於月加子午之時，一日再至，故亦於月生明魄之日，一月而再盛焉。月之一，潮之再，若不相似而實相感召也。或曰：子所論浙江潮也，它江亦有潮，其遲速不同，何與？曰：潮之生，必生於月出之海，浙江之去海近，故其至也如時，它江所去有遠近，故至有遲速也。朱中有曰：古言潮者多矣。抱朴子、盧肇、丘光庭、鄭遂之輩，並未識潮而妄爲之説。吳地志所云：晝夜再來，常以月晦及望尤大，至二月、八月最高〔四〕。則得之矣，而未詳其理。夫天地之間，有元氣，有陰陽元氣，渾淪周流而不可見，陰與陽則生乎元氣者也。人之生也，莫不受元氣以生。既生矣，則血爲榮，氣爲衛，血爲陰，氣爲陽。元氣之運周流乎脈絡，而血乃隨之。水者，天地之血，海爲水之所宗；潮者，元氣之升而血之溢也。人一日一夜凡一萬三千五百息，脈行五十度爲一周，行陽二十五度，行陰二十五度。潮之一晝夜而再升降，亦猶是也。若乃陰陽二氣之極，則元氣有所不能勝，是以夏之日晝潮小，冬之日夜潮小，爲至陽極陰所迫而然也。今夫以大爨鼎置半水其中，火氣既升，水從而湧，此元氣升而潮上之象也。於鼎之上而挾一炭焉，懸一冰焉，則湧水爲之所脅而復下矣，此其所以小也。至於夏之夜冬之晝，而仍能大者，炎沍舒也。譬之人身，氣喘於夏夜而少平，血凝於冬晝而少釋矣。有不盡然者，必極燠與極寒也〔五〕。其或當小而反大者，則夏日之北風與冬日之南風，從所勝而來，一旦當令者爲之辟易，而潮因之以大也。此陰陽之變，元氣之病，而非其常也。乃若錢塘之潮特爲天下偉觀，則燕龍圖名肅。沙潬〔旁注〕徒旦反。之説盡之。所謂潬者，水中沙也。錢塘之口有兩山焉，南曰龕山，北曰赭山，並峙於江海之會，謂之海門。下有沙潬，跨江三百餘里，若伏檻然。方潮之長而未及潬，錢塘之江尚空空也。及既長而冒之，自潬斗寫入江，以幾千萬里之勢而束於一江，逼礙沙岸，回薄兩山之間，不得不拗怒而奔騰者，勢也。今夫一溝之水，其勢固平，於溝之半，累小石爲齟齬，而後自上流決之，歷齟齬而斗寫於下，則水之平者將激而射矣，此其所以大於諸江也。及夫潮退，則或由潬中低處，或從潬兩尾滔滔以至於海。蓋潬中高而兩頭漸低，高處適當錢塘之衝，其東稍低處，乃當錢清、曹娥二江所入之口，錢清江口潬最低，潮甚小，曹娥江口潬稍高，故潮差大。錢塘潮常遲於定海，蓋必待登潬而後至於江也。

海塘，在府城東二里。相傳郡功曹華信所立。自唐以前有之，至錢武肅始大興工築之。堤岸既成，久之乃爲城邑聚落，凡今之平陸，皆當時江也。國朝洪武十年，江水大溢，特命大臣來修築。永樂中，三修之。成化八年，沿江堤岸傾圮特甚，命工部侍郎李顒來築之。

南征紀略：湖上諸山情皆向湖，南屏控連衆阜，南接嚴州。江水自其西南來，行兩峽中，至此出隘，過鳳山門，又過候潮門，東北趨入海，爲浙東之津渡。桑欽曰：漸江水〔六〕，山海經之浙江也。吳越春秋：勾踐入臣於吳，羣臣皆送至浙江之上，臨水祖道。是矣。潮候，西湖志卷二十四。西湖，在府城西。周迴三十里，三面環山，淵泉百道，瀦而爲湖。蘇軾、楊孟瑛開湖。西湖志卷一。鳳皇山，在府城南二里。省志：十里。下俯大江，形若飛鳳，乃天目南枝之結局，而王氣所聚也。〔眉批〕吳山，在府治東南。故老云：春秋時爲吳南界，以別於越，故名。

吳越國治子城、羅城二條。西湖志餘一卷十頁。〔眉批〕宋行宮。通志六十二卷三、四頁。亦見西湖志七卷六頁。

自唐以來爲州治，錢氏建爲王宮而南宋因之。皇城九里，山之東麓環入禁苑。元初，用西僧楊璉真伽之説，即其地建五寺，築鎮南塔以壓之，而以故開元宮爲省治，前對吳山，蓋鳳皇之左翅也。本朝因之，官署並在山之左。吳山，在府治東南鳳皇山之左折而成。南屏山，在西三里。南高峯，在西一十二里，南北諸山之界。龍山，一名卧龍山，在城南十里。天目分支，沿江而東盡於此。舊傳郭璞秘記，天目山垂兩乳長，龍飛鳳舞到錢塘。蘇子瞻作表忠觀碑用其語。有宋籍田、郊壇遺址。靈隱山，在城西十二里，一名武林山。周一十二里，乃天目之北枝，自臨安蜿蜒數百里而來，結局於此。如引兩臂，南垂臙脂嶺，北垂駝峴嶺。其山峯之北起者曰北高峯。飛來峯〔七〕，在靈隱山之南，又其南曰天竺。〔眉批〕余在關西時，值地夜震，渭南、富平野中舊無山處，忽有一山。問之居民，云地震時大水湧至也。兵法所謂激水之極至於漂石，在地氣亦時或有之。是夜山亦多有飛者，但不出數里而止。若浙中舊志所載，中天竺國山及琅邪東武山皆極遠飛來，此則好事者爲之也。通志。元史胡長孺傳：隱杭之虎林山以終。

秦望山，在南一十二里。其東南有羅刹石，横截江濤。皋亭山，在東北二十里。省志：二十五。高百餘丈，元伯顔入宋，駐兵於此。本朝克金華，調茅成駐皋亭爲應援。龍山河，自府南鳳山水門，直至龍山閘。舊有河，宋以近大内，不通舟楫。元延祐三年，行省丞相脱脱浚之，長九里三百六十二步，爲石橋八，立上下二閘以限潮水。本朝洪武七年，參政徐本、都指揮使徐司馬，拓而廣之。舟艦出江始便。今以河高江低，改閘爲壩。運河自府東南候潮水門至跨蒲閘〔八〕，乃宋舊道。本朝洪武五年開，後尋改閘爲壩，今止小船經行，大船皆不行矣。〔眉批〕運河水始引江潮，由龍山、浙江兩閘入，其後錢氏以潮水淤河，截之，河始專倚湖水矣。下塘河，自府西北武林水門，接城内大河、西河，過吳山水驛，達清河上、中、下三閘，至德勝橋，與城東諸水合，分爲兩派：一派由東北上塘，至舊東倉新橋，入運河，至長安閘壩，曰上塘河；一派由西北過德勝橋，至江漲橋與子塘河合流，至北新橋西北入湖州界，曰下塘河，北接新開運河〔九〕。新運河，在武林門北新橋之北，通蘇州、常、鎮等府。宋淳祐七年，安撫趙與𥲅浚之。元至正末，張士誠開拓，自五林港至江漲橋，遂成大河。本朝正統七年，巡撫侍郎周忱始築塘岸，今名下塘。〔眉批〕城東大河，今名菜市河者，本從海寧、仁和境上臨平湖而來，一百二十五里入艮山門水門，至城中斷河而止，謂之上塘。其市河合西河出武林門〔一〇〕，北至崇德百餘里，謂之下塘，即今見行運河也。六井。西湖志十三卷二十四頁。宋史劉正夫傳，築第杭州萬松嶺。 樟亭，在候潮門，一名浙江亭。〔眉批〕隋楊素築州城，周三十六里九十步。吴越武肅王錢鏐築羅城七十里。宋高宗增築内城及東南外城，附於舊城。元張士誠復築，周六千四百丈有奇。本朝曹國公取杭州，因元故城爲省城，周減六之一，爲門十，東城五門：曰候潮，有水門；曰永昌，俗呼草橋；曰清泰，俗呼螺螄；曰慶春，俗呼菜市，有水門；曰艮山，俗呼壩子，有水門。西城三門：曰清波，曰湧金，曰錢塘。南城一門：鳳山，舊名正陽，有水門。北城一門：曰武林，俗呼北門，有水門。舊尚有錢湖、清平、天宗三門，今俱塞。輟耕録：錢塘二字，其來甚遠。史記秦始皇本紀：至雲夢，浮江下丹陽，至錢塘，臨浙江，上會稽。漢地理志亦有錢唐縣，今唐字从土則誤矣。蓋以錢易土及捐錢築塘等事，皆傅會之辭也。

巡撫都御史一員。 分守浙西道一員。 分巡浙西道一員。 杭嚴兵備一員。 總兵一員。 南京户部主事一員，駐武林門外，〔旁注〕爲仁和縣地。江漲橋之北。〔旁注〕北關鎮，去府北十餘里。俗稱北關，附關有橋，曰北新，故以名關。 掌榷商税〔一一〕。國初差御史監生閘辦課程，或户部官監收船鈔，未有定置。景泰元年，差户部主事於蘇、杭二府專掌之，始建鈔關於此。六年，罷主事，歲委府官收鈔。成化四年，并鈔關罷之。七年，復鈔關。弘治六年，命於南京户部差官，遂爲定例。

關志：北新關之立，自宣德四年始，成化四年廢，尋復設。其初始收船料，至正德六年，因大使李瓚建言，該巡按御史張承仁奏，奉欽依本關主事兼收商税迄今，遂爲定制。 北京工部主事一員，駐候潮門外，俗稱南關。先是漕船木料及京師壇殿、倉庫、器皿等，每歲坐派軍民出辦。成化七年，千户汪禮奏乞於杭州、荆州、太平等府，設關抽分商木應用〔一二〕，以免軍民之擾，從之，始有抽分之令。其在杭州，則建分司於此，歲差工部主事主之。二十二年，差御史。弘治五年，差太監相兼取辦。正德十六年，專委工部，至今仍之。凡商販竹木，十取其一，初時解銀四千兩，遞歲增之，乃至一萬四千餘兩〔一三〕。

兩浙都轉運鹽使司轄場二〔一四〕：曰許村，曰仁和。嘉興分司轄場五：曰西路，曰鮑郎，曰蘆瀝〔一五〕，曰海沙，曰橫浦。松江分司轄場八：曰下砂，曰青村，曰袁浦，曰浦東，曰下砂二，曰下砂三，曰天賜，今革；曰清浦，今革。寧紹分司轄場十三：曰西興，曰錢青，曰三江，曰曹娥，曰龍頭，曰石堰，曰鳴鶴，曰清泉，曰長山，曰穿山〔一六〕，曰玉泉，曰大嵩；曰昌國正監，今革。溫台分司轄場八〔一七〕：曰永嘉，曰雙穗，曰長林，曰黄巖，曰杜瀆，曰長亭，曰天富南監，曰天富北監。批驗所六：一在省城；一在溫州；一在紹興；一在嘉興；一在台州，今革；一在寧波，今革。其行鹽地方，府十七，本省及直隸之蘇、松、常、鎮、徽；江西之廣信；直隸州一，廣德。

杭州前衛。杭州右衛。武林驛，在府城内東北。吴山驛，在武林門外。杭州遞運所，在武林門外。鎮海樓在吴山之東，舊名朝天門。本吴越錢氏建，規石爲門，上架危樓。元平章康里慶童改爲拱北樓。本朝洪武中，參政徐本改今名。胡宗憲記：當赤城之中，跨通衢，截吴山麓。苕溪，自禹杭沔涇至化灣陡閘〔一八〕，環窑山、紫雲山、大遮山、萬松山，由德清匯雪溪入具區，在邑境者凡三十三里。又見下。〔眉批〕府外帶江海，内抱湖山。宋秦觀記。

【校勘記】

〔一〕誤　底本繫於「嘉興守禦千户所」之上，川本同，據滬本、竹本乙正。

〔二〕金華之浙溪合於桐廬　川本、滬本、竹本同。按此文與上文不相連貫，且與地理形勢不合，疑有脱訛。

〔三〕又東至龕赭二山入於海　川本同，滬本、竹本此文下有「裴伯宣曰：大江而東，凡水之入於海者無不有潮，而浙江之潮獨爲天下奇觀，地勢然也。浙江之口有兩山焉，其南曰龕山，其北曰赭山，並峙於江海之會，謂之海門。下有沙潬，跨江西東三百餘里，若伏檻然。潮之入於浙江也，發乎浩渺之區，而頓就斂束，逼礙沙潬，回薄激射，折而趨於兩山之間，拗怒不泄，則奮而上隮，如素蜺横空，奔雷殷地，故爲東南之至險，非他江之可同也」。

〔四〕八月最高　「月」，底本作「日」，川本同，據滬本、竹本改。

〔五〕必極燠與極寒也　「與」，底本作「於」，據川本、滬本、竹本改。

〔六〕漸江水　「漸」，底本作「浙」，川本同，據滬本、竹本及水經漸江水改。

〔七〕飛來峯　底本脱，據川本、滬本、竹本補。

〔八〕運河自府東南候潮水門至　底本此文訛爲「今止小船經東南候潮水由矣」，據川本、滬本、竹本改。

〔九〕北接新開運河　底本脱「新開」二字，川本同，據滬本、竹本及萬曆杭州府志卷二〇補。

〔一〇〕西河　「西」，底本作「而」，川本同，據滬本、竹本改。

〔一一〕掌榷商税　底本「榷」作「權」，「商」作「江」，據川本、滬本、竹本及嘉靖浙江通志卷一三改。

〔一二〕抽分商木　「木」，底本作「水」，據川本、滬本、竹本及嘉靖浙江通志卷一三改。

〔一三〕一萬四千餘兩　底本脱「四」字，據川本、滬本、竹本及嘉靖浙江通志卷一三補。

〔一四〕兩浙都轉運鹽使司　底本無「司」字，川本同，據滬本、竹本及嘉靖浙江通志卷一三補。

〔一五〕蘆瀝　「瀝」，底本作「滙」，川本同，據滬本、竹本及明統志卷三九改。

〔一六〕穿山　「穿」，底本作「川」，據川本、滬本、竹本及清統志卷二九二改。

〔一七〕温台分司　底本脱「温」字，據川本、滬本、竹本補。

〔一八〕禹杭沔涇　底本「沔」作「沔」，川本、滬本、竹本同；「涇」作「涵」，滬本同，川本、竹本作「涇」，據萬曆錢塘縣志紀勝改。

錢塘縣　治。　編户三百六十里。　浙江驛，在縣南十里，瀕江。　龍山閘，亦在縣南十里，瀕江。

仁和縣　治。　編户三百七十三里。　二縣並衝，煩。俗奢，民狡，差事難治。

海寧縣　吴鹽官縣。　元海寧州，洪武二年改爲縣。　府東一百二十里。　編户四百八十四里。　沿海刁頑，豪横難治。　時有寇警，設把總駐守。　城周七里九十步。　舊城在縣西北四十一里，隋大業十三年築，唐永徽六年改築今縣。　鄉市二：一曰長安市，一曰硤石市。　自縣西南望，則有葛嶼山。　去葛嶼東一里爲盤山。　盤山南去八里爲赭山。　赭山西里許爲禪機山，東半里許爲文堂山。諸山皆瀕大海，赭山與越之龕山南北對峙，而海潮出没其間，是謂海門。三國志：建安八年，陸遜以東西曹令史出爲海昌屯田都尉，兼領縣事。案漢、晉止有海鹽之官，未有海昌之名，無從考其立自何代。

海寧守禦千户所，洪武三年立海寧衛，二十年改爲千户所。赭山、縣西南四十五里〔一〕。石墩縣東南六十里。二巡檢司。舊西北二十五里有長安驛，革。海，在縣南五里，東連海鹽，西接赭山，與紹興之龕山相對，是爲海門。有捍海石塘〔二〕。峽石山，在東北六十里，一名紫微山，東西二山相對，中通河流。

【校勘記】

〔一〕縣西南四十五里　「里」，底本脱，川本同，據滬本、竹本補。

〔二〕有捍海石塘　底本脱「捍」字，川本同，據滬本、竹本及紀要卷九〇補。

富陽縣　府西九十里。編户七十五里。負山濱江。衝，疲。城垣一周。無簿。有會江驛。舊有東梓巡檢司，革。在縣西南五十里。赤松子山，在縣東九里。高一百五十丈，周四十里。一名華蓋山，又名赤亭山，或曰鷄籠山，孤員如蓋，江流其下。白龍山，在縣北二十里。富春江，在縣南，即浙江之上流。

餘杭縣　府西北七十里。編户七十三里。次衝，刁訟，事煩，糧欠。城垣一周。無簿。〔眉批〕九關雲鎖。徐太玉。

徑山，在縣西北五十里。高三千餘丈，周五十里，跨臨安界，乃天目山之東北峯，有徑通天目，故名。下有徑山港，以受山水，合雙溪上流同入於苕溪。大滌山，在縣西南一十八里。高六百九十餘丈，周五十里〔一〕。其中峯曰白鹿山，有許邁升天壇、丹灶遺迹，今洞霄宫在焉。黄山，在西南二十五里。其左爲大滌山，右爲天柱山。由拳山，在南二十五里，一名餘杭山。苕水，在縣前六十步。出天目山，一枝東流，經於潛、臨安，東流至縣界，達錢塘〔二〕，以入於江；一枝東北流，經德清，至湖州，以入於具區。獨松關，在縣北之獨松嶺。唐杜伏威遣其將王雄誕擊李子通〔三〕，子通以精兵守獨松嶺。宋建炎中，兀术自安吉進兵，過此嘆曰：南朝可謂無人，若使羸兵數百守此，吾豈能遽度哉？元兵敗宋一軍，破獨松關而入。

【校勘記】

〔一〕周五十里　底本脱「十」字，川本、滬本、竹本同，據紀要卷九〇、圖書集成職方典卷九三七補。

〔二〕錢塘　「錢」，底本作「前」，據川本、滬本、竹本及紀要卷九〇改。

〔三〕唐杜伏威遣其將王雄誕擊李子通　底本脱「擊」字，川本同，據滬本、竹本及通鑑卷一八九補。

臨安縣　府西北一百里。　編户四十八里。　簡僻，頗淳。　形勢志〔一〕：千秋嶺爲北門之關隘，錢氏所以擒李濤。今載在於潛〔二〕。　無丞。

天目山，在縣西五十里。高三千九百丈，周八百里，亘杭、宣、湖、歙四州。元和志曰：天目有兩峯，峯頂各一池，左右相對如目。左屬臨安，右屬於潛。東西二瀑布噴注爲池，名蛟龍池。又有上中下三池，池上有潭如仰箕，曰箕潭。箕潭溢而入者曰上池，懸崖五十仞，上有石壁如門。其環流而下者曰中池，垂崖三十餘仞，噴湧如雷。懸流而下注者曰下池，其深莫測，溢於大經口、小經口。又西南流，過於潛，會於苕溪，經紫溪，逾七十二灘，會於桐廬以入於浙江。　石鏡山，在治南。武肅王幼時遊此，及貴，封此山爲衣錦山。〔旁注〕唐石鏡鎮將董昌自石鏡引兵入據杭州。

臨安山，在西南一十八里。　吴越武肅王鏐墓，在縣東五十步。

【校勘記】

〔一〕形勢志　「勢」，川本、滬本同，竹本作「勝」。

〔二〕在於潛　底本無「在」字，據川本、滬本、竹本補。

於潛縣　府西北一百七十里。　編户十二里。　僻簡，民淳。　本朝命王友恭屯於潛，爲桐廬、昌化諸軍聲援。　裁減。　岧嶨山，在縣西二里。石壁峭聳，其下泉水清碧，爲一方之勝。　浪山，在西南三十五里。　紫溪，在南三十里。出天目山龍湫，通昌化、柳源兩溪，合流入分水縣界。

新城縣　府西南一百二十里〔一〕。　編户一十五里。　僻，淳。　城垣一周。　裁減。

【校勘記】

〔一〕府西南一百二十里　川本同，滬本、竹本此句下有「一作西一百四十里」八字。

昌化縣　府西二百一十里。　編户十里。　僻簡，民淳。　城周三百六十步。　裁減。　有手宰巡檢司，在縣西二十里堪村手宰嶺。　黃花嶺，在縣西三十里，〔旁注〕西北七十里〔一〕。　接寧國界，置關。　千頃山〔二〕，在西北六十里，高一千六百丈。　大鵠頭山，在西北六十里，高一丈。　其中平坦，上有龍池，廣三百畝，旁有葑田。

【校勘記】

〔一〕在縣西三十里西北七十里　川本同，滬本、竹本作「在縣北七十里，一作西三十里」。

〔二〕千頃山　「千」，底本作「山」，據川本、滬本、竹本及紀要卷九〇改。

嘉興府

古名嘉禾、秀州。　城周九里。通志：一十二里。　本直隸，洪武十五年來屬。　元爲嘉興路。本朝丙午年改爲府。　諸邑之俗，信巫鬼，重淫祀，視杭爲甚。而高原樹桑麻，下隰藝禾稼，人皆業本，則杭不能及也。通志。　介杭、蘇之間，左環大海，右通震澤。　縣七。　屬浙西道。　分巡駐劄。

南湖，在城南二里，一名鴛鴦湖。　運河，在城西，隋大業中開，南至餘杭，北至京口。

古槜李城，在西南四十五里。春秋定公十四年：於越敗吴于槜李。　由拳城，在南。　苕水至崇德，分而爲三：一東流爲運河，一南流至海寧，一東流至硤石，皆會於嘉興。　府志：硤石鎮，當府正南六十里。鎮西爲紫微山，與鎮東之山相對，因名硤石。天目分流正出其中，即谷水也。　嘉興中左守禦千户所，屬直隸蘇州衛，府治東北一百步。　西水驛，在西門外。　舊有嘉禾遞運所，萬曆七年革。

嘉興縣　編户三百八十里。

秀水縣　治。　編户二百三十五里。　並衝，煩，糧重，多訟。　宣德五年，大理寺卿胡概奏析嘉興西北境置。　王江涇巡檢司，在北三十里。　杉青閘巡檢司，在東北五、四里〔一〕。

【校勘記】

〔一〕在東北五四里　川本、滬本同，竹本作「在東北五里」，又作四里」。

嘉善縣　府東三十六里。　編户二百四里。　濱海，民刁，賦煩。〔眉批〕縣城周八里。省志：六里有奇。　東郭湖塘，北流爲三店塘，又北三十里蘆墟塘，南至吴江蘆墟界，汾河之水自北而南，三店之水自南而北，會於江涇塘而東。〔眉批〕上流南受嘉興，西受秀水，北受吴江，而下流入於三泖。　北界吴江，東鄰華亭，地無山谷、橋梁，一望皆水，湖蕩連接，支河千派，鹽盜出没之所〔二〕。　風涇鎮，在東北一十八里。　西塘鎮，在北二十里。　玉帶鎮，在東南一十里。　陶莊鎮，在西北下保東區。于家窑鎮，在西北一十二里。分湖，在西北三十六里。中流爲吴江縣界，水自平望鶯脰湖而東，至此半分而南，入本縣境，半分而北，入吴江境，故曰分湖。宣德五年，析嘉興縣之東境置。魏塘鎮巡檢司，在縣東三里。省府志：西二。

【校勘記】

〔一〕鹽盜出没之所　「盜」，底本作「道」，川本同，據滬本、竹本改。

海鹽縣　元海鹽州，洪武二年改爲縣。府東南八十里。編户一百六十一里。濱海，地瘠，民頑。〔眉批〕海濱廣斥，鹽田相望。吴郡記〔一〕。縣始置在今華亭縣柘林，陷爲柘湖，在今華亭縣南七十里金山北。徙武原鄉，後漢永建二年，又陷爲當湖，在今平湖縣東。徙故邑山〔二〕，在平湖縣東南。唐開元五年，又徙吴禦越城北，即今治。晉時即治吴禦越城西北〔三〕。唐開元復置，則在此城之西北耳。參將駐劄。城周六里三十五步。志云：約略兩岸對處，縣城正直餘姚，迤南乃漸與上虞相對。

海，在縣東半里。宋武原志云：相傳去縣十五里有望海鎮。歲久淪於海，紹興初，知縣陳深於海上五里建望月亭，今僅三十年，已在水中矣。秦駐山，在縣南一十八里海上。山下長堤沿海，相傳爲始皇馳道。長牆山，在澉浦城東三里海上。其南有黄道山，宋時有水軍寨。　永安湖，在縣南四十五里，澉浦城西六里。　馬嗥城，在縣東南一百步。　故司鹽都尉城，吳王濞煮鹽於此。　晉咸康中〔四〕，移縣治焉。　唐開元五年，復置縣於吳禦越城西北，即此城也，今夷爲民居。　海塘，在城外半里。　舊有之，唐開元元年重築。　舊志云：以起鹽官抵吳淞江，袤百五十里，宋、元及國朝屢築。　萬曆三年，海水溢，溺死三千餘人。　巡撫徐栻奏委同知黄清大興土築云。　十五年再溢，巡撫滕伯輪奏委副使夏良心等補築〔五〕。　元史伯顔傳：參政董文炳等爲左軍，以舟師自江陰循海，趨澉浦、華亭。

海寧衛。　左、右、中、前、後五所。　治西十步。　澉浦守禦千户所，在南三十六里。城周八里十七步。　乍浦守禦千户所，〔旁注〕今析屬平湖。　在東北三十五里。　城周八里三百三十二步。府志：九里三十步。　至正間番船皆萃於此。

澉浦鎮巡檢司，在縣東南〔旁注〕北。　一十八里秦駐山。　堡周一百十丈。　海口巡檢司，在縣東北一十八里。　堡周一百八十丈。　白塔山，在縣東南二十里海中。　石帆山，在澉浦城南三里海中。　獨山，在東北五十里。　上置烽堆，以防海寇，今屬平湖縣。〔眉批〕梁莊堡，在乍浦城北十里。有城，周八百丈。　蘆瀝浦，在東北七十里。　今屬平湖縣。　故邑山，在縣東北三十六里。　唐志云：海鹽舊縣治在此，漢永建二年，移治故邑山。　宋高祖大破孫恩於此，今屬平湖縣。　苦竹山，在縣東北三十八里海上，去乍浦城二里。　防汛船泊其下，每歲兵備使閱武之所，今屬平湖縣。

【校勘記】

〔一〕吴郡記　「記」，底本作「地」，據川本、滬本、竹本及寰宇記卷九五、明統志卷三九改。

〔二〕徙故邑山　底本脱「徙」字，據川本、滬本、竹本及光緒海鹽縣志卷四補。

〔三〕吴禦越城西北　底本脱「越」字，據川本、滬本、竹本、本書上文補。

〔四〕晉咸康中　底本脱「康」字，據滬本、竹本及紀要卷九一補。川本作「唐」，誤。

〔五〕滕伯輪　「輪」，底本作「輸」，川本同，據滬本、竹本及光緒海鹽縣志卷六改。

崇德縣　府西南九十里。　編户三百十一里。　衝，疲，民刁。　城周七里三十步。　運河，自仁和、德清東北流入縣界，北流十八里經石門，東流三十八里入秀水界。嘉靖中，築城垣運河東〔一〕，自小南門而東門，而北門，城外別開一河，以通漕運。　皂林驛，南門外，運河東。　嘉靖十五年，自桐鄉縣改隸。志謂南自武林入五林港，迤邐向東北出平望，止二百十五里。　視今驛路，近八十餘里，假令中道建一驛，則皂林、西水兩驛可革。

語溪，在縣東南一里。　一名語兒中涇，俗一名沙堵塘。　運河水由此東流二十里，入桐鄉界。又東流三十里，通嘉興南谷湖。　春秋時，爲吴棲兵之地。　據府志，則語兒之水入運河耳。

語兒溪，在東南。一作禦兒。吳地記曰：越國西北界至禦兒。是也。越語：勾踐之地，北至禦兒。漢書作籞兒。功臣表：籞兒侯轅終古。

【校勘記】

〔一〕築城垣運河東 「垣」，川本同，滬本、竹本作「亘」。

平湖縣 府東五十四里。編户一百二十一里。濱海，地瘠，民貧。城垣一周。宣德五年，析海鹽縣之東北境置。

蘆瀝場鹽課司，在東北三十九里。蘆瀝市，嘉興鹽運分司亦在焉。有白沙灣、縣東二十七里。省志：東南。乍浦鎮縣東南三十六里，一作西南二十七。〔旁注〕省志同。二巡檢司。二司俱有屯堡，圍一百二丈。乍浦守禦千户所〔二〕，在縣南一十八里，舊在海鹽界，今析於本縣封内。當湖，在縣東。周迴四十餘里。東泖，在東北三十里。接松江華亭縣界。

【校勘記】

〔二〕乍浦守禦千户所 「乍」，底本作「台」，川本同，據滬本、竹本及紀要卷九一改。

桐鄉縣　府西六十里。　編户一百七十九里。　僻，煩。　城垣一周。　宣德五年，析崇德縣之梧桐八鄉置。　有皂林巡檢司，在皂林鎮運河北。　石門，在縣西北二十五里，界於崇德。　甑山，在東北一十七里。　爛溪繞其下，源出天目，合康涇、車溪、永新溪諸水入太湖。皂林市，在北八里。本朝常遇春敗張士誠兵於此。　徐達進兵討張士誠，大戰於此，俘其兵六萬。

永樂初，浙西大水。　户部尚書夏原吉出治水，嘗駐節嘉善之西塘，依宋舊制，立石以測水。石長七尺有奇，横爲七道，道爲一則。　最下一則，爲平水之衡，水在一則，高低田俱熟。　過二則，極低田渰。　過三則，稍低田渰。　過四則，下中田渰。　過五則，上中田渰。　過六則，稍高田渰。　過七則，極高田渰。　如水至某則，某鄉之田被災，不待報勘而已知之矣。

大理卿胡概將立縣，命知府齊政相視，欲立於西塘鎮，有成議矣。　問諸父老、里民，袁顥方弱冠，進曰：建邑者最上論國計，次論人情，又次論地勢，西塘僻處一隅，非阨塞要會。　武塘，海濱孔道，郡之東藩，地方有警，可以阨亢，又商旅往來，民易成聚。　胡大然之，遂命之同行。　自嘉興東來，先視武塘，四水皆直[一]，胡不甚樂。　及至西塘，見南北諸流皆會於文水漾[二]，召顥謂曰：國計民情，爾言當矣，如地勢何？　顥曰：西塘二水雖合，勢實傾邪。　武塘雖直，勢甚平正。古者太史覘土以辨輕重，試秤之，高下判矣。　胡命取二鎮土稱之，武塘果重，遂定治焉。

本縣之水，自郡城分爲二支：南一支爲華亭塘，北一支爲東郭湖塘。　至縣西而合。　東郭湖塘之水，入縣界分爲三，並析而北，與分湖南來之水，會於江涇塘而東，一自章練塘，一自白牛塘入泖。華亭塘之水，入縣界分爲三，其折而南爲二支，東流並自平湖界入泖。其合流穿縣城而東，又分爲三：一自白牛塘，一自章練塘，一自崇福蕩入泖。

【校勘記】

〔一〕四水皆直　「直」，底本作「宜」，川本同，滬本、竹本作「直」。本書下文云：「武塘雖直」，此「宜」當爲「直」字之誤，據改。

〔二〕文水漾　「漾」，底本作「樣」，川本同，據滬本、竹本改。

湖州府

古名吳興。本直隸，洪武十五年來屬。元爲湖州路。本朝丙午年改爲府。禹貢揚州。城周一十三里一百三十八步。省志：一十二里。東接嘉禾，南界餘杭，天目控其西，震澤匯其北，後峙弁山，前引苕溪，土沃民饒，浙西之善地。徐獻忠，湖州守禦，二百六十八卷，十五〔一〕。州一，縣六。屬浙西道。苕溪驛，定安門外。湖州守禦千户所，分守駐劄。

【校勘記】

〔一〕湖州守禦二百六十八卷十五　川本、滬本、竹本同。皇明經世文編卷二六八徐獻忠徐長谷集一九頁有湖守李公增建郡城碑，記載增建湖州郡城事，蓋此有脱誤。

烏程縣　治。　編户二百八十二里。　大錢湖口巡檢司，東北一十五里。　後潘村巡檢司，東五十里。　烏鎮，在東南九十里，接歸安、桐鄉、崇德、吴江界。　添設捕盜同知一員駐劄〔一〕。　南潯鎮，在東六十一里。　張士誠嘗築城於此。　菁山鎮，在南三十六里。　妙喜鎮，在西南三十七里。

峴山，在南五里。　何山嶺，在南十五里。　一名金蓋山。　衡山，在南十八里。　左傳襄公三年：楚子伐吴，克鳩兹，至于衡山。　黄蘗山，在南三十五里。　杼山，在西南三十里。　陸羽記云：夏后杼巡狩之所，上有避它城。　説文：它，蛇也。　仁王山，在西北九里。　弁山，在北十八里。　接長興界，周一百二十里，爲府主山。　下菰城，在南二十五里。　楚春申君所築。

【校勘記】

〔一〕添設捕盜同知　「設」，底本作「註」，川本、竹本同，據滬本及紀要卷九一改。

歸安縣　治。　編户三百九里。　並賦煩，民刁。　璉市巡檢司，東南八十里。　菱湖鎮，在南三十六里。　埭溪鎮，在西南九十里。　雙林鎮，在東南五十六里。

浮玉山，在南七里碧浪湖中。　太湖，在府北十八里。上受臨安、廣德之水，以入於海。　苕水，出天目山之陰，歷金石、廣苕山下，至沿干分東西二支〔一〕：曰龍溪，曰旱溪，合流至安吉州；又分東西二支：曰外溪，曰裏溪，納諸水，合流至府西門。出天目之陽，自臨安、餘杭入德清境，折而西北流，至府南門者，曰餘不溪；自武康銅峴諸山，歷縣治，北流至沙村者，曰前溪；自德清縣治東下沙村，與前溪水合者〔二〕，曰北流水。三水合入府南門，匯於前江渚，而苕支流入西門會焉，曰霅溪，出北門外昆山，合苕溪，下大錢港，入太湖。

【校勘記】

〔一〕至沿干分東西二支　底本脱「至」字，川本、滬本、竹本同。紀要卷九一安吉州苕溪「流至州南四十里之沿干渡，分爲二溪。」據補。

〔二〕與前溪水合者　底本「前溪」下有「沿北門外昆山下大錢港入太湖其」十四字，川本同，滬本、竹本無。紀要卷九一武康縣前溪：源出銅峴山，「東至沙村，號沙溪，合德清縣之北流水」。同書德清縣北流水：在縣治南，「至沙村，與武康縣前溪水合」。同治湖州府志卷二一同。則此十四字乃衍文，據删。

長興縣　元長興州。本朝丁酉年改爲長安，壬寅年復舊名。洪武二年改爲縣。　府西六十里。省志：七十〔一〕。　編户二百三十二里。　衝，煩，民刁。　城周九百二十九丈。〔眉批〕本朝得是邑，而張士誠侵軼之路遂絶。

四安巡檢司，在西南七十里。　皋塘巡檢司，在東北三十里，太湖濱。　和平鎮，在南五十里。　合溪鎮，在西二十五里。　水口鎮，在北三十里。　元史世祖紀：至元十五年，賜湖州長興縣金沙泉名爲瑞應泉。金沙泉不常出，唐時，用此水造紫筍茶進貢，有司具牲幣祭之，始得水，事訖，輒涸。宋末屢加浚治，泉迄不出。至是，中書省遣官致祭，一夕水溢，可溉田千畝。

雉山，在北五里。陳武帝生於此。　戍山，在西北二里。梁太守張崍築城以拒侯景，因名。　五峯山，在西一里。　方山，在西南四十里。省志：陳文帝爲信武將軍，遣二千人夜下方山津。　陳武帝自長城遣二千人援京師，夜下方山。〔眉批〕唐書于頔傳〔二〕：頔爲湖州刺史，因行縣至長城方山，其下有水曰西湖，南朝疏鑿，溉田三千頃，久堙廢，頔命設堤塘以復之，歲獲秔稻、蒲魚之利〔三〕。　四安山，在西南八十三里。路達廣德。山下出泉，流會苕溪，一名四安溪。　青峴山，在西六十里。路達廣德。　西噎山，在西北六十一里。路達宜興。上有懸脚嶺，有庱亭。唐沈法興使裨將張元超戰於此。　青山，在南六十里。　顧渚山，縣西北四十七里。産茶。　夏駕山，在東南三十六里。上有石鼓，高丈餘，又名石鼓山。舊傳此石鳴，則三吳有兵。晉隆安中鳴，遂有孫恩之亂。合溪，在西二十里。出西北諸山，爲楊店、梓方二澗合流。經罨畫溪，東趨趙溪，入太湖〔四〕。罨畫溪，一名西溪，在縣西八里。自苕溪分流，經縣東南二十里呂山塘下入苕溪。筋竹關，在南六十五里。出歸安、武康。司馬關，在南六十里。出烏程、妙喜。晉書五行志：吳興長城夏駕山，有石鼓，長丈餘，面徑三尺所，下有盤石爲足，鳴則聲如金鼓，三吳有兵。至安帝隆安中，大鳴，後有孫恩之亂〔五〕。

【校勘記】

〔一〕省志七十　底本無「十」字，川本同，據滬本、竹本及紀要卷九一補。

〔二〕于頔傳　「頔」，底本作「頣」，川本同，據滬本、竹本及舊唐書于頔傳改。

〔三〕蒲魚之利　「蒲」，底本作「浦」，川本同，據滬本、竹本及舊唐書于頔傳改。

〔四〕經罨畫溪東趨趙溪入太湖　川本、滬本、竹本同。紀要卷九一長興縣罨畫溪：謂之合溪，又東南爲罨畫溪，「又東流爲趙溪，入於太湖」。疑此句有脱誤。

〔五〕晉書五行志至後有孫恩之亂　川本、滬本同。按此文與司馬關無涉，竹本列於上文夏駕山之下，當是。又，「駕」，晉書五行志作「架」。

德清縣　府東南九十里。〔旁注〕省志：南。　編户二百十二里。　地僻，煩刁。　城〔一〕。

東主山，在縣東三里。梁將軍沈恪，據此以拒侯景。

新市巡檢司，在東北四十五里。舊屬烏程縣〔二〕。下塘巡檢司，在東南三十里，五林港口。省志：清坡村。塘棲鎮，在東三十五里。運河經其下，接仁和界。

吳羌山，在東南一里。上蘭山、下蘭山，在北五里。二山相連，山之陽夷坦，唐天寶中嘗置臨溪縣〔三〕。方山，在西北十二里。其上則爲大壯嶺以南諸山，其下則爲官莊塢以北諸山，羣峯環合。百寮山居其中，爲縣治。又分而下，則爲上下蘭諸山云。

【校勘記】

〔一〕城　川本同，滬本、竹本作「城□□□」。紀要卷九一德清縣：「城周五里有奇」。此「城」下蓋脱「周五里」三字。

〔二〕舊屬烏程縣　「屬」，底本作「説」，據川本、滬本、竹本改。

〔三〕唐天寶中嘗置臨溪縣　川本、滬本、竹本同。新唐書地理志：德清，「本武源。天授二年析武康置，景雲二年曰臨溪，天寶元年更名」。則本書有誤。

武康縣　府西南一百里。〔旁注〕省志：一百七十。編户六十二里。無簿。山僻，民淳〔一〕。

縣城舊在餘英溪北，隋仁壽中，徙溪南，唐廣德二年，復徙溪北。無城。銅峴之水，三面環繞，今廢。

馬頭山，在縣西南二十七里。晉趙引敗韓雍於馬頭，即此。銅峴山，在西北四十九里。下有餘英溪出焉，東流經縣南，至沙港分爲二：其一東北流經黃隴山縣東北二十五里，一作十八。之東，至沙村，號沙溪，〔旁注〕縣東一十二里。與德清北流水合，入郡之安定門，歸江子匯〔二〕，入於霅溪；其一東南流過湛星港，縣東一十五里。又東流一十二里，會湘溪，〔旁注〕縣南一十八里。入風渚湖。縣東南一十七里。姚塢關，在縣北三十里。青山嶺下爲歸安縣界。三橋埠鎮，在北七里。上陌埠鎮，在南一十八里。封山，在東一十八里。古防風氏封守之地。禺山，在東三十里。吳興志云：禹十三代孫帝禺所居，故名。石城山，在西南三里。烏回山，在北三里。計籌山，在東南三十五里。爲臨安縣界。莫干山，在西北二十五里。

【校勘記】

〔一〕民淳　「淳」，底本作「刁」。圖書集成職方典卷九七一武康縣：「地僻土沃，其俗朴而茂，其士秀而文，務農桑而無曠土，樂教化而無頑民。」川本、滬本、竹本作「淳」，是，據改。

〔二〕歸江子匯　「子」，底本作「于」，川本同，據滬本、竹本及嘉靖武康縣志卷三改。

安吉州　府西南一百二十里。　編户六十四里。　山僻，刁頑。　石城周六里。　舊治在今孝豐縣，唐開元二十六年，移玉磬山東南，即今治。　舊爲縣，正德元年，升爲州。　舊有獨松巡檢司，革。　馬家瀆鎮，在東三里。　遞鋪鎮，在東南二十里。　梅溪鎮，在東北三十里。　有梅溪山。

銅峴山，在東三十里。　括地志云：吳采鄣山之銅，即此地也。　玉磬山，在西三里。　石虎山，在縣南十五里。　爲孝豐路。　故鄣城，在西北一十五里。　秦置。　金竹關，在州東北四十五里。　並宋置。　獨松嶺，在州東南四十五里。　爲餘杭縣界，宋置獨松關。　高塢關，在高塢嶺。　銅關，在州東四十五里。　湛水關，在州東四十里。　福水關，在湛水西五里。

西溪，即苕水，一名大溪。　源自天目，浮至廣苕諸山而下，至沿干州南二十里。　入州界〔一〕，繞州治東南至塔潭，下外溪；又分一派繞州治，北折而西，出浮石山，州北二十里。　爲裏溪。　東溪，源自獨松、高塢、戴村諸山而下，合銅山溪，徑江渚溪，至塔潭，合西溪水而下梅溪。　梅溪，即東西裏外溪之合流，下入荆溪，徑吳山西北注太湖，東一支合霅溪繞郡城而下。　荆溪，在州北五十里。　其源自順零諸山，東過接梅溪合小溪港注太湖。

山谷盤固，在諸邑中尤爲幽阻。

【校勘記】

〔一〕沿干　「沿」，底本作「鉛」，川本、滬本、竹本同，據本書上文歸安縣苕水條及紀要卷九一、同治湖州府志卷二一改。下文孝豐縣「沿干」改同。

孝豐縣　州南四十里。　編户五十四里。　阻山，刁悍，多盜。　土城周六百一十丈。弘治元年置，析安吉九鄉及長興三鄉。　正德二年，隸安吉州。　無簿。

天目山巡檢司，〔旁注〕會典：隸安吉州。舊會典：隸縣。　在南一、二十里。　沿干鎮，在東北四十里。舊有松坑巡檢司，革。　天目山，在西南六十里。詳見臨安。　金石山，在西南三十五里。　廣苕山，在南三十里。　是爲天目之陰，苕水出焉。　南嶼山，在東南十五里。　董嶺水，在太平鄉。嶺上有源，東西流，東者入寧國境，西者自松坑西嶼入下洛溪，下沿干。

孔夫關，在縣西六十里。　爲寧國縣界。　宋章仔均以承節郎提督此關。　五嶺關，在西北五十五里。　苦嶺關，在西四十里。　烏山關，在南五十里。　爲臨安縣界。　郎採關，在西南三十里。　爲於潛縣界。　並宋置。　倪思經鉏堂記曰：霅川，自唐末五代不經兵火，此非天幸，蓋其地險遠，守者七，則敵不能入也。所謂七者何？其南也，陸路當守何山嶺，水路當守衡山；其東也，陸路當守舊館昇山，水路當守毘山河口、清塘門；陸路當守法華、仁王二山〔一〕，水路當守永壽；北門水路，當守大錢。

高峯山，在縣東五里。　雙峯峭聳，林木幽深，與南山相望，南山在縣南五里。　新安江繞於高峯山之西南，東流合婺水，入浙江[二]。屯軍山，在縣西北一里。相傳唐末黄巢兵寇睦州，屯於此。湫山，在縣東北四十五里。高六百餘丈，周迴一百餘里。山勢巑岏，與烏龍、清冷二山相峙。

【校勘記】

〔一〕陸路當守法華仁王二山　川本、竹本同，滬本「陸路」之上冠以「其西也」三字，蓋是。

〔二〕高峯山至入浙江　川本、滬本同。按紀要卷九〇，此段應叙列於下文嚴州府建德縣下，竹本已改。以下屯軍山、湫山及記事同此。

嚴州府

古名新都、睦州。元爲建德路，屬浙西道。本朝戊戌年改爲建安府，後又改名嚴州府。居浙江上游，當甌、歙數道之衝。錢緄記。〔旁注〕新安、東陽二江之會。新安之水，自西來而繞於其前，衢、婺之水，從南至而會於其左。郡境山谷居多，地狹且瘠。民貧而嗇，穀食不足，仰給他州。惟蠶桑是務，更蒸茶割漆，以要商賈懋遷之利。縣六。城周八里二十三步六分。南臨江，東北倚山，羣山蜿蜒，如兩蛇對走於平野之上，三江之水並流於崖下，鶩波間池，秀壁雙峙。睦州二江之水會合亭下，有山巍然，直壓其首，如渴鰲怒鯨，奮迅鬐鬛〔一〕，奔而入水狀。

嚴州守禦千户所。　富春驛。　城東南五里，前臨江岸。　新安江，一名青溪。來自徽州府歙縣界，經淳安縣至府城南。　東陽江，來自金華府。至府城南，二水合流，自桐廬東入富陽縣界，爲浙江。

【校勘記】

〔一〕奮迅鬐鬛　「奮」，底本作「奪」，川本同，據滬本、竹本改。

建德縣　治。　編户六十八里。　簡淳，地頗衝疲。　歙港水路在縣南，西泝入淳安縣一百八十里，東沿入桐廬縣九十里。　婺港水路在縣東南，與歙港合，泝入金華一百四十五里。陸路自桐廬縣西入縣界，繞烏龍山之背，出白沙渡，〔旁注〕府西六十里〔一〕。　入壽昌縣界，是爲大驛路，其自城南過渡而出蘭溪者，則小渡也。

【校勘記】

〔一〕府西六十里　「里」，底本脱，川本同，據滬本、竹本及紀要卷九〇補。

淳安縣　府西一百六十里。　編户八十一里。　僻，淳，有礦賊。　城周二里二百二十五步。古郡治子城舊址。〔眉批〕環萬山以爲邑。本志。　吴始新縣。　新安江在縣南，即歙港。　西泝至徽州一百六十里，東沿至建德縣一百六十里，勝四百斛舟〔一〕。

並桃山，在西北六十里。高出衆山之上，下望之，如二桃然。　東泉山，在東北一百三十里，出泉三派，並東注。　青溪洞，在南七十里〔二〕。一名幫源洞。宋宣和中，官軍追方臘至此，賊深據巖屋爲三窟，諸將莫知所入。韓世忠潛行溪谷間，問得其徑，即挺身仗戈擣其穴，格殺數十人，擒臘以出，因改名威平洞。　栅源，在東五十里。吴賀齊與山越戰，樹栅於此。　始新縣故址，在縣西六十里。本漢歙縣之葉鄉新定里也，賀齊分丹陽之歙縣立始新縣，即其地。隋大業初，移雉山下。　雉山縣故址，在縣南二里。隋大業初遷於此，改曰雉山縣，仍爲州治。唐神功元年，州移建德，而縣始徙今治。

【校勘記】

〔一〕勝四百斛舟　底本「斛」作「解」，據川本、滬本、竹本改。

〔二〕在南七十里　川本、滬本、竹本同，明統志卷四一、紀要卷九〇、清統志卷三〇二作在縣「西七十里」，此「南」蓋爲「西」之誤。

桐廬縣　府東一百里。　編户五十三里。　淳簡，頗衝。〔眉批〕居浙右上流，山險而土磽，民貧而俗悍。府志。　舊治在今縣西十五里桐江西岸，唐貞觀二十年移桐廬鄉，開元二十六年復移今治。　舊有桐廬遞運所，嘉靖四十二年革。

桐廬山，一名桐君山，在縣東二里桐江口。　下瞰兩江，爲縣屏障。　牛山，在縣西五里。府志：十里〔一〕。　其山正當驛道，上通閩、廣，下接杭、越，爲往來之要路，内逼山，外瞰江，崎嶇屈曲凡十五里。　宋建炎中〔二〕，兀术入寇，歙人錢嵒、錢觷率民兵三千，因險設伏，大敗金人於此。桐江，在縣南六十步。　其源有三：一出徽州，一出衢州，一出金華。　三水合而東北注，九十里至縣南曰桐江，東流歷富陽，經杭、紹爲浙江。　桐溪，在縣北三里。　源出杭之天目山，經於潛、分水二縣，東流六十里，繞縣北而東南出桐君山下，入於桐江。　桐江驛，在治東五百五步。省志：屬府。　桐江巡檢司，在桐江口。今移桐廬山左。　富春山，在西四十里。　前臨大江，乃漢嚴子陵釣處。　上有東西二釣臺，各高數百丈，其下名嚴陵瀨。　七里灘，在縣西四十五里，桐江之上。　兩山夾峙，水駛如箭。　諺云：有風七里，無風七十里。　謝靈運詩：一瞬即七里，箭馳猶是難。　是也。　白雲源，在縣西三十五里。　一名蘆茨源。　自源口抵浦江縣界七十里，重山插天，林木茂盛，鄉民采薪爲炭，供數州蒸爨之用。　源口對釣臺，唐處士方干隱於此。　桐江水路，在縣南。　東沿至富陽縣九十里，西泝至建德縣九十里。　東溪水路，在縣東。　西北泝至分水縣一百五十里。白水湖，在縣北二十里。

【校勘記】

〔一〕府志十里　「里」，底本脱，川本同，據滬本、竹本補。

〔二〕宋建炎中　川本、滬本同，竹本此句下注「一作初」三字。

遂安縣　吴新定縣。本志。府西〔旁注〕西南。一百八十里。編户五十九里。僻，淳，地瘠，有礦徒。城周二百步。〔旁注〕七百七十八丈。舊志：在木連村溪北，唐武德四年徙今治。婺山，在縣東南二里。孤峯峭立，爲一邑之望。武强山，在縣西四十里。峯巒險峻，鄉人守之，則盜不能攻。武强溪之源出焉，東南流至三渡，合雙溪，東流繞縣治南，入淳安境之新安江。

壽昌縣　吴新昌縣〔二〕。府西南九十里。編户三十里。無簿。山僻，田少，民淳。梅嶺，在縣西南四十里，接龍游界。宋建都臨安時，此嶺最爲要道，八郡之衝，凡閩、蜀、江西、荆湖、二廣、雲南、八番、海外諸國來者，皆經其下，古有梅嶺鋪，今取道蘭溪〔三〕，〔旁注〕龍、蘭。而鋪不置矣。

【校勘記】

〔一〕吳新昌縣　川本、滬本同，竹本此下有「邑介四山之中，舟車不通」十字。

〔二〕今取道蘭溪　「蘭」，底本作「南」，據川本及紀要卷九〇改。滬本、竹本「蘭溪」作「龍蘭」。又，下文旁注「龍蘭」，底本作「龍南」，「南」亦當是「蘭」之誤，據改，滬本、竹本作「蘭溪」。

分水縣　府東北一百五十里。編户十八里。裁減。山邑，簡淳。〔眉批〕爲郡最下邑，山谷蒙蔽，土田才十之二〔一〕，率多磽瘠。天目溪，在縣東一里。源出於潛天目山，繞縣境而南，達於桐江。

【校勘記】

〔一〕土田　「土」，底本作「上」，據川本、滬本、竹本改。

金華府

古名婺州。〔旁注〕元爲婺州路，屬江浙行省。本朝癸卯年，改爲金華府〔一〕。府城，元至正十二年，廉訪副使伯嘉納等築，周九里一百步。南因大溪，三面鑿濠。雙溪，一源爲東派，亦曰東港，出自東陽縣大盆山，過義烏，合衆流西行，入縣境，曰義烏港，又合杭慈溪〔二〕、白溪〔三〕、東溪、西溪、坦溪、玉泉、赤松溪之水，經馬鋪嶺石碕巖下，與南港會；一源爲南派，亦曰南港，出縉雲黄碧山，過永康、武義入縣境，曰武義港，又會售溪、松溪、梅溪之水，經屏山西北行，與東港會於城下，曰雙溪。西行受白沙溪、桐溪、盤溪之水，入於蘭溪〔四〕，會衢水，北折爲桐江，受徽水，東流爲浙江。　縣八。　金華守禦千户所。　雙溪水馬驛，府城西。　分守金衢道駐劄。　舊有金華遞運所，萬曆九年革。　羅木營，在北門城隅。隆慶間新設。每歲秋冬，軍門撥把總一員，領哨兵六百屯守於此，春夏發還防海。　連山環抱，其西中斷如決。

金華山，在府北二十里。一名長山。自天台赤城發脈，至東陽之大盆山迤邐至此，横亘金華、蘭溪、義烏、浦江之境。〔旁注〕縣志或云，此山乃東陽東白山發迹至此，非由天台山北轉也。高一千餘丈，周三百六十餘里。山頂有雙峯，曰玉壺，曰金盆。壺中有湖，名徐公湖。水分兩派，一自山之陽，貫山橋而達乎溪；一自山之陰，過鹿田而入乎洞。盆中有飛瀑下注，爲赤松澗。山橋兩崖對峙，高數百仞，有石横跨其上。　鹿田山，在西北二十五里。峯巒聳拔，上有沃野可耕。洞有三：曰朝真，曰冰壺，曰雙龍。山之西曰紫微巖，有石室，深廣數丈，梁劉孝標隱其下，著類苑、山棲志等書。其東有九龍洞，潛溪之源出焉。　浙源出東白山，自義烏西下，經府城南，合華溪水爲雙溪，又北折東鶩而入於江。　五百灘，在府城西五里。　徐公湖，平石板有泉瀉出，分兩派：一小派往東行，經新開洞合赤松溪；一大派西行，經鹿田入仙洞，流出大溪。　赤松山，在北十五里。一名卧羊山，皇初平叱石成羊處〔五〕。東山，在縣東鄙分脈，自東陽之大盆山迤邐而來。高千餘丈，周二百里。其東隸東陽，南即武義之八素山。其高巘曰齊雲岡，去縣五十五里。南山，在南三十五里分脈，自括蒼山北來凝結於此，周四百餘里。其南爲遂昌、松陽、宣平，東爲武康、武義，西爲龍游、湯溪，北爲本縣。其高巘曰箬陽，去縣百里。白原山，在南四十五里。黄姑嶺，在東北五十里。宋宣和中，方臘寇婺，邀項德於此。古州城，在西南四十里。今爲湯溪縣界。金華諸山，蜿蜒起伏，勢如游龍，郭外雙溪縈帶，衆水匯合。府志。東陽多名山，金華爲最。陸龜蒙集。山水清遠，土田沃衍。唐仲友修縣治記。

【校勘記】

〔一〕改爲金華府　川本、滬本同。竹本此句下有「南襟括蒼，北枕杭、紹，東帶台、嵊，西蹠衢、嚴」。

〔二〕杭慈溪　川本、滬本同，竹本於「杭」字下注「一作航」。

〔三〕白溪　「白」，底本作「北」，據川本、滬本、竹本及紀要卷九三改。

〔四〕入於蘭溪　「蘭」，底本作「南」，據川本、滬本、竹本及紀要卷九三改。

〔五〕皇初平　「皇」，川本同，滬本、竹本作「黄」，萬曆金華府志卷三作「皇」，明統志卷四二、紀要卷八九作「黄」。

金華縣　東漢長山縣。治。編户二百五里。僻，煩，刁，頑。舊治在州東，唐開元中徙今所。

蘭溪縣 縣志：陸路五十五里，水路七十五里。元爲蘭溪州。本朝改爲縣。崇山瞰其前，兩溪直其右。倪鏜敕書樓記。水陸衝要，南出閩、廣，北距吳會。王奎重建州治記。府西五十里。編户二百四十五里。水陸衝劇，健訟。舊有城，爲水所圮，伐木爲栅，以補西南二隅之缺。

蘭陰山，在西南六里。硯山，在西四十里。盤亘二十餘里，接壽昌、龍游二縣界。山頂平正，有池如硯。山之西曰陳嶺，石道迢迢，千有餘丈，外接龍游、壽昌之界。洞巖山，在東二十里。三峯山，在西北四十里。盤山，在北五十里。其頂平如盤，一里許，四圍皆累石爲巖。松山，在北五十里。二山皆昔人避兵之地。大慈巖，在西北五十里壽昌界。蘭溪，在縣西南二里，一名瀫水。其源有二：一自衢城而東北流至於縣，謂之衢港；一自婺城而西流至於縣，謂之婺港。二水合而匯於縣之西南蘭陰山下，復折而北五十五里，爲焦石灘，又下爲金家梁。大梅溪〔二〕，源出浦江之大洪嶺，會衆流至金家梁，入於蘭溪，下至建德縣界。凡自北而南者，於此易小舟，以泝衢、婺而往江、閩；自南而北者，於此易大舟，以達錢塘，而底兩京〔三〕。

舊有蘭溪遞運所，萬曆九年革。瀫水驛，在南門外。平渡巡檢司，在縣西北十二里。瀫水自府城東南西流至縣，名蘭溪。

【校勘記】

〔一〕大梅溪 「梅」，底本作「海」，川本、滬本、竹本同，據萬曆金華府志卷三、圖書集成職方典卷一〇〇三、清統志卷二九九改。

〔二〕而底兩京 川本、滬本同。竹本此下有「蘭陰山，在縣西南六里。其山多蘭，故名蘭陰。以其横絶大溪，又名横山」二十七字。

東陽縣 府東一百三〔旁注〕省志：五。十里。〔旁注〕本志：陸路一百五十里，水路二百七十里。編户一百八十七里。山多，頗煩，糧完。縣城，嘉靖三十七年知縣戴廷柔築，周一千三百五十五丈。

松山，在縣南七十里。其近有烏舞巖。高五百丈，上寬平，可容千人。唐馬將軍、陳都使置寨於此拒賊。黄籐巖，在縣南七十里。高三百丈，鳥道攀緣可登。其頂寬平，相傳宋人避亂於此。午嶺，在縣南八里，温、處、台、閩之衝。大盆山，在縣東南一百三十里，稍下爲小盆山。二山爲諸山之祖，大都折爲三條，中條自小盆西下，蜿蜒起伏二百餘里，始達於縣治，爲峴、甑諸山。三丘山，在縣南八里，一名峴山。松山，在縣南七十里。唐馬將軍倡義兵，拒黄巢，立寨於此。甑山，在縣西南十里。馬駿嶺，在縣東南二百四十里。嶺勢險峻，延袤三十里，爲婺、台之咽吭。嘉靖三十三年，倭寇由此犯邑。三十五年，復寇仙居，因築寨嶺來防禦焉。烏竹嶺，在縣東北四十里。逶迤數折，上接鷺鷥嶺以達諸暨之烏巖[一]，與蒿嶺、大小嶺相連，爲北境之關隘，寇自越至者惟此可遏。白峯嶺，在縣東北七十里。東通嵊縣，近據險立砦，以防倭寇。永寧巡檢司，在縣東五十里。東白山，在東北八十里。嶔崟危峭，與會稽、天台連屬。東陽江，在西南三十五里，一名畫溪。似即華溪。廢吴寧縣城，在東二十七里。

【校勘記】

〔一〕烏巖　「烏」，底本作「鳥」，據川本、滬本、竹本及萬曆金華府志卷三改。

義烏縣　府東一百十里。編户一百四十五里。無丞。事煩，俗刁。近多竄名兵籍，習爲强梗難治。負山而治，層岡盤錯，匯以繡川，環以長江。邑居郡上流，扼東越之吭。縣舊無城，北倚山麓，西帶繡湖，東南因地形爲濠，設四門守之。

龍門山，在東南二十五里。南山最高處。青口嶺，在南三十五里。通東陽縣。楓坑，在縣南七十里。坑深二十里，南入永康界。善坑，在縣東北五十里。坑深五里，北入諸暨界。掛絲嶺，在南五十五里。黄山，在西北四十五里。下有斷坑，相傳黄巢入寇，遣壯士鑿石爲之。黄蘗山[一]，在北二十里。唐初置綢州及縣治於此山之下[二]。青潭山，在北四十五里。傍有戰巖，相傳方臘寇時，居民多避於此。廢華川縣城，在西南三十里。酥溪，在東北三十里。源出清潭山，至了口渡與深溪合。雲横山，在南二十五里。周三十里，一名松山。上有峭壁高百丈，俯臨華溪。石樓山，在東二十八里。周十三里，四面孤絶，兩山並峙。繡川湖，在治西一百五十步。周九里三十步，灌民田九百九十五畝。

【校勘記】

〔一〕黄蘗山　「蘗」，底本作「檗」，川本、滬本、竹本同，據萬曆金華府志卷三、明統志卷四二、圖書集成職方典卷一〇〇三改。

〔二〕綢州　「綢」，底本作「絅」，川本同，滬本、竹本作「綗」，據兩唐書地理志改。

永康縣　府東南一百十里。編户一百二十三里。無簿。稍衝，好訟。舊有城，今圮。惟北倚山，南阻水，以爲固。據崇山而五峯峙其北[一]，襟清流而雙溪會其南，縣治特立其中，實四面山水之會。諸邑大都健訟，諺曰：武義、永康，無錢告贓。通志。

三峯山，在縣東北四十五里。　白雲山，在縣南十五里。　靈巖山，在縣東南四十里。　八盤嶺，在東八十五里。路通天台縣。　杳嶺，在東北五十里。路通義烏縣。　岡谷嶺，在縣南二十五里。上有地坦平，泉水出焉。正統十四年，括寇竊發〔二〕，里人結砦於上以禦之。　紫鳳嶺，在縣南三十里。路通縉雲縣。　掛紙嶺，在西北四十里。通義烏縣。　舊有孝義巡檢司〔三〕，革。　華溪驛，治西。　華溪〔四〕，在縣治東。源出密浦山，東流合雲溪，折而南至鶴鳴溪，又南至金山前別而爲二，下流復合。又西合酥溪，至縣合於南溪，自此西至桐琴，合大洞溪，入武義縣界，下流至府城，即所謂永康港〔五〕。　南溪，源出縉雲土母山〔六〕，至黃碧東流至館頭、水碀二山，折而東，至縣治，會於華溪。　方巖山，在東二十里。四面如削，絶頂兩巖相峙爲闕，自闕而入，地皆平衍，約數百畝。中有一池，其下有小石巖，宋侍郎胡則讀書於此。　密浦山，在縣東北五十里，華溪發源於此。　酥溪，在東八里。源出峽源坑，西流過橋，至塔海會於華溪。　廢縉雲縣城，在縣北。

【校勘記】

〔一〕據崇山而五峯峙其北　底本「而」下衍「立」字，據川本、滬本、竹本及圖書集成職方典卷一〇〇三删。

〔二〕括寇竊發　「發」，底本作「登」，川本同，據滬本、竹本及紀要卷九三改。

〔三〕孝義巡檢司　「孝」，底本作「考」，川本同，據滬本、竹本及紀要卷九三改。

〔四〕華溪　「華」，底本作「革」，川本同，據滬本、竹本及紀要卷九三改。

〔五〕永康港　底本脱「港」字，據川本、滬本、竹本及紀要卷九三補。

〔六〕土母山　「土」，底本作「王」，據川本、滬本、竹本及光緒永康縣志卷一改。

武義縣　府西南八十五里。〔旁注〕省志：南八十。　編户九十三里。無丞。　山僻，民刁，健訟。　舊有城，已廢。　舊有茭道驛，在縣東北三十五里，今革。

熟溪，在縣西南。其源有三：一自處州遂昌縣界出〔一〕，一自麗水縣出，一自雙坑出〔二〕，流入縣西，又東南流與永康溪合。　永康溪，在縣東二十五里。東南流與熟溪合，又東北流，入金華界與東陽溪合〔三〕。　竹巖山，在東十四里。　明招山〔四〕，在東十五里。　白陽山，在東七里。　白革山，在南四十里。宋吕東萊講學於此。　大家山，在西二十里。其南有新婦山。　銅釜山，在西三十里，形如覆釜。　正統十四年，括寇熾，鄉民多避難其上，時名銅釜寨。　八素山，在北四十里。　大妃嶺，在南四十里宣平縣界。　稽較嶺，在南六十里麗水縣界。　燕山嶺，在西南一十里。正統十四年，尚書石璞、總兵官徐恭統兵過此，剿截處寇，改名烏龍嶺。　盛嶺，在西南三十五里縉雲縣界。

【校勘記】

〔一〕一自處州遂昌縣界出　「出」，底本脱，川本同，滬本、竹本有。萬曆金華府志卷四武義縣熟溪：「源出處州遂昌界。」據補。

〔二〕一自雙坑出　「坑」，底本作「南」，據川本、滬本、竹本及萬曆金華府志卷四改。

〔三〕東陽溪　「溪」，底本脱，據川本、滬本、竹本及萬曆金華府志卷四補。

〔四〕明招山　「招」，底本作「松」，川本同，據滬本、竹本及萬曆金華府志卷四改。

浦江縣　府東北一百二十里。編户一百三里。無丞。僻簡，民淳。縣城，嘉靖三十六年，知縣許河築，周五里一百二十步。舊有楊家埠巡檢司，在縣東四十里，今革。

烏蜀山，在縣南三十五里，梅溪出焉。縣志則云：梅溪出黄茅山。黄茅與烏蜀並在縣南三十里，而大洪嶺不載。巖坑山，在縣西北五十里。有水分流，東流爲巖坑，北流爲湖溪水，抵富陽以達於浙江。五路嶺，在縣南十里。長五里，自縣入府城所經。太陽嶺，在縣南五十里金華界。高千餘丈，長十里。斤竹嶺，在縣東北九十五里。下有斤竹澗，界於富陽。仙華山，在北八里。一名仙姑山，東溪出焉。峯有五，有石室，可容數十人。懸巖百仞，有穴深黑，風從中出。寶掌山，在北八里。深烏山〔一〕，在西六十里，浦陽江出焉。白巖嶺，在縣南三十五里。左溪之源出焉，與大嶺之水合流而下，又名雙溪，東流入浦陽江。

【校勘記】

〔一〕深鳥山　「鳥」，川本、滬本、竹本及明統志卷四二同，萬曆金華府志卷四、紀要卷九三作「梟」。

湯溪縣　府西五十里。　編户八十六里。　無簿。　地狹，民刁，有礦盜。　成化六年，分龍游之東，金華之西，蘭溪之南〔一〕，遂昌之北境置。　治官山。　縣城，成化十六年築，周三里〔二〕。　舊有湯溪驛，革。

九峯山，在縣南十里。　福民山，在縣東南四十里。　鐵甲山〔三〕，在縣南六、西五里。　嘉靖三十八年，鄉兵於此剿殺括蒼礦賊。　市聚嶺，在東南七十里，達瑞昌縣界。　瀫江，在北二十里。上接盈川，下通蘭溪。　白龍溪，在縣東三十里。自宣平、遂昌二縣之水，會於日阬，經福民山，至泉口、東二十五里。酤坊而下，折而北注。　白龍乃婺、衢之間一要津也。　白砂溪，在縣東南三十里。　自遂昌界北流，至金華入於永康溪，有三十六堰。　漢盧文臺所開，以溉田。葉灣，在縣北二十里。　西南接衢、括諸水，北合東陽新安江，爲金、衢要津。

山口寨，在縣南十里。　大巖寨，在縣東南二十里。　蘇村寨，在縣南十五里。　並正統十三年按察司副使陶公成築，今廢。

縣南有白砂溪，自遂昌縣流入永康溪。　括山，前遮後擁，羅立縣南，支脈分轉而東，斷而復續。又自方山度九峯，蜿蜒而蟠，水勢自衢注瀫江，折而東北去，山環而曲，水停而深，土衍而沃。縣志。近括諸山盤踞於南，水則自衢而環於西，自括而環於東，縈紆北下，匯於瀫江。

【校勘記】

〔一〕蘭溪之南　「蘭」，底本作「溪」，據川本、滬本、竹本及明統志卷四二改。

〔二〕周三里　底本脱「周」字，據川本、滬本、竹本補。

〔三〕鐵甲山　「鐵」，底本作「殲」，據川本、滬本、竹本及紀要卷九三改。

衢州府

古名太末、信安。元爲衢州路。本朝己亥年，改爲龍游府；丙午年，復爲衢州府。城周九里三十步。新志：五千三十二尺。宋志云：信安之境，南際甌、閩，北抵歙、睦。羣山横亘，地勢獨高，重岡複嶺，行者弗便。注：閩中路自仙霞嶺來，東路自德興、婺源、祁門來，其路險峻難行，惟常山路直徑。諸邑之水，會城下而東，利於舟楫，故江、湖、閩、廣士夫，與商賈之往來，咸道此以趨兩京焉。唐黄巢傳云：破饒、信、衢等州，刊山開道七百餘里，直趨建州〔一〕。其

路自江山煙蘿洞之側南行〔二〕，衆曰〔三〕：俗名黄巢山。其所刊山，即仙霞等七嶺是也。據浙江

東南孔道，浙直江、閩之交。〔眉批〕四通五達，江、浙、閩、廣之所輻輳。元徐夢龍衢州路總管府記。上游，川陸所會。郡志。　其俗悍以果，其君子耿耿好氣，敏於事。宋程俱保安院記〔四〕。　水路：一溪自開化，舟行至孔埠，入常山，由常山東三十五里招賢〔五〕，抵湖赭。一溪自江山清湖渡，舟行過縣，沿吉溪至大口渡〔六〕，與開化溪合，號雙溪口。西流過城下名西溪，轉北至浮石，復東流至東磧，〔旁注〕府東十里〔七〕。與東溪合。注：按舊經名信安溪，過安仁抵龍游，至蘭溪，由嚴州、桐廬、富陽達浙江。注：漢志大末之下云〔八〕：瀔水入錢塘〔九〕。即此。　舊有信安驛，革。　縣五。　分巡金衢道與總捕都司駐劄。　上航埠頭水馬驛，府城西三里。　衢州守禦千户所。

烏石山，在府西四十里。延袤十里，高二百五十仞。上有平坡巨石，周匝如城，又有石門，俗號寨門。相傳黄巢南寇時，土人避亂於此，中有水田。　爛柯山，在縣南二十里。一名空石山，周十五里，其趾二百步，穿空彌亘，下得平處可四十步，因名石橋，又名石室，今石室在橋之右五里。　信安溪，在府西二里，一名西溪。省志：源出開化之百濟嶺〔一〇〕，會常山、江山之水，流至縣城西，折而北，東流入龍游縣界，號盈川溪。至縣北五里，又名瀔溪，東流與東陽江合，歷嚴達杭入於海〔一一〕。一溪自江山通仙霞嶺入閩，曰須溪；一溪自常山道出江右，曰定陽溪。　定陽溪在府東九里，一名東溪。出處州遂昌縣之周公源，東北流，入西安縣界，至鷄鳴

山，縣東一十五里。下與信安溪合，其分派自石室横溪築堰，導流迤北，溉田五萬六十餘畝。水路龍、江、常、開會上航過縣，由蘭溪下錢塘。江自清湖過縣會上航，開自城過常山會上航，常合開化自城會上航。

【校勘記】

〔一〕唐黄巢傳云至直趨建州　川本、滬本、竹本同。新唐書黄巢傳：「破虔、吉、饒、信等州，因刊山開道七百里，直趨建州。」與本書略有出入。

〔二〕江山煙蘿洞　川本和竹本分别在「煙蘿洞」旁或其下注「南五里」，滬本則作「江山南五里煙蘿洞」。

〔三〕衆曰　「衆」，川本、滬本、竹本作「路」。

〔四〕程俱　「俱」，底本作「居」，據川本、滬本、竹本及清統志卷三〇一改。

〔五〕東三十五里　底本無「里」字，川本同，據滬本、竹本補。

〔六〕大□渡　川本同，滬本、竹本缺者爲「丘」字。

〔七〕府東十里　「里」，底本脱，川本同，據滬本、竹本補。

〔八〕大末　「大」，底本脱，川本同，據滬本、竹本及漢書地理志補。

〔九〕瀔水入錢塘　川本、滬本、竹本同。漢書地理志云：「穀水東北至錢唐入江。」

〔一〇〕百濟嶺　「濟」，川本、滬本、竹本同，紀要卷九三作「際」。

〔一一〕歷嚴達杭　「嚴」，底本作「年」，據川本、滬本、竹本改。

西安縣　治。　編户二百六五里。　衝，煩，瘠，刁。　峥嶸山，在府西北。吴遣征虜將軍鄭平，以千人守峥嶸鎮，即此山也。　泉山，在縣東南百里。又太平寰宇記云：在信安縣南二百里。今隸江山道成鄉，蓋江山本自信安分置。然建、寧、泉、福皆有之。通典云：今衢州信安縣南，建安郡北，有山名泉山。即此。　定陽故城，去府二十五里〔一〕。今爲古城院，疑即縠州故城。　廢盈川縣，在城南九十里。唐析龍游縣置，尋省入西安。南征紀略：自西安縣南，夾江無際，並是橘林。　板固〔二〕、嚴剥寨二巡檢司〔三〕。縣東南四十五里，縣西南一百二十里〔四〕。省志無。

【校勘記】

〔一〕去府二十五里　「去」，底本作「在」，川本同，據滬本、竹本改。清統志卷三〇一作「在縣北二十五里」。

〔二〕板固　川本、滬本、竹本同，紀要九三作「柏固」。清統志卷三〇一：「相固寨，亦名板固。」

〔三〕嚴剥寨　「寨」，底本作「塞」，又錯簡於下文「縣西南一百二十里」之上，川本同，據滬本、竹本及紀要卷九三乙正。

〔四〕縣西南一百二十里　「一」，底本作「二」，川本同，據滬本、竹本及紀要卷九三改。

龍游縣　府東七十里。　編户一百九十三里。　田少，衝，煩，刁。　城周六里。　舊有龍丘驛，革。

縠溪，出西安，合江山、常山之水，經縣西二十里團石潭，匯於縣北翠光巖下，東流八十里，入蘭溪界。唐武德置縠州以此。盈川溪，在縣西南三十里。靈山港，在縣東南一百步。發源自處州之遂昌，入本縣境逶迤北注，九十餘里經靈山下，繞縣郭南，折而東入於縠溪。廢豐安縣在縣境西。孫吳置，隋省。亭步水馬驛，在泥灣，縣北五里。湖鎮巡檢司，在縣東三十里。龍丘山，在東四十里〔一〕。漢龍丘萇隱居於此。縠溪，在北五里。姑蔑城，在縣北五里縠溪之南。左傳哀公十三年：王孫彌庸見姑蔑之旗〔二〕。杜注：姑蔑，越地。今東陽太末縣。

【校勘記】

〔一〕在東四十里　川本、滬本同，竹本「里」下夾注「又作三十五里」。

〔二〕彌庸　「彌」，底本作「蔑」，據川本、滬本、竹本及左傳哀公十三年改。

常山縣　府西八十里。　編户一百十里。　山多，衝，煩，貧，刁。　城周三里。〔眉批〕四通五達，水陸衝要必由之地。府志。

凌湖嶺〔一〕，在縣北二十里。當開化之衝，嶺路崎嶇，宋靖康間，里人江袞始甃以石。金川，在縣北半里。邑之水惟金川最大，可勝二百斛之舟，又名馬金溪〔二〕。其源出開化，謂之金溪。南流八十里，經縣郭之東，復東南注，五十里入西安縣境，東流達郡城，曰西溪。廣濟渡水馬驛，在縣東門外。舊有草萍、新站二驛，今革。新站遞運所，府志作常山遞運所，萬曆九年革。草萍驛，在西四十里。隆慶元年，御史龎尚鵬奏革，改爲公館。三衢山，在縣北二十里。舊志：有洪水暴出，其支派分流爲三道，故名。常山，在東三十里。山頂有湖，廣可數畝，又名湖山。漢定陽縣，在定陽鄉，地名三崗。唐常山縣，在常山鄉常山之陽。晉信安縣，在招賢街下。

【校勘記】

〔一〕凌湖嶺　「凌」，川本、滬本同，竹本及紀要卷九三作「菱」。

〔二〕馬金溪　「金」，底本作「全」，川本同，據滬本、竹本及紀要卷九三改。

江山縣　府西南七十里。編户一百二十九里。山僻，簡，有礦徒，爲入閩要路〔一〕。舊有小竿嶺巡檢司，在南一百三十里，革。泉山，在縣南一百三十里。周圍數百里，悉高山深谷，漢朱買臣言其險要，此地也。仙霞嶺〔二〕，在縣南百里，高三百六十級。宋史浩帥閩日過此，始以石甃路，凡二十八曲。清湖渡，在縣南一十五里，爲閩、浙衝衢。峽口寨，

〔眉批〕縣居高山深谷，周迴十餘里，峻絶修阻，乃閩、浙之要衝。府志。南抵閩、建，東距括蒼，皆崇山廣谷。舊志。

〔旁注〕省志作峽石〔三〕。在縣南七十里。成化中，因括寇不時往來，立寨於此，僉機兵一百名，委官把守。仙霞關東山巡檢司，在縣南一百十五里。初設於嶺下，成化間遷嶺上。江郎山，在南五十里。高六百尋，一名須郎山。發地如筍。有三峯，山半有巖，危石空懸，中可結廬，下有虎跑泉。又南四里，曰聖堂山。又六里，曰白水巖。又十里，曰風洞。又三十里，曰浮蓋仙山，在縣南一百里。上有仙洞，洞内石壁雙峙，上通一罅〔四〕，徑略容身，可數十步始得曠處，有仙人弈局。其旁有仙霞嶺，〔旁注〕在縣南一百里。高三百六十級，凡二十八曲，長二十里。又南十里，曰覷星山。〔旁注〕在縣南一百十里，高峻，爲衆山之宗。又二十里，〔旁注〕在縣南一百三十里。曰泉山。周迴數百里，皆高崖深谷。漢書朱買臣言閩、越之所保也。文溪，在南三十五里。〔旁注〕禮賢鎮西。其源有四，一自石鼓山，一自廣源，一自廣嶺永豐之後洋，一自括蒼之半桃山，至鎮合爲是溪。

【校勘記】

〔一〕爲入閩要路　川本、滬本同，竹本此文下有「城周五里」四字。

〔二〕仙霞嶺　「仙」，底本作「遷」，爲「僊」字之訛，據川本、滬本、竹本及紀要卷九三改。下「仙霞關」、「仙霞嶺」改同。

〔三〕省志作峽石　「峽」，底本脱，川本同，據滬本、竹本及紀要卷九三補。

〔四〕上通一罅　「上」，底本作「一」，川本、滬本作「亦」，據竹本及同治江山縣志卷一引弘治府志改。

開化縣　府西北二百里。〔旁注〕城周二千八丈五尺。　編户一百五十三里〔一〕。　山僻，簡。有礦賊。微嵐。〔眉批〕居郡西北，據浙江上游。府志。邑居萬山中，無平原沃野之饒。同上。　壤地僻小，界在叢山之間。汪應望縣志序。　民多好勇而鬬訟，諺云：龍游、開化，神鬼也怕。通志。

舊有馬金鎮巡檢司〔二〕，革。　華埠兵營，在縣南三十里。隆慶五年，因流寇劫掠，設把總一員駐此。　白石寨，在縣西六十里。每遇盜賊竊發，民俱登此寨以避之。　華埠鎮，在縣南二十五里。　華埠公館，在縣南四十里。　金竹嶺巡檢司，在縣北六十里。　石耳山，在西八十里。周迴三百里，連亘婺源、德興縣界。　金溪，在北四十里。源出縣北九十里馬金嶺下，西北流，繞縣。本志：金溪在縣東五十步。凡兩源：一出馬金嶺下，經九里巒，環石柱源；一出縣北五十里百際嶺下，經松陽源〔三〕，俱達馬金馬金鎮〔四〕，縣北三十五里。合流，曰馬金溪。西南注四十里，經縣北一里鍾山下〔五〕，環縣治，復東南流，達華埠。華埠鎮，縣南三十五里。始容小舟，入常山境而溪漸大。　馬金溪，在縣北四十里。源出馬金嶺下，東南四十里達縣治，名金溪。又轉而東南流，經常山縣郭，名金川，下流與文溪合，爲信安溪。

【校勘記】

〔一〕編户一百五十三里　川本同，滬本此文下有「城周二千八丈五尺」八字。竹本「城周二千八丈五尺」列於下文「微嵐」之下。

〔二〕馬金鎮巡檢司　川本旁注「縣北三十五里」，滬本、竹本列「縣北三十五里」於正文中。

〔三〕松陽源　川本、滬本同，竹本「松」字下注「一作嵩」。天啓衢州府志卷二「松」作「嵩」。

〔四〕馬金鎮　「金」，底本作「經」，據川本、滬本、竹本及天啓衢州府志卷一改。

〔五〕鍾山　「鍾」，底本作「環」，據川本、滬本、竹本改。天啓衢州府志卷一作「鐘」。

處州府

古名括蒼。元爲處州路。本朝己亥年，改爲府。其地多山少田，民有銀鑛之利。羣峯倚天，湍流險阻。縣十。屬温處道。處州衛，左、右、中、前、後五千户所。括蒼水驛。府西。分守温處道駐劄。城周九里有奇。

櫸山〔一〕，在府治西南。唐李繁建州學其上。小括蒼山，在府治西。衆山環簇，狀如蓮花。唐、宋州治在焉。天王山，在西二里。南明山，在南七里。上有天井。稍東曰少微山。

麗陽山，在北七里，下環清溪。又三里，曰白雲山，高六百餘丈。其西五里，曰官橋溪，東流合甘泉、白溪二水，入於海。巾子山，在東一十里。東溪合流其下，溪多水怪，舊名惡溪，唐大中間，刺史段成式有善政，水怪潛去，民更名好溪。源自縉雲之大盆山，南過洞溪，會大溪以入於海。大溪，亦名洞溪〔二〕，源自龍泉縣南，合秦溪、漿溪，至麗水縣界，合松溪、遂昌港，東至青田縣南〔三〕，又合諸水，東南至温州入於海。　石羊山，在西南一十五里，山形如羊。　大梁山，在南二十里，南跨青田縣。　風門山，在西三十里。上有二穴，深邃，風從中出。又西二十里，曰三峯山。下曰靈峯，中曰翠峯，上曰岑峯，林巒拱秀，爲諸山之冠。　連雲山，在西南六十里。　突星瀨，在東四十里。地名箭溪，晉王羲之遊此，嘆其奇絶，書「突星瀨」三字於石，後里人苦於摹搨，排棄潭中。

【校勘記】

〔一〕欅山　「欅」，底本作「釋」，據川本、滬本、竹本及紀要卷九四改。

〔二〕洄溪　川本、滬本、竹本作「洄溪」。紀要卷九四：大溪，「一名迴溪，又名洄溪」。

〔三〕青田縣南　「南」，底本作「内」，據川本、滬本、竹本及紀要卷九四改。

麗水縣　治。　編户一百二十六里。　衝，煩，民刁。　銀坑一處，今廢。　舊縣治在縣西三十五里資福村，今有古城岡、縣頭山、舊城塘〔二〕，即其地也。　舊州城，在縣南七里。唐末盧約竊據是州。

【校勘記】

〔一〕舊城塘　底本無「舊」字，川本、滬本、竹本同。民國麗水縣志卷六：「麗水縣故城，在今城西三十五里資福村，唐初置縣於此，今其地有古城岡、縣頭山、舊城塘諸名。」據補。

青田縣　府東南一百五十里。編户一百六十四里。無簿。衝，煩，頗疲。舊有黄壇巡檢司，在北二百二十里，革。芝田驛，縣南一里，濱溪。談洋巡檢司，在瑞安境北，去縣南二百七十里。

青田山，在西北一里。披雲山，在南三里。大溪流其北，遠匯六邑之水，近合石藤、浣紗諸溪〔二〕，東入温州界。蔥陽山，在西五十里。其西曰芝溪嶺，横亘數十里，下臨大溪，俗名老鼠梯。昔有談形勢者曰：上馮公嶺，下老鼠梯，一人守險，萬人莫開。故處州形勢，以青田爲最云。又西二十里曰石門山，兩峯對立如門，中有石門洞，西南高谷有瀑布泉，自上潭奔流至天壁三十餘丈，自天壁至下潭四十餘丈〔三〕。西南曰石樓山，又西曰小連雲山，延袤數十里，其高巖曰金水嶺，元至元間始鑿石通道。迤南曰大連雲山，下臨大溪。南田山，在縣西南一百五十里。上有沃土，多稻田，歲旱亦稔，唐袁晁之亂〔三〕，人多避於此。今誠意伯劉基之居在焉。

【校勘記】

〔一〕浣紗　「紗」，底本作「沙」，川本、竹本同，據滬本及光緒青田縣志卷一改。

〔二〕自上潭奔流至天壁三十餘丈自天壁至下潭四十餘丈　底本無「三十餘丈，自天壁」七字，川本同，據滬本、竹本補。又，光緒處州府志卷一引方輿勝覽：「飛瀑直瀉，至天壁凡三百尺，自天壁飛灑至下潭凡四百尺。」

〔三〕袁晁　「袁」，底本作「元」，據川本、滬本、竹本及兩唐書代宗紀、紀要卷九四改。

縉雲縣　府東北八十里。編户一百五十里。無丞。煩，衝，貧。〔眉批〕無城。志曰：南邊山逼水怒，歲無完堞。東、西、北三面，高低屈曲，架九盤之木，城可俯入。決好溪之水，井盡成胥，所以不可城也。　丹峯驛，在縣南，隔溪二百步〔一〕。

岱嶺，在縣北一里。嶺左之水流縣前好溪，歷麗水、青田，以達温州入海。嶺右之水流龜溪，歷永康、蘭溪，以達杭州入江。　蒼嶺，在縣東七十里，接仙居界。高二十里許，巉巖峻險，旁臨深澗，頂有風門、牛角尖等隘，建將臺其上。　茭嶺，在縣西四十里，接永康界。高十餘里，行者魚貫攀緣而上。　桃花隘，在南二十五里。周圍累石三四里，可容千人，蓋五雲之鎖鑰。

黄龍山，在縣南十二里。上有石如臺，後有寨門，一方之襟喉也。唐末施史君禦盧約，嘗結寨其上，耿再成亦駐師於此。　萬景山寨〔二〕，在二都，可容萬人。　寨塘寨，在九都，可容三萬人。　四六寨，在九都。　雲巖寨，在十二都。狀如甑，僅有小徑，攀緣而上，可容萬人。　東平寨，古名七十二寮，有石井七十二，可容數千人，四面有石壁百餘丈。西寨，俱在二十七都。老鷹巖，在二十二都。黄寮寨，在十四都。陳寨，在十七都。客山寨，在縣西，可容萬人。吏隱山，在治東北五十里。一名窪尊山，唐縣令李陽冰秩滿嘗遊息於此。雲塘山，在北門外。西北爲雪峯山，〔旁注〕西五十里〔三〕。有瀑布泉，其下有溪，曰南源溪。西流繞於六峯，由六峯溪匯爲石牛、石井二潭，入於梅溪〔四〕，與六楓溪、馬渡溪、浣花溪、西溪、龜溪之水，爭流西下，達於浙江。縣東十五里，〔旁注〕縣志：八里。曰翠屏山。又東四里，曰小蓬萊山。又東五里，曰初暘山。又東，曰仙都山。高六百餘丈，周三百里，一名縉雲山。縣東二十三里，古名縉雲山。上有天堂洞、金龍洞。山巔有湖，練溪經其南。又東五十里，曰括蒼山。周三百里，東跨仙居，南控臨海，高一萬六千丈。常溪、赤溪、管溪三水，分流環繞其下。又東北一百二十里，〔旁注〕縣東北一百六十里。曰大盤山。横亘東陽、永康、仙居三縣，好溪之源出於此，流經縣南，歷麗水達温州，入於大溪。馮公嶺，在縣西南二十里。一名木合嶺，懸崖絶壁，上摩蒼空。有隘曰桃花隘，宋楊億以比蜀之劍閣，乃台、處險要之地。三嶺，在西南三十五里，界麗水。耿再成築砦於此。縣西十二里曰黄龍山，四圍陡絶。元季己亥，我師取處州，將軍耿再成樹栅其上，以遏敵衝，敵衆來者咸覆之，於是胡深來降，遂薄城下，處州平。

【校勘記】

〔一〕隔溪二百步　底本「隔」上衍「南」字，據川本、滬本、竹本删。

〔二〕萬景山寨　「萬」，底本作「葛」，據川本、滬本、竹本及紀要卷九四改。又，光緒縉雲縣志卷三作「萬錦寨」。

〔三〕西五十里　川本同，滬本、竹本「西」上有「又云」二字。

〔四〕梅溪　「梅」，底本作「海」，據川本、滬本、竹本及紀要卷九四改。

松陽縣　府西北一百二十里。編户一百九里。無丞。　僻，簡，頑，刁。　舊市在縣西二十里，縣之故址。舊有淨居巡檢司，革。　百仞山，在西南五里。有峯獨立，高二百餘丈。　横山，在南一十里。　松溪，在西三十里。源出遂昌縣界，東南流，至麗水縣入大溪。　馬鞍山，在縣西四十八里。狀若馬鞍，横截水口。元趙普勝立水寨於其下。

遂昌縣　府西北一百九十里。編户七十八里。無丞。　僻，煩，刁。　山倍於水。舊志。　銀坑二，鉛冶一，鐵冶六。郡志不載其處。　唐山，在縣北一十八里，山北二峯如卓筆相向。北望孤巖峭絶，名金石巖。其巔可容萬馬，唐末邑簿張軻率義兵駐此，以禦黄巢。　馬鞍山，在縣東二十五里，抵松陽界。　銀嶺在北六十里，接金華界。

龍泉縣　府西南二百四十里。　編户一百六十六里。　山僻，微嵐。刁，頑，饒。慶元巡檢司，在查田市。　石馬山，在北一十五里。　九際山〔一〕，在南三十里。山上有龍井九，皆水漩而成。各廣袤數丈，深不可測，飛瀑九道，自巖頂而下以注於壑。　臺湖山，在西南八十里〔二〕。　鳳皇山，在縣西四里。山下有泉，流於蔣溪，西流而南，合秦溪之水，匯於大溪，過雲溪，東流入於郡治。　匡山，在縣西南一百二十里。建溪之水出焉。　靈溪，在縣治南。一名槎溪，一名大溪，上流與秦溪、蔣溪合而爲一，中阻留槎洲〔三〕，廣袤約一二里，溪因分而爲二，下復合流以達於海。

【校勘記】

〔一〕九際山　川本、滬本、竹本同，紀要卷九四「際」作「漈」。

〔二〕八十里　「八」，底本作「四」，據川本、滬本、竹本改。又，紀要卷九四作「九十里」，光緒龍泉縣志卷一作「七十里」。

〔三〕留槎洲　底本作「槎州」，川本、滬本同，竹本作「槎洲」，據紀要卷九四、光緒龍泉縣志卷一改補。

慶元縣　府西南四百七十里。一作二百四十里。　編户五十九里。　裁減。　山僻，簡淳，有嵐氣。　洪武二年省入龍泉縣，後復置。　銀坑五，鉛坑一，郡志不載其處。　鳳山，在縣西七十里，蓋竹溪之源出焉，東流南折，入於福建之松溪。

雲和縣　府西一百一十里。　編户五十九里。裁減。　山僻，淳，微嵐。　景泰三年，析麗水縣置。　銀坑四，鉛坑二，郡志不載其處。

宣平縣　府北一百二十里。　編户六十里。裁減。　山簡，淳。　景泰三年，析麗水縣置。　舊有鮑村巡檢司，革。

景寧縣　府南一百二十里。　編户六十六里。裁減。　山簡，淳。　景泰三年析青田縣置。　舊有盧山巡檢司〔一〕，革。　沐溪巡檢司，在縣南五十里大際村。　敕木山，在縣南十里。高數千仞，積雪經旬不消，其水流爲麈溪，入於大溪。

【校勘記】

〔一〕盧山巡檢司　川本、滬本、竹本夾注「在西一百里」。

紹興府

古名東揚州、越州。越都。元爲紹興路，屬江浙行省。本朝改爲府。

府城，即古山陰大城也。范蠡所築，周二十里七十二步，缺其北。宋志度地法三百六十步爲里，實二十四里二百五十步，今二十里二百九十六步。隋開皇中，越國公楊素增修，周四十五里，名曰羅城，修小城爲子城，周十里。越絶書：勾踐小城，山陰城也。周二里二百二十三步，陸門四，水門一，今倉庫是其宫臺處也。山陰大城者，范蠡所築，今謂之蠡城，陸門三，水門三。省志：大城周四十五里，小城周十里。元至正間，考隋、唐之舊，修築大城，增置月城，本朝因之，子城已廢。東環娥江，北繞大海，襟海帶江，浙東一大都會。圖經。越之守國，因形設備，北堰抖門，東戍曹娥，西砦西陵，南阻長樂，關嶺以爲塞，東南之要會也。通志。

二孫據江東，俱自領會稽太守。晉渡江後，三吴之豪，請都會稽。諸葛恢爲會稽，元帝謂曰〔一〕：今之會稽，昔之關中也。袁宏漢紀：許子將曰：會稽富實，策之所貪。宋書史臣曰：江左以來，根本於揚、越。又云：會土帶海傍湖，良疇數十萬頃，膏腴土地，畝直一金，鄠、杜之間不能比也。以此論之，會稽自古以富實名矣。案：三國志謂吴郡、會稽爲吴、會二郡。張紘謂：收兵吴、會，則荆、揚可一。孫賁傳曰：策已平吴、會二郡。朱桓傳云：部伍吴、會二郡。是也。前輩有讀爲都會之會，殆未是。

卧龍山，一名種山，府治據其東麓。宋史曾公亮傳：民田鏡湖旁〔二〕，每患湖溢，公亮立斗門，泄水入曹娥江，民受其利。龜山，在府東南二里，一名寶林山。蕺山〔三〕，在府西北六里。王穉登客越志〔四〕：此地舟行如梭，卷蓬蝸居〔五〕，不可直項，插一竹於船頭，有風則帆，無風則縴，或擊或刺，不問晝夜。

縣八。分守寧紹道駐劄。紹興衛，左、右、中、前、後五千户所。三江守禦千户所，府東北三十七里。一云府北三十里。在山陰浮山之陽，城周三里二十步。瀝海守禦千户所〔六〕，在府東北七十里，會稽三十三都之薛家瀝。城周三里三十步，隸臨山衛〔七〕。蓬萊驛，迎恩門外。

【校勘記】

〔一〕元帝謂曰　「謂」，底本作「會」，據川本、滬本、竹本及晉書諸葛恢傳改。

〔二〕民田鏡湖旁　「田」、「旁」，底本作「曰」、「傍」，川本同，據滬本、竹本及宋史曾公亮傳改。

〔三〕蕺山　底本「蕺」上重一「蕺」字，據川本、滬本、竹本及嘉靖浙江通志卷九删。

〔四〕王穉登　「登」，底本作「合」，據川本、滬本、竹本及客越志改。

〔五〕卷蓬蝸居 「蝸」，底本作「蝎」，川本同，據滬本、竹本及客越志改。

〔六〕瀝海 「瀝」，底本作「歷」，據川本、滬本、竹本及紀要卷九二改。

〔七〕臨山衛 「臨」，底本作「林」，據川本、滬本、竹本及萬曆紹興府志卷三改。

山陰縣 治。附府城西。 編户二百十里。 運河，在縣西一十里。西通蕭山，東通曹娥，横亘三百餘里。舊經云：晉司徒賀循臨郡鑿此以溉田，雖旱不涸，至今爲利。運河自西興抵曹娥，横亘二百餘里，歷三縣。蕭山河至錢清，長五十里。東入山陰，逕府城中，至小江橋，長五十五里。又東入會稽，長一百里。其縱，南自蒿壩，北抵海塘，亦幾二百里。 錢清鎮，在西北五十里，爲蕭山界。舊有錢清江，江有堰，乃赴杭之要津。今因築白馬閘，潮汐不至，乃去之，以通南北運河。 舊有錢清驛，革。 錢清城，元末張士誠守將吕珍所築，圍跨江南北，東西兩頭作木柵，爲浮城於江面，下通舟楫，今廢。 白洋巡檢司，在西北五十里白洋山，有城。三江巡檢司，在東北四十里浮山之北麓。有城，周一里二十步，與三江所城南北並峙，爲東海之門。

石城山，在縣東北三十里。山下有石城里。吴越備史〔一〕：乾寧三年，錢鏐討董昌，攻石城。即此。 錢清江，在縣西五十里，即浦陽江下流。漢太守劉寵有惠政，父老齎百錢至此送之，寵爲選一大錢受之，遂名曰錢清江。今已通爲運河，江廢。三江海口，在縣北三十里。曹娥江、錢清江、浙江，三江水會流於此入海。白洋海口，在縣西北五十八里。北望嘉興之澉浦，西連浙江。陳音山，在縣西南四里。吳越春秋：范蠡進善射者陳音於越王，王使教士習射於北郊之外。三月，軍士皆能用弓弩。音死，王傷之，葬於國西，號曰陳音之山。其冢悉畫騎射之形，今對塘亭頭南湖中一山，首北望者是也。秦望山，在縣南四、三十里〔二〕。爲越衆山之祖，東西兩派，皆自南迤邐而止於東北，爲郡城水口。其東南隸會稽，西北隸山陰。舊志云：秦始皇嘗登以望東海，上有李斯篆碑，今亡。塗山，在西北四十五里。禹會諸侯之地。塗山有四：一會稽，二渝州，三濠州，四當塗。案：鳳陽、重慶皆有塗山。法華山，在西南二〔旁注〕三。十五里〔三〕。有十峯，下有二溪，東北流，冬夏不竭。玉山，在北二十八、三十三里〔四〕。兩崖相峙〔五〕，下有八閘，泄山、會、蕭三縣之水，懸流數丈，漂沫十餘里。唐貞元元年，浙東觀察使皇甫政鑿此山，爲斗門八間，泄水入江。西小江〔六〕，在西北四十五里。其源分自諸暨之浣江，歷五十里入縣境，初經天樂鄉西北入蕭山，折而東北入於海。天順元年，太守彭誼建白馬山閘以遏三江口之潮，閘東盡漲爲田，自是江水不通於海矣。蘭渚，在西南二十七、五里〔七〕。有亭，王右軍所置，曲水賦詩，作序於此。柯亭，在西北二十五里。漢蔡邕宿柯亭之館，取椽爲笛。又宋褚淡之爲會稽太守〔八〕，破孫法亮於柯亭，賊遂走永興，永興今蕭山也。查浦，在西一百里，越王勾踐陳兵處。

【校勘記】

〔一〕吴越備史 「備」，底本作「傳」，川本同，據滬本、竹本改。本書下文所記，見於吴越備史卷一。

〔二〕四三十里 川本、滬本同，竹本作「三十里。一作四十」。

〔三〕二十五里 川本、竹本同，滬本作「三十五里」。

〔四〕二十八三十三里 川本同，滬本作「二十八里」，竹本作「三十三里。一作二十八里」。

〔五〕兩崖相峙 「相」，川本同，滬本、竹本作「門」。

〔六〕西小江 底本作「小西江」，據川本、滬本、竹本及紀要卷九二乙正。

〔七〕二十七五里 川本同，滬本作「二十七里」，竹本作「二十五里。一作二十七里」。

〔八〕諸淡之 「諸」，底本作「楮」，川本同，據滬本、竹本及宋書諸淡之傳改。

會稽縣 治。 編户二百二十一里。 並近海。 訟煩，民頑。 東關驛，在縣東九十里曹娥西岸。

杉木嶺，在縣南一百五十里。舊爲嵊縣界，成化八年，縣丞馬馴徵税至二十五六兩都，兩都民接嵊抗丞〔一〕，知府洪楷乃奏割兩都地，凡七里屬嵊，以南嶀口溪之中流爲界〔二〕，在縣南一百一十里。會稽山，在東南一十二里，周迴三百五十里。周禮：揚州之鎮山曰會稽。史記：禹會江南，計功而崩，因葬焉，命曰會稽〔三〕。左傳：越子以甲楯五千保于會稽。禹陵，在會稽山西北五里。嘉泰志云：禹巡狩江南，死而葬焉。猶舜陟方乃死，遂葬蒼梧。聖人所以送終，事最簡易，非若漢世人主，豫自起陵也。山之東有隴，隱若劍脊，西嚮而下，下有窆石，或云此正葬處，疑未敢信。然檀弓注：天子六綍四碑，取以下棺。則窆石者，固碑之制度，至其數不同，或由繁簡異宜，或世代悠遠，所存止此，皆不可知也。窆石之左爲禹廟，背湖而南嚮，然則古之宫廟，固有依丘隴而立者，東廡祭嗣王啓，而越王勾踐亦祭別室。皇覽云：禹冢在會稽山。自先秦古書，帝王墓皆不稱陵，而陵之名實自漢始。南征紀略：出五雲門七八里，將達山下，經禹陵，陵前有溪橋，舍舟從陸，過陵西南，折入溪行二里許，山及人面，其旁餘條支山，皆峯峯成境，不肯陂靡。又細竹生石上，短莖大葉，茸茸蔽溪，將至廟半里間，道旁悉是修竹林，過鎮坊，松益壯，亦益古，山益遒，迴望初徑，寂歷杳冥。峯下有阿立鎮廟，壯麗稱山。會稽雖存禹陵，隧墓久無處所，今指示其處，有支山發於會稽之鄙而北行，表裏層峯秀蘊，皆如張弓，如抱枝。其前對鎮廟，谷口有小山，當谷回向此巖，松楸如髮，覆被滿山，溪繞其前，中間平處，廣不盈畝，就人意量，一處有碑志曰大禹陵。或曰陵在其下，本無丘隴。或曰非也。山過陵西折，其陽有禹廟。廟側高阜上有窆石亭，有石如權，高四尺，或曰弓劍衣冠之所藏，或曰書也。近亂時，好事者仆石掘山，竟無所得。太史公上會稽，探禹穴，而下乃言奉使巴、蜀，則禹穴定在越不在蜀也。然韓昌黎詩已云：嘗聞禹穴奇，東去穿甌、閩。越俗不好古，流傳失其真。則已不詳所在矣。山上有城，越王勾踐之所棲也。越雖大敗，以甲楯五千保險而守，故得不亡。此與漢伐宛無異，宛以得存者，亦以中城不下故也，豈納賂請盟之力哉。及吴之亡也，乃束手成擒〔四〕，豈可得乎！夫差非能存亡國，勾踐亦非忍於滅吴，各因其勢而已，故表出之，爲後世守國者之戒。宛委山，在東南一十五里。上有石匱，相傳禹治水，於此山得金簡玉字。射的山，在南一十五里。水經注：遠望山的，狀若射侯，故謂射侯。西有石室，名射堂，年豐否常占射的爲貴賤，的明則米賤，的暗則米貴。舊經云：山西石室，乃仙人射堂也。東峯上遥望有白點如射侯，土人常以占穀貴賤。李白詩：仙人居射的，道士住山陰。語曰：射的白，米斛百；射的玄，米斛千。石帆山，在東一十五里。石壁高數十丈，中央少紆，狀如張帆。赤堇山，在東三十里。舊經：歐冶子爲越王鑄劍之所。越絶書曰：赤堇之山，破而出錫。若耶之溪，涸而出銅。寶山，在東南三十里。一名上皋山，宋南渡攢宫在焉。若耶山，在東南四十四里。葛玄學道於此山〔五〕。梁簡文大寶元年，南郡王中兵參軍張彪等起兵於若耶山〔六〕。日鑄嶺，在東南五十五里，産茶。黄氏青箱記曰：日鑄茶，江南第一。駐日嶺〔七〕，在縣西南八十里，與諸暨縣界。元末兵亂，道人裘廷舉結鄉兵守此。雲門山，在南三十里。晋中書令王獻之子敬居此。刻石山，在西南五十里〔八〕，一名鵝鼻山。名山記十卷。自諸暨入會稽，此山爲最高，舊傳有秦皇刻石在其上。

海，在縣北二十里〔九〕。曹娥、錢清、浙江，三水所會，謂之三江海口。鏡湖，在東二里，一名長湖。山陰志：南三里。〔旁注〕宋會稽志第十三卷：徐次鐸復湖議〔一〇〕。三江〔一一〕。會稽志十卷：〔一二〕唐賀知章以秘書監辭歸〔一三〕，詔賜鏡湖剡川一曲。通典云：東漢永和五年，太守馬臻始築塘堤，湖周三百里，溉田九千餘頃，人獲其利。王逸少有云：山陰路上行，如在鏡中游。湖之得名以此。〔眉批〕鏡湖，在縣南三里。府志：鏡湖屬山陰。綿跨山、會二縣〔一四〕，周迴三百五十八里，總受二縣三十六源之水。東至曹娥，西至西小江〔一五〕，南至山，北至郡城。其初本潮汐往來之區，東漢永和五年，太守馬臻始築塘蓄水，溉田九千餘頃，又界湖爲二：曰東湖，曰南湖。南湖灌山陰之田，東湖灌會稽之田。二邑地勢南高北下，故湖高田丈餘，田又高海丈餘，旱則放湖以溉田，潦則泄田以歸於海，民甚利之。宋祥符後，並湖之民竊盜爲田，二湖合爲一。熙寧中〔一六〕，命廬州觀察推官江衍至越，不能建議復湖，乃立牌於水，以牌内之湖，聽民入租爲田。至郡守王仲嶷，又幷牌外者，盡田之。今則皆爲起科田〔一七〕，湖盡廢矣。俗呼白塔洋爲鏡湖〔一八〕，長十五里，蓋其一曲耳。回涌湖〔一九〕，在東四里。舊經云：漢太守馬臻所築，以防若耶溪。一作回踵。溪水暴至，抵塘而彎曲，故曰回涌。南史：會稽東郭有回踵湖，謝靈運求決以爲田〔二〇〕，太守孟凱執不與。〔眉批〕東小江，在縣東南九十里。西爲會稽，東爲上虞。其源出浦陽江，東北流經陽浦，東南七十里。入曹娥江。裘甫之亂，賊遊騎至平水東小江〔二一〕，越州城中士民各謀逃潰〔二二〕。曹娥江，在東九十二里，以漢曹盱女死孝名。亦界會、虞二縣中，又名上虞江。初學記：凡江帶郡縣以爲名者〔二三〕，北入海。會稽典録云：娥，上虞人。父盱，漢安二年，迎伍君神，泝濤而上，爲水所溺。娥年十四，自投江而死，江以此得名〔二四〕。五代史〔二五〕：錢鏐出平水，縣東南三十五里〔二六〕。率奇兵破劉漢宏之將朱褒於曹娥埭〔二七〕。自諸暨趨平水〔二八〕，鑿山開道五百里，出曹娥埭〔二九〕。若耶溪，在東南三十五里。省志：南二十五里。宋志同〔三〇〕。北流入鏡湖〔三一〕。越絶書：若耶之溪，涸而出銅〔三二〕。防海塘，在東四十里。自上虞江抵山陰百餘里，以蓄水溉田。官河，一名運河。東自曹娥壩〔三三〕，西入小江橋，接山陰界；南自蒿壩，北抵海塘。蟶浦，在東北四十里。先時與海通，後建塘成田。東自稱山，西至宋家漊，接山陰界，凡二十六里。

【校勘記】

〔一〕接嵊抗丞　「抗」，底本作「杭」，川本同，據滬本、竹本改。

〔二〕以南嶀口溪之中流爲界　底本無「溪」字，「中」上衍一「中」字，據川本、滬本、竹本補正。

〔三〕命曰會稽　底本錯簡於下文「左傳：越子以甲楯五千保于會稽」之下，川本同。據滬本、竹本及史記夏本紀乙正。

〔四〕束手成擒　川本同，滬本、竹本作「束手求成」。

〔五〕葛玄　「玄」，底本作「立」，川本同，據滬本、竹本及萬曆紹興府志卷四改。

〔六〕中兵參軍　「中」，底本作「步」，川本、滬本、竹本同，據梁書簡文帝紀、南史梁紀下、張彪傳改。

〔七〕駐日嶺　「駐」，底本作「註」，川本、滬本同，據竹本及萬曆紹興府志卷六改。

〔八〕五十里　川本、滬本同，竹本作「七十里。一作五十」。紀要卷九二作「七十里」。

〔九〕縣北　「北」，底本作「者」，川本同，據滬本、竹本及紀要卷九二改。

〔一〇〕徐次鐸　底本作「徐吹鐔」，川本同，滬本作「徐次鐔」，竹本作「徐次鐸鐔」，據嘉泰會稽志卷一三改。

〔一一〕三江　川本、滬本、竹本同。此二字與上下文不相連貫，疑有脱誤。

〔一二〕會稽志十卷　「十」，底本作「四」，川本、滬本同，竹本作「八」，據嘉泰會稽志改。

〔一三〕賀知章　「知」，底本作「祀」，川本同，據滬本、竹本及舊唐書賀知章傳、嘉泰會稽志卷一〇改。

〔一四〕綿跨山會二縣　「縣」，底本作「水」，據川本、滬本、竹本及萬曆紹興府志卷七改。又，此文之上竹本有「其源出會稽之五雲鄉」九字。

〔一五〕西小江　底本作「小西江」，據川本、滬本、竹本及萬曆紹興府志卷七乙正。

〔一六〕熙寧中　底本「寧」作「臨」，又脱「中」字，川本亦脱「中」字，據滬本、竹本及萬曆紹興府志卷七改補。

〔一七〕皆爲起科田　「爲起」，底本作「由」，川本同，滬本作「以」，據竹本及萬曆紹興府志卷七改。

〔一八〕俗呼白塔洋爲鏡湖　底本「白」作「曰」，「鏡」作「致」，川本同，據滬本、竹本及萬曆紹興府志卷七改。

〔一九〕回涌湖　「涌」，底本作「浦」，據川本、滬本、竹本、本書下文及萬曆紹興府志卷七改。

〔二〇〕求決以爲田　「求」，底本作「朮」，川本同，據滬本、竹本及南史謝靈運傳改。

〔二一〕賊遊騎至平水東小江　「騎至」，底本作「之」，川本同，據竹本及紀要卷九二改。

〔二二〕裘甫之亂至各謀逃潰　底本此文夾注於下文「破劉漢宏之將朱褒於曹娥埭」之下，川本同，文義不相合，從竹本改列於此。又，滬本無此文。

〔二三〕凡江帶郡縣以爲名者　川本同，滬本、竹本及萬曆紹興府志卷七此文下有：「則會稽江、山陰江、上虞江是也。其源自剡溪來，東折而北，至曹娥廟前，又北。上虞志云：至龍山下名舜江，又西北折入於海。潮汐之險，亞於錢塘，坍沙陷溺，常爲民患，諺曰：鐵面曹娥。」按初學記卷六：「凡江帶郡縣因以爲名，則有丹徒江、錢塘江、會稽江、山陰江、上虞江、廣陵江、鬱林江、廣信江、始安江、牂牁江、成都江。」此當有脫文。

〔二四〕北入海至江以此得名　川本同，滬本、竹本敘列於前文「曹娥江，在東九十二里」之下。

〔二五〕五代史　「史」，底本作「出」，川本同，據滬本、竹本改。

〔二六〕出平水縣東南三十五里　底本無，川本同，據滬本、竹本補。

〔二七〕破劉漢宏之將朱褒　底本「朱」作「施」，無「褒」字，川本同；滬本、竹本「朱褒」作「施褒」。按新五代史錢鏐世家云：「漢宏遣其將朱褒、韓公玫、施堅實等以舟兵屯望海。鏐出平水，成及夜率奇兵破褒等於曹娥埭，進屯豐山，施堅實等降。」據改。

〔二八〕自諸暨趨平水　底本脱「趨」字，「平水」作「水平」，川本同，據滬本、竹本及紀要卷九二補改。

〔二九〕自諸暨至出曹娥埭　底本夾注於下文「北流入鏡湖」下，川本同，從滬本、竹本改。又「埭」，底本作「塘」，川本同，據滬本、竹本及紀要卷九二改。

〔三〇〕省志南二十五里宋志同　底本夾注上文「出曹娥埭」下，不通，從滬本、竹本改。

〔三一〕鏡湖　「鏡」，底本作「境」，川本同，據滬本、竹本及紀要卷九二改。

〔三二〕澒而出銅　「澒」，底本作「溷」，川本、滬本、竹本同，據越絶書外傳記寶劍改。

〔三三〕曹娥壩　底本「曹」上衍「東」字，川本同，據滬本、竹本删。

蕭山縣　府西北九十三里。府志：二百一十一里。編户一百四十二里。衝，繁，疲。

城周五里。〔眉批〕據吳、越咽喉之險。舊志。

漁浦鎮，在南三十五里。

龕山，在縣東五十里。其狀如龕，吞吐潮汐，與鼈子山相對。本志：鼈子山，在縣東北二十五里。是爲海門。上有寨，嘉靖三十二年，倭賊登犯，三十四年，復殲倭賊於此。先委官一員駐守，今革。〔眉批〕城山，在縣西九里。其山中卑四高，宛如城堞。吳伐越，次查浦，勾踐保此拒吳，名越王城。　運河，自西興六十里至錢清堰，渡堰，迤邐至府城，凡一百五里。　西興，在西興鎮運河南岸，縣西十里，水驛。　漁浦巡檢司，在縣西南三十五里，漁浦江之南。　漁臨關，在縣東南十五里。凡商販竹木簰筏，自上江順流東下，經富陽入小江，悉集於此。每竹木到關，南關主事渡江蒞縣監視。　峽山，在南六十里。其山八面皆向江，有鷄籠石。　蕭山，在西一里。　洛思山，在東北三十六里[一]。舊志云：昔有洛下人，隨太尉朱雋來會稽，三年不得返，乃登山北顧而嘆，因名。　浙江，在縣西十里。源自徽州府黟縣來[二]，經富陽縣一百五十里入縣境，轉北流，至杭州府海寧縣界入於海。〔眉批〕史記：秦始皇三十七年，至錢塘，臨浙江，水波惡，乃西北百二十里[三]，從狹中渡[四]。徐廣曰：蓋餘杭也。江今爲錢塘、蕭山二縣界。舟楫渡處，江西舊可三十里，近沙灘漲出，漸狹，不二十里，其海口闊處乃七十里。　浦陽江，在縣東。又名小江，在縣東南十五里。源出金華府浦江縣，北流一百二十里入諸暨縣〔五〕，與東江合流至官浦，浮於紀家匯〔六〕，東北過峽山。又北至臨浦，注山陰之麻瀆，北過烏石山爲烏石江。又北而東至錢清鎮則名錢清江，又東入於海。今開蹟堰以通上流，塞麻瀆以防泛溢，而江分爲二。湘湖，在西二里。周八十里，溉田數千頃。西興城，在西一十二里。吳越武肅王築，今圮。即古之西陵，爲自杭入越津口。唐末，浙東觀察使劉漢宏遣兵二萬營於西陵。捍海塘，在縣東四十里。

【校勘記】

〔一〕在東北三十六里　川本、滬本同，竹本作「在東四十三里。一作東北三十六里」。

〔二〕黟縣　底本無「縣」字，川本同，據滬本、竹本及萬曆紹興府志卷七補。

〔三〕西北百二十里　川本、滬本、竹本同。按史記秦始皇本紀，「西」下無「北」字。

〔四〕從狹中渡　「狹」，底本作「峽」，川本同，據滬本、竹本及史記秦始皇本紀改。

〔五〕一百二十里　川本旁注「餘」字，滬本作「一百餘里」，竹本作「百二十里。一作百餘里」。

〔六〕紀家匯　川本、滬本同，竹本下注：「府西南一百里。」

諸暨縣　府南一百一、二十里。府志：西南一百四十二里〔一〕。元諸暨州。本朝改爲縣。僻，刁，訟煩。城周四里。

楓橋鎮，在東北五十里。　浣江，在縣南五十步。其源一自東陽來，曰上東江，一自浦江來，曰上西江，至了港口〔二〕，合流北過縣，分爲東西下江，七十餘里，至三港合，復名爲大江。北流二十里出縣界，由尖山臨浦入錢塘江。　苧蘿山，在南五里。山下臨浣江，江中有「浣紗石」。十道志：勾踐索美女以獻吳王，得之諸暨苧蘿山，賣薪女曰西施。　東白山，在東九十里。連跨三邑，其在剡曰西白，在東陽曰北白。山有泉，西流爲婺水，東流注於浣紗溪。　杭烏山，在北七十五里。　勾乘山，在南五十里。國語：吳封越，南至勾乘〔三〕。　五泄山，在西五十里〔四〕。兩山夾溪，雙瀑奔寫，歷五級而下至溪。下泄垂三十丈，廣十丈，中三泄不可逾度，登他山望乃見之，上泄垂百餘丈，其聲如雷，名曰五泄溪。輿地志：山峻而有五級，故名。水經注：浙江合浦陽江，東逕諸暨縣，與泄溪合。溪廣數丈，中道有兩高山夾溪，造雲壁立，凡有三泄，泄懸三十餘丈〔五〕，廣十丈。中二泄不可得至，登山遠望乃得見之。下泄懸百餘丈，水勢高急，聲震水外，上泄懸二百餘丈，望若雲垂。飛沫如雪，冥濛數里。刁約曰〔六〕：溪源自富陽山峽來，有東西兩龍潭，東龍潭即飛瀑處。

【校勘記】

〔一〕府志西南一百四十二里　川本同，滬本、竹本下有「編户一百七十五里」。

〔二〕了港口　「了」，底本作「予」，川本作「于」，滬本作「丫」，據竹本及萬曆紹興府志卷七改。

〔三〕國語吳封越南至勾乘　川本、滬本、竹本同。按今本國語無此文。國語越語上：「句踐之地，南至於句無。」韋昭注：「今諸暨有句無亭是也。」紀要卷九二諸暨縣句乘山引國語同，下云：「括地志以爲句乘山也。」

〔四〕五十里　底本脱「十」字，川本同，據滬本、竹本及嘉靖浙江通志卷九補。

〔五〕泄懸三十餘丈　「泄」，底本作「之」，川本同，據滬本、竹本及水經漸江水注改。

〔六〕刁約曰　「曰」，底本作「田」，川本同，竹本作「日」，據滬本及萬曆紹興府志卷四改。

餘姚縣　府東一百八十里。　府志：東北一百四十七里。　元餘姚州。本朝改爲縣。　編户二百六十四里。　沿海，煩，刁。　縣城，在姚江之北，周九里。嘉靖三十六年，以倭患再城江南，周一千四百四十丈有奇。　臨山衛，在縣西北六十里之廟山。石城，周五里三十步。　三山守禦千户所，在縣東北四十里之滸山，城周三里一百十步。〔旁注〕一作一百二十八步。隸臨山衛〔一〕。　眉山巡檢司，在縣西北四十里湖海頭〔二〕，城周一百八十四丈。　三山巡檢司，在縣東北六十里封山〔三〕，城周三百五十丈有奇。　廟山巡檢司，在縣北六十里中原堰，上虞縣五都之中堰。　城周一百四十丈。　姚江驛，在治東一里江北岸。

四明山，在南一百十里。高二百一十丈，周迴二百一十里。中曰芙蓉峯，有漢隸刻石，上曰「四明山心」。又有石窗，四面玲瓏如牖。南曰分水嶺，界於鄞。左曰下管嶺，界於上虞。右曰韓采巖，巖北七里曰孔石〔四〕，方六七里。孔石南轉而東五里，曰走馬岡。四明山蟠跨數縣，由鄞小溪而入者，稱東四明。由餘姚白水而入者，稱西四明。由奉化雪竇而入者〔五〕，直謂之曰四明山。凡二百八十二峯，層巒峭壁，下與人境殊絶。自走馬而下五里，曰陳巖。又一里，曰九雷嶺。山心稍北曰潺湲洞，洞之下曰過雲巖，雲縹鄉奇絶者二十里，人經行雲中，南曰雲南，北曰雲北。羅壁山，在南一十八里。晉郗愔爲會稽内史〔六〕，後因卜居於此。懸泥山，在北六十里。孤峙海中〔七〕，下有湧泉，冬夏不竭。歷山，在西北八十〔旁注〕北三十五。里〔八〕。按歷山有四：一蒲州，二濟南，三冀，四濮，與此爲五。舊經：舜之支子封於餘姚，今有歷山舜井〔九〕、象田者。蓋子孫思舜之德，取象於此，亦猶漢之新豐也〔一〇〕。孔皐會稽記曰〔一一〕：餘姚縣南百里有太平山，山形似繖，四角各生一種木，木不雜糅，三陽之辰，華卉代發〔一二〕。餘姚江，在縣南一十步。源出上虞縣通明堰，江廣四十丈。孔靈符記：發源於太平山，過斷溪，西至上虞通明壩，東折而北五十里〔一三〕，中凡十餘曲〔一四〕，東流過江橋，又東過鹹池匯，復十餘曲，又東過慈溪之西渡，又北入於海，凡二百里。海潮一日夜再至，而水不鹹。東流十餘里經縣界，東入於海。江闊四十丈，潮上下二百餘里，雖通海，而水不鹹。〔眉批〕孔靈符會稽記曰：北漸於海，東駢大江。省志。海塘，在北三十五里。沿海壖之南，東抵慈溪〔一五〕，西接上虞，袤一百四十里。宋慶曆中，令謝景初築。慶元二年，令施宿重築。至正元年，州判葉恒又築。

【校勘記】

〔一〕臨山衛　「臨」，底本作「昭」，川本同，據滬本、竹本及紀要卷九二改。

〔二〕縣西北四十里　川本、滬本同，竹本作「縣北四十里。一作西北」。

〔三〕封山　川本、滬本同，竹本作「封山。一作破山」。

〔四〕巖北七里曰孔石　底本無「巖」字，據川本、滬本、竹本補。

〔五〕雪竇　「雪」，底本作「靈」，川本、滬本同，據竹本及萬曆紹興府志卷五改。

〔六〕郗愔爲會稽内史　「愔爲」，底本誤作「培烏」，川本同，據滬本、竹本及晉書郗愔傳改。

〔七〕孤峙海中　川本、滬本同，竹本於此文下夾注：「嘉靖中屯兵備倭。」

〔八〕西北八十北三十五里　川本同，滬本作「北三十五里」，竹本作「西北八十里。一作北三十五里」。

〔九〕舜井　「井」，底本作「畊」，據川本、滬本、竹本及萬曆紹興府志卷五改。

〔一〇〕猶漢之新豐　「猶」，底本作「由」，據川本、滬本、竹本及萬曆紹興府志卷五改。

〔一一〕孔皐會稽記　川本同，滬本、竹本「皐」作「臯」。按，今見於著録之會稽記，唯有賀循、孔靈符（孔曄）、虞愿三家，孔皐未聞，孔臯下文有引。

〔一二〕華卉代發　川本、滬本同，竹本此文下有：「孔靈符會稽記曰：餘姚江源出太平山，東至浹江口入海。」

〔一三〕東折而北　「而」，底本作「西」，川本同，據滬本、竹本及萬曆紹興府志卷七改。

〔一四〕中凡十餘曲　「中凡」，底本訛作「里九」，川本同，據滬本、竹本及萬曆紹興府志卷七改。

〔一五〕東抵慈溪　「抵」，底本作「抱」，川本、滬本同，據竹本及清統志卷二九四改。

上虞縣 府東一百二十里。 編户一百四十六里。 衝，冗，貧，刁。 城周十三里。北至海六十里。 舊治在百官市〔一〕，唐長慶二年徙今治〔二〕。 篡風鎮，在縣西北七十里。 成功嶠，縣西三十里。 舊有曹娥驛，在曹娥江口，革。 梁湖壩巡檢司，舊在梁湖，今移縣西北四十里百官市。省志：縣西三十里。 梁湖壩，元百官驛舊地。 黄家堰巡檢司〔三〕，在七都會稽延德鄉界。省志：西北八十里。一作在縣西北七十里篡風鎮〔四〕，會稽、上虞二邑界。 有城，周一百四十丈。

蘭芎山〔五〕，在西北二十五里。 一名蘭風。 舊經云：葛洪嘗棲隱於此〔六〕。 新河，在縣東北十里。 舊水道北由百官渡抵菁江，南由曹娥渡抵通明江。 永樂九年，鄞人郟度以通明江七里灘阻塞不便〔七〕，上言將縣後舊溝開浚，名後新河，置西黄浦橋，直抵鄭監山堰，復舊通明壩。又開十八里河，直抵江口壩，官民舡皆由之，路雖不甚便，然免潮候之難。 嘉靖三年，知縣楊紹芳拆西黄浦橋，作梵橋，舟復由城而行，而黄浦橋東至十八里河，則仍郟度迹不改。 東山，在西南四十五里。 晉太傅謝安所居。 宋王銍記云〔八〕：巋然特立於衆峯間，拱揖蔽虧如鸞鶴飛舞，下視滄海，天水相接，蓋絶景也。 又西一里始寧園，乃謝靈運别墅。 大雷尖山，在南一十里。 漢魏伯陽所居。 象田山，在西南四十里。 南有舜井。 上虞江，在西二十八〔旁注〕三十餘〔九〕。里。 源出嵊縣，東北流分二道，一出曹娥江，一自龍江下出舜山，又北流至三江口，入於海。 至曹娥廟前曰曹娥江，至龍山下曰舜江，北至三江口入於海，即舊名浦陽江也。 運河，在南百步。東接通明壩，西距梁湖堰，綿延三十五里。通明江，在東十里。即餘姚江上流，其西自運河入於江。省河下注，經姚、鄞二江而入於海，即七里灘也。有堰曰通明堰，宋蔡舍人肇明州謝上表云：三江重複，百怪垂涎〔一〇〕，七堰相望，萬牛回首。蓋自杭經越至明，凡三絶江，七度堰，此其一也。宋志有北堰、南堰。海潮自定海歷慶元府城，南抵慈溪，西越餘姚，至北堰幾四百里，地勢高仰，潮至輒回如傾注。

夏蓋湖，在西北四十五里。府志：四十里。北枕大海，周一百五里〔一一〕。海岸有夏蓋山，湖直其南〔一二〕，蓄白馬上妃二湖之水以防旱，地勢東低而西高，旁立三十六漾，溉田一千三百頃。宋熙寧中，漸廢爲田。元祐四年，吏部郎中章楶奏復之〔一三〕。政和中，郡守王仲嶷又廢焉。建炎四年，給事中山陰傅崧卿、刑部侍郎守鄞餘姚人陳槖上書陳利便〔一四〕。紹興二年，縣令趙不摇言於朝〔一五〕，吏部侍郎李光又力奏，乃得復爲湖〔一六〕。自元以下屢占屢復，今則上妃一望皆田，白馬僅存如線，而夏蓋亦多侵占矣。白馬湖，一名漁浦湖〔一七〕，在夏蓋之南。周四十五里，三面皆壁大山〔一八〕，三十六澗水悉會於湖。上妃湖，在夏蓋之南，白馬之西。周三十五里，水經謂之上陂〔一九〕，今誤爲「妃」，元末亦稍爲豪民所侵。西溪湖，在西南三里〔二〇〕。溉田二千餘頃。宋紹興初，割湖三分之一以給功臣李顯忠爲牧馬地，後挾功兼幷，而湖以寖廢。宋末或獻之福王邸，旋籍入太后宮，至元時遂爲平陸。萬曆十六年，知縣朱維藩復之。凡國初元起此〔一二〕，湖者一千六百二十六畝〔一三〕，以丈出三湖諸逸田，及十二都隱地補之。太白山，在縣西北十里。絶高者爲太白，次爲小白，面東者爲西白，面西者爲東白，在東陽者爲北白。石門山，在縣西北二十五里。謝靈運集：石門新營所住，四面高山，迴溪石瀨，茂林修竹〔一三〕。

【校勘記】

〔一〕舊治在百官市　底本「治」作「志」，又脱「百官市」，據滬本、竹本及嘉靖浙江通志卷一六改補。川本亦脱「百官市」。

〔二〕唐長慶二年徙今治　川本、滬本同，竹本此文下有「北漸於海，東聯大江。舊志」十字。

〔三〕黄家堰巡檢司　底本脱「司」字，川本同，據滬本、竹本補。

〔四〕一作在縣西北七十里　底本無「一作」二字，川本同，據滬本、竹本補。

〔五〕蘭芎山　底本脱「山」字，川本同，據滬本、竹本及紀要卷九二補。

〔六〕葛洪　「洪」，底本作「浩」，川本同，據滬本、竹本及嘉靖浙江通志卷九改。

〔七〕通明江　底本脱「通」字，川本同，據滬本、竹本、本書上下文及嘉靖浙江通志卷九補。

〔八〕王銍　「銍」，底本作「銘」，川本同，據滬本、竹本及萬曆紹興府志卷五改。

〔九〕三十餘　川本同，滬本、竹本「餘」下有「里」字，竹本「三」上有「一作」二字。

〔一〇〕百怪垂涎　「百」，底本作「而」，川本同，據滬本、竹本改。

〔一一〕周一百五里　底本錯簡於下文「而夏蓋亦多侵占矣」之下，川本同，據萬曆紹興府志卷七乙正。滬本、竹本改列於上文「府志：四十里」之下。

〔一二〕有夏蓋山湖直其南　底本錯簡於下文「上書陳利便」之上，又「直」下衍「亘」字，川本同，據萬曆紹興府志卷七乙正，並删「亘」字。滬本、竹本改列於上文「北枕大海」之上，誤。

〔一三〕章楶　「楶」，底本作「憲」，川本、滬本、竹本同，據宋史章楶傳、萬曆紹興府志卷七改。

〔一四〕守鄞餘姚人陳槖　底本脱「槖」字，川本同，據滬本、竹本及萬曆紹興府志卷七補。又，滬本、竹本「鄞」下有「郡」字，萬曆紹興府志卷七「守鄞」作「守鄉郡」。

〔一五〕趙不摇言於朝　「言於朝」，底本脱，川本同，據滬本、竹本及萬曆紹興府志卷七補。

〔一六〕乃得復爲湖　川本同，滬本、竹本此文下云：「嘉熙元年，或獻於福王，民張康等爭之得免。元元貞間，傍湖之民輒於高處填爲田，漸蔓延至數十畝不止。至正十二年，縣尹林希元定墾田數，餘悉爲湖。十六年，或乘間竊種，尹李睿復之。十七年，建南臺於越，兵田於湖，湖竭，御史爲禁勿田。十八年，或獻於長槍軍，尹韓諫言於督軍郎中劉仁本已之。」乃録自萬曆紹興府志卷七而稍異。竹本「林希元」作「陳希元」，誤。據上引書改。

〔一七〕漁浦湖　「漁」，底本作「海」，川本同，據滬本、竹本及萬曆紹興府志卷七改。

〔一八〕三面皆壁大山　「大」，底本作「立」，川本同，據滬本、竹本及萬曆紹興府志卷七改。

〔一九〕上陂　「陂」，底本作「陵」，川本、竹本同，據滬本及水經漸江水注、萬曆紹興府志卷七改。

〔二〇〕西南三里　川本同，滬本、竹本「里」下空二格。

〔二一〕凡國初元起此　川本同，滬本作「國初仍元起科此」，夾注：「下缺」，竹本作「凡國初仍元起科此」，下空三格，疑此處有脱訛。

〔一二〕湖者一千六百二十六畝　川本、滬本、竹本同。按「湖」上當有脱文。光緒上虞縣志卷二一：「萬曆十六年，朱令維藩毅然以復湖爲己任，邑人京兆尹陳絳有復湖議，朱令虚心采用，然成田甚久，恐有梗議者，不得已丈出上妃、白馬、夏蓋湖諸逸田及十二都隱地補之，以塞衆口。」又引徐渭記：「當湖爲田時，計其畝可千六百二十六，兹復田以湖，宜仍抵湖以田也。」可資參閲。

〔一三〕太白山至茂林修竹　川本同，據滬本、竹本及嘉靖紹興府志卷五，應繫於下文嵊縣下，乃錯簡於此。

嵊縣　府東南一百八十里。　編户九十九里。無簿。　荒，頑，衝，有盜。　城周一千三百丈有奇。　漢剡縣〔一〕。　蛟井鎮，在西南一十五里。　剡山，在北一里。縣治處其坳，山下爲剡溪，跨山臨溪爲剡城。　白樂天沃州山記云：東南山水，越爲首，剡爲面。　大白山，在西六十里。與小白山接，上有雙石笋，對立如闕，有瀑布泉。　金庭山，在縣東七十里，天台華頂之東門也。道經云：越有金庭、桐柏，與四明、天台相連。　丹池山，在東七十二里。舊名桐柏山〔二〕，唐天寶中改今名。　嶀山，在縣北四十里〔三〕。輿地志云：自上虞七十里至溪口，從溪口遡江上數十里，兩岸峭壁，勢極險阻，下爲剡溪口，水清而深曰嶀浦，會稽界。　嵊山，在東三十四里〔旁注〕東北四十五里〔四〕。　剡溪之口，嶀浦之東。山下有嵊溪，至花山下横入剡溪。　剡溪，在南一百五十步。溪有二源，一出天台，一出武義，西南流至東陽，入縣一百四十里，東北流入上虞縣界〔五〕，以達於曹娥江。杉木嶺〔六〕，在會稽南一百五十里。舊與嵊界〔七〕，今入嵊。崿浦，在縣西南四十五里。蓋溪山奇絶之地。故剡城，在縣西十五里。一云西四十五里。唐武德四年，置嵊州及剡城縣，八年廢。

【校勘記】

〔一〕漢剡縣　川本、滬本同。竹本下有：「舊治在江東，吳賀齊爲剡令，徙今所。」

〔二〕舊名桐柏山　「名」，底本作「云」，川本同，據滬本、竹本及嘉靖浙江通志卷九改。

〔三〕縣北四十里　川本、滬本同，竹本「十」下有「四」字。

〔四〕東北四十五里　底本脱「五」字，川本同，據滬本、竹本及萬曆紹興府志卷五補。又「東」上，滬本有「一云」，竹本有「一作」二字。

〔五〕東北流入上虞縣界　「入」，底本作「於」，川本同，據滬本、竹本及嘉靖浙江通志卷九改。

〔六〕杉木嶺　「木」，底本作「水」，川本同，據滬本、竹本、本書前文會稽縣杉木嶺改。

〔七〕舊與嵊界　底本脱「界」字，川本同，據滬本、竹本補。

新昌縣　府東南二百十五里。編户三十二里。無簿。地狹，頗淳。城周六里。

東岇山〔一〕，在縣東四十里。世説：支道林好鶴，住剡東岇山。又云：道林嘗就深公買岇山〔二〕，深公曰：未聞巢、由買山而隱。蘇木嶺，一名柏木嶺，在縣東北九十里。五代時，劉萬户、董彦光破馮輔卿於此。南明山，在南五〔旁注〕二。里〔三〕，一名石城山。沃洲山〔四〕，在東三十二〔旁注〕五。里〔五〕。晉帛道猷、法深、支遁皆居之，與天姥對峙。東晉支遁居之，戴、許、王、謝十八人與之遊，號爲勝會。通剡四明山，外繞大溪。天姥山，在東五十里。東接天台華頂峯，西北連沃洲山，高三千五百丈，周六十里。其脈自括蒼盤亘數百里至關嶺入縣界，層峯疊障，千態萬狀。黄罕嶺，在北三〔旁注〕五。十里〔六〕。唐咸通中，觀察王式敗裘甫處。裘甫寇浙東，王式曰：惟罕嶺可入剡，然亦成擒。甫果自嶺入剡，尋就縛。東溪，在東一里。源自天台石橋瀑布水，合南州諸水入縣，西北流爲三溪，出嵊縣爲剡溪。唐裘甫設伏於三溪，西北二十二里。壅水以敗官軍。至元間，陳壎集鄉兵戰婺寇於三溪，即此。餘姚水曲又背城，上虞水淺，山、會水細流四注，蕭山水二十里直如弦，諸、嵊、新壁於山，其風俗亦因地異。

嵊縣剡溪，其源有四：一自天台山，北流會於新昌，入於溪。一自東陽之玉山〔七〕，東流會於縣城南門，入於溪。一自奉化，由沙溪西南轉北，至杜潭出浦口，入於溪。一自寧海，歷三坑西，繞爲三十六渡，與杜潭合，入於溪。兼四大流，而入境内〔八〕。如顧凱之所謂：萬壑爭流之水，四面咸湊，或奔或匯，淺而爲灘，漸深而爲淵潭，驟急而爲湍瀾，曲折迂回凡五十里，過嶀浦，而後達於江〔九〕。

【校勘記】

〔一〕東岬山　「岬」，底本作「岬」，川本同，據滬本、竹本及嘉靖浙江通志卷九改。下同。

〔二〕道林嘗就深公買岬山　底本脱「深公買岬山」五字，川本同，據滬本、竹本及世説新語排調補。

〔三〕五二里　川本同，滬本作「五里，一云二里」，竹本作「五里。一作二里」。

〔四〕沃洲山　川本旁注：「高五百餘丈，周十里。」滬本、竹本將此旁注列入正文。

〔五〕三十二五里　川本同，滬本作「三十二里，一云三十五里」，竹本作「三十二里。一作三十五里」。

〔六〕三五十里　川本同，滬本作「三十里，一云五十里」，竹本作「三十里。一作五十」。

〔七〕一自東陽之玉山　底本脱「玉山」二字，川本同，據滬本、竹本及萬曆紹興府志卷八補。

〔八〕而入境内　「入」，底本作「又」，川本同，據滬本、竹本改。萬曆紹興府志卷九作「又」，疑爲底本所本。

〔九〕嵊縣剡溪至而後達於江　川本、滬本同。竹本繫於前文嵊縣下，萬曆紹興府志卷九同，此係錯簡。

寧　波　府

古名明州、慶元。國初有昌國縣，即故翁山，洪武二十年廢。海環郡境，鄞、慈、定、象四縣皆濱海，日本諸番航海朝貢者〔一〕，皆抵此登陸。今倭夷入寇，率多由此。元爲慶元路。本朝吴元年，改爲明州府。洪武十四年，又改爲寧波府。據會稽之東，環抱滄海。枕山臂江〔二〕，重阜崇嶺，亘數十里〔三〕。東出定海，有蛟門、虎蹲，天設之險，波濤萬里。南則閩、廣，東則島夷諸國，商舶往來，物貨豐衍。　城周十八里，東北阻江，西南引它山之水爲濠。　縣五。　巡視海道與參將駐劄。　浙江市舶提舉司。　寧波衛，左、右、中、前、後五千户所。　四明、府西南。　車廐府西六十里，慈溪之石臺鄉〔四〕。　二驛。　寶陀巡檢司，府東二百六十五里。　在昌國大岸沈家門。　岑江巡檢司，府東二百五十五里。　在昌國金塘鄉。　慈溪西南四十里，舊有安遠驛，革〔五〕。　岱山、螺峯二巡檢司，革。　舊會典有宏濟驛，今廢。

四明山，在府西南一百五十里。爲郡之鎮山，由天台山發脈，向東北一百三十里，高一萬八千丈，迤湧爲二百八十峯，中有三十六峯，周圍八百餘里，綿亘本府之奉化、慈溪、鄞縣，紹興之餘姚、上虞、嵊縣，台州之寧海諸境。上有方石，四面如窗，中通日、月、星宿之光，故曰四明山。由鄞小溪入，則稱東四明。由餘姚白水入，則稱西四明〔六〕。由奉化雪竇入，則直謂之四明。峯凡二百八十有二。　晉孫綽賦：涉海則有方丈、蓬萊，登陸則有四明、天台。　鄮山，在東五〔旁注〕三。　十里〔七〕。　十道四蕃志云：海人持貨貿易於此，故名。初縣在貿山之陰，乃加邑爲鄮。　天童山，在東六十里。上有虎跑泉。東一里曰中峯，世稱小天童。西曰玲瓏巖，有響石，扣之馮馮有聲。　它山，在東五十里。唐縣令王元暐築堰於山下〔八〕。　大梅山，在東南七十〔旁注〕六十五。　里〔九〕，相傳漢梅子真隱於此。

鄞江，〔旁注〕在縣東北二里，即甬江也〔一〇〕。南接奉化江，西接慈溪江，三江同會定海之大浹江，東入於海。在府城東。有二源：一自奉化江會它山之水東流，一自上虞縣經餘姚、慈溪縣界東流，俱至縣東三港口，會而東注，至定海縣大浹江入於海。東錢湖，在東二十五里。又名萬金湖，周迴八十里，溉田八百頃。廣德湖，在西二十里。它山堰，在西南五十里。先是四明山水注於江，與海潮接，鹹不可食，田無以溉。唐太和中，鄮令王元暐始疊石爲堰於西山間，闊四十二丈，級三十有六，冶鐵灌之，渠與江截爲二，渠水入城市，繞鄉村以溉，其利甚博。高橋，在西南二十五里。宋建炎初，金人犯明州，張俊率諸將鏖戰，敗之於此。

【校勘記】

〔一〕日本諸番　「番」，底本作「藩」，川本同，據滬本、竹本及紀要卷九二改。

〔二〕枕山臂江　川本、滬本、竹本同，紀要卷九二「臂」作「蔽」，疑是。

〔三〕亘數十里　川本、滬本、竹本同，紀要卷九二「十」作「千」。

〔四〕石臺鄉　底本脱「臺」字，據川本、滬本、竹本及紀要卷九二補。又，底本誤「鄉」爲「卿」，川本同，亦據改。

〔五〕舊有安遠驛革　「革」，底本作「平」，川本同，據滬本、竹本改。

〔六〕西四明　「明」，底本作「名」，據川本、滬本、竹本、本書上文文意改。

〔七〕五三十里　川本同，滬本作「五十里，一云三十里」。竹本作「五十里。一作三十」。

〔八〕王元暐　「暐」，底本作「緯」，川本、滬本、竹本同，據本書下文及寶慶四明志卷一二改。

〔九〕七十六十五里　川本同，滬本作「七十里，一云六十五里」。竹本作「七十里。一作六十五里」。

〔一〇〕甬江　「甬」，底本作「南」，川本同，據滬本、竹本及紀要卷九二改。

鄞縣　治。　編户四百四十八里。　衝，劇，刁。　大嵩千户所，屬定海衛，在府東九十里鄞縣之陽堂鄉。東接海口，南匯江流，西北跨山，城延衺四里有奇。　漢鄮縣，本治貿山，以海中有貨萃是山爲貿市，改名因邑焉，加邑爲鄮。去今治東三十里鄮山之陰，城址存焉。唐代宗大曆中，有袁鼂之亂，據鄮翁山不能復，遂廢翁山不治，而鄮徙今治。　縣東五里，甬東巡檢司〔一〕。　漢鄮縣，在東三十里，俗稱官奴城。　省志有大東巡檢司。在縣東南八十里。

【校勘記】

〔一〕縣東五里甬東巡檢司　川本同，滬本、竹本「縣東五里」注於「甬東巡檢司」之下。

慈溪縣　府西五十里。　編户三百八里。　煩，刁。　城延衺十里。　觀海衛，左、右、中、前、後五千户所〔一〕。府西北一百十五里〔二〕，慈溪縣二十都地。西一百五十里〔三〕。　龍山守禦千户所，府北七十里，隸觀海衛。　松浦、縣西北四十里，在松浦西。　向頭縣西北七十里，在洋浦。　二巡檢司。　東北距海，西峙虎山，背負浪港山，南面五磊諸山，城延袤四里。紹志：周三里三十步〔四〕。背海面山，左亘覆舡山，右爲望野，城延袤三里〔五〕。

句餘山，在西南四十里。以其在句章西，餘姚東，故名。　戍溪山，在西南三十五里接堰。孫恩自海入寇，劉牢之禦之，兵屯於此，下有戍溪。　慈溪，在西南三十里。東漢董黯因母疾思飲此水，遂築室於溪之濱，以便取汲，後人名之曰慈溪。　管山河，在東南五里。宋吳潛所浚，寧、慈、定三縣皆賴之。　漢句章縣，在西南一十五里城山渡東〔六〕。　春秋時，越王勾踐所築。　其曰城山，以句章之城在此山也。　南宋武帝討孫恩，改築於小溪鎮，故名。　其江曰鄞江，名其鄉曰句章。　城在鄞南六十里是也，故有兩句章，遺地尚存。　花嶼湖，在東南十里。　唐貞元十年，刺史任侗修築，灌田六十餘畝，永樂初廢爲田。　杜湖，在縣西北六〔旁注〕五。十里〔七〕，亦任侗浚築。　白洋湖，與杜湖相連，西界餘姚。

【校勘記】

〔一〕左右中前後五千户所　底本此文錯簡於上文「觀海衛」上，川本同，據滬本、竹本乙正。

〔二〕一百十五里　底本脱「五」字，據川本、滬本、竹本及嘉靖寧波府志卷八補。

〔三〕西一百五十里　川本同，滬本「西」上有「一作」，竹本有「一作府」。

〔四〕東北距海至周三里三十步　川本、滬本同，據竹本及雍正慈溪縣志卷一，此文應繫於上文「觀海衛」下。

〔五〕背海面山至城延袤三里　川本、滬本同，據竹本及雍正慈溪縣志卷一，應繫於上文「龍山守禦千户所」下。

〔六〕城山渡　「山」，底本作「三」，據川本、滬本、竹本、本書下文改。

〔七〕六五十里　川本同，滬本作「六十里，一云五十里」，竹本作「六十里。一作五十」。

奉化縣　府南八十里。編户一百四十七里。刁，煩。城延袤七里。元奉化州，洪武二年改爲縣。即國語所謂鄞，漢爲鄞縣。其地由堇山名，加邑爲鄞。今治東有鄞城山，即堇山，下有鄞城書院，院即古鄞治也。

鄞城山，在縣東五十里。古鄞城在下。舊志云：鄞城山即赤堇山，有草曰赤堇，鄞以此名，而加邑焉。國語曰：白杜里有鄞城山。是也。下有鄞城院，今改曰廣福寺。連山驛。縣東。

塔山、縣東百里忠義鄉〔一〕。結埼縣東六十里松林鄉〔二〕。二巡檢司。舊有西店驛，革。在縣南七十里，台州寧海境上，嘉靖中，移奉化境。

四明山，在縣西一百五里。詳府。雪竇山，在西北六十里。山路逼仄，山多奇勝，有妙高臺、千丈巖、瀑布泉、桃花坑〔三〕，數十盤，乃至望官曲。又數十盤則坦矣，寬廣可四三頃，秔稻不殊平野。有千丈巖，東西兩澗，合流於西南爲瀑布，下垂至平壁，有石突出，承之若盆，激而四出，珠跳雪舞，復聚作匹練，下至隱潭，循麓而去。又北曰妙高峯、桃花坑。

天門山，在南六十里。結埼山〔四〕，在東五十五里。漢地理志：鄞有結埼亭。即此山也。

栅墟嶺，在東南六十里。宋建炎中，立寨於此守戍，亦海道一要衝也。奉化江，在北四十五里，流於鄞江。剡溪，在西七里〔旁注〕省志：七十里。入縣境，凡九曲入奉化江。漢鄞縣，在東五十里。鎮亭山，在縣西南八十里。一百里。南自天台，西連四明山。漢地理志注：鄞有鎮亭山〔五〕。

【校勘記】

〔一〕忠義鄉　底本錯簡於下文「鮚埼」下，川本同，據滬本、竹本及成化寧波郡志卷五乙正。

〔二〕縣東六十里松林鄉　底本錯簡於下文「巡檢司」之下，川本同，據滬本、竹本及成化寧波郡志卷五乙正。又，底本「林」作「杜」，川本同，亦據改。

〔三〕山多奇勝有妙高臺至桃花坑　「妙」，底本作「折」，川本同，據滬本、竹本及嘉靖寧波府志卷六改。又，此文滬本、竹本注於上文「西北六十里」之下。

〔四〕鮚埼山　「埼」，底本作「峙」，川本、滬本作「崎」，據竹本及漢書地理志改。

〔五〕漢地理志注鄞有鎮亭山　「漢」，底本作「山陰」，川本、滬本同，據竹本及嘉靖寧波府志卷六改。「山」，川本、滬本同，漢書地理志無此字。

定海縣　府東六十五里。編户九十六里。饒，煩，多訟。城延袤九里。地多斥鹵，大小浹江皆海潮逆入，不可以灌。〔眉批〕蛟門、虎蹲，天設之險。查浦、碶口，控扼之地。圖經。薄海爲城，東連招寶山，出泱口，南環以江，北負巨海。府志。把總駐劄昌國城，在縣東海中翁洲。本翁山縣，唐大曆六年廢。宋神宗熙寧六年，復立昌國縣。元世祖至元十五年，升爲州。國朝洪武二年，改爲縣。二十年廢，以其縣居海島，分徙其民，僅存在城五百户，隸定海縣。〔旁注〕洪武二十年六月丁亥，廢寧波府昌國縣，徙其民爲寧波衛卒。以昌國濱海，民嘗從倭爲寇，故徙之。府志：舊有定海驛、霩衢驛，革。

定海衛，左、右、中、前、後、中中、中左七千户所〔一〕。後千户所，縣東南九十里。中中千户所、中左千户所，並在縣東北舊昌國縣，府東南二百里海中，即古翁洲，亦名舟山〔二〕，今定海縣昌國四里地。城周七里，本志：四里半。記作七里三十步〔三〕。爲門四。洪武十二年，爲守禦千户所。十七年，改昌國衛。二十年，信國公湯和徙衛於象山縣東門山〔四〕，存中中、中左二千户所官軍以守。改屬定海衛〔五〕。大嵩守禦千户所，在縣東南二百三十里，府東一百八十里。南匯大江，自南徂東爲渤海，西接育王山際，北負翠山，城延袤三里有奇。霩衢守禦千户所，在東南一百二十里海晏三都。長山，縣東南四十里〔六〕。穿山，縣南九十。東南一百二十。管界，縣西北六十里靈緒鄉。西四十。霞嶼嶴，南百里海晏鄉。上岸太平嶴，五巡檢司〔七〕。省志：有甬東巡檢司，在崇坵一都竹山海口〔八〕。大嵩巡檢司，在海晏三都梅山，今革。又見鄞。

招寶山，在東一里。〔旁注〕省志：六里。以番舶百貨所集，故名。元吳萊記曰：或云他處見山有異氣，疑下有寶；或云東夷以海貨來互市，必泊此山。山故有砲臺〔九〕，曾就臺蹠弩射夷人〔一〇〕，洞船猶入地尺。又别作大筒，曳鐵鎖江水，夷船碎不得入〔一一〕，前至浹口，怪石嵌險離立〔一二〕，南曰金鷄，北曰虎蹲，又前則爲蛟門。峽東浪激〔一三〕，風水相鬭〔一四〕，舟不能咫尺，一撞礁石，且靡解不可支持。又前則爲三山、大洋〔一五〕。巾子山〔一六〕，在東五里。虎蹲山，在東五里。屹立海口，狀如虎蹲。蛟門山，一名嘉門，在東四十里。出此即大海洋，古稱蛟門、虎蹲，天設之險，即此山也。伏龍山，在西北八十里。山跨東、西兩海門，狀如卧龍。施公山，在西北九十里。北瞰大洋，元設巡檢司，以防海寇，今置烽堠於上。舟山，縣東北海中，二潮可到〔一七〕。古甬東地，唐開元中，置翁山縣。宋改曰昌國，元升爲州，洪武二十年，信國公湯和徙其民於内地，縣除。有砥柱屹立中流，望之如人拱立，水匯於此〔一八〕，旋湧若沸，名曰灌門海。補陀山，在縣東北海中。去縣約二百餘里，周四十里。東登小洛伽山，南望月嶴山，北望霍山。大浹江，在治南。晉劉裕與孫恩戰，退還浹口〔一九〕，即此。胡宗憲論舟山。二百七十六卷十葉〔二〇〕。蓮花洋，在縣東海中補陀巖，佛書所謂海岸孤絶處也。四方沙釋，春月渡海進香以萬數，施舍亦累千金，創建梵宇，極其雄麗，山林田園數十頃，可耕可蔬，足供數百人。

【校勘記】

〔一〕左右中前後中中中左七千户所　底本錯簡於上文「定海衛」之上，川本同，據滬本、竹本乙正。

〔二〕古翁洲亦名舟山　底本誤作「子翁湖亦名孫山」，川本同，據滬本、竹本及嘉靖寧波府志卷八改。

〔三〕本志四里半記作七里三十步　底本錯簡於上文「舊有定海驛、霩衢驛，革」之下，據滬本、竹本乙正。

〔四〕湯和　「和」，底本作「河」，據川本、滬本、竹本及明史湯和傳改。

〔五〕改屬定海衛　「改」，底本作「此」，川本同，據滬本、竹本及嘉靖寧波府志卷九改。

〔六〕縣東南四十里　川本、滬本同，竹本及成化寧波郡志卷五作「縣東四十里靈巖鄉」。

〔七〕穿山至五巡檢司　底本此文錯簡爲：「穿山，縣南九十。管界，東南一百二十。霞嶼𡺸，西四十。上岸，縣西北六十里靈緒鄉。太平𡺸，南百里海晏鄉。五巡檢司」，川本同，據竹本及成化寧波郡志卷五、嘉靖浙江通志卷六乙正。滬本作「巡檢司五：一長山，在縣東南四十里；一穿山，在縣南九十里；一管界，在縣東南二百二十里；一在霞嶼𡺸上岸，縣西北靈緒鄉，一云縣西四十里；一在太平𡺸，縣南百里海晏鄉」，亦誤。

〔八〕崇坵　「坵」，底本作「坵」，據川本、滬本、竹本改。嘉靖浙江通志卷一六作「丘」。

〔九〕山故有砲臺　底本脱「山」字，川本同，據滬本、竹本及嘉靖定海縣志卷一〇補。

〔一〇〕曾就臺蹠弩射夷人　底本作「曾就臺踵登時真人」，川本同，滬本「蹠」作「踵」，據竹本及嘉靖定海縣志卷一〇改。又，嘉靖定海縣志「人」下有「矢」字。

〔一一〕夷船碎不得入　「船」，底本作「傳」，川本作「舡」，據滬本、竹本及嘉靖定海縣志卷一〇改。又，「碎」，底本作「猝」，川本、滬本、竹本同，亦據縣志改。

〔一二〕怪石嵌險離立　「險」，底本作「陰」，川本同，據滬本、竹本及嘉靖定海縣志卷一〇改。

〔一三〕峽東浪激　「激」，底本作「微」，川本、滬本、竹本同，據嘉靖定海縣志卷一〇改。

〔一四〕風水相鬭　「鬭」，底本作「閲」，川本同，據滬本、竹本及嘉靖定海縣志卷一〇改。

〔一五〕又前則爲三山大洋　川本、滬本同，竹本此下有「山多磁石至次之今昌國也」，本書叙列於後文武義縣後。

〔一六〕巾子山　「巾」，底本作「中」，川本、竹本同，據滬本及嘉靖定海縣志卷五改。

〔一七〕二潮可到　「潮」，底本作「湖」，據川本、滬本、竹本改。

〔一八〕水匯於此　「於」，底本作「如」，據川本、滬本、竹本改。

〔一九〕浹口　「浹」，底本作「峽」，據川本、滬本、竹本、本書上文及晉書孫恩傳、宋書武帝紀改。

〔二〇〕胡宗憲論舟山二百七十六卷十葉　底本「論」作「於」，「葉」作「景」，川本同，據滬本、竹本改。明經世文編卷二七六葉一〇有胡宗憲舟山論。

象山縣　府東南二百七十里。編户三十二里。强獷，多寇。治象山之南麓〔一〕，縣城五里。〔眉批〕昔之海塘，今皆沃壤。颶溢既不恒有，淫雨亦所不憂。惟上洋諸田，無陂湖之蓄，待命於邑南諸河，必時加疏浚〔二〕，使兩岸高而内水深，可無槁涸之患。

昌國衛，在縣南九十里，地名復州。洪武十二年，先於昌國縣開設守禦千户所。十七年，改昌國衛。二十年起遣海島居民，革昌國縣，以本衛移置象山縣之西南天門山〔三〕。今舊昌國。二十七年，因天門懸海，薪水不便，徙今地。城周七里一十步，烽堠三：曰烏石山〔四〕，曰下門，曰大崎頭〔五〕。山寨四：曰何家壏，曰仁義，曰赤坎山〔六〕，曰黄沙。石浦守禦前千户所〔七〕，後千户所。烽堠一：曰前山。山寨一：曰土礬。以下四所俱隸昌國衛。錢倉守禦千户所，在縣東北四十里。城周三里三十步，烽堠五：曰東門，曰前山，曰中堡，曰杉木〔八〕，曰蒲門。　爵溪守禦千户所，在縣東南二十里。舊設巡檢司，洪武三十一年，徙司於姜嶼渡，築城於此，周三里一十八步。烽堠四：曰公嶼，曰沙嶺，曰中路，曰惠泉嶺。　南堡寨，在縣西南三十里。撥昌國衛指揮一員，千户一員，軍一百名防守。　遊仙寨，在縣東一十五里，即赤坎寨。正統八年，因倭寇由此登岸，乃築城。撥指揮一員，軍二百七十名防守。

三萼山，在南六十里海中，有三峯。　天門山，在南一百二十里海中。其狀如門，下有横石如閾〔九〕。漢志所謂天門山也。　陳山巡檢司，舊在縣北陳山。正統八年，移縣東南一十三里，有城。烽堠一：在司山後〔一〇〕。　趙嶴巡檢司，在縣東七〔旁注〕南十、東南七。里〔一一〕。舊隸寧海縣，正統八年，因倭寇由清水潭入縣，改司於此，有城。　石浦巡檢司，舊在石浦，今移縣西南一百二十里，有城。　爵溪巡檢司，舊在爵溪，今移縣西五十五里，有城。

蒙頂山，在縣西五十里。〔旁注〕西北四十五里〔一二〕。其絶頂天峯，蟠鬱縈紆，爲邑山之祖。　大雷山，在縣西二十里，盤據數十里。　西殊山〔一三〕，在縣東〔旁注〕東南。六十里〔一四〕。　東殊山，在縣東〔旁注〕東南。八十里〔一五〕。　馬鞍山，在縣東南一百二十里〔一六〕。　小睦山，在縣東南四十里〔一七〕。　大睦山，在縣東南一百四十里。〔旁注〕五十八里〔一八〕。　秋閑山，在縣東南一百四十里〔一九〕。　韭山，在縣東南一百餘里。　大薤山，在縣東二百里〔二〇〕。　東西濤山，在縣南一百二十里。于綰山，在南一百二十里。大門山，在南一百四十里。檜子山，在南一百五十里。石壇山，在南一百五十里。秋蘆門山，在南二百五十里〔一二〕。楊大嶼山〔一三〕，在南二百五十里〔一三〕。以上俱在海中，逾此則爲東甌境。大薙山下府志注云〔一四〕：自小睦至此皆海中山，過此則巨浸茫茫，一望無際。

【校勘記】

〔一〕治象山之南麓　「麓」，底本作「麗」，川本同，據滬本、竹本改。

〔二〕必時加疏浚　「加」，底本脱，川本同，據滬本、竹本補。

〔三〕天門山　「天」，底本作「云」，川本同，據滬本、竹本、本書下文及紀要卷九二改。

〔四〕烏石山　「烏」，底本作「鳥」，川本同，據滬本、竹本及成化寧波郡志卷五改。

〔五〕大崎頭　「崎」，底本作「峙」，川本同，滬本作「崎峙」，據竹本改。成化寧波郡志卷五作「大奇頭」。

〔六〕赤坎山　「坎」，底本作「垣」，川本、竹本同，滬本作「坎垣」，據本書下文及成化寧波郡志卷五改。

〔七〕石浦守禦前千户所　川本、滬本、竹本同。按成化寧波郡志卷五、嘉靖寧波府志卷八，下應有：「烽堠一：曰後山。」本書錯簡於下文「趙嶴巡檢司」之上，參見校勘記〔一〇〕。

〔八〕杉木　川本、滬本、竹本同，成化寧波郡志卷五、嘉靖寧波府志卷八作「杉木樣」。

〔九〕横石　「横」，底本作「樸」，川本同，據滬本、竹本及嘉靖浙江通志卷一〇改。

〔一〇〕烽堠一在司山後　「山後」，川本、滬本、竹本均作「後山」。按成化寧波郡志卷五、嘉靖寧波府志卷八，此文應作：「烽堠一，曰後山。」並屬上文「石浦守禦前千户所」下。

〔一一〕縣東七南十東南七里　川本同，滬本作「縣東七里。一云縣南十里，一云東南七里」，竹本作「縣東七里。一作南十里，又作東南七里」。

〔一二〕西北四十五里　川本同，滬本、竹本「西」上分别有「一云」、「一作」二字。

〔一三〕西殊山　「殊」，底本作「珠」，據川本、滬本、竹本及成化寧波郡志卷二改。

〔一四〕縣東東南六十里　川本同，滬本作「縣東南六十里」，竹本作「縣東六十里。一作東南」。

〔一五〕縣東東南八十里　川本同，滬本作「縣東南八十里」，竹本作「縣東八十里。一作東南」。

〔一六〕縣東南一百二十里　川本、滬本同，竹本作「縣東一百二十里。一作東南」。

〔一七〕縣東南四十里　川本、滬本同，竹本作「縣東四十里。一作東南」。

〔一八〕縣東南一百四十里五十八里　川本同，滬本作「縣東南一百五十里」，竹本作「縣東南一百四十里。一作東南五十里」。

〔一九〕縣東南一百四十里　川本、滬本同，竹本作「縣東一百四十里。一作東南」。

〔二〇〕縣東二百里　底本脱「東」字，川本同，據滬本、竹本補。又，竹本此文下注：「一作東南。」成化寧波郡志卷二、嘉靖寧波府志卷六作「縣東南二百里」。

〔二一〕二百五十里　川本、滬本同，竹本下注：「一作二百里。」

〔二二〕楊大嶼山　「楊」，川本、滬本及嘉靖寧波府志卷六同，竹本作「陽，一作楊」。成化寧波郡志卷二作「陽」。

〔二三〕二百五十里　川本、滬本同，竹本此文下注：「一作二百。」

〔二四〕大薙山　底本作「大山巡山」，川本同，據滬本、竹本及嘉靖寧波府志卷六改。

台州府

古名回浦、章安。　海在府東一百八十里，黄巖、寧海皆在海濱。　元台州路，屬浙東道。本朝改爲府。　城舊周十八里，宋慶曆間，海溢城壞。乾道間，徙而之西〔一〕，縮入里許。　本朝因之。　宋史錢暄傳：知台州。台城惡地下，秋潦暴集，輒圮溺，人多即山爲居。暄爲增治城堞，壘石爲臺，作大堤扞之。　川澤沃衍，有海陸之饒。圖經。〔眉批〕攝閩、越之間，其人始顓蒙，後漸興於禮教。自江以東，風俗近古者，台爲首稱。通志。

縣六。　分巡台紹道與參將駐劄。　赤城驛，在東南。　台州衛，左、右、中、前、後五千户所。　海門衛〔二〕，在東九十里。　左、右、中、前、後五千户所，其前千户所，在海門衛城北七里。　新河守禦千户所，在海門衛城南五十里〔三〕。　桃渚守禦千户所〔四〕，在海門衛城東北五十里〔五〕，並在寧海境。　健跳守禦千户所，在海門衛城東北一百一十里寧海境，並隸海門衛。　松門衛，在府東南一百八十里，左、右、中、前、後五千户所。　隘頑守禦千户所，在松門衛城南六十里。　楚門守禦千户所，在松門衛城南一百二十里，並隸松門衛，並在太平縣境。

白鶴山，在府東南二十里，上有湖。蓋竹山，在南三十里。有香爐、天門二峯，一名竹葉山，有竹如蓋，因以爲名〔六〕。藝文類聚引臨海記曰：郡西白鶴山有石鼓、石槌。世云：石鼓鳴，則有兵。隆安初，此鼓屢鳴，果有孫恩之亂。括蒼山，在西南四十里。高一萬六千丈，周迴三百里，與仙居韋羌山接。舊經云：王方平居崑崙，往來羅浮、括蒼。蓋即此也。唐天寶中，更名真隱山。東刊山，在東九十里，一名天柱山。金鼇山，在東南一百二十里。宋建炎四年，高宗航海，嘗泊此山四十日。海門山，在東南一百二十六里。相對如闕，在海北岸。靈江，在府城南。一名澄江，其水自三江合流，環繞府郭。三江，在西一十里〔七〕。有二源：一自天台關嶺，一自仙居永安。二溪至此合爲靈江，故曰三江。潮至此而止，故其流溪清江濁。大固山，在府治西北，如屏障然。舊經：晉隆安末，孫恩寇起，刺史辛景休於此掘塹守之，寇不能犯，因以名山。靖江山，在縣東七里。辛景休破孫恩於此。臨海山，在縣東北二百四十里。瀕於海，舊名牛頭山，唐天寶六年，改今名。山下有二溪：一始豐，一東女，至縣北合流。

【校勘記】

〔一〕徙而之西　「而」，底本作「西」，川本同，據滬本、竹本及嘉靖浙江通志卷一六改。

〔二〕海門衛 「門」，底本作「州」，川本同，據滬本、竹本及嘉靖浙江通志卷五七改。
〔三〕海門衛城 「門」，底本作「城」，川本作「州」，據滬本、竹本及嘉靖浙江通志卷五七改。
〔四〕桃渚 「渚」，底本作「楮」，川本同，據滬本、竹本及嘉靖浙江通志卷五七改。
〔五〕海門衛城 底本作「海城衛門」，據川本、滬本、竹本及嘉靖浙江通志卷五七乙正。
〔六〕有竹如蓋因以爲名 底本脱「有竹」與「因」三字，川本同，據滬本、竹本及嘉靖浙江通志卷一一補。
〔七〕在西一十里 「一十」，底本作「千」，川本同，據滬本、竹本及紀要卷九二改。

臨海縣 治。 編户一百八十里。 濱海，饒，頑，多寇。 舊有蛟湖巡檢司，革，在東一百二里。 連盤巡檢司，在海口之長沙。 去縣一百二十里，東距海一百八十里。 章安城，在縣東一百一十五里。本漢回浦縣，後漢改章安縣，陳於此置章安郡。有城，今廢。

黄巖縣 府東南六十里。 編户八十六里。 饒，簡。 城周七里。 元黄巖州，本朝改爲縣。

永寧山，在縣東五里。古有永寧縣，山因以名。巖壁峻峙，四面皆方，又名方山。 蓋竹山，在縣西北三十里。今婺之東陽，温之樂清，台之臨海〔一〕、黄巖、天台，皆稱有是山。蓋是山延袤廣遠，居台、婺之間，其北起臨海之長石，其南綿亘於黄巖之西，而其西則峙於婺之東。輿地志云：臨海之章安縣西北有蓋竹山。山有石室，晉許邁住此〔二〕，則其在黃巖明矣。唐仲友記云：山經、地志，蓋竹皆在台之黃巖。今在府城東三十里，介臨海、黃巖間。馬鞍山〔三〕，在縣東北五里。元泰不華與方氏戰，死於此。海，環邑東南境百餘里。北望大陳山，出海洋，過寧波，抵南直、山東、北京〔四〕。東南出大驪洋，經温州，達福建、廣東。其東直與日本相望。會通記謂其與海門、馬筋相直，自高山望之，其水湍急，陷爲大渦者十餘，舟楫不可近。有長浦巡檢司，在縣東南四十里。有城，周一百四十丈。舊有丹崖驛，萬曆九年革。委羽山，在南一十〔旁注〕本志：五。里。東北有洞，世傳仙人劉奉林於此控鶴輕舉。松門山，在東南一百二十里。黃巖山，一名仙石，在西一百二十里。塵山，在西三百里。永寧江，在縣西北。有二源：大源出塵山，東南流二百一十里，至左溪村；小源出黃巖山，東北流一百里，至大溪與大源合。然平淺不通舟，又東流三十里，至官畧村。無灘磧，直下永寧江，廣逾百步，可通舟。又東流一百里，從縣北過，三十五里會臨海縣江口入於海。從源至海，水程四百八十里。盤山，在西南四十里，接太平界。

【校勘記】

〔一〕臨海　底本脱「海」字，川本同，據滬本、竹本及萬曆黃巖縣志卷一補。

〔二〕許邁住此　「住」，底本作「往」，川本同，據滬本、竹本及萬曆黃巖縣志卷一改。

〔三〕馬鞍山　底本脱「山」字，據滬本、竹本及萬曆黃巖縣志卷一補。又，川本「山」作「馬」，誤。

〔四〕北京　底本脱「京」字，川本、滬本同，據竹本及萬曆黃巖縣志卷一補。

天台縣　府北〔旁注〕省志：西北。九十里。編户三十八里。裁減。簡，瘠，頗衝。城周五里有奇。本志有金庭驛。有桑州驛，在天台至新昌一百二十里適中地方，名王渡。嘉靖四十五年，自寧海縣改屬〔一〕。寧海志：在西六十里。

天台山，在縣北三里。自此上赤城、桐柏，至於華頂，皆名天台，實一邑諸山之總號。赤城山，在縣北六里。山石皆霞色〔二〕，望之如雉堞，因名，乃天台之南門也。桐柏山，在縣西北二十里。由青溪迤北而入，嶺路九折，至洞門一望豁然。華頂峯，在縣東北六十里。天台第八重最高處，少晴多晦，夏有積雪，可觀日之出入。大盆山，在縣西一百八十里。西接東陽，南界仙居。大溪，在縣南五十步。源出大盆山，合諸山溪之水，繞縣而東，出東橫山趾，又會諸溪水於大覺寺山麓，折流而南，至臨海界，入三江，以達於海。東橫山，在縣東一十里。本天台山足，其上夷坦，中有三溪，冬温夏冽。桐柏山，在縣西北三十里。九峯：曰紫霄，曰翠微，曰玉泉，曰卧龍，曰蓮花，曰華琳，曰玉女，曰玉霄，曰華頂，矗立霄漢，遠近相向。晉王羲之、支道林嘗往來此山，唐司馬承禎居焉。 金庭館，在山北。 又三里曰方瀛山，唐徐靈府所居。又二里曰瓊臺山，轉南三里曰雙闕山，兩峯萬仞，屹立相向，有百丈潭在兩山間，盤澗繞麓，入爲雲溪云。 九折峯，在縣東北三十里。 玉霄峯，在縣北三十五里，號小桐柏。 瀑布山，在縣西四十里，有瀑布泉。 又五里曰紫凝峯，與瑞龍、天柱、香爐、應澤四峯相望。 蒼山，在縣東四十里，界於寧海。 石橋山，在縣北五十里。兩山相並，連亘百里，上有石梁，廣不盈尺，長數十丈，下臨絶澗。 山北左右有雙泉飛出合流其下，寫爲瀑，可百餘丈，西流出剡中。 寒石山，在縣西北七十里。 有仙人洞，唐寒山、拾得二僧居之。有巖曰明巖，其下石穴深曲，日光穿漏。上有兩峯號合掌巖，西有泉蔽巖而下，東有響巖。 又十里曰柏香峯，四望陰崖，上多柏木。 華頂峯，在縣北六十里。 高萬丈，周百餘里，東望滄海，俗名望海尖。 天柱山，在縣西九十里。 南有黄水峯。 天姥峯，在縣西北。 與天台山相對，孤懸天表，下臨新昌、嵊縣。詳新昌。 大盆山，在西一百八十里。 西接東陽，南界仙居〔三〕，婺江所出。 始豐溪，在縣西南百步。 源出大盆山，東流一百八十里，合天台、桐柏二水入於溪。 楢溪，在東二十五里。 出華頂，流入大溪〔四〕。

【校勘記】

〔一〕寧海縣 「寧」，底本作「臨」，據川本、滬本、竹本及紀要卷九二改。

〔二〕山石皆霞色　「色」，底本作「也」，據川本、滬本、竹本及紀要卷九二改。
〔三〕南界仙居　底本脱「仙居」二字，川本同，據滬本、竹本、本書上文及紀要卷九二補。
〔四〕大溪　「溪」，底本作「漢」，川本同，據滬本、竹本及紀要卷九二改。

仙居縣　府西九十里　編户八十八里。裁減。　山僻，刁。　舊有田市巡檢司，革，在西三十里。　括蒼洞，在縣東南三十里括蒼山之間，即仙居舊邑也。自括蒼山而言，西則屬處，東則屬台。　紫籜山，在縣北三十里。舊名竹山，相近曰三井山，上有三龍湫。　韋羌山，在縣西四十里。山甚峻絶，上有石壁，刻科斗篆文。　太翁巖，在縣東四十里。　水簾山，在縣西南四十里。有瀑若簾，四時不竭。又五里曰萬竹山，絶頂曰新羅山。九峯回環，叢薄敷秀。　玉几山〔一〕，在縣西五十里。山之東曰頂羽山，山之西曰瑶崩瀑，相近曰景星山，萬仞壁立。上有鹿頸巖，長數丈，平曠可行，左右崖壁，則峻絶不可登。　運羌山，在縣西六十里。又五里曰枕海山。　蒼嶺，在縣西北九十里。高五千丈，周八十里，界於縉雲，重岡複徑，隨勢高下，其險峭爲東浙之最。　永安溪，在西北一百四十里。

【校勘記】

〔一〕玉几山　「几」，底本作「儿」，川本同，據滬本及紀要卷九二改。

寧海縣　府東北〔旁注〕省志：北。一百八十里。　城周一千五百四十丈。　編户一百四里。　唐永昌元年，自海游徙今治。　濱海，饒捍。　自東南下海，出五嶼洋，過牛頭洋，入海門，風便，一日一夜至府。　自五嶼洋過三門山，抵昌國衛。

鳳山，在縣南一百三十里。　洪武中，設兵備以控制海道，城其山，爲健跳所。　王愛山，在縣西六十里，與天台分界。　唐咸通中，剡寇裘甫據寧海，殺令陳仲翁，王式討之，戰於海口、上嘐、海游三處，甫敗，遂從此山遁去。　通鑑作黄罕嶺，誤。　雁蒼山，在縣北三十里。　赤稻山，在縣北五十里。　東跨鄞江，西連雁蒼，北抵奉化。　蓋蒼山，在縣東北九十里。　極高廣，産茶，又名茶山。　有朱家嶴、在縣西南一百二十里桐巖嶺上。白嶠〔旁注〕縣西。二驛。　長亭、東一百里。越溪、東二十里。鐵場、北六十里。曼嶴、南六、七十里。竇嶴山東南八十里。五巡檢司，並有城。　越溪周二百四十丈。　四城制同越溪。　健跳千户所，在縣東南一百三十里下鳳山麓，城周三里一十七步。　白嶠山，在東五里。　晉武帝初置縣於此，唐徙海游縣渚都。　雷山，在西三十里，有三十六峯。　天門山，在北六十里。　漢地里志：鄞縣之南，寧海之北，有天門山，水入於海。　蓋此山自剡金庭來，繚繞三百餘里，至此，今柵墟鐵場正其處。　永安溪，在西北一百四十里。　縣渚鎮，在南七十里。

太平縣　府南〔旁注〕省志：東南。一百四十里。編户六十六里。無簿。僻，簡，刁。城〔一〕。成化六年，析樂清、黄巖置。大雷山，在縣南一十七里。高數千丈，周迴三十餘里，上有龍湫。有沙角、〔旁注〕縣南二十五里。三山、〔旁注〕縣西三十里。蒲岐〔旁注〕縣西四十里。三巡檢司。舊有盤馬、小鹿二巡檢司，革。葉良佩記，遊名山十卷。婁崎山，在西北二十里。一曰樓旗山，雄峙霄漢，海舶率視爲向背。山頂有龍湫，其下出石米，通明如雪〔二〕。又西北一十三里曰王城山，舊名方城山。絶巘壁立如城，相傳越王失國，嘗保於此山。山頂平曠，約百餘畝，人墾而耕之，號仙人田。

【校勘記】

〔一〕城　川本同，滬本、竹本此文下有「□□□」。紀要卷九二：太平縣，「嘉靖三十一年築城，周五里有奇」。疑此「城」下脱「周五里」三字。

〔二〕通明如雪　「雪」，底本作「靈」，川本同，據滬本、竹本及嘉靖浙江通志卷一一改。

温州府

元爲温州路，屬浙東道。本朝改爲府。古名東甌、永嘉。當甌、粤之窮，控海山之險。環地千里，負海一隅。方輿勝覽。　利兼水陸。藝文類聚。　浙東極處，負山濱海。趙巘廳壁記。　君子尚文，小人習於機巧。林泉生記。　地不宜桑而織紝工，不宜漆而器用備，不宜粟而秔稻足。永嘉志。　城用石甃，東西負山，北臨大江，其南環於會昌湖，周一十八里。　東界距海，西際重山。唐一行以雲漢分天下山川爲南北二戒〔一〕，黄河爲中，南戒至雁山而止。南紀之山，首自岷、嶓，迤邐緣江南北，其北爲襄、鄧、江、黄、舒、廬、揚諸山，其南自荆山，南逾江、漢，至於衡陽，乃東循嶺徼，達於閩中。稍折而北，括蒼最大，自此而東，北爲天台，南爲雁蕩，而東甌居南戒之終，天官書所謂南爲越門是也。〔眉批〕宋宣和庚子方臘起，教授劉士英、學生石礪，白州守募義兵守城，賊再至敗之，遂趨桐嶺、瑞安，令王公濟守拒甚嚴，賊不敢進。　水則舊刻，在樵樓前五福橋西北第二間石柱上，云：永嘉水則，至平字諸鄉合宜〔二〕，平字上高七寸合開斗門，平字下低三寸合閉斗門〔三〕。宋元祐三年立。

温州衛，左、右、中、前、後五千户所。　寧村守禦千户所，在永嘉縣東南六十里三都沙村，城周六百丈，屬盤石衛。　省志有市舶司。　縣五。　分巡温處道與參將駐劄。

吹臺山，在南四十里。廣袤二十餘里，其南爲瑞安界，廣袤數十里。　永寧江，在府城北門外。一名慎江，亦曰匽江，一名永嘉江、温江、甌江，受括山諸溪之水，東入於海。　會昌湖，在府城西南五里。　青嶴山，在府東二百里海中。

【校勘記】

〔一〕南北二戒　「戒」，底本作「界」，據川本、滬本、竹本、本書下文改。

〔二〕諸鄉合宜　「合」，底本作「今」，川本同，據滬本、竹本及光緒永嘉縣志卷二二改。

〔三〕合閉斗門　「閉」，底本作「開」，川本同，據滬本、竹本及光緒永嘉縣志卷二二改。

永嘉縣　治。編户二百八十五里。　象浦驛，在北門外。會典：屬永嘉。　沿海，煩，刁。　有中界山巡檢司。〔旁注〕縣東南〔一〕。　桐嶺，在西南三十六里，瑞安界。　鐵場嶺，在城西二十五里。土人呼爲寨下，乃昔人駐軍要害之地。　梅嶴山，在北七十里許。　白沙山，在安溪東，縣西北十里。

府城，晉明帝太寧元年建。初郭璞卜城於永寧江北〔二〕，取土秤之，江北土輕，乃過江登西北一峯，今名郭公山。見數峯錯立，狀如北斗，乃定築城於此，曰：若城於山外，當驟至富盛，然不免干戈火水之虞。若城繞其巔，寇不入斗，可以長守。於是城於山，且鑿二十八井以象列宿，故世言永嘉爲北斗城。城東華蓋山，東北海壇山，西松臺山，西北郭公山，四山爲斗魁。華蓋之南爲積穀山，又南巽吉山，又南仁王山，三山爲斗杓。其旁則黄土、靈官二山，爲左右輔弼。中界山，在府東三百里海中。東晉居人數百家〔三〕，爲孫恩所破，今湖田尚存。　鹿西山，在海中，當海道之衝。　東洛山、倪嶴山、石塘山、洋青山、參同山、松山〔四〕、殊磊山、大靈崑山、小靈崑山，並在海中〔五〕。　孤嶼，在城北江心。有東西二峯相連，上有江心寺，宋高宗曾駐蹕於此。

〔眉批〕德祐二年，文天祥等奉益王起兵江心寺，舊有高宗南奔時御座，衆相率哭座下。北山，在府北一十里，廣袤數十里。西山，在城西三里，有峯十有二。東甌王冢〔六〕，在府城西五里，地名甌浦。大若巖，在北八十里。自北江口入，遡流而上，山盤水折，凡一百五十里。上有石室，可坐千人，梁陶弘景集真誥於此。天臺山，在城北一百五十里。形如甑，有十三峯環列。

【校勘記】

〔一〕縣東南　川本同，滬本、竹本「南」下有「二都」二字。嘉靖浙江通志卷一六：「中界山巡檢司，在一都。」

〔二〕初郭璞卜城於永寧江北　底本「璞」作「樸」，又脱「卜」字，川本同，據滬本、竹本改補。嘉靖温州府志卷一：「初謀城於江北，郭璞取土稱之。」光緒永嘉縣志卷二：郭公山，「晉郭璞登此卜城，故名。」

〔三〕東晉居人數百家　底本「晉」作「吾」，「人」作「山」，川本同，據滬本、竹本及紀要卷九四改。

〔四〕松山　「松」，底本作「沿」，川本作「柗」，據滬本、竹本及嘉靖浙江通志卷一二改。

〔五〕並在海中　「海」，底本作「湖」，川本同，據滬本、竹本及嘉靖浙江通志卷一二改。

〔六〕東甌王冢　「冢」，底本作「家」，川本同，據滬本、竹本及嘉靖浙江通志卷一二改。

樂清縣　府東北六十里。〔旁注〕一作五十里〔一〕。〔眉批〕土瘠民貧，衣食悉資鄰邑。盤石衛，在縣西六十里〔二〕。左、右、中、前、後五千户所。蒲岐守禦千户所，在縣南〔旁注〕一作東。瑞應鄉十西皋、四都，城周六百丈，屬盤石衛〔三〕。有館頭，在西南十里〔四〕。窑嶴嶺，在山門鄉，縣東六十里〔五〕。館頭巡檢司，在縣城西〔六〕。嶺店東北山門鄉〔七〕。四驛。〔眉批〕有館頭驛、嶺店馬驛、西皋水馬驛、窑嶴嶺馬驛〔八〕。白沙鎮，在縣南稍東司，在安鄉岐頭〔九〕。北監巡檢司，在十都白沙嶺西。嶺在縣東十里。五里鳳皇山之麓，有城。

翔雲山，在縣治後。九牛山，在縣治東。蓋竹山，在西三里。舊有八洞，今存其六，浣紗溪之源出焉〔一〇〕。又西二里曰西際山，西南北三面蒼崖峭立，惟東一面軒豁如門，前臨大海。白石山，在西三十里。高一千丈，周二百三十里，上有玉甑峯，五夜陟其巔可見日出。白石湖之源出焉。又西五里曰石船山，山腹有石如舡。盤嶼山，在西六十里。有衛。左源山，在縣東北三十里。羣峯環繞，中有田二千餘畝，民居悉藏谷中。石帆山，在縣東三十里。山後有大石如帆。又東十五里曰黄塘山，雙溪自西北來，沿流於其下。又東五里曰大崧山，曰小崧山，赤水川之源出焉。又東曰窯嶴山，高數千仞，海舟望以爲準。芙蓉山，在縣東六十里。上有三峯削翠，儼若芙蓉。芙蓉川之水出焉。又東十里曰丹芳嶺，路入雁蕩西谷，凡四十九盤。又東曰斤竹澗，曰謝公嶺，蓋靈運所遊也〔一一〕。雁蕩山，在縣東九十里。東至温嶺，南至海，西至白龍山，北至陶公洞。延袤百餘里，高四十里，絶頂平曠，上有湖，方可十里，水常不涸，春雁歸時多宿於此，故名。山有東、西、内、外，東外谷之峯五，東内谷之峯四十有八，西内外谷之峯各二十有四，謂之百一峯。有大小龍湫。大龍湫在西谷，自石壁絶頂瀉下，高五千丈，隨風旋轉，變態百出。小龍湫在東谷，從巖溜中飛流而下，高三千丈。又有上龍湫，大龍湫上數里，飛流懸瀉，亦數百丈。〔眉批〕陸深記，侯一元序。名山記卷十。温嶺，在東北一百六十里，今分隸太平縣。玉環山，在東南二百里海中。山北有峽如門，名楚門。佛嶺、車嶺、横山、黄嶼山〔一二〕、蠣嶴山、青嶼山、大閭山、小閭山、大烏山、小烏山、苔山、大竹岡山、小竹岡山、淺雞啼嶼山〔一三〕、九嶼山、黄門山、大鹿山、小鹿山、沙奥山、應公嶼，皆在海中。〔眉批〕縣南五里有嶼，當海口，頂平而四圓，名曰印嶼〔一四〕。其上置軍戍烽堠，以控接盤石、蒲岐，防過海道。

【校勘記】

〔一〕一作五十里　川本、滬本同，竹本下云：「編户四百三十四里。濱海，衝，刁。」

〔二〕盤石衛在縣西六十里　底本脱，川本、滬本同，據竹本及嘉靖浙江通志卷一六補。

〔三〕屬盤石衛　「屬」，底本作「庸」，川本同，據竹本改。紀要卷九四：「蒲岐守禦千户所，隸盤石衛。」又，滬本脱「屬」字。

〔四〕在西南十里　川本同，滬本、竹本「十」上有「四」字。紀要卷九四：館頭鎮，縣西南五十里館頭江口，「又有館頭驛」。疑底本、川本脱「四」字。

〔五〕縣東六十里　川本同，滬本、竹本下有「芙蓉嶺西」，疑是。本書下文載：「芙蓉山，在縣東六十里。」

〔六〕在縣城西　底本作「芝蒿嶺西」，川本同。永樂樂清縣志卷四：「西皋驛，在本縣西隅迎恩橋西。」滬本、竹本作

「在縣城西」，是，據改。

〔七〕東北山門鄉　底本作「東北山上」，又錯簡於下文「四驛」之下，川本同。滬本、竹本作「東北山門□」，據永樂樂清縣志卷四、嘉靖温州府志卷一改。

〔八〕有館頭驛至窑嶴嶺馬驛　川本同，滬本、竹本云：「有館頭驛，在西南四十里；窑嶴嶺馬驛，在山門鄉，縣東六十里芙蓉嶺西；西皋水馬驛，在縣城西；嶺店馬驛，東北山門□。」

〔九〕安鄉　川本、滬本、竹本及嘉靖温州府志同，永樂樂清縣志卷四作「長安鄉」。

〔一〇〕浣紗溪　「紗」，底本作「沙」，川本同，據滬本、竹本改。

〔一一〕蓋靈運所遊也　「靈運」，底本作「宋王運」，川本同，據滬本、竹本改。嘉靖浙江通志卷一二：「又東曰謝公嶺，蓋謝靈運所經行處也。」紀要卷九四：「左有九牛山，在縣治東，亦名謝公山，以靈運所遊息也。」

〔一二〕黄嶼山　底本脱「山」字，川本、滬本同，據竹本及永樂樂清縣志卷二補。

〔一三〕淺雞啼嶼山　底本脱「山」字，川本、滬本、竹本同，據永樂樂清縣志卷二補。

〔一四〕印嶼　「印」，底本作「即」，川本、滬本、竹本同，永樂樂清縣志卷二、紀要卷九四作「印」，據改。

瑞安縣　府南六十里。　元瑞安州，洪武二年改爲縣。　編户一百三十九里。　僻，簡，淳，饒。　縣城周一千一百四十丈。　西倚山，大海界其東，大羅、雲峯諸山峙其北，安陽江枕乎城之南，其西南，則閩、括萬山之支湊焉。　瑞安守禦千户所，屬温州衛，在縣治東南。　海安守禦千户所，屬温州衛，在縣東，府東南四十里。　城周三里一十八步。　沙園守禦千户所，在縣東南六十都榆木浦，城周三里。此都已割入泰順。梅頭巡檢司，在十一都。舊會典有池村巡檢司，在縣西南四十八都。省志有，今無。仙巖山，在東四十里，大羅山之陽。集雲山，在北一十里。白雲嶺，在西四十五里〔一〕。安陽江，在縣南。許峯山，在縣西四十里。海舶視爲方向。〔眉批〕白巖山，在縣東北。連亘東山、廟山，障蔽海門。西峴山，在縣西。自江而上，實捍風濤。帆游山，在北四十五里。界永嘉，東接大羅山。海在東一十里，爲舟楫要衝。吴羅陽縣，在北八里。

【校勘記】

〔一〕在西四十五里　底本脱「西」字，川本同，據滬本、竹本及嘉靖温州府志卷二補。

平陽縣　元平陽州，洪武二年改爲縣。府西南一百五十里。編户三百四十一里。淳，僻。縣城周六百三十二丈。東南濱海，西北抵山，横陽之江貫其中，江之北爲縣治，左曰仙壇，右曰昆山，對峙其前，鳴山石塘，疊擁於後。

平陽守禦千户所，屬温州衛，在治西。〔旁注〕東〔二〕。金鄉衛，在縣西南七十里。左、右、中、前、後五千户所，城周一千二百四十餘丈。蒲門守禦千户所，在縣東南九十里五十二都，城周五里三十步。省志：五十五都。壯士守禦千户所，洪武二十年置於小洋孫〔三〕，後因倭夷登岸，歸幷蒲門城内，並屬金鄉衛。有江口、紀里斗門二巡檢司。舊有仙口巡司，舊在仙口，洪武二十年，信國公徙麥城，仍舊名。江口巡檢司，舊在下埠，正統五年徙渡頭。舥艚斗門巡檢司，在縣南二十一都〔三〕。龜峯巡檢司，在縣東南五十三都〔四〕。鵶陽巡檢司〔五〕，在鵶陽，地屬泰順。三魁巡檢司〔六〕，在三魁〔七〕，地屬泰順。四司俱革。玉蒼山，在縣西南八十里。周百餘里，跨峙八面，獨高諸峯。南雁蕩山，在西南一百里，泰順南六十里。有四十二峯，北自穹嶺〔八〕，南自施巖，皆名雁蕩。其相連者曰白雲山，高插雲漢，行人援籐而上，號曰籐道。又曰四溪山，上下有四水合流，沿山而南，以入於海。〔眉批〕仙口山，在東二十五里，枕海。麥城山，在縣南十里。枕海巡司在其下。鳳山，在西南二十五里。臨江，下有前倉鎮。羅陽山，在西南十五里。松山，在西南八十里，下有松山鎮。横陽江，在西一十五里。

【校勘記】

〔一〕東　川本同，滬本、竹本「東」上有「一作」二字。

〔二〕小洋孫　底本作「小陽縣」，據川本、滬本、竹本及隆慶平陽縣志改。

〔三〕二十一都　「一」，川本、滬本、竹本同，隆慶平陽縣志作「二」。

〔四〕五十三都　「三」，川本、滬本、竹本同，嘉靖浙江通志卷一六作「二」，隆慶平陽縣志作「五」。

〔五〕鵶陽　「陽」，底本作「湯」，川本、滬本同，據竹本及隆慶平陽縣志改。又「鵶陽」，嘉靖浙江通志卷一六作「雅洋」。

〔六〕在鵶陽地屬泰順三魁巡檢司　底本脱，川本、滬本同，據竹本及嘉靖浙江通志卷一六、隆慶平陽縣志補。

〔七〕在三魁　川本、滬本同，竹本此下有「泰順南六十里」六字。

〔八〕穹嶺　「穹」，底本作「窮」，川本同，據滬本、竹本及嘉靖浙江通志卷一二改。

泰順縣　府西南三百七十里。　編户十八里。裁簡。　僻，簡，多礦賊。本瑞安、平陽二縣西南鄉地，正統末，閩寇起，蔓及本境，兵部尚書孫原貞帥兵平之，景泰三〔旁注〕二。年析置〔一〕。　治羅洋鎮。　城周九百餘丈。有池村巡檢司，在縣北一都。　飛龍山，在縣治南。羣山之中，最爲深阻。　鳳皇山，在縣東北。　三魁峯，在南六十里。　洋望山，在南八十五里。　龍闕山〔二〕，在東一百二十里。　龍闕大瀆〔三〕，在三都。會衆水至於大海〔四〕。　萬羅山，在縣治前。　分水山，在縣南二百里。與松山連，有泉發於山隴，東西分流以限浙、閩，五代吳越戰守正在此地。自福建來者，困於涉嶺，至此山下，地名平水，始通舟楫，以達前倉江。　衆洋寨，在縣南；　白溪寨，在縣北；　南陽寨，在縣西；　葛洋寨，在四都。俱國初兵興時立，今遺址尚存。

【校勘記】

〔一〕景泰三二年析置　川本同，滬本、竹本作「景泰三年，一作二年析置」。

〔二〕龍鬬山 「鬬」，底本作「門」，川本、滬本同，據竹本及嘉靖浙江通志卷一二改。
〔三〕龍鬬大瀆 「鬬」，底本作「闕」，川本同，據滬本、竹本及嘉靖浙江通志卷一二改。又，竹本「瀆」作「溪」。
〔四〕會衆水至於大海 底本脱「於大海」，川本同，據滬本、竹本補。嘉靖浙江通志卷一二：「東出龍鬬溪，抵瑞安界入於海。」

温州府

賊之初至也，士英以城外無釣橋，倉卒難以防，又門皆中虚，其厚不過寸，賊或叩其下，則矢口不能及，遂編木爲閘，取齊城壁，以時上下啓閉，裹以鐵皮，使類金門，因並兩水門爲之。又慮賊若棄舟東下，一日可到，乃命石礪親往海濱勸諭，得海舡五十餘隻，分屯梅嶴、白沙二處以禦之。其再至也，統制郭仲荀以水門雖已置閘，賊舟亦可逼近，遂於門外四丈餘，設暗樁兩行，賊用火舡，爲暗樁隔斷，城下矢俱發，乃退。初，城西瞿嶼山前諸處，各有斗門，士英慮賊爲決斗門，將無以爲火備，乃於緑橋、竹春橋築二壩，又於永泰、瑞安二水門内，亦築壩，賊果決諸處斗門，城外河可徒涉，獨城内河溢如故，賊屬以火攻城樓不效。

象山 天門山，在縣南一百二十里海中，即漢書所謂東門山也。先未析象山時，以山在寧海之東境，故名東門。高二百餘丈，周二十五里，兩峯對峙如門，下有横石如閾，惟風息浪平可渡，番船往來必經由之，爲海道之要衝。國初建衛於此，有昌國舊城。白石山，在縣西北六十里海港中，奉、象分界於此。烏嶼，在縣西北八十里海中。圓小如珠，鄞、象分界於此。台明嶼，在縣西南一百五十里。兩山對峙，一台，一明，二郡分界於此。大河，在縣南門外。源發鳳躍溪，出東水門，過南濟橋，合三十六澗之水，灌上洋田六萬餘畝，十里至朝宗碶，過此則地勢南下，直趨入海。南田，四面懸海，周圍環一百餘里，名「大佛頭」。高出海中諸山數百丈，日本入貢，船望北行，以此山爲向道〔一〕。舊設三里村落，有范嶴、林門、朱門、金寨。〔旁注〕砦〔二〕。下灣諸處，地甚平曠，田極豐腴，雖大旱，深渟不枯。凡海邊塘圩，多天設地造，不假人爲，山多鶴鹿，水多海錯。海中十洲，以南田爲第一，洪武中，起發沿海居民，遂空其地〔三〕。東大河，在縣東南九里。西通大河，合象潭、錦溪、梅溪等水〔四〕，南流十里至會源碶入海。

【校勘記】

〔一〕以此山爲向道　底本脱「以」字，川本同，據滬本、竹本及嘉靖寧波府志卷六補。

〔二〕砦　川本同，滬本無，竹本「砦」上有「一作」二字。

〔三〕遂空其地　「空」，底本作「定」，川本同，據滬本、竹本改。

〔四〕梅溪　「梅」，底本作「海」，川本同，據滬本、竹本及嘉靖浙江通志卷一〇改。

東陽　畫溪，在縣西南三十五里。一名東陽江。源出大小盆山，流經甘溪，北至清潭，西至荆浦〔一〕，西南至磁窑，西至横溪，又西北至逍遥山，北過黄磡頭，西至斗潭石壁，〔旁注〕義烏東南二十五里。又西至義烏之培壘，與東陽溪合港而西，此縣之南溪也。　東陽溪，在縣北五里。源出大小盆山，委曲行二百里，至縣北，是爲河埠，横截縣後，西過湲頭，又西爲義烏縣東江，又西至培壘〔二〕，乃與縣南畫溪合，此縣之北溪也。西流至府城之南，與縉雲、永康、武義水合，是爲雙溪。

【校勘記】

〔一〕西至荆浦　「西」，底本作「而」，川本同，滬本作「南」，據竹本及萬曆金華府志卷三改。

〔二〕培壘　「培」，底本作「倍」，川本同，據滬本、竹本、本書上文及萬曆金華府志卷三改。

義烏　東江，源出東陽大盆山，漢志所云烏傷溪也。至縣東三里爲東江，有土阜阨於旁，水折稍南，又二里而鮎溪入焉，過龍潭〔一〕，循山西行，至縣西南爲九里江。　畫溪，在縣南十五里。自東陽之西南鄉至斗潭，合於東陽〔二〕，西至洋灘，流入金華縣界。　獨善坑一路接壤諸暨，行旅往來，開上江之門户，疆域巨防，無逾於此。然崇岡四塞，疊障周圜，車不方軌，人鮮隊侣，天下有變，則據險拒敵，扼坑設奇，義烏得百二焉〔三〕。稍轉西北，道通浦江，則龍潭綰其口。山谷高峻，翳川叢箐，延亘數十里，烏不能飛渡〔四〕，阻守潭口，亦一方之屏阨也。至於南與永康連界掛紙、查嶺諸山，嶔崟巇嶫，如出天入井。嘉靖間，處州不逞之徒入我南鄙，盜發八寶銀礦〔五〕，我兵摧若拉朽〔六〕，非獨人力，蓋形勢險固便利也。乃若東西路屬平坦，車馬輻輳，萬一有警，而金華、東陽爲之左右翼，則犄角之勢乎。

【校勘記】

〔一〕過龍潭　「過」，底本作「温」，川本同，滬本「過」下衍「温」字，據竹本及萬曆金華府志卷三改。

〔二〕東陽　「陽」，底本作「洋」，川本、滬本同，據竹本及萬曆金華府志卷三改。

〔三〕義烏得百二焉　底本脱「義」字，川本、滬本同，據竹本補。

〔四〕烏不能飛渡　竹本同，川本、滬本「烏」作「鳥」。

〔五〕八寶銀礦　「八寶」，底本作「入室」，川本同，據滬本、竹本及嘉慶義烏縣志卷四改。

〔六〕摧若拉朽　「朽」，底本作「折」，川本同，據滬本、竹本改。

浦江　浦江　浦陽江，在縣南一里許。出縣西深裊山〔一〕，東流，又北流一百二十里，至越之諸暨縣，溪始通舟楫。又東北流，由峽山直入臨浦灣，以入於海。按：浦江本吳、越三江之一，春秋外傳所謂三江環之者是也。江水雖微，而與吴淞、錢塘並稱者〔二〕，獨入海也。俗名小江，一名錢清江。水經注云：浦陽江，導源烏傷縣〔三〕，東逕諸暨，與泄溪合。左溪，在東二十五里。源出白巖、大嶺兩山間，合流而下，又名雙溪，入浦陽江。

【校勘記】

〔一〕深裊山 「裊」，底本作「烏」，川本同，滬本、竹本作「鳥」，據萬曆金華府志卷四改。

〔二〕錢塘 「塘」，底本作「江」，川本、滬本同，據竹本及萬曆金華府志卷四改。

〔三〕烏傷縣 「傷」，底本作「山」，川本同，據滬本、竹本及水經漸江水注、萬曆金華府志卷四改。

武義 白溪，在縣東五里。上通縉、永、宣平諸縣〔一〕，而下達於杭、嚴、金、衢等府。故各縣之穀轉運下流者，俱出自白溪，而諸府之貨物，上度温、處，並行之各縣者，亦轉白溪之浦而登岸。

【校勘記】

〔一〕縉永宣平諸縣 「諸」，底本作「堵」，川本同，據滬本、竹本改。

三山、大洋山，多磁石〔一〕，舟板釘鐵或近山，則膠掣不動，昌國境也。昌國中多大山，四面皆海，人家頗居篁竹蘆葦間，或散在沙嶼，非舟不相往來。田種少類，入海捕魚、蝤蛑〔二〕、水母，彈塗桀步〔三〕，腥涎褻味，逆人鼻口，歲或仰穀他邦〔四〕。東從舟山過赤嶼，轉入外洋，望岧峉山〔五〕，山出白艾，地多蛇。東到梅岑山，梅子真煉藥處，梵書稱補陀洛伽山也〔六〕。南望桃花、馬秦諸山，東南望東霍山。土人云：自東霍轉而北行，盡昌國北界，有蓬萊山，衆山四圍峙立，旋繞小嶼，屹如千尺樓臺而中處〔七〕。又有沙山，細沙所積，海日照之有芒，手攫則霏屑下，漸成窪穴，潮過又補，終不稍損。旁有石龍蒼白，角爪鱗鬣皆具，亘三十里。舟經其下，西轉别爲洋山，又北則爲朐山、岱山、石蘭山，魚鹽者所聚。又自北而南，則爲徐偃王戰洋〔八〕。夫昌國本禹貢島夷，後乃屬越，曰甬句東，越王勾踐欲使吴王夫差居之，然不至也。海中之山，安期、羨門之屬或避秦亂至此，方士時未深入，或云三山在水底，或云山近則風引舟去，蓋妄説也。抱朴子亦云：古仙者之樂，登名山爲上。海中大島嶼，如會稽之東翁洲者，次之今昌國也。

【校勘記】

〔一〕多磁石　「多」，底本作「有」，川本作「名」，據滬本、竹本及嘉靖定海縣志卷一〇改。

〔二〕蝤蛑　底本脱「蝤」字，川本、滬本同，據竹本及嘉靖定海縣志卷一〇補。又「蛑」，滬本作「蚌」，誤。

〔三〕彈塗桀步 「彈」，底本作「殫」，川本同，據滬本、竹本及嘉靖定海縣志卷一〇改。
〔四〕歲或仰穀他邦 「邦」，川本、滬本、竹本同，嘉靖定海縣志卷一〇作「郡」。
〔五〕岩嶅山 「嶅」，底本作「客」，據川本、滬本、竹本及嘉靖定海縣志卷一〇改。
〔六〕補陀洛伽山 「洛」，底本作「濟」，川本同，據滬本、竹本及嘉靖定海縣志卷一〇改。
〔七〕屹如千尺樓臺 底本脱「屹」字，川本、滬本同，據竹本及嘉靖定海縣志卷一〇補。又，上引縣志「尺」作「丈」，竹本「尺」下注「一作丈」。
〔八〕徐偃王 「王」，底本作「之」，川本同，據滬本、竹本及嘉靖定海縣志卷一〇改。

西湖開浚之迹，古今尤著者〔一〕，白樂天、蘇子瞻、楊溫甫三公而已。樂天時，守土者得以便宜舉事，不煩陳請，而廷議亦不訾之。子瞻時，既上疏於哲宗，復具申於三省〔二〕，凡錢米工役具有成算，然已有劾之者，宰臣未免有兩罷之請，已不及樂天時矣。然考其興工，則元祐五年四月二十八日也，猶有先發後聞之體。至楊溫甫時，先申巡臺、藩、臬，俟其報可，然後敢白於朝，下工部詳議之，再俟報可，然後興事。終以開除額税未明，乃以少京尹再署府事〔三〕，何其危也。且樂天、子瞻開湖時，豈不廢墳墓，毁田廬，而民怨不敢作。即作矣，而糾察之吏不復以法繩之〔四〕，乃溫甫興久廢無窮之利，而卒爾爾〔五〕，誰復有任事之人哉。

杭州，省會之地，在城諸河，僅若溝澮，以故水輸陸産，輻輳而至者，皆以湖墅、江干爲市，城空無儲。識者憂之，欲浚廣城河，移市入郭，而形家者曰，杭城水皆西北下流，所恃稍瀦，以留王氣，開通則無瀦矣。於是復有湖墅築子城，包絡市河之議，顧非常之〔六〕，原難與慮始，儻不憚營繕而擇其便利植之，使緩急有恃，亦百世之慮也。縣志〔七〕。

苕溪，居邑之西偏，通霅溪、太湖，注於海。延袤百五十里，爲閘有五，曰化灣閘者，北注徑山，南注天目，承雙流之要衝焉。黄汝亨碑。南湖，在餘杭縣。一統志云：縣南五里有上湖，縣西二里有下湖。漢熹平中，縣令陳渾所開，築堤蓄水。唐寶曆中，令歸珧重修〔八〕。國朝永樂間，爲軍民占種，命尚書夏原吉勘復之。成化間，復爲土豪占種，巡按吕鍾問罪解京，田勒還官。今則上湖占據無餘，下湖僅存三分之二，傍湖之民，坐享其腴，而錢塘安樂鄉十有六里之小民，並遭滂没〔九〕。按水經注：錢塘故縣在靈隱山下。而西部都尉治，當在今城。光武時並廢，復不知何年復縣，乃以舊都尉治爲縣也。武林山，乃南北天竺、靈隱諸峯之總名。漢書云：武林水所出。今三竺、靈隱之溪是也。南則從捫壁嶺〔一〇〕，水出嶺，合雙桂、永清、月桂諸塢，北則從石人四源，合白沙、韜光諸塢。舊志曰：武林山有二水，南出者曰南澗，北來者曰北澗。邵重生。

【校勘記】

〔一〕古今尤著者　「尤」，底本作「名」，川本作「右」，滬本作「大」，據竹本及萬曆錢塘縣志紀談改。

〔二〕復具申於三省　「於三」，底本作「文于」，川本作「于之」，滬本作「于台」，據竹本及萬曆錢塘縣志紀談改。

〔三〕少京尹　「京」，底本作「榮」，川本同，據滬本、竹本及萬曆錢塘縣志紀談改。

〔四〕以法繩之　底本脱「之」字，川本同，據滬本、竹本及萬曆錢塘縣志紀談補。

〔五〕而卒爾爾　底本作「而率爾」，川本同，據滬本、竹本及萬曆錢塘縣志紀談改。

〔六〕顧非常之　川本同，滬本、竹本「之」下有「功」字，萬曆錢塘縣志紀疆亦有「功」字，此疑脱。

〔七〕縣志　「縣」，底本作「孫」，據川本、滬本、竹本改。本書上文乃録自萬曆錢塘縣志紀疆。

〔八〕歸珧　「珧」，底本作「班」，川本同，滬本作「斑」，據竹本及咸淳臨安志卷五〇、萬曆錢塘縣志紀文改。

〔九〕並遭渰没　「渰」，底本作「溝」，川本同，據滬本、竹本改。

〔一〇〕捫壁嶺　底本脱「壁」字，川本、竹本同，據萬曆錢塘縣志紀文補。又，滬本「壁」作「口」，誤。

海鹽　地勢南高北下，水皆北趨易涸。唐長慶中，令李諤始於縣西境開古涇三百一〔一〕。即今麻涇、簡涇之屬。宋淳熙九年，宗室趙善悉知秀州，孝宗中夜下金字牌，親札與善悉曰：「海鹽地高病旱，豈有水利可興者乎。」於是浚官塘，即運河〔二〕。及招寶、縣西南三十五里。烏坵、縣西三里〔三〕。陶涇縣北一里。三塘。萬曆五年，巡撫徐栻築塘海上，於塘之裏開白洋河，自城南至常川鋪〔四〕，長三十里，又開上河，自常川鋪至澉浦城下二十里，以通鹽貨，溉田二千餘頃，惟北至乍浦之半未開。其議起於鎮百户余騰蛟，工初興，人盡怨之，走避江右以免，及今享其利，人又頌余不置云。永安湖，在澉浦鎮西六里。周一十二里，溉田八千二百餘〔五〕。元時爲豪有力者決壞，有安撫使王濬奏復之〔六〕。國朝洪武中，遣官開浚，天順中，請旨重浚，以雨雪不果行。

【校勘記】

〔一〕古涇三百一 「涇」，底本作「徑」，川本、滬本同，據竹本及天啓海鹽縣圖經卷三改。

〔二〕運河 「運」，底本作「通」，川本同，據滬本、竹本及天啓海鹽縣圖經卷五改。

〔三〕三里 「里」，底本作「百」，川本同，據滬本、竹本及天啓海鹽縣圖經卷三改。

〔四〕常川鋪 「鋪」，底本作「鯆」，川本同，滬本作「浦」，據竹本及天啓海鹽縣圖經卷五改。下同。

〔五〕八千二百餘 川本、滬本、竹本同，天啓海鹽縣圖經卷五「二」作「三」。

〔六〕王濬 川本、滬本、竹本同，天啓海鹽縣圖經卷五「濬」作「濟」。

國家頒户口鹽於天下，俱赴運司關支，計口給散。官吏每口食鹽一十二斤，市民每口食鹽六斤，納鈔一貫。鄉民每口食鹽二斤二兩五錢，納米四升三合二勺。今鹽不頒已數世矣，而鹽、鈔、米折銀如故，與税糧同徵。起運者解布政司，委官解京，存留者解府，支給官吏俸鈔。國家之制，有歲辦以供國用，歲辦又分額辦、坐辦，二辦，國之大課，例不優免。官府均費曰雜辦，此項許優免，俱有定例。通志：操軍有原額，有收充，有逃亡，有清勾，未至實在之數，多寡無定名，雖云衛必五所，所必千軍，今亦難以一律論矣。此段在後。

本朝於省城置都指揮使司，統諸衛所〔一〕。衛所之在内地者主守禦，沿海者主備倭。衛在内地七，而沿海者九。衛各五所，其外又特設所三十四〔二〕，在内地者六〔三〕，而沿海者二十八。衛所之官〔四〕，各有定員，而沿海則特設總督都指揮一人，把總指揮四人，温、處、金、衢，即以分巡兼理兵備，而沿海則特設巡視副使一人。衛所之軍，各有總旗，有小旗。有操軍，操有演武場；有運軍，運有船；有屯軍，屯有田，有地，有池，有蕩。軍器有局，而沿海則又備戰有舡，守瞭有寨，傳警有烽堠墩臺。衛所之外有巡檢司，司有弓兵，而沿海居其半。通志。

【校勘記】

〔一〕統諸衛所　「統」，底本作「繞」，據川本、滬本、竹本及嘉靖浙江通志卷五七改。

〔二〕又特設所三十四　底本「又」下衍「有」字，川本、滬本同，據竹本及嘉靖浙江通志卷五七删。

〔三〕在内地者六　「六」，底本作「七」，滬本同，據川本、竹本及嘉靖浙江通志卷五七改。

〔四〕衛所之官　「官」，底本作「中」，川本、滬本同，據竹本及嘉靖浙江通志卷五七改。

宋史蘇軾傳：杭本近海，地泉鹹苦，居民稀少。唐刺史李泌始引西湖水作六井，民足於水。白居易又浚西湖水入漕河，自河入田，所溉至千頃，民以殷富。湖水多葑，自唐及錢氏，歲輒浚治。宋興，廢之，葑積爲田，水無幾矣。漕河失利，取給江潮，舟行市中，潮又多淤，三年一淘，爲民大患，六井亦幾於廢。軾見茅山一河專受江潮，鹽橋一河專受湖水，遂浚二河以通漕。復造堰牐，以爲湖水蓄泄之限，江潮不復入市。以餘力復完六井，又取葑田積湖中，南北徑三十里，爲長堤以通行者。吳人種菱，春種夏除〔一〕，不遺寸草，且募人種菱湖中，葑不復生，收其利以備修湖〔二〕，取救荒餘錢萬緡、糧萬石，及請得百僧度牒，以募役者。堤成，植芙蓉、楊柳其上，望之如畫圖，杭人名爲蘇公堤。浙江潮自海門東來，勢如雷霆，而浮山峙於江中，與漁浦諸山犬牙相錯，洄洑激射，歲敗公私船不可勝計。軾議自浙江上流地名石門，並山而東，鑿爲漕河，引浙江及溪谷諸水二十餘里，以達於江，又並山爲岸〔三〕，不能十里，以達龍山大慈浦，自浦北折，抵小嶺，鑿嶺六十五丈，以達嶺東古河，浚古河數里，達於龍山漕河，以避浮山之險，人以爲便。奏聞，有惡軾者力阻之，功以故不成。俞獻卿傳：知杭州。暴風，江潮溢，決堤。獻卿大發卒鑿西山，作堤數十里，民以爲便。馬亮傳：知杭州。先是江濤大溢，調兵築堤，而工未就。詔問所以捍江之策，亮褱詔禱伍員祠下〔四〕，明日潮爲之却，出橫沙數里，堤遂成。余良肱傳：通判杭州。江潮善溢，漂官民廬舍。良肱疊石堤二十里障之，潮不爲害。毛漸傳：爲江東、兩浙轉運副使。案錢氏有國時故事，起長安堰至鹽官，徹清水浦入於海。張杓傳〔五〕：知臨安。修三牐，復六井。

元史世祖紀：至元二十二年，桑哥言〔六〕：楊輦真加云，會稽有泰寧寺，宋毁之以建寧宗等攢宮，錢塘有龍華寺，宋毀之以爲南郊。皆勝地也，宜復爲寺，以爲皇上、東宫祈壽。時寧宗等攢宮已毀，建寺，敕毀郊天臺，亦建寺焉。申屠致遠傳：西僧楊璉真加作浮圖於宋故宫，欲取高宗所書九經石刻以築基〔七〕，致遠力拒之，乃止。

董摶霄傳：至正十二年，命移軍援江南，遂渡江至德清，而徽、饒賊已陷杭州。摶霄曰：賊皆野人，見杭州子女玉帛，非平日所有，必縱慾，不暇爲備，宜急攻之。遂進兵杭城。賊迎敵，至鹽橋，摶霄麾壯士突前，斬殺數級，而諸軍相繼夾擊之，凡七戰，追殺至清河坊，賊奔接待寺，塞其門而焚之，賊皆死，遂復杭州。徽境賊復自昱嶺關寇於潛〔八〕，行省令摶霄討之〔九〕。引兵至臨安新溪，是爲入杭要路，既分兵守之而始進，兵至叫口及虎檻〔一〇〕，遇賊皆大破之，追殺至於潛，遂復其縣。既又克復昌化縣及昱嶺關，降賊將潘大爺等二千人。賊又有犯千秋關者〔一一〕，摶霄還軍守於潛，而賊兵大至，焚城郭廬舍。摶霄遣人執白旗登山望賊，又伏兵城外，皆授以火炮，已而旗動炮發〔一二〕，兵乃盡出，斬首數千級，遂復千秋關。未幾，賊復攻獨松、百丈、幽嶺三關，摶霄乃先以兵守多溪。多溪，三關要路也。既又分爲三軍：一出獨松，一出百丈，一出幽嶺，然後會兵擣賊巢，遂乘勝復安吉，七戰而克之，賊將以其徒來降者數百人。既數日，賊復來窺獨松，摶霄即以兵守苦嶺及黄沙嶺，遣偏將余思忠焚賊砦。明日，進兵廣德，克之。桂完澤傳：賊攻昱嶺關，再戰關下，皆勝。

【校勘記】

〔一〕春種夏除　「種」，底本作「取」，川本作「輙」，據滬本、竹本改。宋史蘇軾傳作「春輒芟除」。

〔二〕收其利以備修湖　底本脱「收」字，川本同，據滬本、竹本及宋史蘇軾傳補。

〔三〕又並山爲岸　「並」，底本作「沿」，川本作「益」，據滬本、竹本及宋史蘇軾傳改。

〔四〕亮褒詔禱伍員祠下　「褒詔」，底本作「詔」，旁注「詣」，川本、竹本同，滬本作「詣」，據宋史馬亮傳改。

〔五〕張杓傳　「杓」，底本作「杓」，川本、滬本、竹本同，據宋史張杓傳改。

〔六〕桑哥　「哥」，底本作「奇」，川本同，據滬本、竹本及元史世祖紀改。

〔七〕高宗所書九經石刻　「書」，底本作「畫」，據川本、滬本、竹本及元史申屠致遠傳改。

〔八〕徽境賊復自昱嶺關寇於潛　「徽」，底本作「徵」，川本同，據滬本、竹本及元史董摶霄傳改。「昱」，底本脱，川本同，據滬本、竹本及元史董摶霄傳補。

〔九〕行省　「省」，底本作「有」，川本同，據滬本、竹本及元史董摶霄傳改。

〔一〇〕兵至叫口　底本脱「至」字，川本同，據滬本、竹本及元史董摶霄傳補。

〔一一〕賊又有犯千秋關者　底本脱「犯」字，川本同，據滬本、竹本及元史董摶霄傳補。

〔一二〕已而旗動炮發　底本脱「發」以上五字，川本同，竹本脱「已」字，據滬本及元史董摶霄傳補。

仁和　鳳凰山。　萬松嶺，在鳳山門外。　皋亭山。　臨平山，在縣東北五十四里。下有臨平湖，吳孫皓時，吳郡上言，臨平湖自漢末草穢壅塞，今忽開通，長老相傳，此湖開，天下平。

晧以爲瑞，已而晉武平吳。新運河，在武林門外，北新橋之北。通蘇、湖、常、鎮等府，凡舟不入上塘河者，皆行於此。宋淳祐七年，大旱，運河乾涸。安撫趙與𥲅疏言：下塘水道有二，一自東遷至北新橋，今已斷流；一自德清至沿溪入奉口至北新橋，間有積水，以致商旅不行，米價騰踊。乃募夫開鑿，自北新橋至狗葬，開闊三丈，深四尺，自狗葬至奉口，開闊一丈，民稱便焉。元至正末，張士誠以舊河窄狹，復自武林港開至北新橋〔一〕，又南至江漲橋，闊二十餘丈，遂成大河。此地有三里漾、十二里漾，風波唐突，無塘遮護，爲盜賊淵藪。正統七年，通判易輗條上利害，巡撫都御史周忱便宜措置，自北新橋起，迤北而東至崇德縣界，修築岸一萬三千二百七十二丈四尺，橋七十二座，水陸並行，便於漕餉，今名下塘。海門，在縣東北五十里。海寧之赭山，與紹興之龕山對峙，海潮由是門入於浙江。

【校勘記】

〔一〕武林港 「武」，川本、滬本、竹本作「五」。

錢塘　孤山屹立西湖中。世説補〔一〕：林逋隱居孤山，常畜兩鶴，縱之則飛入雲霄，盤旋久之，復入籠中。逋常泛小艇西湖諸寺，有客至逋所居，則一童子應門，延客坐，爲開籠縱鶴，良久，逋必棹小船而歸，常以鶴飛爲客至之候。　葛嶺。　武林山，俗稱西山，在縣西一十五里。

周一十二里，其峯之北起者曰北高峯，山前有飛來峯。　南屏山，在縣西一十里。　秦望山，在縣南一十二里。輿地志：秦始皇欲渡會稽，登此南望，因名。　有羅刹石在山之東南，横截江濤，五代開平中，爲潮沙漲没。　定山，在錢塘江上。　高七十五丈，周迴九里有奇，江濤至是輒抑，過則濆怒若雷[一]。

浮山，在縣東南四十里。　海潮入錢塘江，勢若雷霆，而浮山峙於江中，與漁浦諸山相望，潮乃迴伏激射，若神憑焉。　吴越文穆王墓，在龍山之南原，和凝撰神道碑[三]。　忠獻王墓，在龍山之南原，太常卿張昭撰神道碑。　廟山，在浮山南十里，潮勢至此方殺。

【校勘記】

〔一〕世説補　底本脱「補」字，川本同，據滬本、竹本及世説補補。

〔二〕濆怒若雷　「濆」，底本作「漬」，川本同，據滬本、竹本改。

〔三〕和凝　底本作「初擬」，川本同，據滬本、竹本及萬曆杭州府志卷四九改。

六井。　杭瀕海，水泉鹹苦，唐刺史李泌引西湖作六井，以便民汲。　白居易爲刺史，復開治之。　宋沈遘、陳襄，相繼知杭州，益加修浚，民獲其利。　蘇軾記云：長源六井，其最大者在古清湖，爲相國井。其西爲西井。少西而北，爲金牛池。又北而西，附城爲方井，爲白龜池。又北而東，至錢塘縣治之南爲小方井。

西湖，故明聖湖也。周繞三十里，三面環山，溪谷縷注，下有淵泉百道，瀦而爲湖。漢時金牛見湖中，人言明聖之瑞，遂稱明聖湖。以其介於錢塘也，又稱錢塘湖。以其輸委於下湖也，又稱上湖。以其負郭而西也，故稱西湖云。中唐以前〔一〕，史籍莫考。代宗時，李泌爲杭州刺史，憫市民苦江水之鹵惡也〔二〕，開六井，鑿陰竇，引湖水以灌之，民賴其利。長慶初，白樂天重修六井，甃函、筧，以蓄泄湖水〔三〕，溉沿河之田。其自序曰：每歲減湖水一寸，可溉田十五餘頃。每一復時，可溉田五十餘頃。此州春多雨，夏秋多旱，若堤防如法，蓄泄及時，即瀕湖千餘頃無凶年矣。又曰：舊法泄水，先量湖水淺深，待溉田畢，即還原水尺寸。往往旱甚，則湖水不充。今年築高湖堤數尺，水亦隨加，脱有不足，更決臨平湖，即有餘矣。湖中有無税田數十頃，湖淺則田出，有田者率盜決以利其私田。故函、筧非灌田時，並須封閉，漏泄者罪坐所由，即湖水常盈，蓄泄無患。吴越王錢鏐時，湖葑蔓合。乃置撩兵千人以芟草浚泉，又引湖水爲湧金池〔四〕，以入運河，而城郭内外，增建佛廬者以百數。蓋其時偏安一隅，財力殷阜，故興作自由。宋初，湖漸淤壅。景德四年，郡守王濟增置斗門，以防潰溢，而僧民規占者已去其半。天禧中，王欽若奏以西湖爲放生池，祝延聖壽，禁民采捕，自是湖葑並塞。慶曆初，郡守鄭戩復開浚之。嘉祐間，沈文通守郡，作南井於美俗坊，亦湖水之餘派也。元祐五年，蘇軾守郡，上言：杭州之有西湖，如人之有眉目也。自唐以來，代有浚治，國初廢置，遂成膏腴。熙寧中，臣通判杭州，葑合纔十二三，到今十六七年，又塞其半，更二十年〔五〕，則無西湖矣。臣愚以爲西湖有不可廢者五：自故相王欽若奏以西湖爲放生池，每歲四月八日，郡人數萬集湖上，所活羽毛鱗介以百萬數，爲陛下祈福，若任其堙塞，使蛟龍魚鼈同爲涸轍之鮒，臣子視之，亦何心哉，此西湖之不可廢者一也。杭州故海地，水泉鹹苦，民居零落。自李泌引湖水作六井，然後民足取汲，而生聚日繁。今湖狹水慳，六井漸壞，若二十年後盡爲葑田，則舉城復食鹹苦，民將耗散，此西湖不可廢者二也。白居易開湖記云：蓄泄及時，可溉田千頃。今縱不及此數，而下湖數十里，茭菱禾黍〔六〕，仰賴不貲〔七〕，此西湖不可廢者三也。西湖深廣，則運河取藉於湖水〔八〕，若湖水不足〔九〕，則必取藉於江潮。潮之所經〔一〇〕，泥沙渾濁〔一一〕，一石五斗，不出三歲，輒調兵夫十餘萬開浚，而舟行市中蓋十餘里，吏卒騷擾，泥水狼藉，爲居民大患，此西湖不可廢者四也。天下官酒之盛，未有如杭州者也，歲課二十餘萬緡，水泉之用，仰給於湖。若湖水不足，則當勞人遠負山泉，歲不下二十萬工，此西湖不可廢者五也。今湖上葑田二十五萬餘丈，度用夫二十餘萬工。近者蒙恩免上供額斛五十餘萬石，出糶常平亦數十萬石。臣謹以聖意斟酌其間，增價中米減價出賣，以濟饑民，而增減折耗之餘，尚得錢米一萬餘石貫，以此募民開湖，可得十萬工。自四月二十八日開工，蓋梅雨時行，則葑根易動〔一二〕，父老縱觀，以爲陛下既捐利與民，活此一方，而又以其餘興久廢無窮之利〔一三〕，使數千人得食其力，以度凶年，蓋有泣下者。但錢米有限，所募未廣，若來者不繼，則前功復隳。近蒙聖恩，特賜本州度牒一百道，若更加百道，便可濟事。臣自去年開浚茅山、鹽橋兩河〔一四〕，各十餘里，以通江潮，猶慮缺乏，宜引湖水以助之，曲折闤闠之間，便民汲取，及以餘力修完六井、南井，爲陛下敷福州民甚溥，朝議從之。乃取葑泥積湖中，南北徑十餘里，爲長堤以通行者。募人種菱取息，以備修湖之費。自是西湖大展，至紹興建都，生齒日富。湖山表裏，點飾浸繁，離宫别墅，梵宇仙居，舞榭歌樓，彤碧輝列，豐媚極矣。嗣後郡守湯鵬，安撫周淙，京尹趙與篙、潛説友遞加浚理。而與篙復因湖水旱竭，乃引天目山之水，自餘杭塘達溜水橋，凡歷數堰，桔槔運之，仰注西湖，以灌城市。其時君相淫佚，荒恢復之謀，論者皆以西湖爲尤物破國，比之西施云。元懲宋轍，廢而不治，兼政無綱紀，任民規竊，盡爲桑田。國初籍之，遂起額税。蘇堤以西，高者爲田，低者爲蕩，阡陌縱横，鱗次作乂，曾不容刀。蘇堤以東，縈流若帶。宣德、正統間，治化隆洽，朝野恬熙。長民者稍稍搜剔古迹〔一五〕，粉繪太平，或倡浚湖之議〔一六〕，憚更版籍，竟至閣寢。嗣是都御史劉敷、御史吴文元等，咸有題請，而浮議蜂起，有力者百計阻之。成化十年，郡守胡濬稍闢外湖〔一七〕。十七年，御史謝秉中、布政使劉璋〔一八〕、按察使楊繼宗等，清理續占。弘治十二年，御史吴一貫修築石閘，漸有端緒矣。正德三年，郡守楊孟瑛鋭情恢拓〔一九〕，力排羣議，言於御史車梁、僉事高江，上疏請之，以爲西湖當開者五。其略曰：杭州地脈，發自天目，羣山飛翥，駐於錢塘〔二〇〕。江湖夾抱之間，山停水聚，元氣融結，故堪輿之書有云：勢來形止，是爲全氣，形止氣蓄，化生萬物。又云：外氣横形，内氣止生。故杭州爲人物之都會，財賦之奥區，而前賢建立城郭，南跨吴山，北兜武林，左帶長江，右臨湖曲，所以全形勢而周脈絡，鍾靈毓秀於其中。若西湖占塞，則形勝破損，生殖不繁。杭城東、北二隅，皆鑿濠塹，南倚山嶺，獨城西一隅，瀕湖爲勢，殆天塹也。是以湧金門不設月城，實倚外險，若西湖占塞，則塍徑綿連〔二一〕，容姦資寇，折衝禦侮之便何藉焉？唐、宋已來，城中之井，皆藉湖水充之，今甘井甚多，固不全仰六井、南井也。然實湖水爲之本源，陰相輸灌，若西湖占塞，水脈不通，則一城將復鹵飲矣。況前賢興利以便民，而臣等不能纂已成之業，非爲政之體也。五代以前，江潮直入運河〔二二〕，無復遮捍〔二三〕。錢氏有國，乃置龍山、浙江兩閘，啓閉以時，故泥水不入。宋初崩廢，遂至淤壅，頻年挑浚。蘇軾重修堰閘，阻截江潮，不放入城，而城中諸河，專用湖水，爲一郡官民之利。若西湖占塞，則運河枯澀，所謂南柴北米，官商往來，上下阻滯，而閭閻貿易，苦於擔負之勞，生計亦窘矣。杭城西南，山多田少，穀米蔬蔌之需，全賴東北。其上塘瀕河田地〔二四〕，自仁和至海寧，何止千頃，皆藉湖水以救亢旱，若西湖占塞，則上塘之民，緩急無所仰賴矣。此五者，西湖有無，利害明甚，第壞舊有之業，以傷民心，怨讟將起，而臣等不敢顧忌者，以所利於民者甚大也。部議報可，乃以是年二月興工，先是郡人通政何琮，嘗繪西湖二圖〔二五〕，並著其説，故温甫得以其概上請。蓋爲傭一百五十二日，爲夫六百七十萬，爲直銀二萬三千六百七兩，斥毁田蕩三千四百八十一畝，除豁額糧九百三十餘石，以廢寺及新墾田糧補之。自是西湖始復唐、宋之舊，蓋自樂天之後，二百歲而得子瞻，子瞻之後，四百歲而得温甫。邇來官司禁約浸弛，豪民頗有侵圍爲業者。夫陂堤川澤，易廢難興，與其浩費於已隳，孰若旋修於將壞。況西湖者，形勝關乎郡城，餘波潤於下邑，豈直爲魚鳥之藪，遊覽之娱，若蘇子眉目之喻哉。

按郡志，西湖故與江通。據酈道元水經注及駱賓王、楊巨源二詩爲證，竊謂不然。水經云：漸江水出三天子都〔二六〕，北過餘杭，東入於海。注云：漸江一名浙江，出丹陽黟縣南蠻中。東北流至錢唐縣，又東經靈隱山，山下有錢唐故縣，浙江逕其南，縣側有明聖湖，又東合臨平湖，經槎瀆注於海。夫水經作於漢、魏時，已有明聖湖之號〔二七〕，不得於唐時復云湖與江通也。水經又言：始皇將遊會稽，至錢唐，臨浙江，不能渡，乃道餘杭之西津。後人因此指大佛頭爲始皇纜舡石，以徵西湖通江之説。殊不知西津未必指西湖也。至於駱賓王靈隱寺詩〔二八〕：樓觀滄海日，門對浙江潮。楊巨源詩有云：曾過靈隱江邊寺，獨宿東樓看海門〔二九〕。與水經所稱浙江東經靈隱山相合，而西湖通江之説，泥而不解。夫巨源與樂天同時，使泥其詩以爲江潮必經靈隱山以通西湖也，則明聖之號，不當豫立於漢、魏時。而樂天經理西湖時，未聞有江潮侵齧之患。

況自靈隱山而南，重岡複嶺，隔截江滸者二十餘里，何緣越度以入西湖哉？要之，漢、唐之交，杭州城市未廣，東北兩隅，皆爲斥鹵，江水所經。故今闤闠之中，街坊之號，猶有洋壩、前洋、後洋之稱。所謂合臨平湖，經槎瀆，以入於海者，理或有之。若西湖，則自古不與江通也。乃今江既不經臨平，繞越州而東注，而靈隱之南，吳山之北，斥鹵之地，皆成民居，而古迹益不可考矣〔三〇〕。

唐書白居易傳：長慶二年，爲杭州刺史，始築堤捍錢唐湖〔三一〕，鍾泄其水〔三二〕，溉田千頃，復浚李泌六井，民賴其汲〔三三〕。六井，曰相國井、西井、金牛池、方井、白龜池、小方井。白樂天治湖浚井，刻石湖上。宋嘉祐中，沈文通於六井之南爲南井。熙寧六年，陳襄修六井。元祐五年，蘇軾復治六井與沈公井，改作瓦筒，又創爲二井。甘泉坊，與井亭橋對。相國井有二，皆唐鄴侯李公泌所鑿也。自江潮避錢唐而擊西陵，沮洳鹵斥化爲平原，今之城市聚落，皆江流故地也。其水苦惡，惟負山鑿井，乃得甘泉，而所及不廣。唐宰相李泌，以德宗興元時〔三四〕，守杭州，始作六井，引湖水以濟民。其最大者在古清河，爲相國井；其西爲西井，又名化成井；少西而北爲金牛池；又北而西，附城爲方井，爲白龜池；又北而東，至錢唐縣舊治之南，爲小方井。金牛之廢久矣。出湧金門並湖而北，有水牐二〔三五〕，注以石溝，貫城而東者，相國、方井之所從出也。若西井，則相國之别派也。而白龜池、小方井，皆爲匿溝湖底，無所用牐。此六井之大略也。長慶間，白居易纘鄴侯之績而浚治之，民以爲利。宋熙寧間，六井皆廢，民苦遠汲。郡守陳述古命僧仲文、子珪等董其事，發溝易甃，補苴罅隙，而相國之水溢流〔三六〕，千艘更載而貿之。元祐五年，蘇軾復引六井，餘波至威果、雄武五營之間，創爲二井。乾道三年，轉運周淙重加浚治〔三七〕。淳祐七年，安撫趙與𥲅，自湧金門北至錢唐門，水口所入，咸作石檽，禁民不得植菱荷以穢水。咸淳間，内侍陳毓賢築室於靈芝寺前，劉公正於相國祠前洗馬，御史鮑度劾之，皆奪職。自宋迨今，將三百年，曠廢不理，惟相國井、西井僅存。而城中之井，無慮數萬餘，未必全賴六井也。唐、宋守臣，遞相修浚，旋復壅塞，蓋延引紆遠，則筒槽崩裂。而相國、西井至今不竭者，蓋有自然之源，不係於水口之修不修也。父老言，大旱若宋淳祐間，西湖龜坼〔三八〕，六井斷流，獨吳山大井，日下萬綆，遠近賴之。蓋自宋以前，城市地脈，猶帶江滋，故多苦惡。迨今去江日久，土膏融液，霖雨滲漉，鹵斥全消，淳釀甘淡，凡井皆良，故六井之利不顯。當鄴侯時，民之仰賴者，豈可同日語哉。

【校勘記】

〔一〕中唐以前　「中唐」，川本、滬本、竹本同，西湖遊覽志卷一作「六朝」。

〔二〕市民　「市」，底本作「士」，川本、滬本同，據竹本及西湖遊覽志卷一改。

〔三〕以蓄泄湖水　「湖」，底本作「潮」，據川本、滬本、竹本及西湖遊覽志卷一改。

〔四〕又引湖水爲湧金池　底本脱「水」字，川本同，據滬本、竹本及西湖遊覽志卷一補。

〔五〕更二十年　「二十」，底本作「十二」，川本、滬本同，據竹本及西湖遊覽志卷一乙正。

〔六〕茭菱禾黍　「黍」，川本、滬本同，竹本作「麥」，同西湖遊覽志卷一。

〔七〕仰賴不貲　「貲」，底本作「支」，川本同，據滬本、竹本及西湖遊覽志卷一改。

〔八〕取藉於湖水　「於湖」，底本作「乎河」，川本同，據滬本、竹本及西湖遊覽志卷一改。

〔九〕若湖水不足　「水」，底本脱，川本同，據滬本、竹本及西湖遊覽志卷一補。

〔一〇〕潮之所經　底本脱「之」字，川本同，據滬本、竹本及西湖遊覽志卷一補。

〔一一〕泥沙渾濁　底本作「泥沙濘濁」，川本作「泥濘濁」，據滬本、竹本及西湖遊覽志卷一改。

〔一二〕則葑根易動　「動」，底本作「生」，川本同，據滬本、竹本及西湖遊覽志卷一改。

〔一三〕興久廢無窮之利　「久」，底本作「其」，川本同，據滬本、竹本及西湖遊覽志卷一改。

〔一四〕茅山鹽橋兩河　「兩」，底本作「西」，川本、滬本同，據竹本及西湖遊覽志卷一改。

〔一五〕長民者稍稍搜剔古迹　底本脱「者」字，川本同，據滬本、竹本及西湖遊覽志卷一補。

〔一六〕或倡浚湖之議　「議」，底本作「意」，川本同，據滬本、竹本及西湖遊覽志卷一改。

〔一七〕稍闢外湖　「稍闢」，底本作「捐開」，川本同，據滬本、竹本及西湖遊覽志卷一改。

〔一八〕布政使　「使」，底本作「司」，川本、滬本同，據竹本及西湖遊覽志卷一改。

〔一九〕鋭情恢拓　底本缺「恢」字，川本同，據滬本、竹本及西湖遊覽志卷一補。

〔二〇〕駐於錢塘　「駐」，底本作「注」，川本、滬本、竹本同，據西湖遊覽志卷一改。

〔二一〕則塍徑綿連　「徑」，底本作「術」，川本、竹本同，滬本作「道」，據西湖遊覽志卷一改。

〔二二〕江潮直入運河　「潮」，底本作「湖」，川本同，據滬本、竹本及西湖遊覽志卷一改。

〔二三〕無復遮捍　「遮」，底本作「週」，川本同，據滬本、竹本及西湖遊覽志卷一改。

〔二四〕其上塘瀕河田地　底本脱「其」字，川本同，據滬本、竹本及西湖遊覽志卷一補。

〔二五〕西湖二圖　「二」，底本作「湖」，川本同，據滬本、竹本及西湖遊覽志卷一改。

〔二六〕漸江水　「漸」，底本作「淛」，川本同，據滬本、竹本及水經漸江水、西湖遊覽志卷一改。下同。「水」，底本脱，川本、滬本、竹本同，據水經漸江水補。

〔二七〕明聖湖　「湖」，底本脱，川本、竹本同，據滬本及西湖遊覽志卷一補。

〔二八〕靈隱寺詩　川本、滬本同，竹本「詩」下有「有云」二字，同西湖遊覽志卷一。

〔二九〕獨宿東樓看海門　「東」，底本作「南」，川本、滬本同，據竹本及西湖遊覽志卷一改。

〔三〇〕而古迹益不可考矣　「益」，底本作「亦」，川本同，據滬本、竹本及西湖遊覽志卷一改。

〔三一〕錢唐湖　「湖」，底本作「潮」，川本、竹本同，據滬本及新唐書白居易傳改。

〔三二〕鍾泄其水　「其」，底本作「井」，川本、滬本、竹本同，據新唐書白居易傳改。

〔三三〕民賴其汲　「汲」，底本作「澤」，川本、滬本同，據竹本及新唐書白居易傳改。

〔三四〕以德宗興元時　川本、滬本、竹本同，西湖遊覽志卷一三「以」作「當」。

〔三五〕出湧金門並湖而北有水牐二　底本作「出湧金門而北，並湖有水牐二」，川本、竹本同，據滬本及西湖遊覽志卷一三乙正。

〔三六〕相國之水溢流　川本、滬本、竹本同，西湖遊覽志卷一三作「相國之水，清冽溢流」。

〔三七〕周淙　「淙」，底本作「琮」，川本、滬本、竹本同，據宋史河渠志、西湖遊覽志卷一三改。

〔三八〕西湖龜坼　「坼」，底本作「拆」，川本、竹本同，據滬本及西湖遊覽志卷一三改。

杭州城垣，創於隋楊素者，周廣三十六里有奇，廣於錢鏐者，七十里。元時禁天下修城，以示一統，而内外城隍，日爲居民所平〔一〕。至正十六年，張士誠陷姑蘇，拔浙西五郡。十九年，發松江、嘉興、湖州、杭州民夫復築焉。晝夜幷工，三月而完。城周六千四百丈有奇，高三丈，厚視高加一丈，而殺其上得厚四之一焉〔二〕。舊城包山距河，故南北長。時則自艮山門外至清泰門以東，視舊則拓開三里，而絡市河於内。自候潮門以西，則縮入二里，而截鳳山於外，明興因之。

西湖志：杭州府儒學，本宋太學，後爲崇文閣，即宋稽古閣也。俗稱尊經閣，内有宋高宗御書易、詩、書、左氏春秋、中庸、大學、學記、儒行、經解、論語、孟子等篇石刻，又有聖賢像贊，宋理宗道統十三人贊，蘇軾表忠觀碑。今泮池之東南門内，有正德二年石刻，記其陰曰：宋御書石經，易二通，書七通，詩十一通，春秋四十八通，論語七通，中庸一通，孟子一十通，宋御製帝王贊序二通，宋御製帝王贊四通，宋御製聖賢贊四通，宋聖賢圖像十二通，宋寧遠記一通，宋敕封忠顯王詔旨一通，宋封正顯侯敕諭一通，宋表忠觀記四通，今多刓泐，然其數不缺。石經在大成門外兩旁，帝王聖賢石刻在明倫堂後閣，已毁，爲平屋覆之。

演繁露潘洞浙江論云：胥山西北，舊皆鑿石以爲棧道。景龍四年，沙岸北漲，地漸平坦，桑麻植焉。州司馬李珣始開沙河，水陸成路，事見杭州龍興寺圖經。胥山者，今吳山也。吳山有廟，相傳其神伍子胥故也。又州圖經云：塘在縣南五里，此時河流去青山未甚遠，故李紳詩曰：猶瞻伍相青山廟。又曰伍相廟前多白浪也。景龍沙漲之後，至於錢氏，隨沙移岸，漸至鐵幢，今新岸去青山已逾三里，皆通衢，居民甚衆。此圖經之言也。及今紹興間，紅亭沙漲，其沙又遠在青山西南矣。

宋史鄭戩傳：以資政殿學士知杭州。錢唐湖溉民田數千頃，錢氏置撩清軍，以疏淤填之患。既納國後不復治，葑土堙塞，爲豪族僧坊所占冒，湖水益狹。戩發屬縣丁夫數萬闢之，民賴其利。事聞，詔本郡歲治如戩法。

海寧　金牛山，在縣東八十三里。高三百丈，周迴一十九里。側有深洞，宋建炎初，黃灣

【校勘記】

〔一〕日爲居民所平　「居民」，底本作「民居」，據川本、滬本、竹本及萬曆杭州府志卷三三乙正。

〔二〕得厚四之一焉　川本、滬本、竹本同，萬曆杭州府志卷三三「一」作「三」。

居民多避虜於此。黄灣山，舊名盈山，在縣東南六十里。高八十九丈，周迴九里，有黄灣浦。望夫山，在縣東南六十二里。高七十五丈，東抵海鹽界。廟山，在縣東南六十八里。高九十七丈，周迴九里，東至海鹽縣界。雷山，在縣西南四十里。在江心。山形圓小，海潮蕩激，漸徙入海。硤石山，有東、西二山，中隔一河，在縣東北□□里硤石鎮〔一〕。赭山，在縣西南四十五里。高七十五丈，與紹興龕山相對，是爲海門，設巡檢司。海，在縣南一十里。西接浙江，衝激不常，舊有捍海塘二：一曰鹹塘，一曰淡塘。唐書載：鹽官縣有海堤，長二百四十里，開元初重築。在宋時數崩陷。本朝永樂十四年，詔籍兩浙民夫數萬修築，逾年成，海患始息。長安壩，在縣西北二十五里長安鎮。設三閘防水，以時蓄泄。莊婆堰，在縣西北三十里。恒啓不閉，以通太湖之水，甚爲民利。海昌亭，在縣西北二十五里，長安上閘之旁。自杭循東道行上湖，必於此艤纜，以需啓鑰。按今之漕運及使節往來，皆取道下河，長安古驛湮廢已久。但自崇德而南，凡取道上湖者，信宿抵杭，比下河實便。故今之商旅由上湖者，往往十六七，異日滄桑變易，事固難知，仍存以備考。臨平湖，今大半入仁和縣。

【校勘記】

〔一〕在縣東北□□里硤石鎮　川本、滬本、竹本同。紀要卷九〇海寧縣：「硤石山，縣東北六十里。」清統志卷二八三同，此缺爲「六十」二字。

富陽　小隱山，在縣北一里，爲縣治鎮山。　觀山，在縣東一里。一名鶴山，又名石頭山，一峯高聳，横截大江。　貝山，在縣西三十里。高三百丈，又廣七十八里。山頂有湖，步橋水出焉。　湖洑山，在縣西南五十里。高三百丈，廣一百三十二里，有石樓、石城。里人於此避方臘之亂。山下出泉，名曰錦溪，東流繞錦明山，注於富春江。　陽平江，在縣南一十五里。廣二十里，南面大江。　舊有孫鍾宅，墓亦在焉。　湖洑水，在縣西南九十里。有蜮嘗含沙射人，每至夏，人不敢渡。　陽陂湖，在縣北一十里。周六十里。唐貞觀中，縣令郝期開湖並造水閘，可溉田萬畝。明興，洪武間，又量計六百三十五畝，照例起科納税。

餘杭　徑山。　齊亭山，在縣西北四十里。上接徑山，高崖瀑布，懸數十丈，一名斜坑。高陸山，在縣西北七十五里。高三百丈，周五十里。南界臨安，北界安吉。雙溪之源出焉。舟航山，在縣西北二十五里。高一百七十丈，周一十里。舊經：禹治水維舟此山。今頂有石穴。　大滌山。　天柱山，在縣西南一十八里。高六百六十丈，與大滌對峙，四隅陡絶，中突一峯，有參天之勢。舊志：天柱在中國有三：一在壽陽，一在龍舒，此其一云。　餘杭山，在縣南二十六里。一名由拳山，吳大帝時，郭暨猷自由拳來隱此，故名。高三百八十丈，周一十五里。獨松嶺，在縣西北九十里。高四十二丈，有關名獨松關。雙溪，在縣北三十五里。縣志仇溪，在縣東北二十里。西出高陸山，東出獨松嶺，合流縣西北十五里仇山下，入於苕溪。云：圖經苕溪發源天目，經於潛、臨安二縣，東流百五十里至本縣，又東流二十七里至錢塘界，東北流六十二里，入湖州德清縣界，而匯於震澤，與省志「分爲二枝〔一〕，一枝自錢塘入江」者異。南上湖，在縣南五里。周三十二里，與下湖相接。南下湖，在縣西〔旁注〕本志：南。二里。周三十四里，一百八十二步。見錢塘下。

【校勘記】

〔一〕省志　底本脱「志」字，川本同，據滬本、竹本補。

臨安　臨安山，在縣西南十八里。高百丈，周二十三里，縣因此山爲名。晉書：郭文自臨安來，結廬山中。及蘇峻之亂，破餘杭而臨安獨全，人以文爲先見。黄嶺山，在縣西南三十里。高八百丈，周三十五里。沈嶺山，在縣西南四十里。又名筍嶺，高一百丈，周三十里，界於新城。井戈山，在縣西六十里。高二千一百丈，周一百五十里。山路縈紆，行如負戈入井，界於安吉。　西徑山，在縣北五十里。山之東南屬餘杭者爲東徑山。

於潛　西天目山，去縣四十五里。　石柱山，在縣東五里。高三百丈，發自天目，爲縣主山。上有石柱，柱有古篆文，或曰秦皇所刻，今剥落不可辨。　閱武山，在縣北五十里。吴越錢氏置寨以禦敵。又北五里曰千秋嶺，高三百丈。舊有關，接直隸寧國府界。　浮溪，在縣西二里。源自天目，東南流七十里，入桐廬。　藻溪，在縣東二十里。發源落雪山，南流六十里，入分水界。　潛州城，在縣東七里。唐武德中築，置州並臨水縣，尋廢，今其地名城嶺。　紫溪縣城，在縣南三十里。唐垂拱初，析於潛置，後改曰武隆，尋廢。　吴興記曰：於潛縣東七十里有印渚，渚旁有白石山，峻壁四十丈。印渚蓋衆溪之下流也，印渚以上至縣，悉石瀨惡道，不可行船。印渚以下，水道無險，故行旅集焉。世説：王胡之至吴興印渚中看，嘆曰：非唯使人情開滌，亦覺日月清朗。

新城　百丈山，在縣南五里，鼉江繞其下。　漁洲山，在縣西六十五里。高三百丈，中有合龍池，深莫能測，相傳源通天目，西溪之水出焉。　西溪，在縣西七十里。東流至三溪口，又東流，與於潛天目之水合流，入於桐江。

昌化　柳相山，在縣東南二十五里。〔旁注〕省志：三十里。高一千八十丈，周一百三十里。柳溪之源出焉，東接於潛縣紫溪，南入分水縣界。　百丈山，在縣西三十里，高一千五百丈。福泉山，在縣西南本志：南。五十里。高一千丈，周四十五里，其最高峯曰銅坑，東接分水，南帶淳安，西亘績溪，絶頂有龍池三〔一〕，出雲則雨。　大明山，在縣西八〔旁注〕本志：九。十里。高一千一百丈，山巔平廣三千餘畝，南跨嚴州。　昱嶺，在縣西七十里。高七十五丈，山勢險阻，爲徽、杭之界，昔嘗置關於此。元至正中，紅巾寇由此入犯杭州。　柳溪，在縣東南二十五里。乃一邑聚水合流之口，亘三十里，巨石參錯，水勢湍激。　蘧溪，一名巨溪，源出昱嶺，至縣西會於晚溪。　晚溪，在縣西七里〔二〕。東流至近縣，有洲，中分爲雙溪，過縣東，復合流爲下阮溪〔三〕，南流三十餘里，入於柳溪。　昌之水源，其西北有六〔四〕：一發源昱嶺，東過頰口，〔旁注〕縣西五十里。又東爲巨溪，又東匯爲灣水潭，南會於河橋；一發源蕨萁田，經桐山，會於頰口；一自寧國縣經百丈麓入巨溪；一自千頃山至其山，而入晚溪；一自七里洞，至雙溪合沿水坑；一出塌水橋，而俱入晚溪；一發源黃花關，逆流出長春橋，入於灣水潭。其東南有五〔五〕：一發源大明山，東過石鏡山，會於河橋；一過銅坑，分爲沈溪，出章村入於大溪；一過銅坑，分爲貢源，以入於大溪；一過銅坑，分爲良溪，入於大溪。二條之水皆合流，過小柳、大柳，經分水〔六〕，會桐江而入錢塘。

【校勘記】

〔一〕有龍池三　「三」，底本作「云」，川本同，據滬本、竹本及嘉靖浙江通志卷二改。

〔二〕在縣西七里　底本脱「在縣西」三字，川本同，據滬本、竹本及萬曆杭州府志卷二五補。

〔三〕下阮溪　底本「阮」作「沅」，又脱「溪」字，川本同，據滬本、竹本及萬曆杭州府志卷二五改補。

〔四〕其西北有六　川本、滬本、竹本同。按本書下文所述水源實爲七，記述有異。

〔五〕其東南有五　川本、滬本、竹本同。按下文僅叙其四，此處疑有脱誤。

〔六〕分水　「水」，底本作「入」，川本、滬本同，據竹本、本書上文改。

嘉興　車溪，在甑山東南。自皂林直抵青鎮，南北二十里，西南屬崇德，北屬秀水，南接烏城，北通震澤。　爛溪，〔旁注〕入桐鄉。在永新鄉北。受車溪及湖州之苕溪諸水，波流湍急，自青鎮以東横亘十里，北屬吴江，東屬秀水，下平望達於吴江，又自吴江下潯溪而達震澤者，曰西溪。非溪。宋聞人伯紀志：在府城南八里。一統志：在府城内。即南湖之支流，經府城而達運河者。按三國虞翻川瀆記：東通長洲之松江，南通烏城之霅溪，西通義興之荆溪，北通晉陵之鬲湖，東通嘉興之韭溪，凡五通，謂之「五湖」。詳此，則韭溪實長水之正派，與松、霅、荆、鬲四水相當，至隋穿漕渠，及府置城濠，其流分殺，遂迷其處。今城中九溪橋處，乃其末流。　白龍潭，在城西南四里。有白龍穴，居人作三塔以鎮之，今名三塔灣。　横塘，在城東南五里。舊志：

自滮湖轉馬塘廟而上，南至海鹽，謂之横塘。青鎮，在清風鄉。〔旁注〕入桐鄉。古有青墩，唐鎮守戍遏之所，西與湖州之烏鎮限一水。

海鹽　秦駐山。輿地志云：秦始皇東遊登此山，因名。宋澉水志云：秦皇石橋柱，在秦駐山背。舊傳沿海有三十六條沙岸，九塗十八灘，至黃盤山上岸，去紹興三十六里，風清月白，叫賣聲相聞。始皇欲作橋渡海，後海變洗蕩，沙岸僅存其一，黃盤山邈在海中，橋柱猶存。淳祐十年，猶有於旁灘潮裏，得古井及石橋、樹根之類，驗井磚上字，則知東晉時屯兵處。白塔山，在秦駐東北。嘉禾志云：山上有白塔，因名。長牆山，周一十九里。澉水志云：黃道山與長牆山相連，下有龍眼潭，舊名白龍窟，乃宋時蓄船所聚。國初沙漲潭塞，嘉靖癸丑，潭復開，今出泛舟師泊焉。大巫子山、小巫子山，並在黃道山外海中。大巫山去龍眼潭可百五十步，小巫在大巫之外，相距尋丈。石帆山，在澉浦城南三里海中。澉水志：在長牆山外，水中有立石如帆。葫蘆山，在澉浦鎮西南四里。下有葫蘆寨。金牛山，在縣西南五十里，永安湖西北。周四十里，上有金牛洞。金粟山，在縣西南三十五里。周六里，一名六里山。沈山，在縣西南七十里。徐泰志云〔二〕：海寧縣硤石鎮西有紫薇山，東有沈山，夾水並峙，故名硤石。沈山俗名東山，鹽轄也。故邑山，〔旁注〕已下俱割屬平湖。周二十里。唐志云：海鹽舊縣治在此，漢順帝時縣淪陷爲當湖，移治此山下，後縣治復徙於馬嘷城，因名故邑山也。宋書：高祖追海賊孫恩，築城於海鹽故治，恩來攻，斬其大帥。慮衆寡不敵，開門，使羸疾數人登城，若已遁者。乘其懈，大破之。正此處。苦竹山。龍湫山，一名陳山，在縣東北五十里。周一十五里，山半有龍湫，水旱不涸不溢。獨山，在縣東北五十里。周六里，上置烽堠，以防海寇。舊又置鹽場於此。澉浦，在縣南三十六里。乍浦，在縣東北三十五里。〔旁注〕三浦並在平湖。永樂志云：水舊自官河出，達於海，歲久浦塞。蘆瀝浦，在縣東北七十里。邑諸水自杭州天目諸山，歷海寧硤川，分流而來，爲溪，爲湖，統會於官塘。官塘自𢿱城〔旁注〕在縣西北一十八里。而北，歷常豐閘至於郡城，自郡城西北附太湖入海。其東則過雙溪橋，五十里爲平湖橫塘，東入於當湖。自𢿱城而東，分流入尚胥橋〔三〕，五十里北達橫塘，其東流至西闗而北者爲澏涇塘，〔旁注〕北門外。五十里並北注於當湖，自當湖而東北，則附吴淞江入海。此境内水之大勢也。

【校勘記】

〔一〕徐泰　底本作「餘秦」，川本同，據滬本、竹本改。千頃堂書目、雍正浙江通志卷二五三、光緒嘉興府志卷八八、光緒海鹽縣志卷末著録有徐泰纂海鹽縣五志。

〔二〕尚胥橋　川本同，滬本、竹本夾注：「縣西北一十二里。」

平湖　故邑山，在縣東南二十七里，漢海鹽縣治。　陳山，在縣東三十里。上有龍湫，多雲霧、晦冥、雷雨之變，俗傳爲白龍宫。　當湖，在縣治東，周迴四十餘里。　東泖，在縣東北三十里，界於松江之華亭。　乍浦，在縣東南二十里。元時蕃舶輳集，居民互市。本朝洪武中，城守其地以備倭寇。嘉靖三十五年八月，總督尚書趙文華、右都御史胡宗憲擒斬巨寇徐海、陳東於此。

崇德　車溪，在縣東北三十六里。南北相距二十餘里，流入太湖。　石門，在縣北二十里。春秋時，吴拒越，疊石爲門，以爲限禦之所。唐有石門驛，元爲巡檢司，今爲石門鎮，其東半屬桐鄉。　洲錢市，在縣西北二十七里。其地周遭皆水，形如錢，故名。

烏程　西余山，在縣東十八里。一名烏山，古爲烏巿氏所居，至越王無彊之子蹄，封於歐餘山之陽，爲歐陽亭侯，遂名歐餘山，又名歐亭山。至漢文帝封東海王摇之子爲顧餘侯，居此，乃又名西余山。　石城山，在縣西南三十里。吴興山墟銘云：巴人嚴白虎於此壘石爲城，與吕蒙戰，至今山上有弩臺烽樓、走馬將臺遺址。　陳灣嶺，在縣北十二里。逾嶺西北五里至太湖。大雷山、小雷山，皆浮於太湖之東。浙西苕、霅與臨安、廣德諸水，散出七十二溪入太湖。毗山，在縣東北五里。與城相毗，羣水會繞山下，城中之水曰霅溪，以四水奔會激射霅然有聲，故名霅溪。以其會合四水，又名江子匯。西來苕溪，發源天目之陰。獨松嶺諸山水，過安吉邵渡〔一〕，同浮玉山水流入清源門南來〔二〕。北流水發源天目之陽，歷臨安，度餘杭，□□□合前溪，過峴山漾，入安定門，注爲餘不溪，與苕溪同匯於霅溪，北流入於太湖。東遷縣，在縣東四十一里。本烏城之東鄉，晉太康初分置，隋并入烏程。

【校勘記】

〔一〕邵渡　「邵」，底本作「郡」，川本同，據滬本、竹本及嘉泰吳興志卷五改。

〔二〕流入清源門南來　「來」，底本作「東」，川本同，據滬本、竹本及嘉靖浙江通志卷四改。

歸安　銅山，一名銅峴山，在縣西南八十六里。括地志云：吳采鄣山之銅於此，西屬安吉，南屬武康。

長興　顧渚山，其水流爲顧渚溪，經水口鎮，東入太湖。明月峽在其側。山産茶，唐貞元間置貢茶院，今廢。　弁山，在東南四十里。山之東南屬烏程〔一〕。　鄣城，在縣西南一百二十里。秦置故鄣縣。　西湖，在縣西南十五里。周七十里，一名吴城湖，溉田至三千頃，後廢。唐貞元中，刺史于頔復之〔二〕，即今于公塘也。

【校勘記】

〔一〕山之東南屬烏程　底本脱「山」字，川本同，據滬本、竹本及嘉靖浙江通志卷四補。

〔二〕于頔　底本脱「頔」字，川本同，據滬本、竹本及舊唐書于頔傳、嘉靖浙江通志卷四補。

德清　吴憾山，在縣西南，又名城山。唐李光弼偏將辛孜築城於此，以平朱覃、姚廷諸賊，號將軍城。吴越築以屯戍，又號奉國城。遺址尚存。　齊眉山，在縣東北三十五里。其水由餘不溪會武康前溪，合北流水，經縣東，匯爲㕓潭，乃同龜溪入安定門，注於霅溪。　餘不溪，在縣南。其支流分爲内河。

武康　銅官山，在縣西北二十五里。昔吴王濞采銅於此，山下有二坎，號銅井。　餘英溪之水出焉。唐改名武康山〔一〕。　省志：餘英溪出此，前溪出銅峴山，與縣志異。　餘英溪、前溪，俱在縣治南。後溪在縣東北，源自烏回，衆山流出〔二〕，東注苕溪。

【校勘記】

〔一〕武康山　「康」，底本作「唐」，川本同，據滬本、竹本及嘉靖浙江通志卷四改。

〔二〕源自烏回衆山流出　「回」，底本作「四」，川本同，滬本、竹本作「回」。紀要卷九一武康縣：「後溪，在縣治東北。自縣北三里烏回山下，匯衆山之水，東流出新溪。」則「四」乃「回」字之誤，據改。「衆山流出」，當有脱誤。

安吉州　邸閣山，州東北二十五里。下有邸閣池。又迤東二里曰廩山，吴長沙桓王攻劉繇，繇得邸閣精穀〔一〕，貯於此山。

【校勘記】

〔一〕繇得邸閣精穀　底本脱「繇」字，據川本、滬本、竹本及嘉靖浙江通志卷四補。

嚴州府

烏龍山，在府北三里。郡之鎮山也，高六百丈，周一百六十里。其巔有池〔一〕，一清一濁。

其旁當驛路，有嶺，嶺有三灣九曲，亦名烏龍嶺。　新安江，在城南。一名歙江，一名歙港。來自徽州，至城東二里，合婺港，又東入浙江。按唐六典：浙江水有三源，此其一也。　東陽江，在城東南二里。一名婺港，來自金華，與歙港合。　南征紀略：嚴州上下江灘甚廣，最奇是七里瀨，漢光武故人嚴子陵垂釣處。注謂：自桐廬至於灊縣，凡十有六瀨，第二是嚴陵瀨。帶山下有盤石〔二〕，周迴十數丈，交枕潭際，蓋陵所遊，今謂嚴陵釣臺，山上祠廟存焉。新安江水，西來注江，是謂漸江水出三天子都者矣〔三〕。

【校勘記】

〔一〕其巔有池　「巔」，底本作「嶺」，川本、滬本同，據竹本及嘉靖浙江通志卷五改。

〔二〕帶山下有盤石　川本同，滬本、竹本「帶」上有「瀨」字。

〔三〕漸江水　「漸」，底本作「浙」，川本同，據滬本、竹本及水經漸江水改。

淳安　都督山，在縣南。西接南山，下瞰新安江，即方儼所居也，儼嘗爲大都督，因名。　雲濛山，在縣南三十里。高五百丈，周七十里，突出衆山之上。　遼嶺，在縣南七十五里。乃淳、壽二邑限隔之地，山高溪峻，懸崖絶壁，舊惟水中往來耳。國朝成化之間，知府朱暟、通判劉永寬命工修砌，遂成坦途。　新安江，在縣南。一名青溪〔二〕。出於徽州，自歙縣深渡入縣界，至白馬砂，入建德縣界，湍險迅急，春夏漲溢，中流不可行舟，秋冬澄澈見底。故沈約詩云：眷言訪舟客，兹川信可珍。洞澈隨深淺，皎鑑無冬春。李白亦云：青溪清我心，水色異諸水。借問新安江，見底何如此。越王墓，在縣東北六十五里。三家相連，各高十餘丈。

桐廬　桐君山，突然一峯，下瞰桐溪、桐江。西征記云：自衢歷婺，至新定曰睦州，觀二江之水會合亭下[一]，有山巍然，直壓其首，如渴鼇怒鯨，奮迅鬐鬣，奔而入水之狀。清泠山，在縣西北三十里。其山高五千餘仞，周七十里，有洞一穴，四面出泉，溉田五十餘頃，雖旱不竭。富春山。西征記云：自桐君祠而西，有羣山蜿蜒，如兩蛇對走於平野之上，三江之水並流於兩間，驚波間馳[二]，秀壁雙峙，上有東漢嚴子陵釣臺。嚴陵瀨，在縣西三十五里釣臺下。按子陵本傳云：耕於富春山，後人名其釣處爲嚴陵瀨。輿地志云：桐廬縣南有嚴子陵漁釣處，山邊有石，上平，可坐十人，名爲嚴陵釣壇，今釣臺是也。

【校勘記】

〔一〕青溪　「青」，底本作「清」，川本、滬本、竹本同，據嘉靖浙江通志卷五、萬曆嚴州府志卷二改。

【校勘記】

〔一〕會合亭下　川本同，滬本、竹本夾注：「山下有合江亭。」

〔二〕驚波間馳　「間馳」，底本作「問池」，川本同，滬本、竹本「馳」作「池」，據嘉靖浙江通志卷五改。又，萬曆嚴州府志卷二「間馳」作「闘蛇」。

遂安　雲濛山，在縣北五十里。　武强溪，在縣西。源出武强山下，東南流至三渡，與雙溪會而東流八十餘里，以達於縣，繞城南，復東流四十里，入淳安縣境，又二十餘里，至淳安縣南二十里港市口，入於新安江。　雙溪，在縣西。有二源，皆出自歙山，東流至石嶺始合，復東流十里許，至三渡，入於武强溪。

壽昌　嚴洞山，在縣東南三十里。山有五峯：一曰華蓋，二曰羅帽，三曰玉露，四曰慶雲，五曰景星，南屬金華，北屬本邑，爲二都之鎮。　艾溪，自縣西来，東流至菱塘，入建德縣界，合新安江，邑水路止此，不通大舟。　新昌縣故址，在縣西永平鄉六都花園平。吳分富春置縣治此，晉改壽昌，唐神龍元年徙於郭邑里，此處遂廢，今地名曰故城坂。

分水縣　天目溪，自於潛流入縣東南，出桐廬縣達於桐江。　昭德縣故址，在縣西北生仙鄉嘉德里。唐寶應中析分水置，大曆中省。

金華　芙蓉山，在縣北十五里。孤峯峭拔，高千餘仞，狀如芙蓉，爲郡之主山。　南山，在縣南鄙。分脈自括蒼北來，凝結於此，周四百餘里。其南爲遂昌，爲松陽，爲宣平，其東爲永康，爲武義，其西爲龍游，爲湯溪，其北爲縣鄙。千峯層矗，羣岫縈紆，不可具述。其高巘曰箬陽，去縣百里，高入雲表，陰崖積雪，經春不消，上有三斷水出其間，爲龍湫，屬武義。地方歲早，多請龍於此。三斷東有大溪、小溪，流出二十四都，爲上干、下干，直至梅溪。其中多松杉竹木〔一〕，郡人資焉。其西曰輔蒼，則屬湯溪縣界，竹木尤多。又南曰烏雲，曰青草，皆深僻多逋逃，與武義、宣平交界，去縣八九十里。又有馬秦山、桃花峯、周寮岡、十二盤，俱在極南地界。　太陽嶺，在縣東北五十里。高千餘丈，逾嶺入浦江縣界。　五百灘，在縣西五里。

【校勘記】

〔一〕松杉竹木　「松杉」，底本作「杉村」，川本同，滬本、竹本作「杉材」，據嘉靖浙江通志卷四改。

蘭溪　蘭陰山，在縣西南六里。其山多蘭，故名蘭陰。以其横絶大溪，又名横山。

東陽　東陽山脈自閩中而永嘉而括，至邑之東南境，峙爲大盆山，稍下小盆山。二山實諸山之祖，大都折爲三條：中條自小盆西下，蜿蜒起伏二百餘里，始達於縣治，爲峴、甑諸山，列縣治前；南條則自小盆迤南西行，東南界縉雲、永康，而西入義烏，其最著爲夏山；北條則自小盆北行，又折西行，東則界於天台，東北界於嵊縣，北界諸暨，其最著者爲東白山。大盆山，在縣東南一百三十里。高五丈，周一百三十里。形容如覆盆，故名。旁有小盆山，晝溪、東陽溪發源於此。東白山，在縣東北八十里。高七百三十丈，周五十里，嶔崟危峭，下視衆山，與會稽、天台連屬，稍西爲西白山。峴山，在縣南八里。東西二峴對峙，高三百二十丈，周十里，故舊名三丘山。甑山，在縣西南十里。高三百三十丈，周二十里，狀如甑，故名。有溪流出，曰下崑溪，本縣水皆流西，獨此溪望縣東注，與義烏界。夏山，在縣東南四十五里。高七百丈，周二十里，四面峭絶，山側有夏禹廟，因名。

浦江　浦陽江，去縣南一里許。源出縣西五十里深裊山中，東流三十餘里，繞縣郭之南復東注，逶迤百餘里，入紹興之諸暨境始通舟，又綿延二百餘里，以入於海。

麗水　通濟堰，在縣西五十餘里。障松陽、遂昌兩溪水入大川，疏爲四十八派，自寶定至白橋三十里，灌田二十萬畝，又餘水蓄爲湖，以備旱。蕭梁時，二司馬詹、南氏所創。宋元祐間，知州關景暉修築。政和初，邑令王禔、邑人葉秉心建石函。乾道間，守范成大重加修葺，有堰規二十條。

龍泉　鉛坑，曰大梅榴，曰寶峯，今坑廢課存。白銀坑，曰地畲[一]，曰馬鞍山，曰乾土垟，曰烏冕尖，曰石柱下，曰大梨留地，曰大塢，曰萬歲坳，曰嶺坑榅岱，曰老婆林，曰石柱九際，曰昴山，曰大梅岫。以上係國朝永樂間坑，久廢。曰梅兒灣，曰黄源岡，曰杉山欄，曰櫃籠灣，曰蒲灰灣，曰白礓腰，曰猪獐頭，曰周務尖，曰古礱，曰欄柘，曰千東垟[二]，曰榧樹灣，曰高巖頭，黄銀坑，在二十二都，上管黄茅尖。以上係宣德以後坑，弘治五年則奏請封閉。

【校勘記】

〔一〕地畲　「畲」，底本作「畬」，滬本同，川本作「禽」，據竹本及嘉靖浙江通志卷八改。

〔二〕千東垟　「東」，底本作「東」，川本、滬本同，據竹本及嘉靖浙江通志卷八改。

慶元　汙溪，在縣治後。西流合槎溪、芝洲溪、梓亭溪諸水，以入於閩。小梅溪，在縣北七十里。東流入龍泉，至於海。

宣平　甌溪山，在縣東五里。槐溪流其下，相近曰墨山，高聳萬仞，其色如墨。榅檬山，在縣西十五里。山有三峯，東西錯峙，四面峻絶。本朝正統間，寇起，都御史孫原貞率鄉民避亂於其上。台山，在縣北二十里。層巒疊嶂，迴出諸山，前有松溪，後有桃溪〔一〕，山界於中，二水夾而西下。玉巖山，在縣南六十里。其東爲東巖，四面陡絶，惟有一徑，捫蘿可入。唐袁晁陷郡，鄉民共登此巖避之。黄巢亂，郡人俞强率鄉民復避此，推章承趣爲郡領，獲免者甚衆，今石刻尚存。宋方臘亂，梁孚兄弟三人領義兵復屯於此，鄉人多所全活。其西爲西巖。

【校勘記】

〔一〕桃溪　「溪」，底本作「漢」，川本同，據滬本、竹本及嘉靖浙江通志卷八改。

景寧　銀冶，曰下場坑，在縣西十里；曰渤海坑，在縣北四十里；曰石演坑，在縣南六十里；曰大洋坑，在縣西七十里；曰太平坑，曰張坑〔二〕，俱在縣西八十里。余過處州，父老言，往時開礦利歸於豪右，而課則盡取諸民，民甚苦之。弘治間封閉，民始安息。今各坑礦脈微絶，雖盜竊之人亦不復萌心矣。

【校勘記】

〔一〕張坑　「張」，底本作「叔」，川本同，據滬本、竹本及嘉靖浙江通志卷八改。

上虞　運河，在縣南二百二十步。源出七里湖、漁門浦，西抵梁湖壩，東抵通明堰，各三十五里。　省河，在縣東南十里，與通明江相連。會稽志云：舊有運河，距梁湖、通明二堰，積雨閼塞〔一〕，民苦墊溺，故浚此河，以殺運河水勢。但兩河止隔一小堤，風濤擊撞，其土易隳，運河一決，則水如建瓴而下流，尤被其害，此河之浚，蓋未見其利也。然隨時疏導，亦存乎其人耳。世說〔二〕：王弘之性好釣魚，上虞江有一處名三石頭，弘之常垂綸於此。或問：漁師得魚賣否？弘之答曰：釣亦不得，得亦不賣。日夕載魚入上虞郭，經親故門，各以一兩頭置門内而去。

【校勘記】

〔一〕積雨閼塞　底本脱「雨」字，川本同，據滬本、竹本及嘉靖浙江通志卷九補。

〔二〕世説　川本、滬本、竹本同。按下文所敘王弘之垂釣事，見宋書隱逸傳，「世説」當爲「宋書」。

定海　普陀落迦山，一名梅岑山，佛書所謂海岸孤絶處也。往時高麗、日本、新羅諸國，朝貢皆由此取道，以候風信。　自舟山以下諸山，倭寇出没。嘉靖三十五年冬，總督胡宗憲遣兵雪夜焚剿蘆花嶼，久據之，寇自是始知畏憚。　灌門海，在縣東北故昌國縣，東接三韓、日本，南通閩、廣諸夷，西北抵直沽。海中有砥柱，屹立中流，水匯於此，旋湧若沸，風雨將作，有聲如雷。　海石塘，在大浹江東，蛟門、虎蹲兩山之畔，宋淳熙、嘉定間築。本朝洪武初重修。　運河，在縣西北四十五里。源出慈溪香山，經澥浦山之北〔一〕，接龍頭鹽場，便於柴鹽之運，故名運河。

【校勘記】

〔一〕澥浦山　底本脱「山」字，據川本、滬本、竹本及嘉靖浙江通志卷一〇補。

黄巖　黄巖、太平兩縣，負山瀕海，形如仰釜，水自諸山溪下達於河，會於江，以入於海。地勢庳鹵，無深源，易潦易涸，爲民田害。宋元祐中，提刑羅適開河置閘，地始可耕。淳熙九年，提舉朱熹奏請官錢，增修諸閘，繼之勾龍昌泰，乃克成功。今在黄巖者五閘，長浦、鮑步、蛟龍、徒門〔二〕、委山是也。分隸太平者六閘，金清、回浦、周洋、黄望、永豐、細嶼是也。潦則泄之，旱則蓄之，潮則捍之，而又立爲爬梳之法，以時洗蕩之，經畫區處，至爲詳備。國朝景泰、天順間，兩次差官修築，嘉靖中，知府周志偉重修。

【校勘記】

〔一〕徒門　「徒」，底本作「從」，川本作「徙」，滬本、竹本作「陡」，據萬曆黄巖縣志卷一改。

寧海　紫溪洞，在縣西北四十里。幽阻險隘，唐天寶間，袁晁據浙東，李光弼率師擊斬之。晁弟瑛從五百騎遁入洞中，光弼兵駐洞口，絶其糧道，賊黨竟餓死，至宋時巖中尚有遺鏃云。三門山，在縣東二百五十餘里。海中三山鼎立，故名，海舟出入必經者。南田山，在東海中。上有平疇可三十頃，昔居民繁盛。國初徙其民，遂墟其地。蛇盤山，在縣東南海中。四圍皆水，盤屈如兩蛇，故名。台、明二州分歧於此。海游嶺，在縣南六十里。王式討裘甫，南路軍大破賊於海游鎮。桐巖嶺，在縣西南一百二十里。舊路由狼坑、縣渚、海游，靖康後，軍書警急，取道於此，至今便之。栅墟嶺，在縣北六十里。

太平　中嶠山，在縣西十里。一名温嶺，有東、西二峯，東大西小，俗名大嶺、小嶺，路通樂清，宋時有温嶺驛，今廢。桂巖山〔二〕，在縣東南二十里。山椒平衍，約百餘畝，今置烽堠於其上。又東南三十里，曰松門山。宋時有松門寨，今改爲衛。濱海曰伏龍山，曰茶山。又十里曰石塘山，在海島中，舊屬黄巖。國初，以倭寇數犯境，徙其民於内，遂墟其地。又東南曰積穀山，曰賞頭山，曰悟空山，曰三女山，曰丕山，曰赤嶕山，曰大陳山，皆稱海島，岡巒起伏，綿亘無際。新建河，在縣十五都。發源自桃溪、大溪諸山谷，東行會於月河，北通黄巖官河，西南達温嶺，東南抵縣治，蓋舟楫交會之衝也。迂江，在新河城外。闊二里，凡水鄉月河及山谷諸水，皆至此入海。温嶺江，在温嶺南，俗稱江下。南出山門港、楚門港入海，凡海艦西去温州、樂清，北至台州、黄巖，率於此艤舟云。大閭港，在長河海口。南有驪洋，其下有驪龍窟，出此茫無畔岸，中國、外夷靡所不通。永樂間，征西番官軍艦舶，自福建長樂港過驪洋，遇怒濤，即此地也。

【校勘記】

〔一〕桂巖山　「桂」，底本作「柱」，川本同，據滬本、竹本及嘉靖浙江通志卷一一改。

永嘉　永昌堡，在縣東南二都英橋里。嘉靖三十七年，邑人兵部郎中王叔杲建議築，仍奏遷中界山巡檢司於堡内，城周九百三十餘丈。永興堡，在二都海口。嘉靖三十七年，巡鹽御史淩儒以鹽場所在，洊被倭患，用衆議築城，周七百二十丈。　海中諸山：大小靈昆二山。鳳凰山。　霓嶴山。　石塘山。　石磊山。　大同山。　小門山。　鹿西山。　東落山。青嶴山。　中界山。　唐郡守張又新詩序云：木溜嶼，玉環山也，居海中。　按東晉居人數百家，爲孫恩所破，至今湖田尚有存者，中界山是也。　黄大嶴，故有人居，内多田地，可耕。　大渠山。　小渠山。　以上諸山，去城近者百餘里，遠者二三百餘里。　永寧江〔一〕，在府城北門外。　一名蜃江，又名甌江。　西受括蒼諸溪之水，東受樂清之象浦。　省志：華蓋諸山之水，匯於南；永寧諸山之水，匯於北；西受括蒼諸溪之水，東受樂清象浦之水，東流入於甌海。　蒲江，在縣東北二十里。　永寧江水退潮至任洲，分此一支，沿江南岸至新建復合，是爲蒲江。　會昌湖，在城外西南五里。　分爲西、南二湖。　安溪，在城西北。　上接青田縣惡溪七十二灘之水，至此始安流入江，故名。　東流入於蜃江。　柟溪，在江北，去城五里。　源出仙居縣諸山，與本縣北境諸山壑之水合，迤邐三百餘里，入永寧江。省志：國初，兵自此過江，至太平嶺討方明善。　大羅山，廣袤數十里，諸山皆其別支也。　一名泉山，漢朱買臣言：越王居泉山，一夫守險，萬人不得上。　即此山也。　城北甌江，即海之支江也。　江流東至盤石寧村，會於海洋，茫無際涯，是謂甌海，一名蜃海。　大都永嘉、瑞安、樂清、平陽，皆東跨巨海，隨地異名，其南至閩、廣，東至倭夷，北抵淮、揚、直沽、高麗，蓋無往不達焉，商舶往來，物貨豐聚，亦東南要會也。　海之長潮，西至白沙安溪，北至潮際，接柟溪。退潮東去，北至館頭，南次樂灣，次崎頭。舟行至此，始出江口入海，分南北行，謂之轉崎。北至青嶴門，而永嘉之海境盡矣。

【校勘記】

〔一〕永寧江　「江」，底本作「山」，據川本、滬本、竹本改。

樂清　盤嶼山，在縣西六十里。濱於海上，有淡泉可飲，今盤石衛在焉。楚門山，在縣東南一百九十里海中。其峽如門，廣二十步，海船皆由此出入。又東南十里曰玉環山，在海中。顧希馮輿地志云：樂清東南海中有地肺山，一名木榴山。吳越時，避錢鏐諱改今名。東望楚門，西望白沙，橫亘數十里。舊有玉環古城，宋、元以來，居民常引海寇。洪武初，信國公湯和以爲孤懸海島，難於防禦，徙其民於内地，今爲荒墟矣。海，在縣東南，橫亘三百餘里。在縣東，爲白沙、赤水、莆岐、鏵鍬、清江、白溪、北港、温嶺，轉至玉環而止；在縣西，爲石馬、章嶴、三嶼、塔頭、岐頭、黄花、曹田〔一〕、池嶴、洋田〔二〕、盤石、館頭，至象浦而止。凡海舟西入温州，至岐頭必艤舟，謂之轉岐。自摺疊嶴，次黄門，次錢坎，次小鹿，次茅峴，次驢洋，則至台州松門寨矣。

【校勘記】

〔一〕曹田　「田」，底本作「曰」，川本同，據滬本、竹本及嘉靖浙江通志卷一二改。

〔二〕洋田　「田」，底本作「曰」，川本、滬本、竹本同，據嘉靖浙江通志卷一二改。

平陽　羅源山，在縣西南二十里。橫陽江流其下，受西南諸鄉之水，匯爲順溪，東流過於周嶴，又東南流，注於逕口江，以入於海。

永嘉志倭事：三十七年三月二十三日，倭數千圍樂清，四月三日攻海安所，十二日焚掠盤石衛城外，十七日犯府城，遂分掠諸鄉，鄉官僉事王德擊賊，死之。五月十日入寧村所，參將戚繼光自台提兵來，賊且去，僅焚其一大船。鳳山，在縣西南二十五里。臨江，綿亘數里，舊名錢倉山。

元末，方氏據台、温之時，楠溪及各鄉諸大族並竊爵命治兵，互相仇殺。及天兵南下，方氏歸降，凡有賊事者皆南徙，尋因逃歸，或以事被訴於朝，皆坐罪謫，甚者抄没典刑。洪武十年春，朝廷差石參政同方明敏，由鄞至温、台，起取舊食方氏禄者赴京，三郡行者萬計〔一〕，比到，置之揚州等處，每一名與兵後荒田五畝，設頭目管轄〔二〕，開墾耕種。

【校勘記】

〔一〕三郡行者萬計　「郡」，底本作「都」，川本同，據滬本改。本書上文「由鄞至温、台」，正歷三郡。

〔二〕設頭目管轄　「設」，底本作「没」，川本同，據滬本改。

縉雲　仙都山志：縉雲水出東陽大盆山，經仙都並小仙都，由雙溪口合流，西注蓮城之東。黑龍江舟行甚難，舊名惡溪。謝靈運與弟書云：聞惡溪道中，九十九里有五十九灘，王右軍遊此嘆其奇絶〔一〕，書突星瀨於石。李白送魏萬詩云〔二〕：却思惡溪去，寧懼惡溪惡。咆哮七十灘，水石相噴薄。今仙都有好山，其下爲好溪。郡志載：李邕改名，或云改自李白。李溪，源出仙都山大麓。按樊古厓野史：縉雲溪通蓮城，多峻險，舊名惡溪，唐李白遊天台，過蒼嶺，愛其山水奇絶，改名好溪。而縉雲一帶之水通以好溪名。以仙都諸山之水爲李溪源，由李白得名。

【校勘記】

〔一〕王右軍遊此　「遊」，底本作「由」，川本同，據滬本、竹本及全上古三代秦漢三國六朝文全宋文卷三二改。

〔二〕李白送魏萬詩云　「萬」，底本作「蔚」，川本同，據滬本、竹本及全唐詩卷一七五送王屋山人魏萬還王屋改。「云」，底本脱，據川本、滬本、竹本補。

嚴州府

葉少藴避暑録話：嚴陵七里瀨，在洞下二十餘里。兩山聳起壁立，連亘七里。嚴陵灘最大，居其中。范文正公爲守時，始作祠堂。山上東西二釣臺，乃各在山巔〔一〕，與灘不相及，突然石出峯外，略如臺，上平可坐數十人，因以名爾。

【校勘記】

〔一〕各在山巔　「巔」，底本作「嶺」，川本、滬本、竹本同，據避暑録話卷上改。

宣德五年三月，增置嘉興府秀水、嘉善、桐鄉、平湖四縣。先是巡撫蘇、松等處大理卿胡概言：嘉興府所屬嘉興等三縣，爲里一千三百九十九，民二十九萬六千三百户，税糧八十五萬餘石，課程軍需等項，視他府加數倍，政繁事冗，宜增設縣治，建官分理。上命行在吏部員外郎奈亨往〔二〕，同浙江布政司、按察司，相度其地，詢訪其民，計議以聞。至是亨還，奏嘉興縣宜分置二縣：一於附郭，一於魏塘鎮；崇德宜分置一縣於鳳鳴鄉；海鹽宜分置一縣於當湖鎮。上從之，命嘉興府附郭置秀水縣，魏塘鎮置嘉善縣，鳳鳴鄉置桐鄉縣，當湖鎮置平湖縣，吏部除官，禮部給印。　十年三月己卯，罷浙江水寨海船守備。時有吏周頌言：浙江沿海地方，洪武間設立衛所，置造哨船，令各守分地，有警遞相應援，倭賊不敢犯。永樂間，因内官王鎮奉使日本國〔二〕，回奏調諸衛官軍，駕使海船，於懸海沈家門等處，建立水寨守備，後屢有倭賊登岸殺掠，皆因城守乏人，及水寨海船重大，非得順風便潮，卒難駕使，不能赴援。宜照洪武時例，各依衛所守備，改海船作快船，於港口哨瞭，彼此應援，則倭賊畏懾，民人奠安矣。至是會官議，從其言，罷之。　正統八年八月，先是浙江備倭都指揮使李信奏：永樂中，原於沈家門等處立三水寨，合兵聚船以備倭寇，海道一向寧息。正統二年，始掣散水寨〔三〕，各守地方，自此海寇益多。又況海寧、臨山等衛，無港泊船，遇有警急，拒禦良難，乞復舊爲便。事下兵部，移文侍郎焦宏審實。至是宏奏，信言非是，且定濱海衛所泊船港，次以聞，從之。

【校勘記】

〔一〕奈亨　川本同，滬本「奈」作「柰」，竹本作「李」；又，底本「奈」旁注「徐」字。

〔二〕王鎮奉使日本國　底本空缺「奉」字，川本同，據滬本、竹本補。

〔三〕掣散水寨　「寨」，底本作「水」，據川本、滬本、竹本改。

一、茭蘆，宜於湖蕩之濱，每年種之，可以當白浪之衝岸，兼使小民得利。其小港中心，不得占種，以妨水道。一、於冬月命耆老取水楊之枝，用附近之夫，每塘岸一丈種一枝，蓋水楊多鬚，盤根則護堤，而又易成，且不畏水也。仍令附近人家朝暮視之，如損盜者，治之以罪。一、高鄉每年慮旱，春雨方行作壩聚水，多苦乾涸，莫若令有田之家，十畝開池一畝，百畝開池十畝，既能救旱，亦可蓄魚。一、低鄉每年亦至春雨，方行作堰截水，莫若在於水未漲之先，以樁作堰，止留一河通舟，既可禦水，又能禦盜。張衎水利説略。習俗多取塍内之土，裝貼塍外。新舊土不相黏，未燥而雨，則累及原土，并墜於水，或燥而不雨，亦自迸裂。不若别築一裏塍，幫於外塍，其闊二丈，不用樁木，既免外來白浪，亦無雨崩之憂，縱有崩脱，其土原只在内，依舊可取爲用，非比外脱之土，隨流消毁也。其法取土散堆，平闊如坡，略待乾燥，取裏坡脚加在脊上，與外塍平，省人而易爲力。邑人周鼎議。

治水所急者三事：曰循次序也，均財力也，勤省視也。所謂勤省視者，聞之禹治水八年，三過其門而不入，後之君子，乃欲不出郊原而求其成功，有是理乎！故省視之時，與民約信，某日到某處，某月到某處，三月一周，一年三遍，非大寒暑不休息〔一〕，非大風雨不更期，如此可以知肥瘠，可以驗荒熟，可以計高下，可以察勞逸。大約省視一年二年，圩岸可成。至於九年，閘竇可完，石堤可備。一圩溝岸，省視在排年〔二〕；一圖溝岸，省視在里長，此法之經也。百夫水利，省視在老人，千夫水利，省視在糧長，此法之緯也。一縣水利，省視在縣佐，一府水利，省視在府佐，此則兼經緯而總之也。提一縣之綱而考其成者，令也；提一府之綱而考其成者，守也；提七郡之綱而殿最之者[三]，大臣也[四]；相與糾正之者[五]，侍御也[六]。如此敷治而水利不興，未之信也。所謂均財力者，如一圩有田若干，有户若干，有岸若干，有溝若干，隨其田旁[七]，而責其户自修之[八]，一尺一步，皆有歸着，明注於圩圖之下，而以排年掌之[九]，官則累其圖以成册。圩大者分之，無溝者開之，圩之南，中立一高牌，書幾保某圩排年某管下[一〇]，省視官至此，展其圖而驗其圩，賞罰皆得其當[一一]。今之修圩者，强者不肯出，弱者不得休，執役者每月朔望縣中點名，府中遞數，往返一二百里，已是五六七日，日給所費，必先籌辦[一二]，求其用心力於水利，何可得也。往年開河[一三]，每里起夫二十五名，傷於太衆[一四]。莫若每年一甲[一五]，朋出長夫一名，三時治水，一冬休息[一六]，其餘九户，分爲九等[一七]，每月一户，貼錢三百六十文，十夫一舟，往來宿食[一八]，百夫十舟，千夫百舟，自正月起運已畢[一九]，水工方興[二〇]，至十月開倉辦糧，水工已止[二一]。千夫修一處，萬夫修十處[二二]，各自立功，以憑賞罰[二三]，則功可計日而待也。所謂隨次序者，事有緩急，功有難易，愚以爲圩岸溝洫，在開江置閘之先[二四]，而圩岸又當先於溝洫。以時言之，水漫則溝洫難於下手，故圩岸爲急，水涸則圩岸不煩栽土[二五]，故溝洫爲先。以地言之，高鄉雖水漫，亦可兼舉，低鄉惟水涸，方可並行。修圩次序[二六]，水漫則專增其裏土，不狼藉，水涸則專築其外岸，方堅固。裏外盡栽蓑草，水邊須種茭蘆，岸之兩額〔二七〕，或栽水楊，或栽籬篠、白茅、青茭，皆能匝岸〔二八〕。圩之中，須畫界岸，高大堅固與外同，圩有二頃者〔二九〕，畫以一字〔三〇〕；三頃者，畫以二字；四頃者〔三一〕，畫以三字；五頃者，畫以十字；六頃者，畫以廿字；七頃者〔三二〕，畫以卅字；八頃者，畫以井字；而溝通之。蓋各界斷〔三三〕，則户少而力齊，易集而易救。間有貧乏流移〔三四〕，須用設法補助，或以其田佃與有力之家〔三五〕，或以其岸責付勸罰之人〔三六〕，惟有純是逃亡者，用長夫修理。老農云〔三七〕：種田先做岸，種地先做溝。此二語切中連年之病。蓋高鄉麥荳不收，爲無溝洫也；低鄉稻禾不收，爲無岸故也。是故高鄉溝洫爲急，而圩岸次之，低鄉圩岸爲急，而溝洫次之。若池塘潭沼〔三八〕，又是高鄉所務。大約有田二頃，開潭十畝，可以蓄水，可以養魚。圩岸高固，雖有大澇，必得小康；溝洫深利，雖有大旱，亦無甚歉矣。松江金藻三江水學議。

【校勘記】

〔一〕非大寒暑不休息　底本脱「非」字，川本同，據滬本、竹本及萬曆嘉善縣志卷六補。

〔二〕排年　底本作「挑手」，川本同，據滬本、竹本及萬曆嘉善縣志卷六改。

〔三〕提七郡之綱　底本脱「七」字，川本同，據竹本及萬曆嘉善縣志卷六補。滬本「七」作「一」，誤。

〔四〕大臣也　「臣」，底本作「府」，川本、滬本同，據竹本及萬曆嘉善縣志卷六改。

〔五〕相與糾正之者　「與」，底本作「有」，川本同，據滬本、竹本及萬曆嘉善縣志卷六改。

〔六〕侍御也　「御」，底本作「衛」，川本同，據滬本、竹本及萬曆嘉善縣志卷六改。

〔七〕隨其田旁　「隨」，底本作「壞」，川本同，據滬本、竹本及萬曆嘉善縣志卷六改。

〔八〕而責其户自修之　「其户」，底本作「者廣」，川本同，據滬本、竹本及萬曆嘉善縣志卷六改。

〔九〕排年　「年」，底本作「手」，川本同，據滬本、竹本及萬曆嘉善縣志卷六改。

〔一〇〕書幾保某圩排年某管下　底本「書」作「標出」，「年」作「手」，川本同，據滬本、竹本及萬曆嘉善縣志卷六改。

〔一一〕皆得其當　「得」，底本作「同」，川本同，據滬本、竹本及萬曆嘉善縣志卷六改。

〔一二〕必先籌辦　「籌」，川本、滬本同，竹本作「營」，同萬曆嘉善縣志卷六。

〔一三〕往年開河　底本作「往來辦河」，川本同，據滬本、竹本及萬曆嘉善縣志卷六改。

〔一四〕傷於太衆　「傷」，底本作「傳」，川本同，據滬本、竹本及萬曆嘉善縣志卷六改。又「衆」，川本同，滬本、竹本作「多」，同萬曆嘉善縣志。

〔一五〕莫若每年一甲　底本脱「莫」字，又「若」作「泉」，川本同，據滬本、竹本及萬曆嘉善縣志卷六補改。

〔一六〕一冬休息　「息」，底本作「焉」，川本同，據滬本、竹本及萬曆嘉善縣志卷六改。

〔一七〕分爲九等　底本脱「等」字，川本同，據滬本、竹本及萬曆嘉善縣志卷六補。

〔一八〕往來宿食　「宿」，底本作「最」，川本同，據滬本、竹本及萬曆嘉善縣志卷六改。

〔一九〕起運已畢　「畢」，底本作「平」，川本同，據滬本、竹本及萬曆嘉善縣志卷六改。

〔二〇〕水工方興　「工方」，底本作「二寸」，川本同，據滬本、竹本及萬曆嘉善縣志卷六改。

〔二一〕水工已止 「工」，底本作「二」，川本同，據滬本、竹本及萬曆嘉善縣志卷六改。
〔二二〕萬夫修十處 「十」，底本作「千」字，川本同，據滬本、竹本及萬曆嘉善縣志卷六改。
〔二三〕以憑賞罰 「憑」，底本作「盜」，川本同，滬本作「爲」，據竹本及萬曆嘉善縣志卷六改。
〔二四〕在開江置閘之先 「江」，底本作「河」，據滬本、竹本及萬曆嘉善縣志卷六改。
〔二五〕水涸則圩岸不煩栽土 「水」，底本作「如」，川本同，據滬本、竹本及萬曆嘉善縣志卷六改。又，萬曆志「煩栽」作「消載」。
〔二六〕修圩次序 「序」，底本作「時」，川本同，據滬本、竹本及萬曆嘉善縣志卷六改。
〔二七〕岸之兩額 「兩」，底本作「南」，川本、滬本、竹本同，據正德嘉善縣志卷三、萬曆嘉善縣志卷六改。
〔二八〕皆能匝岸 「匝」，底本作「迎」，川本同，據滬本、竹本及萬曆嘉善縣志卷六改。
〔二九〕圩有二頃者 底本脱「者」字，川本同，據滬本、竹本及萬曆嘉善縣志卷六補。
〔三〇〕畫以一字 底本脱「一」字，川本同，據滬本、竹本及萬曆嘉善縣志卷六補。
〔三一〕四頃者 底本脱「者」字，川本同，據滬本、竹本及萬曆嘉善縣志卷六補。
〔三二〕七頃者 底本脱「者」字，川本同，據滬本、竹本及萬曆嘉善縣志卷六補。
〔三三〕蓋各界斷 「各」，底本作「五」，川本同，據滬本、竹本及萬曆嘉善縣志卷六改。
〔三四〕間有貧乏流移 底本空缺「流」字，川本同，據滬本、竹本及萬曆嘉善縣志卷六補。
〔三五〕佃與有力之家 「與」，底本作「者」，川本同，據滬本、竹本及萬曆嘉善縣志卷六改。
〔三六〕責付勸罰之人 「勸」，底本作「勤」，川本同，據滬本、竹本及萬曆嘉善縣志卷六改。

〔三七〕老農云　「云」，底本作「之」，川本同，據滬本、竹本及萬曆嘉善縣志卷六改。

〔三八〕池塘潭沼　「沼」，底本作「沿」，川本同，據滬本、竹本及萬曆嘉善縣志卷六改。

一、曰浚支河以修圩岸。吳中之田，畏潦者十之七，畏旱者十之三，高田少而治易，低田多而治難。昔人治高田之法，有塘，有溇，有潭，凡瀦水以灌田者〔一〕，皆是也〔二〕。其治低田之法，則繞田四圍築防，謂之圩。圩者，圍也，内以圍田〔三〕，外以圍水〔四〕。蓋低鄉支河之水，容受衆流〔五〕，比田高，而田反在支河水面之下，若非圩岸以圍之，而支河不通，則蕩然巨浸，遂不可田。故低田賴圩岸支河，甚都邑之賴城池也〔六〕。近既浚吳淞、白茆，以泄震澤之水，爲今之計，必須開浚支河積淤之土，因以修築舊坍之圩岸〔七〕，務令堅實高厚，足禦湍急之流。工程簡易，則隨田出夫，十分浩大，則通融處置，在當事之臣任之〔八〕。一、曰均夫役以便貧民〔九〕。吳中水利，固浚支河修圩岸爲急。究其本源，則支河壅塞，由圩岸坍塌，圩岸坍塌，由人力怠惰，而怠惰之弊〔一〇〕，其故有三：小民一遭水潦〔一一〕，困於工力難繼〔一二〕；大户田連阡陌，病於顧理不周；間有小民佃種大户之田〔一三〕，則在小民原非己業〔一四〕，在大户止圖收租，彼此耽誤，更不葺理。今欲興修水利，必先飭惰勸農〔一五〕，若有夫役不均〔一六〕，益滋民害〔一七〕，合應築圩夫役〔一八〕，但係工程簡易者，就令本圩有田得利人户〔一九〕，不分官民，一體計畝起撥；若工程浩大，必須通融處置，官爲僱募〔二〇〕，小民應役，亦不得尅減工價，以致負累〔二一〕。其勢豪之家〔二二〕，假開河名色，索討夫役，以便私圖，或因而賣放營利〔二三〕，及在官人等包攬者〔二四〕、作弊者，聽督理官指實參究，應提問者，徑自問發〔二五〕。一、曰禁侵占以飭豪右。瀕江、瀕河去處，風浪險惡，因種護堤茭蘆〔二六〕，以防坍塌。本爲障水，邇來豪右假以護堤爲名，不分河港寬狹，輒種茭蘆蒲葦，占爲茭蕩、蓮蕩，或勾引商人，堆貯竹木簰筏〔二七〕，或希圖漁利，張打攔江網簖，停積泥沙，阻壞水利。甚者霸占灘塗，築成塍圍，因而墾爲良田，止將十之一二報官起科〔二八〕，每畝亦止三升〔二九〕、五升，徵之官者不多，而水道日隘，水勢日緩，爲下流之害。其又甚者〔三〇〕，將傍田河港〔三一〕，私築堰壩，阻截行舟，只知利己自便〔三二〕，致使鄰圩之田〔三三〕，蓄泄無所，莫敢誰何，比之水患，其害尤深〔三四〕，若不嚴加禁治，清查改正，恐害不除而利不興也。周鳳鳴水利奏。　俱嘉善志。

【校勘記】

〔一〕凡瀦水以灌田者　底本脱「者」字，川本同，據滬本、竹本及萬曆嘉善縣志卷六補。

〔二〕皆是也　「皆」，底本作「此」，川本同，據滬本、竹本及萬曆嘉善縣志卷六改。

〔三〕内以圍田　底本脱「圍田」二字，川本同，據滬本、竹本及萬曆嘉善縣志卷六補。

〔四〕外以圍水　底本脱「外以」二字，川本同，據滬本、竹本及萬曆嘉善縣志卷六補。

〔五〕容受衆流　「流」，底本作「淺」，據滬本、竹本及萬曆嘉善縣志卷六改。

〔六〕甚都邑之賴城池也　「甚都」，底本作「圩岸猶」，川本作「于岸猶」，滬本作「如都」，據竹本及萬曆嘉善縣志卷六改。

〔七〕舊坍之圩岸　「坍」，底本作「栅」，川本同，據滬本、竹本及萬曆嘉善縣志卷六改。

〔八〕在當事之臣任之　「臣」，底本作「並」，川本同，據滬本、竹本及萬曆嘉善縣志卷六改。

〔九〕以便貧民　「民」，底本作「焉」，川本同，據滬本、竹本及萬曆嘉善縣志卷六改。

〔一〇〕而怠惰之弊　底本脱「惰」字，川本、滬本同，據竹本及萬曆嘉善縣志卷六補。

〔一一〕小民一遭水潦　「民」，底本作「户」，川本同，據滬本、竹本及萬曆嘉善縣志卷六改。

〔一二〕工力難繼　「繼」，底本作「堪」，川本同，據滬本、竹本及萬曆嘉善縣志卷六改。

〔一三〕間有小民佃種大户之田　「間有小民」，底本作「小户則」，川本同，據滬本、竹本及萬曆嘉善縣志卷六改。

〔一四〕則在小民原非己業　底本脱「在」字，川本同，據滬本、竹本及萬曆嘉善縣志卷六補。

〔一五〕飭惰勸農　「勸」，底本作「勤」，川本同，據滬本、竹本及萬曆嘉善縣志卷六改。

〔一六〕若有夫役不均　川本同，滬本、竹本「有」作「更」。萬曆嘉善縣志卷六「有」作「使」，較勝。

〔一七〕益滋民害　「害」，底本作「病」，川本、滬本同，據竹本及萬曆嘉善縣志卷六改。

〔一八〕合應築圩夫役　底本「合」上有「嘗」字，川本同，據滬本、竹本及萬曆嘉善縣志卷六删。

〔一九〕就令本圩有田得利人户　「就」，底本作「勤」，川本同，滬本作「勸」，據竹本及萬曆嘉善縣志卷六改。又，「本」，底本作「在」，川本同，據滬本、竹本及萬曆志改。

〔二〇〕官爲僱募　「僱」，底本作「招」，川本、滬本同，據竹本改。萬曆嘉善縣志卷六作「顧」，與竹本通。

〔二一〕以致負累　底本「累」下有「者」字，川本同，據滬本、竹本及萬曆嘉善縣志卷六删。

〔二二〕其勢豪之家　底本脱「其」字，川本同，據滬本、竹本及萬曆嘉善縣志卷六補。

〔二三〕賣放營利　「賣」，底本作「責」，川本同，據滬本、竹本及萬曆嘉善縣志卷六改。又，「營」，底本作「受」，川本、滬本同，據竹本及萬曆志改。

〔二四〕在官人等包攬者　「等包」，底本作「役遇」，川本同，據滬本、竹本及萬曆嘉善縣志卷六改。

〔二五〕徑自問發　「問發」，底本作「□發」，川本作「可教」，滬本作「可發」，竹本作「譌發」，據萬曆嘉善縣志卷六及上文「應提問者」文意改補。

〔二六〕因種護堤茭蘆　「因」，底本作「同」，川本同，據滬本、竹本及萬曆嘉善縣志卷六改。

〔二七〕堆貯竹木簰筏　「堆」，底本作「惟」，川本同，據滬本、竹本及萬曆嘉善縣志卷六改。

〔二八〕止將十之一二　「將」，底本作「收」，川本同，據滬本、竹本及萬曆嘉善縣志卷六改。

〔二九〕三升　底本作「三斗」，川本作「之升」，據滬本、竹本及萬曆嘉善縣志卷六改。

〔三〇〕其又甚者　底本作「民又甚民」，川本同，據滬本、竹本及萬曆嘉善縣志卷六改。

〔三一〕傍田河港　「傍」，底本作「傷」，川本同，據滬本、竹本及萬曆嘉善縣志卷六改。

〔三二〕只知利己自便　「知」，底本作「圖」，川本、滬本同，據竹本及萬曆嘉善縣志卷六改。

〔三三〕致使鄰圩之田　「使」，底本作「處」，川本同，據滬本、竹本及萬曆嘉善縣志卷六改。

〔三四〕其害尤深　「其」，底本作「民」，川本同，據滬本、竹本及萬曆嘉善縣志卷六改。

仁和場鹽課司，在仁和縣東北二十都湯鎮。　許村場，在海寧縣西北二十五里許村。　杭州鹽倉批驗所，在府城東北一十里，濱東運河。　嘉興分司，在府治西北。　西路場，在海寧縣東北六十里。　鮑郎場，在海鹽縣西南三十六里。　海沙場〔一〕，在海鹽縣東北一十八里沙腰村〔二〕。　蘆瀝場，在平湖縣東四十里蘆瀝市東。　橫浦場，在海鹽縣東二里橫浦之上。省志：在崇德縣。　嘉興鹽倉批驗所，在府治鹽倉橋東南四里。　松江分司。　浦東場，在華亭縣七保。　袁浦場，在華亭縣十四保。　青村場，在華亭縣十五保。　下砂場，在上海縣東南五十里下砂浦〔三〕。　下砂二場，在上海縣十九保。　下砂三場，在上海縣十七保。　清浦場，在嘉定縣八都。　天賜場，在崇明縣。　寧紹分司，在紹興府。　西興場，在蕭山縣西一十三里運河北岸。　錢清場〔四〕，在山陰縣西北六十里錢清江滸〔五〕。　三江場〔六〕，在山陰東北三十里〔七〕。三水所會，謂之三江海口。　曹娥場，在上虞縣曹娥埭。府志：在東關驛南，會稽境。　石堰場，在餘姚縣東北二十里石堰。　鳴鶴場，在慈溪縣西北六十里鳴鶴鄉。省志：觀海衛側。　龍頭場，在定海縣西北九十里靈緒鄉。　清泉場，在定海縣南一十里。省志：有寧波鹽倉批驗所〔八〕，在府東五十五里〔九〕。　長山場，在定海縣南四十里靈光鄉〔一〇〕。　穿山場，在定海縣東南九十里海晏鄉。　昌國正鹽場，在定海縣東南。　大嵩場，在鄞縣東南八十里。　玉泉場，在象山縣東南一十里。　紹興鹽倉批驗所，在山陰縣鄉東村十八都。省府志：府西北六十里白鷺塘。　温台分司，在温州府治東二里。長亭場，在寧海縣東一百三十里。本志。杜瀆場，在臨海縣東一百五十里。黄巖場，在黄巖縣東南六十里。天富北鹽場，在樂清縣玉環鄉。長林場，在樂清縣長安鄉長鄉塔頭〔一一〕。永嘉場，在永嘉縣東鯉港之西。本志：二都永興堡内。雙穗場，在瑞安縣五都。省志：有台州鹽倉批驗所，在府東南二里。天富南鹽場〔一二〕，在平陽縣十一都。温州鹽倉批驗所，在永嘉縣北雙門外。

【校勘記】

〔一〕海沙場　「沙」，底本作「河」，川本同，據滬本、竹本及嘉靖浙江通志卷一四改。

〔二〕沙腰村　「沙」，底本作「河」，川本同，據滬本、竹本及嘉靖浙江通志卷一四改。

〔三〕下砂浦　「浦」，底本作「場」，川本同，據滬本、竹本改。

〔四〕錢清場　「清」，底本作「塘」，川本同，據滬本、竹本及嘉靖浙江通志卷一六改。

〔五〕在山陰縣西北六十里　川本、滬本同，竹本作「在山陰縣西北五十里。一作六十里」。

〔六〕三江場　「江」，底本作「北」，川本同，據滬本、竹本及嘉靖浙江通志卷一六改。

〔七〕在山陰東北三十里　川本同，滬本、竹本作「在山陰縣北二十里。一作東北三十」。

〔八〕寧波鹽倉批驗所　底本脱「批」字，川本同，據滬本及嘉靖浙江通志卷一六補。

〔九〕五十五里　底本「十」下脱「五」字，據川本、滬本及嘉靖浙江通志卷一六補。

〔一〇〕靈光鄉　川本、滬本同，竹本「光」作「巖」，嘉靖浙江通志卷一六作「緒」。

〔一一〕長安鄉長鄉塔頭　川本同，滬本下「鄉」作「安」字，竹本無「長安鄉」三字。

〔一二〕天富南鹽場　「南」，底本作「與」，川本同，據滬本、竹本及嘉靖浙江通志卷一六改。

餘姚縣　海塘。前代患海壖之地爲水所漸，蕩居民〔一〕，害嘉穀。宋慶曆七年，縣令謝景春自雲柯達於上林，爲堤二萬八千尺。慶元二年，縣令施宿自上林而蘭風，又爲堤四萬二千尺。元初潰決，至正元年，州判葉恒乃作石堤二萬一千二百十一尺，下廣九十尺，上半之，高十有五尺，故土堤及石堤缺敗者，盡易以石，包山限海，東抵慈溪，西接上虞，袤一百四十里。自海塘漸固，潮寖卻，沙壖日墳起，可藝。永樂初，始於舊海塘之北，築塘以遮斥地，曰新塘。已而沙壖益起，海水北卻十里許，其中俱可耕牧。成化間，水利僉事胡□復於海口築塘以禦潮，曰新禦潮塘。自是斥地之利歲登，而國家重鹽法，亭民苦煮海。天順間，寧紹分司胡琳請以新塘至海口之地盡給竈〔二〕，永爲鹽課根業，毋令軍民侵漁之，詔可。乃豪强罔利者，告訐無已。弘治初，詔侍郎彭韶整理鹽法，議非竈户敢有侵地者，每畝歲科銀八分，謂之蕩價，給竈補課。而豪强愈益爭不解，羣竈苦之〔三〕。其明年，紹興府推官周進隆察民竈之情，相地淺深，於新塘之下，築塘界之，塘以南與軍民共利，其北惟竈户是業，爭緣是得息，因稱其塘曰周塘云。新河，在古塘下〔四〕。嘉靖三十四年，倭舟泊海涯，北鄉之民首受殺掠之禍。邑令李伯生請於古塘下穿河一道以備倭，東自觀海，西達臨山，相距百餘里，闊二丈，深一丈許，路口置立栅門，鄉兵巡邏守禦。寇息備弛，多爲豪强填占，以廣其私畝，然故道未盡没也，若開之，既足以備一旦之急，而平時亦有溉田決水轉輸之利。　宋皇祐中，令縣司於每年三月至七月植利人户，每湖輪差七人巡湖，專管盜湖爲田。每湖塘一里，輪差二人，看管塘堤湫堰，並蔭固湖塘樹木〔五〕。如有盜占損不覺察者罰。　皇祐中，縣令王叙以規繩鏤板，印給人户，名曰湖經。

牟山湖，在縣西三十五里，周五百頃二十三畝有奇。　汝仇湖，在縣西北四十里。其西北一角撥填臨山衛基，周九百五十九頃五十四畝。　余支湖，在縣西北五十里，周五百頃二十三畝有奇。　燭溪湖，在縣東北一十八里，周一百三十二頃八畝有奇。　黄山湖，在縣東北二十五里，周一百三頃三十三畝有奇。　菁江，在縣西十五里。受縣西諸鄉及上虞東鄉之水，匯於姚江，寧、紹舟楫皆經於此。　東横河，在縣東北二十五里。源出燭溪河，東至於雙河，又東北至於觀海，西流過石堰，南入於江。　西横河，在縣西三十里。源出牟山湖，西流入於上虞，北至於臨山。　新河，在縣西三十里通明壩北大江口。舊時水道，北由菁江過上虞之百官渡，南由通明過曹娥渡，後以其迴遠，乃浚此河，以便舟楫云。

府志：汝仇湖，在縣西北四十里。南距山，又距喻格堰、孟家塘；北距海堤，周九百七十一頃，最爲大。今爲豪右所侵，不能半矣。牟山湖〔六〕，一名新湖，在縣西三十五里。三面距山，北爲塘，周五百頃，近亦爲豪右所侵。余支湖，在縣西北五十里。周五百頃，北距孟家塘，與汝仇湖界。燭溪湖，在縣東北十八里。三面界山，東爲湖塘，周二十餘里，有東西水門，兩鄉民每爭決水，成化中，詔從邑人胡禮言，中築塘分湖爲兩，由是爭始息。

【校勘記】

〔一〕蕩居民　竹本同，川本、滬本作「蕩民居」。

〔二〕胡琳　「琳」，底本作「淋」，川本同，據滬本、竹本及萬曆紹興府志卷一七改。

〔三〕羣竈苦之　「羣」，底本作「郡」，川本同，據滬本、竹本及萬曆紹興府志卷一七改。

〔四〕在古塘下　「在」，底本作「有」，據川本、滬本、竹本改。

〔五〕蔭固湖塘樹木　「固」，底本作「因」，川本同，據滬本、竹本改。

〔六〕牟山湖　「牟」，底本作「牛」，川本同，據滬本、竹本及萬曆紹興府志卷七改。

上虞　夏蓋湖乃得復爲湖。嘉熙元年或獻於福王，民張康等爭之得免〔一〕。元元貞間，傍湖之民輒於高處填爲田，漸蔓延至數十畝不止。至正十二年，縣尹林希元定墾田數，餘悉爲湖。十六年，或乘間竊種，尹李睿復之。十七年，建南臺於越，兵田於湖，湖竭，御史爲禁勿田。十八年，或獻於長槍軍，尹韓諫言於督軍郎中劉仁本〔二〕，已之〔三〕。白馬湖，唐貞元中置湖門三所，别於北門置放水塘四百步，元以來豪民稍侵爲田。西溪湖，在縣西南門外，三十六湖之水鍾焉。昔縣令戴延興築塘七里，又名七里湖，所灌田甚多。宋紹興初，割湖三分之一給功臣李顯忠，爲牧馬地。後挾功并兼〔四〕，而湖以寖廢。宋末或獻之福王邸，旋籍入太后宫，迨元時盡廢爲田。至正十二年，縣尹林希元復之，後復湮没。萬曆十六年云云〔五〕。

【校勘記】

〔一〕張康等爭之得免　底本缺「等」字，川本同，據竹本及萬曆紹興府志卷七補。

〔二〕韓諫　「諫」，底本作「鍊」，川本同，據竹本及萬曆紹興府志卷七改。

〔三〕夏蓋湖乃得復爲湖至已之　川本、竹本同，滬本無此文。

〔四〕後挾功并兼　川本同，滬本、竹本「并兼」作「兼并」。

〔五〕萬曆十六年云云　川本、滬本同，竹本「年」下有「知縣朱維藩復之。凡國初仍元起科□□□湖者一千六百二十六畝，以丈出三湖諸逸田及十二都隱地補之」。又，萬曆紹興府志卷七作：「萬曆十二年，民苦旱甚，知縣朱維藩請於上官復之。」

越絶書：句踐小城，山陰城也。周二里二百二十三步，陸門四，水門一。今倉庫是其宫臺處也，周六百二十步，柱長三丈五尺三寸，霤高丈六尺，宫有百户，高丈二尺五寸。大城周二十里七十二步，不築北面。而滅吳，徙治姑胥臺。山陰大城者，范蠡所築治也，今傳謂之蠡城。陸門三，水門三，決西北，亦有事。到始建國時，蠡城盡。稷山者，句踐齋戒臺也。龜山者，句踐起怪遊臺也。東南司馬門，因以灼龜，又仰望天氣，觀天怪也。高四十六丈五尺二寸，周五百三十二步，今東武里。一曰怪山。怪山者，往古一夜自來，民怪之，故謂怪山。駕臺，周六百步，今安城里。離臺，周五百六十步，今淮陽里丘。美人宫，周五百九十步。陸門二，水門一，今北壇利里丘土城，句踐所習教美女西施、鄭旦宫臺也。去縣五里。樂野者，越之弋獵處〔一〕，大樂，故謂樂野。其山上石室，句踐所休謀也。去縣七里。陽城里者，范蠡城也。西至水路，水門一，陸門二。北陽里城，大夫種城也。取土西山以濟之，徑百九十四步，或爲南安。麻林山，一名多山。句踐欲伐吳，種麻以爲弓弦，使齊人守之，越謂齊人「多」，故曰「麻林多」，以防吳。以山下田封功臣。去縣一十二里。會稽山上城者，句踐與吳戰，大敗，棲其中，因以下爲目魚池，其利不租。會稽山北城者，子胥浮兵以守城是也。葛山者，句踐罷吳，種葛，使越女織治葛布，獻於吳王。去縣七里。姑中山者，越銅官之山也，越人謂之銅姑瀆，長二百五十里。去縣二十五里。苦竹城者，句踐伐吳還，封范蠡子也。其僻居，徑六十步〔二〕，因爲民治田塘，長千五百三十三步。其冢名土山，范蠡苦勤功篤，故封其子於是。去縣十八里。

射浦者，句踐教習兵處也。今射浦去縣五里。射卒陳音死，葬民西，故曰陳音山。塗山者，禹所取妻之山也。去縣五十里。朱餘者，越鹽官也。越人謂鹽曰「餘」。去縣三十五里。獨婦山者，句踐將伐吳，徙寡婦至獨山上，以爲死士示，得專一也。去縣四十里。浙江南路西城者，范蠡敦一作熟。兵城也〔三〕。其陵固可守，故謂之固陵。所以然者，以其大船軍所置也。語兒鄉，故越界，名曰就李。吳疆越地，以爲戰地，至於柴辟亭〔四〕。女陽亭者，句踐入官於吳，夫人從，道産女此亭，養於李鄉，句踐勝吳，更名女陽，更就李爲語兒鄉。覲鄉北有武原。武原，今海鹽，姑末，今太末。吳越春秋：范蠡乃觀天文，擬法於紫宫，築城小城〔五〕，周千一百二十一步，一圓三方，西北立龍飛翼之樓，以象天門，東南伏漏石竇，以象地户。陵門四達，以象八風。外郭築城，而缺西北，示服事吳也。不敢壅塞，内以取吳，故缺西北，而吳不知也。北向稱臣，委命吳國，左右易處，不得其位，明臣屬也。城既成，而怪山自生者，琅邪東武海中山也，一名自來，故名怪山。即龜山也，在府東南二里。一名飛來，一名寶林，一名怪山。乃起遊臺其上，東南爲司馬門，立增樓，增與層同。冠其山巔，以爲靈臺〔六〕。水經注：怪山者，越起靈臺於山上，又作三層樓，以望雲物。起離宫於淮陽，越絶書作離臺。又越舊經：淮陽宫，在會稽縣東南二里。中宿臺在於高平〔七〕，越絶書作指，云：中指臺馬丘，周六百步，在高平里。越舊經：中宿在會稽縣東七里〔八〕。駕臺在於成丘，見上。立苑於樂野，見上。十道志。句踐以此野爲苑，今有樂瀆村。燕臺在於石室，越舊經：晏臺在州東南十里。齊臺在於襟山，當作稷，見上。稷山在會稽縣東五十三里。句踐之出遊也，休息食室於冰廚〔九〕。越絶書：東郭外南小城者，句踐所以備膳羞也。去縣三里。梁書何胤傳：胤以若邪處勢迫隘，不容生徒，乃遷秦望山。山有飛泉，西起學舍，即林成援，因巖爲堵。别爲小閤室，寢處其中，躬自啓閉，僮僕無得至者〔一〇〕，山側營田二頃，講隙從生徒遊之〔一一〕。

【校勘記】

〔一〕越之弋獵處　「弋」，底本作「戈」，川本同，據滬本、竹本及越絶書外傳記越地傳改。

〔二〕徑六十步　「徑」，底本作「經」，川本、竹本同，據滬本及越絶書外傳記越地傳改。

〔三〕范蠡敦一作熟兵城也　「敦」，底本作「墩」，川本、滬本、竹本同，據越絶書外傳記越地傳改。

〔四〕柴辟亭　「柴」，底本作「宗」，川本、滬本、竹本同，據越絶書外傳記越地傳改。

〔五〕築城小城　川本、滬本、竹本同，吴越春秋句踐歸國外傳作「築作小城」。

〔六〕以爲靈臺　底本「臺」下有「耳」字，據川本、滬本、竹本及吴越春秋句踐歸國外傳删。

〔七〕中宿臺　底本脱「中」字，川本、滬本、竹本同，據本書下文及吴越春秋句踐歸國外傳補。

〔八〕東七里　「七」，底本作「十」，川本、滬本、竹本同，據吴越春秋句踐歸國外傳改。

〔九〕休息食室於冰廚　川本、滬本、竹本同。越絶書外傳記越地傳作「休謀石室，食於冰廚」。太平御覽卷一七七引吴越春秋作「休息石室，食於冷廚」。周生春吴越春秋輯校彙考句踐歸國外傳作「休息石室，食於冰廚」。

〔一〇〕僮僕無得至者　「者」，底本作「矣」，川本同，據滬本、竹本及梁書何胤傳改。

〔一一〕講隙從生徒遊之 「講」，底本作「溝」，川本同，據滬本、竹本及梁書何胤傳改。

南征紀略：越城内，及山陰、會稽二縣之鄙，其水千溪，自相縈灌，雖夾居曹娥錢塘二江之間，各不通涉。溪毛澗沚之下，沙泉暗瀉，亦不睹水源所自發，而澄映無際，四時皆足臥遊。輕舠折□〔二〕，即與山逢，危石攀蘿，皆有船待；城中之水，門巷倚之，廬軒架之；在門巷者，浣漱臨之，在廬軒者，茶鐺墨洗，藥圃花畦，引之映之。上自部署貴人之第宅，下及民屋，無一不傍於水者。其築屋精堅，冠絶天下，山石如市，弗加於山〔三〕，且厚薄廣長，皆意量以往，山自供之〔三〕，自臺門、廳堂、中霤，不計竹瓦梁榱，餘即渾成片石，每每門前臨水堂，後起亭，河流宛委，複道遥連，接以石梁，繚以周廊，命楫寢門之外，移船曲巷之間，惟其所適。城外之水，秔稻分之，菱蕖泛之，砂石瑩之，鳧雁没之，經復周流而下，聚於三江閘口。此閘去城北二十里，水出兩山之間，總渠東注五里入海。往者海潮沛厲，常患及郡城，有太守湯德齋，紹恩。立此閘以禦之，閘水下注，其深幾至丈，閘石上立，其高亦幾至丈，潮水負怒遠來，如欲求敵，至此扼於懸湍，未便仰攻，其氣遂平〔四〕，即盛溢亦不復狂行，近城處所，永辭其患。暵乾又增閘停水〔五〕，燥濕常均，一石之立，而功兩垂，今閘旁有祠，世祝之。

通鑑：孫策渡浙江攻會稽太守王朗，朗發兵拒策於固陵〔六〕，策數渡水戰，不能克。策叔父靜説策曰：朗負阻城守，難可卒拔，查瀆南去此數十里，宜從彼據其内，所謂攻其無備，出其不意者也。策從之，夜多然火爲疑兵，分軍投查瀆道，襲高遷屯，擊破朗將周昕，朗遁走。水經注：浙江東逕固陵城北，昔范蠡築城於浙江之濱，言可以固守，謂之固陵，今之西陵也。浙江又東逕柤塘，謂之柤瀆，孫策襲王朗所從出之道也。裴松之曰：案今永興縣有高遷橋〔七〕。沈約曰：永興，本漢餘暨縣，吴更名。蔡邕嘗經會稽高遷亭，取椽竹以爲笛，即其處也。藝文類聚：吴越春秋曰：范蠡作城訖，怪山自至。怪山者，琅邪東武海中山也，一夕自來，百姓怪之，故曰怪山〔八〕。孔子家語曰：禹會諸侯於塗山〔九〕，防風氏後至，禹戮之，其骨專車。越絶書曰：雞山、豕山者，句踐以畜雞豕，將伐吴，以食死士〔一〇〕。

孔皋會稽記曰：永興縣東北九十里有余山。傳曰：是塗山。按越書禹娶於塗山，塗山去山陰五十里。檢其里數，似其處也。又曰：縣東南十八里有射的山，遠望的的如射侯〔一一〕，謂之射的。射的之西有石室，壁方二丈，謂之射堂。傳云：羽客之所遊憩，土人常以此占穀食貴賤，射的明，則米賤，暗則貴。諺曰：射的白，斛一百；射的玄，斛一千。又曰：縣東北六十里有土城山，句踐索美女以獻吴王，得諸暨苧蘿山賣薪女西施、鄭旦，先教習於土城山〔一二〕，山邊有石〔一三〕，云是西施澣紗石。又曰：東有秦望山，昔秦始皇登此，使李斯勒石，其碑見在。孔靈符會稽山記曰〔一四〕：會稽山南有宛委山，其上有石，俗呼石匱，壁立干雲，有懸度之險，升者累梯，然後至焉。昔禹治洪水，厥功未就，乃躋於此山，發石匱，得金簡玉字，以知山河體勢，於是疏導百川，各盡其宜。又曰：射的山西南水中有白鶴，常爲仙人取箭，曾刮壤尋索，遂成此山也。越絶書：禹始也，憂民救水，到大越，上茅山，大會計。及其王也，巡守大越，因病亡，死葬會稽。嘉泰志云：禹巡狩江南，死而葬焉。劉向曰：禹葬會稽，不改其列，謂不改林木百物之列也。苗山，自禹葬後更名會稽。吳越春秋：禹命羣臣曰：吾百歲之後，葬我會稽之山，葦椁桐棺，穿壙七尺，下無及泉，墳高三尺，土階三等，葬之後，田無改畝。史記太史公自序：上會稽，探禹穴。水經注亦云：東遊者，多探其穴。史記正義又引會稽舊記云：禹葬茅山，有聚土平壇，人功所作，故之千人壇，獨懸窆處，不可億知〔一五〕。

【校勘記】

〔一〕輕舠折□　川本同，滬本作「輕舠折蒞」，竹本作「輕舠莒」。

〔二〕弗加於山　「弗」，底本作「佛」，川本同，據滬本、竹本改。

〔三〕山自供之　「供」，底本作「洪」，川本同，據滬本、竹本改。

〔四〕其氣遂平　「平」，底本作「下」，據川本、滬本、竹本改。

〔五〕又增閘停水　「又」，底本作「有」，川本同，據滬本、竹本改。又，滬本「增」作「置」。

〔六〕朗發兵拒策　「朗」，底本作「之」，川本同，據滬本、竹本及通鑑卷六改。

〔七〕永興縣有高遷橋　底本「有」上有「則」字，據川本、滬本、竹本及三國志吳書宗室傳裴松之注刪。

〔八〕藝文類聚至故曰怪山　川本同，滬本、竹本無。又「類」，底本作「數」，川本同，據藝文類聚改。

〔九〕禹會諸侯於塗山　川本、滬本、竹本同。孔子家語辯物作「禹致羣臣於會稽之山」。

〔一〇〕以食死士　「食」，底本作「會」，川本同，據滬本、竹本及越絶書外傳記越地傳改。越絶書無「死」字。

〔一一〕遠望的的如射侯　川本、滬本、竹本同。此文疑有脱訛，滬本眉批：「望的之的疑當作山字，水經注云：『遠望山的，狀如射侯。』可證。」

〔一二〕土城山　底本脱「山」字，川本同，據滬本、竹本補。

〔一三〕山邊有石　「山」，底本作「之」，川本同，據滬本、竹本改。

〔一四〕孔靈符會稽山記　川本、滬本、竹本同。按今見於著録者唯有孔靈符會稽記，疑此文衍「山」字。

〔一五〕史記正義又引會稽舊記云至不可億知　川本、滬本、竹本同。按此段文字不見於史記正義所引會稽舊記，疑有誤。

宋南渡諸陵，皆在寶山，今名攢宫山。紹興元年四月，哲宗昭慈皇后孟氏崩，遺詔斂以常服，不得用金玉寶貝，權宜就近擇地攢殯，候軍事寧息，歸葬園陵，所製梓宫，取周吾身，勿拘舊制，以爲他日遷奉之便。朝廷欲建山陵，是時，曾紆以江東漕兼攝二浙應辦〔一〕，議曰：帝后陵寢，今存伊雒，不日復中原，即歸祔矣，宜以攢宫爲名，遂從之。攢宫之名，實始於紆之請也。是年徽宗顯肅皇后鄭氏崩於五國城。五年，徽宗亦崩。七年，何蘇還，始聞帝后訃音，先上陵名曰永固。九年，高宗憲節皇后邢氏崩於五國城。十二年八月，金人以三梓宮來還。十月，徽宗、鄭后合攢於昭慈太后攢宮西北，改陵名永祐，而邢后攢昭慈攢宮西。二十九年九月，高宗母顯仁皇后韋氏崩，攢永祐陵西。三十一年，金人以欽宗訃聞，遥上陵名曰永獻。乾道中，朝廷遣使求陵寢地，金人乃以禮陪葬於鞏縣。欽宗皇后朱氏從北去，不知崩所歲月。淳熙十四年十月，高宗崩，攢會稽，上陵名曰永思。慶元三年十一月，高宗慈烈皇后吴氏崩，祔永思陵。紹熙五年六月，孝宗崩，攢永思陵西，上陵名曰永阜。開禧三年五月，孝宗成肅皇后謝氏崩，祔永阜陵。慶元六年八月，光宗崩，攢會稽，上陵名曰永崇。嘉定十七年閏八月，寧宗崩。其冬[二]，命吏部侍郎楊燁爲按行使。燁歸奏云：獨泰寧寺之山，山岡偉特，五峯在前，直以上皇青山之雄，翼以紫金白鹿之秀，層巒朝拱，氣象尊崇，有端門旌旗簇仗之勢，加以左右環抱，顧視有情，吉氣豐盈，林木榮盛，以此知先帝弓劍之藏，蓋在於此。尋令太史局卜格，一起一伏，至壬而後融結，宜於此矣。詔遷寺，而以其基定卜，上陵名曰永茂。紹定五年十二月，寧宗仁烈皇后楊氏崩，祔永茂陵。其孝宗成穆皇后郭氏、成恭皇后夏氏、光宗慈懿皇后李氏、寧宗恭淑皇后韓氏，攢在山陵之前，並不遷祔，攢所亦無考。景定五年十月，理宗崩，攢會稽，上陵名曰永穆。咸淳十年七月[三]，度宗崩，上陵名曰永紹。

會稽典録曰：孝女曹娥者，上虞人。父盱，能撫節案歌，婆娑樂神，漢安二年，迎伍君，泝濤而上，爲水所淹，不得其尸。娥年十四，號慕思盱，遂自投於江而死，縣長度尚悲憐其義，爲之改葬，命其弟子邯鄲淳爲之作碑。

西溪叢語：史記秦始皇本紀云：上會稽，祭大禹，望於南海，有立石刻頌秦德。越絶書云：始皇以三十七年來遊會稽，取錢塘浙江岑石。石長丈四尺，南北面廣一尺，東西面廣一尺六寸，刻文於大越東山上〔四〕，其道九曲，去越二十里。水經云：秦始皇登會稽山，刻石記功，尚在山側。孫暢之述征記云：丞相李斯所篆也。梁書：竟陵王子良爲會稽太守，范雲爲主簿，克日登秦望山。雲以山上有始皇刻石，三句一韻，人多作兩句讀之，並不得韻。又字皆大篆，人皆不識。雲夜取史記讀之，明日登山，讀之如流，子良大悦。張守節云：會稽山刻李斯書，其字四寸，畫如小指，圓鐫，今文字整頓，是小篆字。予嘗上會稽東山，自秦望山之巔並黄茅，無樹木。其山側有三石笋，中有水一泓，别無他石，石笋並無字〔五〕。復自小徑别至一山，俗名鵝鼻山。又云：越王棲於會稽，宫娥避於此，故名娥避山。山之頂有石〔六〕，如屋大，中開，插一碑於其中，文皆爲風雨所剥，隱約可見缺畫，不知此石果岑石歟？非始皇之力，不能插於石中〔七〕，此山險絶，罕有至者，非僞碑也。

紹興府軒亭，臨街大樓，五道神據之，土人敬事，翟公巽帥越，盡去其神，改爲酒樓，神坐下有大「酒」字。梁書：何胤築室若邪山，山發洪水，漂拔樹石，此室獨存，衡陽王命鍾嶸作瑞室頌旌表之。

【校勘記】

〔一〕曾紆　「紆」，底本作「汚」，川本同，滬本作「紓」，據竹本及萬曆紹興府志卷二〇改。

〔二〕其冬　「冬」，底本作「中」，川本同，據滬本、竹本及萬曆紹興府志卷二〇改。

〔三〕咸淳十年七月　「十年」，底本作「十二年」，川本、滬本、竹本同。按宋史度宗紀：度宗崩於咸淳十年七月癸未。此「二」字衍，據删。

〔四〕南北面廣一尺東西面廣一尺六寸刻文於大越東山上　川本、滬本、竹本同。按此段録自西溪叢語卷下，越絶書外傳記越地傳作「南北面廣六尺，西面廣尺六寸，刻文六於越東山上」。

〔五〕石笋並無字　「石」，底本作「二」，川本、滬本、竹本同，據西溪叢語卷下改。

〔六〕山之頂有石　底本脱「山」字，川本同，據滬本、竹本補。

〔七〕不能插於石中　底本作「不能致於此」，川本、滬本、竹本同，據西溪叢語卷下改。

紹興府治，在卧龍山上。有西岡，有城隍廟。吴越王錢鏐記碑及宋紹興敕碑，並在廟門，今録之。重修城隍神廟兼奏進封崇福侯記〔一〕：若夫冥陽共理之規，人神相贊之道，傳於史册，今昔同符。竊以浙東地號奥區，古之越國，當舟車輻湊之會，是江湖衝要之津。自隋末移築子牆，因遷公署，據卧龍之高阜，雉堞穹崇，對鏡水之清波，風煙爽朗，緬惟深固，宜叶冥扶。故唐右衛將軍總管龐公諱玉，頃握圭符，首臨戎政，披榛建府，吐哺綏民，仁施則冬日均和，威肅則秋霜布令，屬牆愛戴，黔庶歌謡。尋而罷市興嗟，餘芳不泯，衆情追仰，共立嚴祠，鎮百雉之岡巒，宰軍民之禍福，殿堂隆邃，儀衛精嚴，式修如在之儀，仰託儲靈之廕。往載孽生劉氏，妖起羅平，予躬禀睿謀，恭行天討，數年擐甲，兩復越牆，皆資肸蠁之功，以就戡平之業，特爲重增儀像，嚴潔牲牢。邇來四野無塵，重門罷柝，丁卯歲揚旌東渡，巡撫軍民，躬奠椒漿，目瞻雲像，每暢吴風越俗，共歌道泰人安，昔爲兩鎮之疆，今作一家之慶。遂弛牋表，請降封崇，所冀朝恩與漢牧齊標〔二〕，美稱共秦巒對聳。尋蒙天澤，果賜允俞，頒崇福之嘉名，升五等之尊爵，其所奉敕命，具列如左〔三〕。

敕鎮東軍墻隍神龐玉〔四〕，前朝名將，劇郡良材，傾當作頃。因剖竹之辰〔五〕，實有披榛之績，創修府署，綏緝當作輯。吏民，豈獨遺愛在人，抑亦垂名終古。況錢鏐任隆三鎮〔六〕，功顯十臣，能求福而不回，致效靈而必應，願加懿號，以表冥符，宜旌岌業之功，用顯優隆之澤，宜賜號崇福侯，仍付所司牒至准敕者。　噫呼，人惟神祐，神實人依，爰自始建金湯，肅陳祠宇，奠之中壘，三百來年，雖享非馨，未登列爵，今則值予佐國，連統藩維，啓吴、越之雙封，爲東南之盟主。況遇金行應籙〔七〕，粱德克昌，道既泰於君臣，澤遂加於幽顯，獲申奏薦，遽降徽章。今則象軸焕新，龍綸遠至，表勳名於萬代，昭靈感於千秋，固當永荷皇私，長垂幽贊，保我藩宣之地，遐清災沴之源，共泰斯民，永安吾土，烜矣赫矣，永作輝華。今當吴、越雙封，一王理事，亦仗土地陰隲，冥力護持，神既助今日之光榮，予亦報幽靈之焕耀，但慮炎涼改易，星歲徂遷，不記修崇，莫源事始，聊刊貞石，以示後來〔八〕。時大梁開平二年，歲在戊辰□月〔九〕，啓聖匡運，同德功臣，淮南鎮海鎮東等軍節度使、檢校太師、守侍中兼中書令吴越王鏐記。敕賜昭祐公碑〔一〇〕。

尚書省牒。越州顯寧廟昭祐公。太常寺狀准尚書省劄子。三省同奉聖旨，駐蹕會稽，今已逾歲，妖祲不作，行殿載寧。越州城隍廟崇福侯，可特賜額封公，並令太常寺擬定，申尚書省依准。今降聖旨指揮，欲擬昭祐公，伏乞朝廷詳酌，指揮施行，申聞事：城隍廟崇福侯。牒奉敕：朕展義東南，駐蹕都會，宫室城郭之必葺，殆歲之周，氛祲妖孽之弗興，緊神之祐，是用錫上公之尊爵，加二字之榮名，不顯其光，庸示無窮之報，自今以始，常儲有羡之祥，宜特封昭祐公，牒至，准敕故牒。紹興元年五月，尚書省印牒〔一一〕。參知政事張□沽〔一二〕，尚書右僕射、尚書門下省事、少傅、鎮潼軍節度使、判紹興軍府事，兼提舉學事，兼管内勸農使，充兩浙東南安撫使、馬部軍都總管、信安郡王，食邑七千二百户、食實封叁千肆百户孟忠厚立石。碑陰賜顯寧廟額敕。禹廟扁，一曰：明德遠矣，一曰：萬世永賴。越王廟，在西郭門内光相橋下。越王南面，左范蠡、柘稽，右文種、逢同。坊曰：畏天保國，扁曰：尊周霸越。

【校勘記】

〔一〕城隍神廟　「城」，底本作「墻」，川本、滬本同，據竹本、本書上文「城隍廟」改。

〔二〕朝恩與漢牧齊標　「漢」，底本作「西使始」，川本、滬本、竹本同，據萬曆紹興府志卷二〇改。
〔三〕具列如左　「列」，底本作「立」，川本、滬本同，據竹本及萬曆紹興府志卷二〇改。
〔四〕墻隍神　川本、滬本、竹本及萬曆紹興府志卷二〇並同，疑「墻」當作「城」。
〔五〕因剖竹之辰　「剖」，底本作「割」，川本同，據滬本、竹本及萬曆紹興府志卷二〇改。
〔六〕任隆三鎮　川本、滬本、竹本同，萬曆紹興府志卷二〇「任」作「位」，蓋是。
〔七〕金行應籙　川本、滬本、竹本同，萬曆紹興府志卷二〇「行」作「星」，蓋是。
〔八〕噫呼人惟神祐至聊刊貞石以示後來　川本、滬本、竹本同，萬曆紹興府志卷二〇置於上文「具列如左」之下。
〔九〕歲在戊辰　「戊」，底本作「武」，川本同，據滬本、竹本改。
〔一〇〕敕賜昭祐公碑　川本、滬本、竹本同，滬本下注「碑額篆字」。
〔一一〕尚書省印牒　底本無「尚書省印」，川本同，據滬本、竹本補。
〔一二〕張□沽　川本同，滬本、竹本作「張沽連」。

衢州府

據浙江上游，南際甌、閩，北抵歙、睦，諸山連亘，地勢獨高。諸縣之水，會於城下，達於浙江，以入於海。郡城周圍平曠，中有山獨峙，穹然而如龜形，府治據其上，山環水繞，實佳郡也。和風樓記云：東南孔道，閩、越之交。舊學記曰：衢據浙江上游，川陸所會，四通五達，江、粵、閩、廣之所輻輳。保安院記云：其山邃以麗，其水清以駛。

西安　龜峯上建府治，其形如龜，與崢嶸山相連。崢嶸山，在龜峯西北。吳遣征虜將軍鄭平以千人守崢嶸鎮，即此。爛柯山，在縣南二十里。一名石室，道書謂爲青霞第八洞天，爛柯福地。晉樵者王質入山伐木，見二山童子對弈，質置斧於坐而觀，童子與質一物，如棗核，食之不饑。局終，童子指示之曰：汝斧柯爛矣。質歸，已及百歲，無復同時人。雞鳴山，在縣東十五里。定陽溪流其下，一名東溪，出處州遂昌之周公源，東北流入縣境，經此山與信安溪合，其分派自石室横[一]，後築堰，導流迤北，溉田五萬六千餘畝。烏巨山，在縣東三十五里。東西兩山連亘，西山盤鬱雄秀，高可六七里，竹樹薈蔚，夏亡螡暑，冬稍雨即雪，東山次之。紫薇山，在縣東十五里。一名迷茨，中有懸崖，泉滴不休。巖山，距縣十里。四面峭壁，絕頂平曠可數十畝，中有石井，舊傳黄巢餘黨阻兵其上。烏石山，在湖山東，距縣四十里。巨石周匝若城，有石門可入，俗號寨門，相傳人避巢賊時所設。泉山，在縣東南一百里。通典云：衢州信安縣南，建安郡北，有山名泉山。即此。銅山，在縣西北百里。宋時山出銅鉛錫，今出礦，前此徽、處二州人羣聚取礦。嘉靖三十八年，調五邑官兵平之，今設兵防守。東溪，源出紫薇山，沿周公源，過悲思嶺，今相思源口[二]，循九龍山下[三]，響谷地名[四]，至石室下，府南二十。東北流，合爲信安溪。　西溪，源出開化、祁門之百濟嶺，合歙之水，會常山縣，流至城下；又江山之水，從仙霞等嶺來，過峽口紅橋渡，歷江山，至雙溪口，與常山開化溪合，環城以過，號信安溪。　定陽古城，去城二十五里。今爲古城院，疑即穀州故城。　廢盈川縣，去城南九十里，唐析龍游縣置，尋省入西安。

【校勘記】

〔一〕其分派自石室横　底本無「其」字，川本同，據滬本、竹本補。又「横」下疑有脱文。

〔二〕過悲思嶺今相思源口　川本、滬本、竹本同，天啓衢州府志卷一無「悲思嶺今」四字。

〔三〕循九龍山下　川本作旁注，滬本、竹本下夾注「縣南二十里」。

〔四〕響谷地名　川本、滬本、竹本及天啓衢州府志卷一同，疑有脱訛。

龍游　龍丘山，在縣東三十五里。又名爲九峯，有九石，黛色，狀若蓮花。龍丘萇鼓瑟於此，與嚴子陵、鍾離意友，年百歲，終此山。巖旁有二石壁，皆百餘丈。　東華山，在縣東三里，下有姑蔑子墓。　白石山，在縣南四十五里。山有圓石，聳二十餘丈，其色純白，故名。唐嘗以此山名縣。　徐山在縣南四十里。今名靈山，有徐偃王祠廟，唐韓文公碑立此。　天堂山，在縣南四十里。峯巒迴複，山溜泠然，爲一方勝概。　上有天池，至歲旱不涸。　聖壇山，在縣南三十里。山勢聳拔，高五里，登其巔，可見數百里，鳥道盤旋，名十八曲，上有天生池。左傳哀公十三年：越伐吳，吳王孫彌庸自泓上觀之，見姑蔑之旗曰：吾父之旗也。是時，彌庸父爲越所獲，故姑蔑人得其旗。杜預注：姑蔑，越地。在太末縣，即今縣治也[一]。築溪[二]，在縣東二十五里。源出松陽界大方山水，北流七十里，合馬報溪，入穀溪，相傳偃王避地，築室於此。盈川溪，在縣西南三十五里。穀溪，出西安，合江山、常山之水，經縣西二十里團石潭，匯於翠光巖下，(旁注)縣北。東流八十里，入蘭溪界。唐武德置穀州於此。姑蔑城，在穀溪南，上接穀水之流，下扼嚴灘之要。邑地平廣，羣山遠環。豪嶺寨，在治南三十二都。赤津寨，在治東南三十三都赤津嶺。小蓮寨，在治南三十二都。上塘寨，在治南三十四都。已上四寨，因往時括寇而設，共鄉兵五百名，往來巡守，仍選一人統率，今興革不常，類多缺額。

【校勘記】

[一] 左傳哀公十三年至即今縣治也　川本、滬本同，竹本列於下文姑蔑城條之下，是。

[二] 築溪　底本「溪」下衍「源」字，川本同，據滬本、竹本及紀要卷九三刪。

江山　漸山，在縣東二十里。俗號大靈山，巍然秀出。泉山，在縣南百里許。周迴數百里，甚高，漢朱買臣言泉山，即此地。箬山，在縣南百里，高出仙霞之上。湖山，在縣北二十五里。高百丈，周迴五十里。仙霞嶺，在縣南一百里。高三百六十級，凡二十八曲，長二十里。宋史浩帥閩過此，始募人甃以石路。璩公嶺，在縣六十里〔一〕，路達括蒼。大竿嶺，在縣南一百一十里。北趨婺、杭，南通七閩，西抵廣信，爲通途。小竿嶺，在縣南一百三十里。高一百五十丈，接福建浦城縣界。大嶺，在縣西二十里〔二〕，入常山路。紅旗嶺，在縣西三十五里，路通玉山縣。大陳嶺，在縣西北一十二里，自嶺西有道通常山。文溪，在禮賢鎮之西。發源有四：一自石鼓山，一自廣源，一自廣嶺永豐之後洋，一自括蒼之半桃山，至鎮匯爲是溪。鹿頭溪，在縣東二里。染口溪，在縣東南十里。水由括蒼來，至界内，分而西過夏步入於溪。三橋溪，在縣北二里。自常山界，別而東，過松山，入於此。故武安縣，唐證聖三年，割常山、須江、弋陽，置武安縣，以地有武安山，今邑廢址存。地據高山深谷，峻絶修阻，爲閩、浙之要衝，作三衢之屏障，東接信安，北抵常山，西南通玉山、永豐，山峻而廉，水清而駛。小竿嶺新寨，在縣南一百里〔三〕。爲閩、越要道，地多榛薄，姦民嘯聚其間，知縣張鳳翼申請設兵一哨守之。

【校勘記】

〔一〕在縣六十里　川本及天啓衢州府志卷一同，滬本、竹本「縣」下「六」上有「□」。紀要卷九三、清統志卷三〇一載：璩公嶺，在江山縣東南六十里。「縣」下當有脱字。

〔二〕縣西二十里　「二」，底本作「上」，川本同，據滬本、竹本及天啓衢州府志卷一改。

〔三〕在縣南一百里　底本脱「南」字，川本同，據滬本、竹本、本書上文補。

以此。　常山　三衢山，在縣北二十五里。隋志：昔有洪水暴出，派兹山爲三道，因爲之三衢，州名有碧玉、蓮花二洞，山高三百丈，迴環九百丈。　常山，在縣東三十里。頂有湖，廣可數畝，又名湖山。　容東山，在縣北二十五里。下康間，里人江袤始甃以石。　木綿嶺，在縣南十里，江山要路。　菱湖嶺，在縣北二十五里，當開化之衝。　宋靖年，姚源賊起，參議段敏、參將李龍、嘉興同知伍文定、指揮邢世臣鑿之，立寨戍守。　白石塢濠坑，在七都。　正德七濠反，金華同知張齊，寧波通判王郁〔二〕，奉命守此。　草萍濠坑，在縣西四十里。　姚源賊起，鑿十四年，宸之。　金川，在縣北半里。源出開化，謂之金溪，南流八十里，經縣郭之東，復東南注五十里，入西安縣境，東流達府城，曰西溪。　球川，在縣西五十里。四山環抱若金盤，溪水清潔，民間多造紙。　石硿溪，在縣南一里。發源江山，東流七十里，與私溪會〔三〕。　私溪，在縣南十里。源出開化境，東北流四十里，與石硿溪會，而爲新開溪。　馬厔溪，在縣西北五里。溪出開化桂巖，東南流一十里，至石門，出金川，名雙溪。　儻溪，在縣西北五里。源出玉山縣界，沿至縣北五里〔三〕，注於金川。宋玉山令汪杞欲鑿壠以通常山水道，以工用不貲而罷。後溪，在縣北十里。源出自十四都鴉巾，南流二十里，至疊石，出金川灘。招賢溪，在縣東三十里。源出常山鄉，東流二十里，入於金川。浮河溪，在縣東北二十里。凡兩源，至將坑溪匯，南流三十里，曰浮河，至浦口達金川。漢定陽縣，在定陽鄉，地名三岡，址存。唐常山縣，在常山鄉内，常山之麓。山勢起自閩中，從仙霞關來，右趨會稽，左趨金陵，草萍一線，千里度脈，郡守負蒼林公〔旁注〕名應翔。云：南幹之龍，皆自草萍度峽，北距吳、會，東抵錢唐，俱此山所發脈也。東爲常山，西爲玉山，是兩邑護峽也。東爲衢州，西爲廣信，是兩郡護峽也。界水東西分流，而羣山峯巒，錯擁送迎，欝紆旋繞。草萍驛，即玉山嶺。昔置郵，今廢矣。其後，館亦罹回禄，此江、浙分界處也。將近城數里間，地俱平曠，遠山四列，石梁如虹，頗壯麗。橋下溪流如帶，水涸矣，此即上乾溪也。舊記云：溪源乾淺，秋冬不通，故名。

【校勘記】

〔一〕王郁　滬本同，川本「郁」作「駕」，旁注「郁」，竹本作「駕」，下注「一作郁」，天啓衢州府志卷一作「王駕」。

〔二〕私溪　「私」，底本作「松」，川本、滬本、竹本同，據天啓衢州府志卷一改。

〔三〕沿至縣北五里　川本、滬本、竹本及天啓衢州府志卷一同，疑「沿」當作「流」。

開化　石耳山，在縣西八十里。縣志：一百二十里。周迴三百里，跨婺源、德興界。　古田山，在縣西百里外雲臺鄉。高十有五里，山中虎不齧，蛇不螫，有田可百畝，田畔有泉，源出兩竇，瀦其下爲池，雖旱不竭，是爲龍湫。　鵶金嶺，在縣東二十五里。周迴五十里，抵常山界。　馬金嶺，在縣北百〔旁注〕九十。里，休寧縣界。　大溶嶺、富樓嶺，並縣西百里，婺源縣界。　歇嶺，在縣西北七十里，由白沙抵德興界。　金溪，在縣東五十步。凡兩源，一出馬金嶺下，經九里巒，環石柱源，出百際嶺下，百際嶺，縣北五十里。經嵩陽源，俱達馬金，合流曰馬金溪。西南注四十里，經縣北二里鐘山下，環縣治，復東南流，達華埠，始容舟，入常山境，而溪漸大。　馬尪溪，在縣東十五里。發源白馬山下，合大駛、小駛二澗，西南三十五里，至常山境，注於金溪。　聲口溪，在縣西二十里，乃池淮溪之下流〔一〕。舊志云：瀑泉所集，因以成溪，水聲常如風雨。東南流十五里，達孔埠，入金溪。　池淮溪，在縣西三十里。凡兩源，一出歇嶺，一出大溶嶺，合流至滕巖下，其地曰池淮畈，故名，東南注聲口。　龍山溪，在縣南三十里。凡兩源，十二曲，一源出縣南七十里梨嶺，一源出縣西南八十里濠嶺下〔二〕，東南流五十里，達華埠，注於金溪。　縣居郡西北，據浙江上游，與嚴、徽、饒、信接界，其山邃而廉，其水清而駛。開化田少土瘠，不足一邑之食，惟栽杉爲生，薑、漆次之，炭又次之，合薑、漆、炭當杉利五之一，而惟正之供，與養生送死之需，盡在其中。

【校勘記】

〔一〕池淮溪　「淮」，底本作「滙」，據川本、滬本、竹本及天啓衢州府志卷一改。

〔二〕一源出縣南七十里梨嶺一源出縣西南八十里濠嶺下　底本脱「梨嶺」，川本同。滬本作「一源出梨嶺，縣南七十里，一源出縣西南八十里濠嶺下」。竹本作「一源出梨嶺，縣南七十里，一源出壕嶺，縣西南八十里下」。天啓衢州府志卷一作「一源出梨嶺，一源出濠嶺下」。據補「梨嶺」二字。

遂安　高喬山〔一〕，在縣西六十五里，開化界也。層峯秀削，旁谷紆迴。正德癸酉，流賊犯界，知縣容九宵築寨於此以遏之，賊至輒敗去，遂境以完。武強山，在縣西六十里，與歙之白際諸嶺相參。唐末，鄉民保聚於此，破黄巢之兵，因名，今其麓猶名黄巢坪。洪銅山，在縣西南七十里。唐天寶中，嘗置場采銅。馬金嶺，在縣西南八十里，接衢州開化縣界。三渡，在縣西南五十八里。

【校勘記】

〔一〕高喬山　「喬」，底本作「橋」，據川本、滬本、竹本及萬曆嚴州府志卷二改。

壽昌　硯山，在縣南三十里。南屬金華，北屬嚴州，西屬衢州，爲三郡之界。壽昌溪，在縣西六十里。一名大溪，發源自鵝籠山〔一〕，東南流經邑村，與交溪會流，曰大同溪。又東注，達縣郭之西，曰艾溪〔二〕，繞郭之南，復東注，過自砂硃〔三〕，曰淤堨溪。又東北注，經湖神坂，曰湖神溪，實一源也。自源極流長九十里，出壽昌港口，經宋家坂，繞蒼山，入於新安江。西塢寨，在縣西南四十里梅嶺。硔巖寨，在縣東南二十里赤孤山。長嶺寨，在縣東南二十五里桃平山，立寨以防礦徒往來。

【校勘記】

〔一〕鵝籠山　川本、滬本、竹本同，萬曆嚴州府志卷二「鵝」作「鵞」。

〔二〕艾溪　「艾」，底本作「文」，川本同，據滬本、竹本及萬曆嚴州府志卷二改。

〔三〕過自砂硃　川本、滬本、竹本同，萬曆嚴州府志卷二作「過白砂」。

永康　歷山，在縣南二十五里。高二百丈，周四十里，其上員峯屹立，狀如覆釜，一名釜歷山。有池廣畝餘，深五尺，曰歷山潭，歲旱禱雨多驗。絶塵山〔一〕，在縣東南三十五里。高五百丈，周十里，四面峭壁拔地，一徑縈紆，斜穿巖石間而上，有兩石對峙如門。方山，在縣東六十里。高千餘丈，西望縉雲、武義，東望東陽、義烏諸縣之境。銅山，在縣東五十里。宋時有銅坑，今廢。馬鬃嶺，在縣東二百二十里，與仙居縣接界。嘉靖三十三年，倭犯台州，於嶺上築寨，屯兵以備焉。　密浦山，在縣東北五十里，華溪水發源於此。

【校勘記】

〔一〕絶塵山　「塵」，底本作「歷」，川本同，據滬本、竹本及萬曆金華府志卷四改。

寧波府

春秋吳敗越，棲句踐於會稽，已復賜之封，東至於句甬，而郡之地始以名見。後句踐卒破夫差，滅吳，因欲置夫差甬東君三百家。按杜預及韋昭、司馬貞注，皆以爲海中州，即今舟山之地。貞又云，即今鄮縣是其處〔一〕。宋王應麟據以爲證〔二〕。又按：賈逵謂爲越東鄙，甬江東地。國語吳語、越語皆曰甬句東，吳越春秋又曰甬句，是皆聯句章爲名，故爲鄮地。其時翁洲正在境内，爲越東鄙地，非今割立附郡之鄮縣也。其以今郡城東爲甬江，而又曰甬東隅、甬東書院、甬東巡司，蓋皆因古甬東字而名之，非即以此爲故甬東也。甬東，即越之欲居吳王之地。杜預曰：句章縣東海外洲。是其處。又曰：遷吳王句甬東，注曰：「句」即句章，「甬」即甬東。史記：越滅吳，請使吳王居於甬東。吳語云：甬東，舊郡在句章東海外洲。韋昭曰：東浹口外洲。浹口，今之浹港也。按輿地廣記〔三〕：定海有大浹港，即晉劉裕與孫恩戰，退還處。外洲，今之舟山，舊爲翁山縣。世傳徐偃王所居，春秋所謂甬東者，即此。古有甬東市，定海亦有甬東橋。

寧波緣海，而郡南界於台，西界於紹，而東與北，則直以海爲界。東極海岸，凡百有四里〔四〕，東南極海岸，凡百一十有二里；東北極海岸，凡七十有二里；北極海岸，凡六十有二里；而自海岸而遡於大海，東極於石馬山之洋，可六百里；東南極於踞門山之洋，可八百里；北極於蘇州之洋，可千五百里；東北泛於大海，可千里。此蓋以海潮測計之也〔五〕。

海環府境東際，鄞之嶦崎、湖頭、蔡家墊，東北際定海之招寶山、後海塘，西北際慈溪之觀海、龍山，東南際象山之爵溪、東門，奉化之鮚埼、裏港。海潮自定海入鄞江，六十里至府城，東北分爲二江，西北通慈溪，東南通奉化，其海之大洋中，有鳥石塘三：一在馬秦嶴，一在下塘頭千步砂，一在桃花嶴，百年之間，或卷沙以爲堤，或堆石以爲塘，中成膏腴，不以人力，然則海變桑田〔六〕，非虛言也。

五邑風俗，大抵皆同。別而言之，則鄞之風散緩，其俗迂闊而善妬，廢興禍福，不相爲也。慈之風矯厲，其俗尚文而善黨。奉之風鷙健，其俗負氣而矜高。定之風脆弱，其俗習勞而寡營。象之風樸，其俗好競而服義。

【校勘記】

〔一〕鄞縣　川本、滬本、竹本同。按史記吴太伯世家司馬貞索隱作「鄮縣」。元和志卷二六鄮縣「本漢舊縣也，屬會稽郡。隋平陳，省入句章。武德八年再置」。紀要卷九二：「五代時，吴越改鄮縣爲鄞縣。」此處引述唐司馬貞語，應稱「鄮縣」。

〔二〕王應麟據以爲證　「據」，底本作「拔」，川本同，據滬本、竹本改。

〔三〕輿地廣記　底本作「地輿廣記」，川本、滬本同，據竹本乙正。按輿地廣記卷二三云：定海「有大浹江」。

〔四〕凡百有四里　底本脱「有」字，川本同，據滬本、竹本及嘉靖寧波府志卷四補。

〔五〕此蓋以海潮測計之也　「此」，底本作「比」，據川本、滬本、竹本及嘉靖寧波府志卷四改。

〔六〕海變桑田　「變」，底本作「𤀹」，川本同，據滬本、竹本改。

鄞　龍山，在縣東三十里。與定海陳山連界，四明山發脈，迤邐自南而東北至此。太白山，在縣東六十里。視諸山爲最高，其巔有龍池，雲霧蓊勃，生於水面，若麗日晴宵，澄澈如鏡，或風振林木，葉落無墮池中者，旱禱雨隨至。山以太白星得名，或曰：近有小白嶺，故此爲太白也。天童山，在縣東六十五里。晉永康中，僧義興結廬山間，有童子來給薪水，久而辭去，曰：吾太白星，上帝遣侍左右。言訖不見，太白、天童之名昉此。大慈山，在縣東六十里東錢湖中。有大慈寺、史相香火院〔一〕。它山，在縣南五十里，即唐縣令王元暐爲堰之地。水南沿流皆山，至是始有一山在水北，因兩山相對，堰得以成，以其無山相接，故謂它山。先是四明諸山水，走百里盡瀉之江，百姓不饗其利。唐太和中，縣令王元暐相地勢，謂大江夾諸山，直上接平水，而溪所從來者，高至它山。始兩岐之水稍散漫，而江北惟兹山四無麗，故謂之它山。它山麓皆石趾，插江底，非他浮沙比，可憑藉爲堰，乃始治堰，堰跨兩山麓，南北〔一〕。水澇則什七入江，什三入溪；旱則入溪者七，入江者三。嶦崎嶺，在縣東六十里。稠嶺，在縣西三十五里，爲鄞、慈兩縣之界。國朝嘉靖間，海道副使李文進命於此設寨，至三十八年三月内，倭奴果從此入林村。蔡家墩，在縣東南九十里，近大鹽場。廣德湖，在縣西十二里。宋曾鞏記曰：湖大五十里，其源出於四明，引其北爲漕渠，泄其東北，入江。鄞之鄉，十有四，其東七鄉之田，錢湖溉之，其西七鄉之田，則此湖溉之。後廢爲田，政和七年，樓异爲守廢之。東錢湖，在縣東三十五里。一名萬金湖，在唐曰西湖，蓋鄮縣未徙時，湖在縣治之西也。湖水闊十萬畝，前古因山麓斷處，續堤合之。天寶三年，縣令陸南金開廣之，宋屢浚治。周迴八十里，受七十二溪之流，四岸凡七堰：曰錢堰，曰大堰，曰莫枝堰，曰高湫堰，曰栗木堰，曰平湖堰，曰梅湖堰。水入則蓄，旱則啓閘而放之，溉田八百頃，今稍淤占。

【校勘記】

〔一〕史相香火院　「相」，底本作「湘」，川本同，據滬本、竹本及嘉靖寧波府志卷五改。

〔二〕南北　川本、滬本、竹本同。嘉靖寧波府志卷二三下有「闊者四十二丈」云云，蓋此有脱文。

慈溪　浪港山，在縣西北七十里。觀海衛城負焉。山之陽有礦穴，從來閉塞。嘉靖戊戌，興利者言於朝，命内監官、錦衣官立廠，監督開取，巖石崩墜，壓死夫匠無算，乃誣搆監司、府衛官撓阻，逮捕至京繫訊，下累百姓供億，大爲地方之患。巡按御史王紳奏止之，罪及首謀，其事乃寢。山本濱海，去平石倭夷登岸之路二里而近，開爐誨盗，尤爲禍窟，且官取則得不償費，私取則攘鬬盗竊，不可啓也。　瓜誓山、桑嶼山、箬嵍山、廟山，俱縣西北七十里大海中。　向頭山，在縣西北八十里。亦名西龍尾，東望伏龍山〔二〕，與龍頭相向。　龍頭以東屬定海，龍尾以西屬餘姚，二山捍潮，其中漲塗，漸與山相接。　古有海塘閘，閘柱屹然中存，今盡爲魚鹽之地，禾黍菽麥彌望。　大忌山，在縣西北八十里。　下有暗石，往來舟航所忌，舊在大海中，今近岸。　小忌山，在縣西北八十里，與大忌山相峙。　泥横山，在縣西北一百里。俗名掘泥山，在大海中。　東向山、箅嵍山、黄牛山，俱在縣北六十里大海中。　慈溪江，源於紹興餘姚之太平諸山，至縣西南五十里丈亭，乃岐而爲二：大江由車厩〔旁注〕縣西南四十里。歷西渡，經府城之北，至大浹口入於海；小江直東貫縣城中，由驄馬橋出東郭。　管山江，在縣東南五里，即所謂小江也。由丈亭東注四十五里，至夾田橋。縣東南五里，驛道之衝。宋寶祐五年，制使吴潛開廣，直抵茅洲閘，縣東南十五里。鄞、慈、定三邑皆蒙其利。慈湖，在縣東北一里。唐開元中，縣令房琯鑿之，以溉民田，廣袤一百五十畝，因縣名曰慈。國朝洪武二十八年，遣官修堤塘碶閘，啓閉以時，民田賴之。海塘，一在縣西北六十里，舊有塘三十里，以限風濤，去岸三十里，據黄牛、桑嶼二山，與嘉興、海鹽爲界。一在縣東六十里，貫定海境。

【校勘記】

〔一〕伏龍山　底本脱「山」字，川本同，據滬本、竹本及嘉靖寧波府志卷六補。

奉化　大雷山，在縣西四十里，四明支山也。其山極高，可望二百里。鮚崎山，在縣南五十里〔一〕。漢地里志：鄞有鮚埼亭。鄞後析爲奉化縣。顔師古注：鮚，音結，蚌也。長一寸，廣二分〔二〕，腹中有小蟹。埼，曲岸也，其中多鮚，因以名亭〔三〕。天門山，在縣南六十里。一名蜃樓門，宋志作引頭門。濱海裏港，兩峯相峙，若天門然。漢地里志：鄞東南有天門水入海，有越天門山。奉化江，抵縣東四里惠政橋，合諸溪水，達郡城東，會鄞江入於海。資國堰，在縣東南三都〔四〕，源自鎮亭。元至治元年，知州馬稱德以舊堰卑隘，拓地浚之，置碶閘以便蓄泄，溉田三萬八千餘畝。

【校勘記】

〔一〕縣南五十里　底本脱「南」字，川本同，據滬本、竹本及嘉靖寧波府志卷六補。

〔二〕廣二分　「二」，底本作「六」，川本、滬本、竹本同，據漢書地理志顏師古注改。

〔三〕因以名亭　「亭」，底本作「山」，川本、滬本、竹本同，據漢書地理志顏師古注改。

〔四〕在縣東南三都　底本脱「縣」字，川本、滬本同，據竹本及嘉靖寧波府志卷六補。

定海　巾子山，在縣東北二里。山形卓立如巾幘，與候濤山形勢相控，爲潮水出入之障。宋史：張世傑次定海，元石國英令都統卞彪説之，世傑斷彪舌，磔於巾子山下。招寶山，在縣東北二里。舊名候濤，後以諸藩入貢停泊，改名招寶。山巔原設臺堠，嘉靖己未，鎮守都督盧鏜與海道副使譚綸，築城以防海患。山之東南，峙一小山，僅高尋丈，名昌國山。潮汐至此分流，舟行可達昌國。蛟門山，在縣東海中約十五里。一名嘉門山，環鎖海口，吐納潮汐，有蛟龍穴處，時興颶風怪浪，舟行避之。虎蹲山，在縣東五里，屹立海中，象形而名之。游山，在縣東海中。七里嶼山，在縣東海中七里。黄茅山，近七里嶼。金塘山，在縣東南海中。約半潮可到，周環二百餘里。舊爲昌國縣之金塘鄉，國朝洪武二十年，信國公湯和徙其民而虚之。舟山，在縣東昌國城南，形如覆舟。鎮鰲山，在昌國城中。山自北來，蜿蜒南走，屹爲一峯。舊翁山縣治據其麓，今改建中中、中左二所。翁山，一名翁洲，在昌國東三十里。昔葛仙翁煉丹於此，故名。徐偃王嘗居此，城址猶存，唐置翁山縣。 鼓吹山，在縣東昌國山之陰，曰戰洋，曰馬嶴，徐偃王祠在焉。山巔平坦如掌，可容數百人。 桃花山，在昌國東南海中。補陀洛迦山，在昌國東海中。約一潮可到，佛書所稱海岸孤絕處也。一名梅岑山，有善財巖、潮音洞，乃觀音大士化現之地。 東霍山，在昌國東北海中。 西霍山，與東霍山對峙。 岱山，在昌國東海中，約一潮可到。 碓砧山，在岱山北海中，屹起形如碓砧。 石門山，在昌國東海中，兩山壁立如門。 黃公山，在昌國東海中。或云晉黃公能以赤刀厭虎不行，爲虎所食，死於此山，故名。 塔嶺山，在黃公山南。 順母山，在昌國東海中。有石如牛形，人謂之石牛。 竹嶼山，在昌國西南海中。隔岸止十餘丈，叢竹生焉。 盤嶼山，與竹嶼山對峙。 西蘭山、大若山、樫岸山、浡塗山、舊名浮塗〔一〕。 磈石山、勝嶴山、峕客山，俱在昌國南海中。 小竿山、大竿山、蘭山、崑斗山、麻嶴山、蛟山、登部山、馬秦山、黃砂山、徐公山、雙嶼山、石珠山，俱在昌國東南海中。 東勾曲山、石馬山、石牛山、隩山，俱在昌國東海中。 蘭山、秀山〔二〕、浪港山、深水山、莆隩山、蛇山、竹山、洋山、東蘭山、元霍山、西枯山、東曉山、東枯山、桑子山、舊名桑石。石蜀山、東朐山〔三〕、川石山、北壁山、大衢山、小衢山、三星山、冷嶼山、西須山〔四〕、須皓山、洛華山、青閣山、馬迹山、丁與山〔五〕、陽山、陳錢山，一名神前。俱在昌國東北海中。 大磧山、東乳山、東岱山〔六〕、西朐山、大洋山、弔嶼山，俱在昌國北海中。 回峯山、西良山、長塗山、三姑山、灘山、長白山、西岱山、正策山、吴農山、如岸山、横子山、册子山、西桑山、五嶼山、宜山、龜鼈山，俱在昌國西北海中。　曉峯山、大小茆山、三山、砂羅山，俱在昌國西海中。

大浹江，在縣南城外。〔旁注〕大浹口，在縣南一里，爲水關屯泊舟師處。　自蛟門海洋，分派爲支江，向西泝流七十里，抵府城三港口分流，西南六十里至鄞縣它山堰，西北二百里抵紹興上虞縣，通明壩。　晉安帝時，孫恩寇上虞，劉裕戍句章，出戰，退還浹口。　宋高宗航海，亦由浹口而出。　小浹江，在縣南十二里。　自竹嶼山海口，分派爲支江，蜿蜒西流六十里，抵鄞縣五鄉碶下。　鄞東三十五里。　黄崎江，在縣南一百十里。　自崎頭海洋分派爲支江，西北流，約半潮至蛟門，出大海。　梅山江，在縣東南一百十里〔七〕。　自崎頭海洋發潮，西北流，入烏崎頭山港，經大嵩，通於海。　後海塘，在縣西北二里。　起巾子山麓，止東管二都。　宋淳熙十年，令唐叔翰與水軍統制王彦舉、統領董珍，倣錢塘例，疊石甃塘岸六百二丈五尺〔八〕。　嘉定十五年，縣令施廷臣、水軍統制陳文接甃五百一十丈〔九〕。　又於石塘盡處，再築土塘五百六十丈以續之〔一〇〕。　國朝洪武、正德中，再修。　招寶山，雄拔海口，與竹山對峙，爲江海之咽喉，郡治之門户，誠保障要害處也。　先是，盧鏜以福建都司督舟師平雙嶼夷寇，尋以參將分守東浙，又進鎮守都督，屢平倭難，備知阸塞〔一一〕，與海道副使譚綸議，以招寶俯瞰縣城，相去不數十武，賊一登據，置火炮其上，縣城可不攻而破，即夷船絡繹銜尾入關，我輩亦無以制之矣。　乃於庚申春，請於總督胡宗憲，於招寶山甃石築城，三閲月告成。凡二百丈，東西爲門二，内建戍屋四十餘楹，扼截海口，與縣城唇齒相應，名威遠城。復於山麓西南，展築靖海營堡，周迴二百四十丈，建屋四十餘楹，以時教閲於大小浹口。

【校勘記】

〔一〕舊名浮塗　「塗」，底本作「圖」，川本同，據滬本、竹本及嘉靖寧波府志卷六改。

〔二〕蘭山秀山　川本、滬本、竹本同，嘉靖寧波府志卷六、嘉靖定海縣志卷五無此二山。

〔三〕東朐山　「朐」，底本作「句」，川本同，據滬本、竹本及嘉靖寧波府志卷六改。

〔四〕西須山　底本脱，川本同，據滬本、竹本及嘉靖寧波府志卷六、嘉靖定海縣志卷五補。

〔五〕丁與山　川本、滬本、竹本同。嘉靖寧波府志卷六、嘉靖定海縣志卷五「與」作「興」。

〔六〕東岱山　底本脱「山」字，川本同，據滬本、竹本及嘉靖寧波府志卷六、嘉靖定海縣志卷五補。

〔七〕在縣東南一百十里　「一百」，底本脱，川本、滬本、竹本同，據嘉靖定海縣志卷五補。

〔八〕疊石甃塘岸　「塘」，底本脱，川本、滬本、竹本同，據嘉靖定海縣志卷五補。

〔九〕縣令施廷臣水軍統制陳文接甃五百一十丈　「縣」，底本脱，「一」，底本作「二」，川本、滬本、竹本同，據嘉靖定海縣志卷五補改。

〔一〇〕五百六十丈　「六」，底本作「二」，川本、滬本、竹本同，據嘉靖定海縣志卷五改。

〔一一〕備知陒塞　「陒」，底本作「泥」，川本、竹本同，據滬本改。

象山〔一〕　象山，在縣治北三十步。形如伏象，因名。　雙泉山，在縣東四十里大海中。屏風山，在縣東北三十五里。過此爲湖頭渡，乃鄞、奉之境。　後門山，在縣南一百里。跨山而城，爲昌國衛。　大佛頭山，高出海中諸山數百丈，周一百餘里。日本入貢，以此山爲向道。大洋，東曰錢塘，南曰大陸，西南曰東門，皆蕃舶、閩船之所經。自錢塘而北，則定海；自東門而南，則台、温。　北港〔二〕，東達於洋，西距結埼，由陳山渡一潮至方門，再潮至烏埼，三潮至府城下。　明故濱海大江，從定海入桃花渡，縣東北三十里。爲三江口，當城之東北而一逾城西北，折至西渡，縣西二十五里。與慈溪前江接，歷餘姚，止通明壩；一東從浮橋而南，至北渡，縣南二十五里。爲奉化北界，故名。亦三分之，南行者爲奉化江，止市橋，西南行者止它山堰，爲鄞江。江水鹹鹵，不可灌溉食飲，而綿亘往來數百里，土薄剮深，不及尋丈，輒見塗淖，天五日旱，井泉與伏流通，輒鹽鹵不適用。沿江田數萬頃，鹹氣蒸曝，稼即枯死，是江有舟楫魚鹽之利，而非所以利民生耕鑿之資，故鄞之水利在河渠。

【校勘記】

〔一〕象山　底本脱，川本、竹本同，據滬本補。

〔二〕北港　「港」，底本作「海」，川本同，據滬本、竹本及嘉靖寧波府志卷六改。

慈溪　江通於海，而海潮自蛟門西入，合鄞、奉二流，其水澄淡，海潮遇之，勢不得輒入，故桃花渡所鹵淡恒半。然天時有旱澇，而盈縮進退因之，由是而西渡，而赭山，縣南十里。西抵丈亭，俗呼爲前江，緣江百里許，並無北入之浦，唯南受鄞、慈、餘諸山水，故其水恒淡；又由丈亭北折而東，呼爲後江，凡浦皆南入，不通江。

宋史樓异傳：明州有廣德湖，异請墾而爲田。改知明州，治湖田七百二十頃，歲得穀三萬六千，郡資湖水灌溉，爲利甚廣。往者爲民包侵，异令盡泄之墾田，自是苦旱，鄉人怨之。

舟山，唐開元二十六年，置明州，析鄮置翁山縣。大曆六年，廢於袁晁之亂。宋端拱三年，置鹽場。熙寧九年，以鄞之蓬萊、安期、富都三鄉，置昌國縣。元豐元年，益以定海之金塘鄉。建炎□年，高宗航海，舟次昌國縣。金人自明州引兵攻定海縣，破之，遂以舟師絶洋，犯昌國，欲襲御舟，至埼頭，風雨大作，和州防禦使、樞密院提領海舟張公裕，引大舶擊散之，虜乃去。元至元十五年，升爲州。國朝洪武二年，改州爲縣。十二年，立昌國守禦千户所。十七年，設昌明衛，及岑、寶、螺、岱四巡司，隸於縣。二十年，信國公湯和奏革昌國縣，遷其民於内地，徙衛於象山縣之東，存中中、中左二千户所，屬定海衛，存民五百餘户，屬定海縣。東西五百里，南北三百里。東五潮至西莊、石馬山，與高麗國分界；西二潮至蛟門，與定海縣分界；南五潮至隆嶼，與象山縣分界；北五潮至大磧山，與蘇州府分界；東南五潮至韭山，與象山縣分界；東北五潮至陳錢壁下〔一〕，與海州分界；西北三潮至灘山，與嘉興府分界。

水程：定海關東約六十里，至金塘，金塘約九十里，至舟山，舟山約一百四十里〔二〕，至普陀。定海關南約三百里，至昌國青門，青門東約一百五十里，至韭山；青門南約二百里，至牛欄寨，牛欄寨約一百里，至金齒門。定海關北約六十里，至烈港，烈港約百里至兩頭洞，兩頭洞約二百五十里，至羊山。舊設參將一員，駐劄定海，分守寧、紹地方。嘉靖三十四年，倭破臨衛城，添設總兵官一員，駐劄臨山。三十五年，改總兵，駐定海，參將駐臨山。隆慶二年，改參將，駐舟山。

胡宗憲舟山論：信國公湯和，經略海上，區畫周密，獨於舟山，似有未妥者。蓋洪武間，倭犯中界，犯玉環，犯小蒦寨〔三〕，皆浙東海濱，信國所親見也。其來也，自五島開洋，衝冒風濤者數日，至下八、陳錢而始少憩，然孤懸外海，曠野蕭條，必更歷數潮，泊普陀、烏沙門之間〔四〕，而後得覘我虛實，以爲進止。若定海之舟山，又非普陀諸山之比，其地則故縣治也，其中爲里者四，爲嶴者八十三，五穀之饒，魚鹽之利，可以食數萬衆，不待取給於外，乃倭寇貢道之所必經，寇至浙洋，未有不念此爲可巢者，往年被其登據，卒難驅除，可以鑑矣。我太祖置昌國衛於上，誠爲睿算。信國徙之内地，止設二所，兵力單弱，雖有沈家門水寨，然舟山地大，四面環海，賊舟無處不可登泊，設乘昏霧之間，假風潮之順，襲至舟山，海大而哨船不多，豈能必禦之乎。愚以爲定海乃寧、紹之門户，舟山又定海之外藩也，必復舊制而後可。

縣治在鎮鰲山下。洪武二十年，革縣爲中中千户所。隆慶三年，改爲參將府。　螺峯巡檢司，在縣西，今廢。

金史劉豫傳：宋閤門宣贊舍人徐文，將大小船六十隻、軍兵七百餘人来奔，至密州界中，率將佐至汴。豫與元帥府書曰：徐文一行，久在海中，盡知江南利害。文言：宋主在杭州，其候潮門外，錢塘江内有船二百隻。宋主初走入海時，於此上船，過錢塘江，别有河入越州，向明州定海口迤邐前去昌國縣，其縣在海中，宋人聚船積糧之處。今大軍可先往昌國縣，攻取船糧，還趨明州城下，奪取宋主御船，直抵錢塘江口。今自密州上船，如風勢順，可五日夜到昌國縣，或風勢稍慢，十日或半月可至。　宗弼傳：阿里、蒲魯渾破宋兵三千，遂渡曹娥江，去明州二十五里，大破宋兵，追至其城下。城中出兵，戰失利，宋主走入於海〔五〕，宗弼中分麾下兵，會攻明州，克之。阿里、蒲魯渾泛海至昌國縣，執宋明州守趙伯諤。伯諤言：宋主奔温州，將自温州趨福州矣。遂行海，追三百餘里，不及，阿里、蒲魯渾乃還。　斜卯阿里傳：宗弼至餘杭，而宋主走明州，阿里與蒲魯渾以精騎四千襲之，破東關兵，濟曹娥江，敗宋兵於高橋鎮。至明州〔六〕，頗失利。宋主已入於海，乃退，軍餘姚。宗弼使當海濟師，遂下明州，執宋守臣趙伯諤，進至昌國縣。宋主自昌國走温州，由海路追三百餘里〔七〕，弗及。遂隳明州，與宗弼俱北歸。

【校勘記】

〔一〕東北五潮　「東」，底本作「南」，據川本、滬本、竹本改。

〔二〕約一百四十里　底本「約」下衍「有」字，據川本、滬本、竹本删。

〔三〕小薐寨　「薐」，底本作「蘐」，川本同，滬本作「蕿」，據竹本及明經世文編卷二六七改。

〔四〕烏沙門之間　「烏」，底本作「鳥」，據川本、滬本、竹本及明經世文編卷二六七改。又，「間」，明經世文編卷二六七作「類」。

〔五〕宋主走入於海　底本脱「於」字，川本同，據滬本、竹本及金史宗弼傳補。

〔六〕至明州　「明」，底本作「州」，川本同，據滬本、竹本及金史斜卯阿里傳改。

〔七〕由海路追三百餘里　底本「追」上衍「進」字，川本同，據滬本、竹本及金史斜卯阿里傳删。

方輿崖略〔一〕：兩浙東西，以江爲界，而風俗因之。浙西俗繁華，人性纖巧，雅文物，喜飾鞶帨〔二〕。多巨室大豪，若家僮千百者，鮮衣怒馬〔三〕，非市井小民之利。浙東俗敦樸，人性儉嗇椎魯，尚古淳風，重節概，鮮富商大賈。而其俗又自分爲三：寧、紹盛科名逢掖，其戚里善借爲外營〔四〕，又傭書舞文，競賈販錐刀之利，人大半食於外；金、衢武健，負氣善訟，六郡材官所自出；台、温、處山海之民，獵山漁海，耕農自食，賈不出門，以視浙西，迥乎上國矣。杭、嘉、湖，平原水鄉，是爲澤國之民；金、衢、嚴、處，丘陵險阻，是爲山谷之民；寧、紹、台、温，連山大海，是爲海濱之民。三民各自爲俗。澤國之民，舟楫爲居，百貨所聚，閭閻易於富貴，俗尚奢侈，縉紳氣勢大而衆庶小；山谷之民，石氣所鍾，猛烈鷙愎，輕犯刑法，喜習儉素，然豪民頗負氣，聚黨與而傲縉紳；海濱之民，餐風宿水，百死一生，以有海利爲生，不甚窮，以不通商販，不甚富，閭閻與縉紳相安，官民得貴賤之中，俗尚居奢儉之半。十一郡城池，惟吾台最據險〔五〕，西、南二面臨大江，西北巉巖插天，雖鳥道亦無。止東南面平夷，又有大湖深壕，故不易攻。此唐武德間，刺史杜伏威所遷，李淳風所擇。杭城誠美觀，第嚴之薪，湖之米，聚諸城外，居人無隔宿之儲，故不易守。陳同父乃謂決西湖之水，可以灌杭州。灌城之水，須江河之流方可，湖水無深源洪波，灌從何施？同父豪傑，議論乃爾。若六、七月間，塞鏡山之口，亦吾台可憂事。處州之城，登南明山，則一目瞭盡之，其地且多礦徒，非計也。

杭俗儇巧繁華，惡拘檢而樂遊曠，大都漸染南渡盤遊餘習，而山川又足以鼓舞之，然皆勤劬自食，出其餘以樂殘日。男女自五歲以上，無無活計者，即縉紳家亦然。城中米珠取於湖，薪桂取於嚴，本地止以商賈爲業，人無擔石之儲，然亦不以儲蓄爲意。即輿夫僕隸，奔勞終日，夜則歸市殽酒，夫婦團醉，明則又別爲計〔六〕。故一日不可有病，不可有饑，不可有兵，有則無自存之策。

古者婦人用安車，其後以輿轎代之，男子雖將相，不過乘車騎馬而已，無轎制也。陶淵明病公足，乃以意用籃輿，命門生子弟舁之。王荆公告老金陵〔七〕，子侄勸用肩輿，荆公謂：自古王公貴人無道者多矣，未有以人代畜者。人轎自宋南渡始，故今俗惟杭最多最善，豈其遺耶？遊觀雖非樸俗，然西湖業已爲遊地，則細民所藉爲利，日不止千金，有司時禁之，固以易俗，但漁者、舟者、戲者、市者、酤者，咸失其本業，反不便於此輩也。

杭城北湖州市南浙江驛，咸延袤十里，井屋鱗次，煙火數十萬家，非獨城中居民也。又如寧、紹人什七在外，不知何以生齒繁多如此。而河北郡邑，乃有數十里無聚落，即一邑之衆，尚不及杭城南北市驛之半者，豈天運地脈，旋轉有時，盛衰不能相一耶？官、哥二窑，宋時燒之鳳凰山下，紫口鐵脚，今其泥盡，故此物不再得。間有能補舊窑者，如一爐耳碎，覓他已毁官窑之器，搗篩成粉，塑而附之，以爛泥别塗爐身，止留此耳入火，遂相傅合，亦巧手也。近惟處之龍泉盛行，然亦惟舊者質光潤而色葱翠，非獨摩弄之久，亦其製造之工也。新者色黯質燥，火氣外凝，殊遠清賞。

嘉興濱海地窪，海潮入則没之，故平湖、海鹽諸處，有捍海塘之築，非獨室廬畎畝，民命所繫，即其約束諸水，出於黄浦，則嘉禾全郡一滴不泄〔八〕，宜其聲名文物甲於東南。

浙十一郡，惟湖最富。蓋嘉、湖澤國，商賈舟航，易通各省，而湖多一蠶，是每年兩秋也。閭閻既饒，則武斷奇贏，操子母者益易爲力〔九〕，故勢家大者産百萬，次者半之，亦埒封君。其俗皆鄉居，大都嘉禾俗近姑蘇，湖州俗近松江，縉紳家非奕葉科第，富貴難於長守，其俗蓋難言之。農爲歲計，天下所共也，惟湖以蠶。蠶月，夫婦不共榻，貧富徹夜搬箔攤桑。江南用舟船，無馬，偶有馬者，寄鄰郡親識，古人謂，原蠶，馬之精也，彼盛則此衰。官府爲停徵罷訟，竣事，則官賦私負，咸取足焉。是年蠶事耗，即有秋亦告匱，故絲綿之多之精甲天下。寧、紹之間，地高下偏頗，水陸不成河。昔人築三數壩蓄之，每壩高五六尺，舟過者俱繫絙於尾，榜人以機輪曳而上下之，過乾石以渡，亦他處所無也。度剡川而西北，則河水平流，兩岸橫木交蔭，蓮荇菱芡，浮水面不絶，魚梁罾笱，家家門前懸掛之，舟行以夜，不避雨雪，月明如罨畫。昔人謂，行山陰道上，如在鏡中。良然。

紹興、金華二郡，人多壯遊在外，如山陰、會稽、餘姚，生齒繁多，本處室廬田土，半不足供，其儇巧敏捷者，入都爲胥辦，自九卿至閒曹細局〔一〇〕，無非越人。次者興販爲商賈，故都門西南一隅，三邑人蓋櫛而比矣。東陽、義烏、永康、武義，萬山之中，其人鷙悍飛揚，不樂畎畝。島夷亂後，此數邑人多以白衣而至橫玉掛印，次亦立致千金〔一一〕。故九塞、五嶺，滿地浙兵，島寇亦頗畏之。得南人之用。其後遂驕恣桀猾，召之難服，散之難銷，往往得失相半。

紹興城市，一街則有一河，鄉村半里一里亦然，水道如碁局布列，此非天造地設也？或云：漕渠增一支河、月河，動費官帑數十萬，而當時疏鑿，何以用得如許民力不竭？余曰：不然。此本澤國，其初只漫水，稍有漲成沙洲處，則聚居之，故曰「菰蘆中人」〔一二〕。久之，居者或運泥土平基，或作圩岸溝瀆種藝〔一三〕，或浚浦港行舟往來，日久非一時，人衆非一力，故河道漸成，甃砌漸起，橋梁街市漸飾。即嘉、湖諸處，意必如此。

會稽禹穴窆石，陷入石中，上鋭下豐，可動而不可起，真神異也。或者禹葬衣冠之所，又謂生而藏秘圖者。太史公云：上會稽，探禹穴。明謂此地。楊用脩强以石紐村當之，石紐乃大禹所生，會稽則其所葬，彼「禹穴」二字，還後人所作也。三江口乃紹興守某所造，鎖一郡之水，外以阻海潮之入，内以泄諸水之出，旱則閉，潦則啓，深裨益於地方，兼亦堪輿所繫〔一四〕。

紹興惰民，謂是勝國勳戚，國初降下之，使不與齊民列。其人止爲樂工，爲輿夫，給事民間婚喪。婦女賣私窩，侍席行酒，與官妓等。其旁業止捕鱔、釣水雞，不敢干他商販〔一五〕。其人非不有身手長大，眉目姣好，與産業殷富者，然家雖千金，閭里亦不與之締婚。此種自相爲嫁娶，將及萬人，即乞人亦淩虐之，謂我貧民，非似爾惰民也。余天台官堂亦有此種，四民諸生，皆得役而詈之，撻之，不敢較，較則爲良賤相毆。愚嘗爲嘆惜之，謂人生不幸爲惰民子孫，真使英雄無用武之地。

補陀大士道場，亦防汛之地，在海岸孤絶，與候濤山隔，旦晚兩潮。近日香火頓興，飛樓傑閣，嶷然勝地。春時進香人以巨萬計，捨貲如山，一步一拜，即婦女亦多渡海而往者。俗傳洋裏蓮花、洞中燈火與魚籃、鸚鳥倏忽雲端，雖不可盡信，然就近日龍二守之囈語，要不可謂無鬼物其間〔一六〕，是亦神道顯化，難以常理測。

寧、台、温濱海皆有大島，其中都鄙或以城市半，或十之三，咸大姓聚居。國初湯信國奉敕行海，懼引倭，徙其民市居之，約午前遷者爲民，午後遷者爲軍，至今欄礎、碓磨猶存，野雞、野犬自飛走者，咸當時家畜所遺種也，是謂禁田。如寧之金堂、大謝，温、台之玉環，大者千頃，少者亦五、六百頃，南田、蛟磈諸島，則又次之。近縉紳家私告墾於有司，李直指天麟疏請公佃充餉，蕭中丞恐停倭，仍議寢之。然觀諸家墾種，皆在倭警之後，況種者農時篷廠，不敢列屋而居，倭之停否，亦不繫此。邇許中丞撫閩，鄭中丞撫山東〔一七〕，乃又疏開之。明、台濱海扈地〔一八〕，乃大海汪洋，無限界中，人各有張簿網之處，只插一標，能自認之，丈尺不差。蓋魚蝦在水游走，各有路徑，闌截津要而捕捉之，亦有相去丈尺，而饒瘠天淵者。東南境界，不獨人生齒繁多，即海水内魚蝦，桅柁終日，何可以億兆計。若淮北、膠東、登、萊左右，便覺漁船有數。

浙中惟台一郡連山，圍在海外，另一乾坤。其地東負海，西括蒼山高三十里，漸北則爲天姥、天台諸山，去四明入海，南則爲永嘉諸山，去雁蕩入海。舟楫不通，商賈不行，其地止農與漁，眼不習上國之奢華，故其俗猶樸茂近古。其最美者有二：余生五十年，鄉村向未聞一强盜，穿窬則間有之；城市從未見有一婦人，即奴隸之婦他往，亦必顧募肩輿自蔽耳。

方正學先生台之寧海，故靖難之際，吾台正學先生姨與其夫人皆死節，而先生門人，則盧公元質、林公嘉猷、鄭公智，又黄巖王公叔英與其夫人，仙居盧公迥、鄭公子恕並其二女，臨海鄭公華。今八忠則祠，五烈未祠。又有東湖樵夫。節義之盛，無過此一時者。

温州城中，九山分列，其一居中，謂之九斗城。其張文忠公宅，乃肅皇所賜第，敕將作大匠治之，門屏河橋，皆擬宫府，前代所未有也。

雁蕩一山，説者謂宋時海濤衝激，泥去石露，古無此山也。審是，則必窪陷地下，然後可耳，今此山原在地上。或者又謂，乾道中伐木者始入見之。今左自謝公嶺，右自斤竹澗以望，奇峯峭壁，萬仞參天，横海帆檣，百里在目，何俟伐木入者始見耶？若海濤衝激，至雁蕩之巔，温、台今日，寧復有人？第謝康樂守永嘉，伐木通道，登臨海嶠，業已至斤竹澗，有詩而亦未入此，見與不見，又所未曉。

台、温二郡，以所生之人，食所産之地，稻麥菽粟，尚有餘饒。寧波齒繁，常取足於台，閩、福齒繁，常取足於温[一九]，皆以風飄過海，故台、温閉糴，則明、福二郡遂告急矣。　田土惟蘭溪最貴，上田七、八十金一畝，次則三、四十，劣者亦十金。然所賦租，饒瘠頗不相遠。　龍游俗亦如之。　龍游善賈，其所賈多明珠、翠羽、寶石、猫睛類輕軟物。　千金之貨，只一人自齎京師，敗絮、僧鞋、蒙茸、藍縷、假癰、巨疽、膏藥内皆寶珠所藏，人無知者，異哉賈也。　衢州橘林，傍河十數里不絕，樹下芰薙如抹，花香橘黃，每歲兩度堪賞，舟楫過者樂之，如過丹陽櫻桃林。

浙漁俗傍海網罟，隨時弗論。每歲一大魚汛，在五月石首發時，即今之所稱鯗者，寧、台、温人，相率以巨艦捕之。其魚發於蘇州之洋山，以下子故浮水面。每歲三水，每水有期，每期魚如山排列而至，皆有聲。漁師則以篙筒下水聽之，魚聲向上則下網，下則不〔二〇〕。柁師則夜看星斗，日直盤針，平視風濤，俯察礁島，以避衝就泊。是漁師司魚命，柁師司人命，長年則爲舟主造舟。募工每舟二十餘人，惟漁師、柁師與長年同坐食，餘則頤使之，犯則箠之，至死不以煩有司，謂之五十日草頭天子也。舟中牀榻皆繩懸，海水鹹，計日囷水以食，窖鹽以待。魚至其地，雖聯舟下網，有得魚多，反懼没溺，而割網以出之者，有空網不得隻鱗者。每期下三日網，有無皆回。舟回則抵明之小浙港以賣，港舟舳艫相接，其上蓋平馳可十里也。每舟利者，一水可得二、三百金，不則貸母子息以歸。賣畢，仍去下二水網，三水亦然。獲利者，鏦金伐鼓，入關爲樂。不獲者，掩面夜歸。然十年不獲，間一年獲，或償十年之費，亦有數十年而不得一償者。故海上人以此致富，亦以此破家。此魚俗稱鯗，乃吴王所制字，食而思其美，故用「美」頭也。

浙鹽取暑天海塗，曬裂鹹土，掃而歸之，用海水漉汁煎成。行鹽有定界，私鹽有令甲，然只繩其小者。捕兵無私鹽，當罰，則偷覷小民之肩挑背負者，執而上首功。若鄉村巨姓，合百餘人，執鐵擔爲兵，買百餘挑，白日魚貫而荷歸之，捕兵不惟袖手不敢問，且遠避匿。蓋此輩專覓捕兵箠之，以泄平日之忿，箠死則棄之，府官且不敢發也。

倭以丁未寇浙，始以朱公紈巡撫。朱至，嚴禁巨家大俠泛海通番者，又立鈎連主藏之法，以雙檣大艦走倭島互市嚮導者長嶼人林恭等若干人正典刑，於是海上諸大族咸怨。少司馬詹榮希分宜指，覆猶豫，御史周亮遂劾紈擅殺乖方，遣給事杜汝禎就訊之。擬閩海道柯喬、都司盧鏜死，朱懼逮，仰藥。此浙立巡撫、殺巡撫之始也。代朱者止王公忬得善政〔二一〕，亦以他事死。其後張公經論死，李公天寵論死，胡公宗憲逮繫死。十五年間，無巡撫得全者。至趙公孔昭，島寇不來，始身名兩完耳。

市舶司，國初置於太倉，以近京，後移福、浙。雖絶日本，而市舶不廢，海上利之。後夏公言當國，因宋素卿、宗設仇殺，遂罷市舶。自後番貨爲姦商所籠，負至數十萬，番乃主貴官以讐商，而貴官取負更甚，番人失利，乃爲寇。貴官則讓有司不禦寇，及出師，又設計以恫喝番人，於是番怒，日焚掠。一二不逞生儒導翼之，而王五峯、毛海峯等〔二二〕，遂以華人據近島，襲王者衣冠，假爲番寇，海上無寧歲矣。朱公紈嚴禁之，驟不得法，爲貴官所反陷〔二三〕，御史董威乃復請寬海禁，是浙倭之亂，咸浙人自致之。倭寇浙始丁未〔二四〕，止辛酉。破黄巖、仙居、慈溪、昌國、臨山、霩衢、乍浦、青村、柘林、吴淞諸處，圍餘姚、海寧、上海、平湖、海鹽、台州諸處。十五年間，督撫踵死。蓋前此皆倉卒無備，至壬子，王公忬始練兵選將，得俞大猷、湯克寬、盧鏜等，焚之於補陀，擊之於太倉，殺蕭顯，敗尹鳳，而浙人始知兵。甲寅，忬去，代者非人，又復蹂躪，僅得王江涇之捷。丙辰，胡公宗憲雄行闊略，始敗之於皂林，擊之於梁莊，殺徐海，擒麻葉，降王直、毛海峯。而譚公綸與戚繼光、劉顯相繼至，又有白水洋之捷、崇明沙之捷，浙人始力能勝倭，志在殺倭，至今稱南兵。故論浙中倭功，當首祠胡公、譚公，以及俞、湯、盧、劉、戚等。而戚功在閩，其方略又出諸將之上。似此名將，今何可得而抑之，使憤懣以死，安得不解壯士之體，爲此厲階者誰耶？　張公經之逮，逮未至，而王江涇捷，斬獲且數千，竟不贖，與魏司馬寧夏事同。魏猶半出上怒，張則全自趙文華陷之也。世廟時，張半洲、楊魏村、曾石塘之死，讀其事，令人淚數行下，張猶自處稍乖，楊、曾全無罪。

張華東疏：浙之甌海，密邇閩疆，止沙埕鎮一水之隔，自閩寇跳梁，震鄰有恐，則温之南麂、東雒、鎮下、大嵛等處，在在可犯。

【校勘記】

〔一〕方輿崖略　川本、滬本同。按方輿崖略係明王士性廣志繹卷一篇名，以下諸條皆録自廣志繹卷四江南諸省。

〔二〕喜飾鞶帨　「鞶」，底本作「盤」，川本、竹本同，滬本作「幋」，據廣志繹卷四改。

〔三〕鮮衣怒馬　底本作「鮮不怒焉」，川本同，據滬本、竹本及廣志繹卷四改。

〔四〕善借爲外營　「借」，底本作「備」，川本同，據滬本、竹本及廣志繹卷四改。

〔五〕惟吾台最據險　底本無「據」字，川本同，據滬本、竹本及廣志繹卷四補。

〔六〕明則又別爲計　川本、滬本、竹本同，廣志繹卷四「則」作「日」。

〔七〕王荆公告老金陵　「王」，底本作「至」，據川本、滬本、竹本及廣志繹卷四改。

〔八〕則嘉禾全郡一滴不泄　「郡」，底本作「部」，據廣志繹卷四改。「泄」，底本作「息」，川本同，據滬本、竹本及廣志繹卷四改。

〔九〕操子母者益易爲力　川本、滬本、竹本同，廣志繹卷四「操」作「收」，「母」下有「息」字。

〔一〇〕自九卿至閒曹細局　「卿」，底本作「鄉」，川本、滬本同，據竹本及廣志繹卷四改。

〔一一〕次亦立致千金　底本脱「致」字，川本同，據滬本、竹本及廣志繹卷四補。

〔一二〕菰蘆中人　底本脱「蘆」字，據川本、滬本、竹本及廣志繹卷四補。

〔一三〕或作圩岸溝瀆種藝　「圩」，底本作「坪」，川本同，據滬本、竹本及廣志繹卷四改。

〔一四〕兼亦堪輿所繫　「亦」，底本作「益」，據川本、滬本、竹本及廣志繹卷四改。

〔一五〕不敢干他商販　底本「干」作「于」，川本、滬本同，據竹本及廣志繹卷四改。

〔一六〕要不可謂無鬼物其間　底本脱「無」字，川本同，據滬本、竹本及廣志繹卷四補。

〔一七〕恐停倭至鄭中丞　底本脱，川本同，據滬本、竹本及廣志繹卷四補。

〔一八〕明台濱海扈地　「扈地」，川本、滬本、竹本同，廣志繹卷四作「郡邑」。

〔一九〕常取足於台閩福齒繁常取足於溫　「取足於台，閩福齒繁，常」九字底本脱，川本同，據滬本、竹本及廣志繹卷四補。

〔二〇〕下則不　底本作「不則否」，川本、滬本同，據竹本及廣志繹卷四改。

〔二一〕得善政　「政」，川本、滬本同，廣志繹卷四作「改」。

〔二二〕毛海峯等　「峯」，底本無，據本書下文及廣志繹卷四補。

〔二三〕爲貴官所反陷　「反」，底本作「友」，川本同，據滬本、竹本及廣志繹卷四改。

〔二四〕倭寇浙始丁未　「浙」，底本脱，川本、滬本同，據廣志繹卷四補。

福建

福州府

元爲福州路，置福建行省。本朝洪武元年，改福州府。二年，置福建省。九年，改置布政司。

古名晉安、威武。以温、處、衢、信爲北藩，建昌、南贛爲右壁，惠、潮爲外户〔一〕。右阻崇山〔二〕，左環大海。

舊有市舶提舉司，萬曆八年革。

舊有懷安縣，萬曆八年省，并入侯官縣。懷安舊縣初置於芋原北三十里〔三〕，後移於石岡亭之西。

閩中八郡，建、劍、汀、邵號上四州，其地多溪山之險；福、興、泉、漳號下四州，其地坦夷〔四〕。

在漢爲閩越王無諸所都，在五代爲閩王王審知所都，在宋景炎爲行都。〔眉批〕中七郡而治，連山東馳，衆水皆匯於海。元貢師泰福州路記。

福州，在八閩爲閩中，地平衍，西北控甌、劍，注衆溪之流，東南負大海，環以崇山，帶以長江，氣恒燠少寒，厥土黑壤，厥田中下，宜稻，畝歲再穫。其高田，間種麥。土瘠，民勤於治生，田則夫婦並作。居市廛者，作器用精巧。魚、鹽、果實、績紡之利頗饒。七郡輻輳，閩越一都會也。宋史張浚傳〔五〕：除資政殿大學士，知福州兼福建安撫大使，大治海舟千艘，爲直指山東之計。元吳海云：福爲八閩都會，上四郡皆山，地勢局促，不能廓以舒；下皆瀕海，風氣疏蕩，不能隩以周。惟是州處其中，不蕩不局，得二者之宜。王世懋曰：天下堪輿易辨者，莫如福州府。登行省三重樓北視，諸山羅抱，龍從西北稍衍處過行省。城之中三山，東曰九仙山，西曰烏石山，北曰越王山。北山居中，而東、西二山雙峙如闕。其外則東二十里崇山峻嶺，蔽虧日月，大海在其外，是爲鼓山。西五十里迤邐稍卑，狀若展旗，曰旗山。其前則越水而南，去城七十里，方平秀拔，綿亘數十里，曰方山。印山若屏，爲南案。大江從西南蛇行方山下，南臺江稍近城而行，大江復從南稍折而東北，南臺江水合之，汪洋瀰漫，東下長樂入海。其山水明秀如此，土人猶謂方山稍西，俗名五虎，迫視有猛勢，以爲微缺陷處。然予謂即東方山而平之，亦終不能作天子都，何者？愈顯則根愈淺，愈巧則局愈小。

城周三千三百四十九丈，廣袤千里。國朝洪武四年，命駙馬都尉王恭築門七：曰南門，曰北門，曰東門，曰西門，曰水部門〔六〕，在城東南；曰湯門，在城東北；曰井樓門，在城北東。縣九。有福州左衛、右衛、中衛。屬左衛，左、右、中、前、後、中左六千户所。右衛，左、右、中、前、後、中左六千户所〔七〕。中衛，左、右、中、前、後五千户所。〔旁注〕福建都轉鹽運使司。批驗鹽引所二：曰竹崎，曰閩安鎮。府志：有柔遠驛，在水部門外河南。國初建爲外國使臣館寓之所。省志作懷遠。〔旁注〕三山驛，府治西南〔八〕。福州遞運所。舊有懷安遞運所，隆慶二年革。

蓋自劍、邵來者，至水西旗山而止；自汀、泉來者，至水南方山而止；自建來者，至鼓山而止。若夫建、劍、汀、邵之溪，合流至於西南一十里，曰洪塘，分爲二江。南過石頭，納永福之溪與瀨溪，出西峽，北過新步，亦分爲二，又合而至於長隥，乃與西峽江合〔九〕，過石馬下洞，受長樂港與䨴港，出閩安鎮而入於海。

海在府城東。南唐太和中，閩令李茸築海堤〔一〇〕，跨閩、長樂二縣界。金鎖江，在西一十里。一名金崎江。南臺江，在南一十五里。有越王釣龍臺。源出建陽分水嶺，東流七百里至臺，又東南三十里，與江東西峽合流入海。螺江，在西北三十里。閩江，自浙之龍泉、建之浦城，流經治東南。

【校勘記】

〔一〕惠潮爲外户　「潮」，底本作「朝」，川本漫漶，據滬本及紀要卷九五改。

〔二〕右阻崇山　「崇」，川本漫漶，滬本作「重」。

〔三〕芋原　「芋」，底本脱，川本漫漶，據滬本及閩都記卷二二、紀要卷九六補。

〔四〕其地坦夷　「夷」，底本作「靈」，川本漫漶，據滬本及寰宇通志卷四五、明統志卷七四改。

〔五〕張浚傳　「浚」，底本、川本、滬本作「俊」，據宋史張浚傳改。

〔六〕水部門　「水部」，底本、川本、滬本作「都水」，據紀要卷九六改。

〔七〕中左六千户所　底本脱「中左」二字，川本同，據滬本及乾隆福州府志卷一二補。

〔八〕府治西南　「治」，底本作「志」，據川本、滬本及寰宇通志卷四五改。

〔九〕乃與西峽江合　底本、川本脱「與」字，據滬本補。底本、川本「峽」作「陜」，據滬本及紀要卷九五改。

〔一〇〕南唐太和中閩令李茸　「太和」，川本、滬本同。按南唐無「太和」年號，疑誤。「茸」，底本作「葺」，川本、滬本同，據明統志卷七四、紀要卷九六改。

閩縣　治。〔旁注〕附府治東。　編户一百二十七里。　衡，煩，民疲，役重。

漢閩越王城，在冶山〔一〕。無諸舊治也。戰坂，在城東北十餘里。晉開運三年，南唐兵與李仁達戰於此。　塘頭民城，在縣東合北里。塘灣民城〔二〕，在縣東合北里。翁崎民城，在縣東江右里。　大田驛，縣南西集里。　五虎門官母嶼巡檢司〔三〕。〔旁注〕縣東南嘉登里。五虎山，在大海中。上有五虎門，下有官母嶼。嶼之上有巡檢司。　閩安鎮巡檢司。縣東江右里。省志：東南江大里。有海堤。

【校勘記】

〔一〕冶山　「冶」，底本作「治」，川本同，據滬本及寰宇通志卷四五、紀要卷九六改。

〔二〕塘灣民城　「灣」，底本、川本脱，據滬本及圖書集成職方典卷一〇三七補。

〔三〕官母嶼　「母」，底本、川本作「毋」，據滬本及紀要卷九六、清統志卷四二四改。下同。

侯官縣　治。〔旁注〕附府治西。　編户一百一里。〔眉批〕侯官於閩爲上中，所謂閩中也。其地最平以廣，四出之山皆遠，而長江在其南，大海在其東。宋曾鞏道山亭記。

白沙水驛，在縣西北三十四都。三十四都，府西北九十里。　竹崎巡檢司，舊屬懷安縣。萬曆八年，改在縣西北十六都〔一〕。〔旁注〕十六、十七都，府西九十里。　五縣寨巡檢司。〔旁注〕舊屬懷安縣。萬曆八年，改在縣西十七都。地界閩縣、侯官、懷安、古田、閩清，故名。　舊有小箬驛，革。　懷安縣有高務坑，今歇。　芋原驛〔二〕，在城西一都江邊。〔旁注〕都，在府西十里。　上司使客自水口而下者，至此登驛。自郡城而出者，至此登舟。其陸路只走遞公文，山徑險仄，不便輿馬。　雪峯山，在北一百餘里。跨古田、閩清、羅源界。

【校勘記】

〔一〕改在縣西北十六都　底本、川本脱「北」字，據滬本及清統志卷四二五補。

〔二〕芋原驛　「芋」，底本、川本作「芊」，據滬本及紀要卷九六改。

古田縣〔旁注〕在平山之南，雙溪之匯〔一〕。府北二百八十里。編户五十三里〔二〕。山僻，事簡，民悍，有盜，微瘴。城西北跨山，東南濱溪。廣袤五里，周一千三百丈有奇。〔眉批〕邑居山中〔三〕，重岡複嶺，陰至午乃霽，舊號曰「山洞」。田歲一穫，地瘠不足以容其民，壯者多傭之四方。其俗鄙樸勤力，居山谷，遠縣者往往逋賦。守備古田、永福等處，以都指揮體統行事一員。鐵場四所。鐵爐四所。水口、〔旁注〕縣南一都。黄田〔旁注〕縣西二都。二驛。一都，距縣九十里。二都，距縣一百里〔四〕。舊有水口遞運所，隆慶二年革。杉洋巡檢司，革。〔旁注〕縣東三十六都。

【校勘記】

〔一〕在平山之南雙溪之匯　川本、滬本同。乾隆古田縣志卷一：「古田縣治在翠屏山南，雙溪匯流之上。」疑「平山」爲「翠屏山」之誤。

〔二〕五十三里　「十」，底本作「千」，川本同，據滬本及明統志卷七四、紀要卷九六改。

〔三〕邑居山中　底本脱「居」字，川本同，據滬本補。

〔四〕距縣一百里　底本、川本脱「里」字，據滬本補。

閩清縣　在梅溪之南里許，府西北一百二十里。編户七里。裁減。邊江，衝，簡，微瘴。無城。治在梅溪南里許。〔眉批〕風土與古田相類，山田引泉注之，歲收多入，故其俗務稼穡，不尚侈靡。

厥田同閩三邑，濱海有魚鹽之利，山出果實販四方，其俗儉而用足，今變而澆。其健訟，幾與福清埒。松下城，周三百七十餘丈。

鍾南山，在縣南一里。上有盤谷巖。鍾湖山，在縣南十五都，大山之西〔一〕。其東有湖，泥如浦溆，環生蘆荻，舊傳其水應海潮盈縮。梅溪，在縣北，源出永福縣境，由縣西五里入於江。

【校勘記】

〔一〕大山之西　「山」，川本同，滬本作「口」，清統志卷四二五作「江」，疑有誤。

長樂縣　治在六平山西南。〔旁注〕大江環其左。府東南一百里。編户一百十五里。沿海，地僻，饒，民淳。城周一千四十五丈有奇，廣五里。唐新寧縣治，在今縣東南十一都敦素里，距今治十五里。尋改爲長樂。上元初，移吳航頭，即今治〔二〕。越王山，在縣東北。高二里，周三十里。越王無彊爲楚所滅，子弟或爲王，或爲君，散居南海上，此其一也。海，在縣東南。

石梁蕉山巡檢司，在縣東南十五都石梁之蕉山。山瀕海，東有磁澳，爲倭出没衝。城周三百六十餘丈。壠下民城，在東南二十都。有松下、〔旁注〕在縣東南二十都大相〔三〕。小祉山〔旁注〕

在縣東南十八都龍江。三巡檢司〔三〕。守禦梅花千户所，在縣東四十里梅江頭山上，城周六百四十八丈。東至海，南面山，隸鎮東衛。

太平港，〔旁注〕馬口。在縣西，即古吳航頭。國朝永樂十一年，遣内臣鄭和使西洋，泊舟於此，奏改今名。〔旁注〕太平港，嘉靖中，倭夷屢犯縣界，並由此。大塘堤，在縣西南七都。七都，一作東南。宋太平興國中，縣令李茸築，長三萬六十餘步，以禦鹹潮。又十四都縣東亦有海堤〔四〕。

【校勘記】

〔一〕即今治　「今治」，底本敘列於下文「海，在縣東南」下，川本同，據滬本及清統志卷四二五乙正。

〔二〕大相　「相」，川本、滬本同，紀要卷九六作「祉」，圖書集成職方典卷一〇三八作「社」，疑本書誤。

〔三〕三巡檢司　川本同，滬本「三」作「二」，蓋是。

〔四〕又十四都縣東亦有海堤　川本同，滬本「十四都縣東」作「縣東十四都」。

永福縣〔旁注〕在雙溪之上。府西南一百二十里。編户九里。裁減。山僻，事簡，微瘴。〔眉批〕氣候大抵與閩清同，而民多剽悍。城周六百六十丈。有鐵場五，今廢。際門巡檢司，在縣西三十三都。

高蓋山，在縣西五十里而近。石門插天，杉檜晝暝，其上常有紫雲如蓋，故名。僞閩時，嘗封爲西嶽。大樟溪，〔旁注〕一作樟溪。在縣東三都。源出德化縣，流至懷安縣境，去楊濤渡三十里，入江。

福清縣〔旁注〕在鶯峯山之麓。元福清州。洪武二年改爲縣。府東南一百二十里。編户一百三十里。衝，煩，健訟，沿海。〔旁注〕有鐵沙場五，今廢。城周九百九十三丈。嘉靖三十七年，陷於倭。萬曆三十一年，知縣丁永祚始移舊城四百餘丈，新增城二百丈，益以月城〔一〕。〔眉批〕背山面海，田多舄鹵，然頗有海船之利，饒於財。其人剛勁而尚氣，四方雜處。學不遂，則棄而習文法吏事，故俗喜訟，或累歲而休。

海口鎮民城，在東二十里，周八百四十四丈。化南民城，在縣東南六十里。沙塘民城，在縣南五十里。

鎮東衛，在縣東十一里海濱〔二〕。左、右、中、前、後、中左六千户所，城周八百八十三丈三尺。守禦萬安千户所，在縣東南一百二十餘里海濱，隸鎮東衛。城周五百二十五丈。有蒜嶺、〔旁注〕縣西南光賢里。光賢，縣南七十里。宏路〔旁注〕縣西善福里。善福里，縣西十里。二驛。壁頭山、〔旁注〕縣南江陰里。江陰，在縣南九十里，隔海。牛頭門、〔旁注〕縣東南平南里。澤朗山〔旁注〕縣東化北里。三巡檢司。

石竺山，在縣西一十四里。黃蘗山，在縣西南三十里。〔旁注〕山多黃蘗，有峯十二。由石竺山而北，至常思嶺〔旁注〕界閩縣，一名相思嶺。三十餘里間，皆福清縣屬。特多崇岡壯岳，峯骨怒立。自嶺以南，山皆南向，獨此嶺北向〔三〕，遂爲閩縣屬，水東北流矣，二縣所由分也。

【校勘記】

〔一〕益以月城　「月」，底本作「日」，川本、滬本同，據圖書集成職方典卷一〇三七改。

〔二〕十一里海濱　底本、川本叙列於下文「城周八百八十三丈三尺」下，據滬本乙正。

〔三〕獨此嶺北向　川本同，滬本「向」作「拱」。

泉州府

古名南安、清源、平海。石城周三十里。通志：三千九百三十三丈〔一〕。〔眉批〕閩之粵區〔二〕，泉南爲最。其地帶嶺海。宋錢熙記。元泉州路。洪武元年，改爲府。縣七。屬福寧道。分巡駐劄。福建市舶提舉司。泉州衛，左、右、中、前、後五所。永寧衛，左、右、中、前、後五所。在晉江縣東南二十都。城周八百九十五丈。嘉靖四十一年，曾再陷於倭。福泉、高浦、嘉禾、崇武、金門十千户所。二十都，縣南五十五里。二十一、二十二都同。

海，在府城東南。自府正東海道行二日至高華嶼，又二日至龜鼊，又一日至琉球國。〔眉批〕

晉江，在府城南。自南安黃龍溪，納本邑西北與南安、永春、安溪三縣之水，轉南至南門外，繞城而北，環抱城之東南，至法石頭、聖姑山，乃出岱嶼，以歸於海。洛陽江，在縣東北二十里。晉江、惠安二縣夾界之江。納晉江縣東北、惠安縣西南之水，東南入於海。羣山逶迤數百里，至江而盡。東湖，在城東一里。舊溉田九千五百餘畝。宋慶元中守劉穎、淳祐中守顏頤仲再開。煙浦埭，在縣東北。廣袤二十餘里。襟帶三十六埭，水源凡九十九所皆會，計縣田三分之一皆仰溉於此。

泉州城大於福，北背洛陽江，南面晉江，倚泉山而城。堪輿家謂縣三台山、八卦水，故多薦紳。晉安馬驛。

【校勘記】

〔一〕三千九百三十三丈　「三十三丈」，川本同，滬本作「三十八丈」。

〔二〕閩之粵區　「粵」，滬本同，川本作「奥」。

晉江縣　治。編户一百五十三里。衝，煩，民刁。〔旁注〕人文甲於諸邑。石湖、安平番舶去處，大半市易上國及諸島夷，稍習機利。

岱嶼，在東南海中二十二都〔一〕，介於石湖嶺、西山之間。白嶼，在東南海中〔二〕。二峯相連，距江中心，正雒陽、聖姑、北鎮、石湖諸水端流分匯之處。左右多沉沙，遷徙不常，屢爲商舶之患。彭湖嶼，自府城正東出海三二日程。其嶼在海中，環島三十六，如排衙然。昔人多僑寓其上，以苫茅爲廬舍，推年大者爲長，不畜妻女，以耕漁爲業。其地宜牧牛羊，散食山谷間，各務耳爲記，訟者取決於晋江縣。城外貿易，歲數十艘，時謂泉之外府，後以倭患，墟其地。今鄉落屋地尚存。

守禦福全千户所，在縣東南八十里十五都，隸永寧衛〔三〕。　祥芝，縣東五十五里二十一都〔四〕；深滬，縣東八十里十六都；圍頭，縣東七十里十四都〔五〕；烏潯，縣東十六都烏潯山〔六〕；四巡檢司〔七〕。　北山，在府北五里。一名泉山，一名清源山。周四十里，爲一郡之鎮。　雙陽山，在北山右。其西面爲南安界。　紫帽山，在西南五里。山有十二峯。其南爲南安界。　寶蓋山，在東南四十五里。絶頂有石塔，宏壯突兀，海舟以此爲準。　洛陽江，在南二十里。發源惠安縣，至縣境入海。

萬安橋，在縣東北三十八都，跨洛陽江，俗名洛陽橋，晋、惠二邑之界。宋皇祐中，端明殿學士蔡襄守郡建〔八〕，累址於淵，釃水爲四十七道，長三百六十餘丈，廣一丈五尺。〔眉批〕左右翼以扶欄，爲南、北、中三亭。自爲記，手書勒石橋下，令居民種蠣固之。　元豐八年，轉運使王子京進萬安橋圖，神宗嘉賞之。　南屏，一山皆巨石，倭亂時城其上。　安平橋，在縣西南石井鎮安海港，晋江、南安之界。宋紹興中，趙令衿建〔九〕，長八百十一丈，廣一丈六尺，中爲五亭。　潯渼場鹽課司，在縣東南十七、八都。南七十里。　洒洲場鹽課司，在縣東南十一都。南七十里。

【校勘記】

〔一〕在東南海中二十二都　「在東南海中」，底本叙列於下文「西山之間」下，川本同，據滬本及紀要卷九九乙正。

〔二〕在東南海中　底本、川本叙列於下文「二峯相連」下，據滬本及紀要卷九九乙正。

〔三〕隸永寧衛　川本同，滬本「衛」下有「城周六百六十丈有奇」九字。

〔四〕二十一都　川本同，滬本「都」下有「城周一百五十丈」七字。

〔五〕十四都　川本同，滬本「都」下有「城周一百六十丈」七字。

〔六〕烏潯山　川本同，滬本「山」下有「城周一百五十丈」七字。

〔七〕四巡檢司　川本同，滬本「司」下有「各有城」三字。

〔八〕蔡襄　「襄」，底本作「鸞」，川本同，據滬本及宋史蔡襄傳、寰宇通志卷四六改。

〔九〕趙令衿　「衿」，底本作「衿」，川本、滬本同，據宋史趙令衿傳改。

南安縣　治在蓮花峯南一里。府西十五里〔一〕。編户四十九里。僻，饒。城周七百七十四丈有奇。〔眉批〕附郡。南、惠、同三邑，田土山海參半，俗好相近。安溪、永春、德化盤糺山谷間，嵐瘴最重，早起蒸霧四合，人如坐甑中，村落迷失，八九月多發瘧疾。其去城市遠，耕織外，一無所事。儒碩亦斌斌間出，然多世居郡會，不與巢居崖處者鄰矣。

雙溪，在縣西二十二都。自永春縣桃溪、安溪縣之藍溪二水，西南會於雙溪，又東至金溪在縣西〔二〕。而西，流蓋大，抵縣治而東，達於晉江。新唐書秦系傳〔三〕：客泉州，南安有九日山，大松百餘章，俗傳晉時所植，系結廬其上，穴石爲研，注老子，彌年不出。姜公輔之謫，見系輒窮日不能去，築室與相近，忘流落之苦。公輔卒，妻子在遠，系爲葬山下〔四〕。有康店馬驛，縣西南三十六都。石井巡檢司，舊係澳頭。萬曆六年改。九日山，在縣西南二里。縣西十里，爲金溪。蓮華山，在縣西北三里，縣之主山。朋山，在縣東北三都，兩山並立。詳見晉江雙陽山下。

王慎中記：泉州江自諸山發源而下，建瓴而急瀉，至於金谿而始演洋潏，山起於兩涘，高深之景相得。

【校勘記】

〔一〕府西十五里　底本「十五」作「五十」，川本同，據滬本及明統志卷七五乙正。

〔二〕在縣西　底本敘列於下文「流」字下，川本同，據滬本乙正。

〔三〕秦系傳　「秦」，底本、川本、滬本作「薛」，據新唐書秦系傳改。

〔四〕公輔卒妻子在遠系爲葬山下　底本、川本敘列於下文「縣西南三十六都」下，據滬本及新唐書秦系傳乙正。

惠安縣　治在螺山之陽。海在縣東南。府東北五十里。編户三十六里。無丞。沿海，衝，疲，淳。城周九百八十六丈五尺。〔眉批〕東南瀕海，西北依山。本志。惠安場鹽課司，在縣東南二十二都。崇武千户所，在縣東二十七都，城周七百三十七丈。東南四十五里抵海，即宋小兜巡檢寨，乃自海入州界首。嘉靖四十年，陷於倭。

大岞山，在縣東南五十里。〔旁注〕大海中。中穿一洞，洞之中豁然明朗，可容四五百餘人。旁有小石門，僅可單人而入。門内丈許折而右轉，有巨石如屏風，以蔽内外，一人持戟守之，雖千百人莫敢犯。永樂中，倭寇至，民多匿洞中，百計攻之不克，遂去。小岞山，在大岞山之東。特出海中〔一〕，有洞可容数百人。黄崎山，在縣東四十五里。舊名寧崎山。三面瞰海，風濤鹵氣之所侵蝕，草木不茂，土色微黄，故名。有錦日驛，治西。峯尾，縣北八都，城周一百五十丈；小岞，縣東三十都，城周一百五十丈；獺窟，縣南二十五都獺窟嶼，城周一百五十丈；黄崎，縣東南三十二都，城周一百五十丈。四巡檢司，各有城。招寶山，在縣東南十九都。乃邑山中之最高大者，望之蒼然，爲一方巨鎮。卧龍山，在縣西北。迂四千丈，狀若卧龍，自惠安以南，山漸培塿，以到海脈窮也。而特多巨石，林立纍纍，不可名狀。

閩地多畜蠱，其神或作小蛇毒人，獨惠安最多，八十里間，北不能過楓亭，南不敢度洛陽橋。蔡端明爲泉州日，捕殺治蠱者幾盡，其妖至今畏之，以橋有端明祠。而楓亭，仙游屬。端明，即仙游人也，土人之莊事端明如此。岱嶼，在縣南大海中。舟楫必經之地，常有戈船守之。

【校勘記】

〔一〕特出海中　川本同，滬本「特」上有「松洋山」三字。

安溪縣　治在鳳山下。　府西一百里。　編户一十八里。　裁減。　山僻，民刁頑，微瘴，有盜。　城周六百二十六丈。〔眉批〕東瀕溟海，西北接汀、漳。本志。

鳳山，在縣治北。　一峯峙立，分爲兩翼，若鳳翥然。　黃蘗山，在縣南永安里。　深林邃谷，爲邑衆山之宗。　源口渡巡檢司，在縣西龍興里。　嘉靖二十八年，移置白葉坂。　三十五年，復舊。　萬曆二十年革。龍興，縣西北五十里。永安，縣南隔渡。　藍溪，在縣南。　源發萬山中，一支自東北，一支自西北，繞縣治而東，入於南安之雙溪〔二〕。

【校勘記】

〔二〕南安　底本作「安南」，川本、滬本同，據紀要卷九九、清統志卷四二八乙正。

同安縣　海在縣東南。　治在大輪山南。　府西南一百二十里。新志：南一百三十。　城周八百四十六丈八尺。　編户五十三里。　舊有塔頭山、田浦、苧溪、陳坑四巡檢司，革。　沿海，衝，饒，有盜，微瘴。

府志：有塔頭、七十里。縣南二十二都。城周一百四十丈。苧溪、縣西十三都〔一〕。田浦、縣東南十八都浯洲嶼。城周一百六十丈。陳坑城周一百八十丈。四巡檢司。東南八十里、西南七十里抵海。其中諸嶼：浯洲嶼，東南八十里。十七都至二十都皆在其上。廣五十餘里，有山十數。夾嶼。小登嶼。大登嶼，去縣四十里〔二〕，廣十餘里。烈嶼，七十里〔三〕，廣二十里。嘉禾嶼，廣五十餘里。西至古浪嶼。西南七十里。浯洲場鹽課司，在縣東南十七都浯洲嶼。北倚山，三面阻海。城周六百三十丈。嘉禾嶼，洪武二十七年，徙永寧衛中左千户所於此，城周四百二十五丈九尺。

守禦金門千户所，隸永寧衛。在縣東南。守禦中左千户所，在縣西南。守禦高浦千户所，在縣西南十四都，四十五里。洪武二十三年，徙永寧衛中右千户所於此，城周四百五十丈。隸永寧衛。大輪驛，治西。深青馬驛。縣西南十五都，距縣五十里。白礁峯、十八都浯洲嶼。城周一百九十二丈。上官澳、縣東南十七都浯洲嶼，城周一百六十丈。烈嶼二十都浯洲嶼，城周一百八十丈。四巡司〔四〕。石鼓寨，在縣西南。宋靖康間，置以禦寇。石礁巡檢司，舊係高浦，萬曆九年改。在充龍山下。

大輪山，在縣東北十里。縣之主山。嘉禾嶼，在縣東南海中，廣袤五十餘里，民居千餘家。浯洲嶼，廣一十五里。又有大登、小登二嶼。小登廣一十五里。東溪，源出縣東北五十里羅山，抱城東而南，與西溪會。西溪，源出安溪縣界，抱城西而南，與東溪會，東行五十里，同入於海。海行自溪邊渡五十里至白嶼，又東行四十里至浯洲場，又南行五十里至嘉禾，又乘潮七十里達於晉江。

【校勘記】

〔一〕苧溪縣西十三都　底本、川本叙列於上文「舊有塔頭山、田浦、苧溪、陳坑四巡檢司，革」下，據滬本乙正。

〔二〕去縣四十里「四」，川本同，滬本作「西」。

〔三〕七十里　川本同，滬本「七」上有「去縣」二字。

〔四〕四巡司　川本、滬本同。本書此處言「四巡司」，而僅列白礁峯、上官澳、烈嶼三巡司，疑有脱誤。

永春縣　治在大鵬山南，即唐寶曆桃林場治所。城周五百一十八丈二尺。府西北一百三十里。編户一十四里。裁減。山僻，民淳，微瘴，有盜。〔眉批〕安溪、永春、德化並産鐵。

大羽山，在縣北十九、二十都，並距縣十里。重岡疊嶂，若鳥舒翼，下趨平夷處始爲縣治，縣之主山也。水口山，在縣東〔一〕，爲縣治水口。翰文山，在縣東北，即仙游界。亘數十里。桃溪水，源出縣西北德化界雪山〔二〕，自西北折南而東，會十一小溪之水，繞縣東，入於南安之雙溪。高鎮山，在縣北，形勢極峻，爲一邑巨鎮。樂山，在縣東北，周數十里。

【校勘記】

〔一〕在縣東　底本脱「東」字，川本同，據滬本及清統志卷四三八補。

〔二〕源出縣西北德化界雪山　底本、川本叙列於下文「入於南安之雙溪」下，據滬本及紀要卷九九乙正。

德化縣　治在龍潯山西南，丁溪之北。　府西北一百八十里。　編户一十三里。　山僻，有瘴，有盗。　城周八百三十七丈。　嘉靖三十九年，以倭寇約之六百六十八丈有奇〔一〕。

龍潯山，在縣東北隅。　戴雲山，在縣西北新化里。五十里。　上有池，分注九溪。　高陽嶺，在縣東南二十里。　一名大劇嶺。　嶺之西爲高陽，屬德化；嶺之東爲大劇，屬永春，一嶺而異其名也。　此山東面小澗之水，下永春。　縣之東，水皆東北流，過永福縣〔二〕，以達於海。　縣之西，水皆西流，過龍溪縣，轉而歸於永福以達於海，故德化爲永福上游之地。　有高鎮巡檢司，在縣北一百四十里湯泉里湖嶺地方。　湯泉，上國縣北九十里〔三〕。　繡屏山，在縣北。　九仙山，在縣西。　南臺山，在縣西南。

【校勘記】

〔一〕以倭寇約之六百六十八丈有奇　川本、滬本同。按紀要卷九九：「德化縣，嘉靖三十九年改築，『以禦倭寇，縮四之一。』」此「倭寇」上脱「禦」字。

〔二〕過永福縣　底本、川本脱「過」字，據滬本補。

〔三〕上國縣北九十里　川本、滬本同，疑有脱誤。

建寧府

古名建安、富沙。　城周二千七十九丈三尺有奇。　元建寧路，本朝改爲府。　建寧左衛，建寧右衛，並左、右、中、前、後五千户所。　東接括蒼，北距上饒，南控延平，居閩嶺上流。建安志。　縣八。　屬建寧道。　分巡駐劄。　閩部疏：旬崇安周八郡〔一〕，驛路三千餘里而遥，路皆甃石，獨漳、泉間稍因剛土耳。　一望盤行〔二〕，擔夫行子屩迹不沾尺土。

西南有山，曰鐵獅，在溪之南。　其山左分爲赤芝，右分爲靈際。　昇山，在甌寧南三里。〔旁注〕一名朗山。　五代時，王延政築郊壇。　建溪，一名大溪。　出崇安之分水嶺，至城西而南〔三〕，自城東北〔四〕，經南門而西，二水合流下於此〔五〕。　東溪，從浙之處州來，歷延平〔六〕，抵福州入海。　舊有建寧遞運所，隆慶二年革。　黄華山，在府治東北。　宋建炎初，韓世忠討范汝爲，嘗屯兵其上。　元至正末，左丞阮德柔因陳友諒入寇，築城山頂，下接舊城。　國朝洪武十九年，都指揮時禹拓而廣之，包此山於城中〔七〕。　馬鞍山，在府東北三里，府之主山也。　辰山，在東蓑里之洋坂。建寧諸山之最高者，其嶺可望海，日初出處〔八〕。山有三峯：曰逍遥，曰飲坑，曰牛頂〔九〕。又有石若鼓〔一〇〕，擊之有聲。東蓑，縣東北五十里。

【校勘記】

〔一〕甸崇安周八郡　「甸」，川本同，滬本作「自」。

〔二〕一望盤行　「行」，川本同，滬本作「紆」。

〔三〕至城西而南　「至」，川本同，滬本作「一自」。

〔四〕自城東北　川本同，滬本「自」上有「一」字。

〔五〕二水合流下於此　「下」，川本同，滬本無。

〔六〕歷延平　底本、川本「延平」上空缺，據滬本補。

〔七〕包此山於城中　「山」，底本作「地」，川本、滬本同，據嘉靖建寧府志卷三、紀要卷九七、清統志卷四三一改。

〔八〕日初出處　底本脱「出」字，川本同，據滬本及嘉靖建寧府志卷三補。

〔九〕牛頂　「頂」，川本同，滬本作「頭」。

〔一〇〕又有石若鼓　底本「石若」作「若石」，川本同，據滬本及嘉靖建寧府志卷三、圖書集成職方典卷一〇五三乙正。

建安縣　治。　編户一百五十里。　衝，煩，民饒。　有鐵冶。

太平水驛，縣西南四十里。籌嶺巡檢司，縣東南一百里龍門橋頭。平政橋，在西平門外。府志〔一〕：府治南。跨大溪，橋下危石林立，轟轟如雷，不辨人聲。東甌城，在東南一十里。或曰漢吴王濞世子駒，發兵圍東甌，即此。東甌在永嘉，此非也。福建行都指揮使司，元平章陳有定開府，舊址初以鼓樓爲門，今移入二百步，猶極宏敞。

【校勘記】

〔一〕府志　底本、川本叙列於上文「平政橋」下，據滬本乙正。

甌寧縣　治。編户一百九十九里。有鐵冶。葉坊、縣西北四十里葉坊。城西城西門外。二驛。營頭街巡檢司。縣北一百一十里。北苑茶焙，在吉苑里，鳳凰山之麓。舊有官焙三十二，又有小焙十餘。今惟存其一，餘皆廢。

建陽縣　府北一百二十里。編户二百八里。煩，饒，民頑。城周一千一百二十八丈。有虎鼻銀坑一所及鐵冶。交溪，在縣東南。其源有二：一出縣之嘉禾里嘉禾里，縣西一百二十里。毛虛漈，經崇泰里；崇泰，縣西二十里。一出崇安縣分水關，合武夷九曲之水而下，交注於東山下，爲一大溪。大潭山，在縣治西。舊志：越王築城其上以拒漢，史稱吴王六千户屯。大潭，即此山也。

建谿水驛，治南。舊有東峯馬驛，在崇泰里，通邵武。萬曆九年革。建陽遞運所，革。

庵山，在縣東南二十里，界建陽、甌寧二縣間，山高萬仞。後唐時，處士石湖結庵其上，因名。五龍山，在西一十五里。五山分峙，中有小山，如五龍捧珠之狀。九峯山，在縣西北嘉禾里。朱文公葬於此。蕉源山，在縣東北二十里。赫曦臺山，在縣西崇泰里。山高萬仞，絶頂平曠。西山，在縣西崇泰里。宋蔡元定結廬其上。建溪，自北來，環縣之東，而交溪、考亭溪諸水西來，經南門而東，合而入甌寧縣界。雲谷，在西北七十里。名山記十二卷。

崇安縣　府北二百四十里。編户八十八里。衝，煩，民饒。有山寇。舊有崇安、大安二遞運所，革。城周一千丈有奇。（眉批）楚、閩限界，盤山疊阜，懸崖深谷，鳥道行迴。其弊大者曰分水關[一]，有一夫當關，萬夫莫敵之雄。次者曰觀音，曰温林，曰寮竹，曰樵嶺，曰岑陽，曰桐木，凡六。馬森新城記。有舞僊三堡山後銀坑一所。崇爲入閩孔道，爲驛者三，自興田以遡長平[二]，官里七十，實近百里，夫馬朝出，夜不得歸。又有武夷遊客淹留，僕夫枵腹。知縣虞大復詳查古路，經由裴村，遂建公館於此，更换夫馬。大安驛[三]，縣北五十里大安街。興田驛，縣東南七十里黄亭街。長平水驛，治南。分水關巡檢司，在縣西北六十里分水嶺，轄桐木等六關。武夷山，在南三十里，方圍百二十里，東南皆枕流水。一水北至，一水西來，合於大王峯前，南流以爲建溪。其峯巒大者三十六。大王峯，一名天柱峯，在山之東南，方一十里，高五千尺。又有幔亭峯、玉女峯。九曲溪在武夷山中，溪流九曲，貫於羣岫之間，出石鼓渡〔四〕，合於建溪。周迴百餘里，其峯巒大者三十六。相傳昔有仙人降此，自稱武夷君。漢郊祀志〔五〕：祀武夷君。今桐官領之〔六〕。今山之址，有以化壇是也。又列仙傳：籛鏗二子，長曰武，次曰夷，因以爲名。二説不同。朱文公序云：武夷之名，著自漢世，祀以乾魚，不知果何神？山有枯木查插石罅間，以度舟船棺柩之屬，柩中遺骸外列陶器，尚皆未壞，頗疑前世道阻未通，川壅未決，時夷路所居，而漢祀者即其君長。蓋以避世之士爲衆所臣服，而傳即以爲神仙也。今山之羣峯，最高且正者，猶以大王爲號，半頂有小丘焉，豈其君長所居耶？有小溪繚繞羣岫之間，凡九曲〔七〕。百丈山，在縣東建平里。建平，縣東南六十里。分水嶺，在縣西北七十里，界於江、閩之間，乃入閩第一山也。二水發源其下，一入江西界，一入福建界。閩部疏：自車盤以東入閩界，而分水關正當其面。聳削天杪，雲氣萬狀，從此迤邐東下，山勢皆如龍翔鳳舞，水從雲中下墮百千丈，彌下彌闊，是爲建溪水源。檀香嶺，在縣北大渾里。昔邵、汀寇作，鄉人立寨於此。蕉嶺，在縣北大渾里，抵上饒界，昔嘗置寨於此。黎嶺，在縣東五夫里。五夫，縣東八十里。舊爲通衢，依山而險隘，行者病之。元延祐五年，縣尹夾谷山壽命工火其石而鑿之，遂爲坦途。棠嶺，在縣西黄柏里。昔嘗置寨於此。温嶺，在縣西。即今營嶺〔八〕，延亘數里。五代時，立鎮於此。

【校勘記】

〔一〕其弊大者　「弊」，川本同，滬本作「蔽」。

〔二〕興田　「興」，底本作「與」，川本同，據滬本及嘉靖建寧府志卷八改。

〔三〕大安驛　「大」，底本作「太」，川本、滬本同，據嘉靖建寧府志卷八改。

〔四〕石鼓渡　「石」，底本作「入」，川本、滬本同，據寰宇通志卷四八、明統志卷七六改。

〔五〕郊祀志　「志」，底本作「高」，川本同，據漢書郊祀志、紀要卷九五改。

〔六〕今桐官領之　川本同。疑「桐」爲「祠」之誤。

〔七〕周迴百餘里其峯巒大者三十六至凡九曲　川本同，滬本無。

〔八〕營嶺　底本脱「嶺」字，川本同，據滬本及紀要卷九七補。

浦城縣　府北三百三十里。編户一百五十八里。地饒，民刁。城周一千八百丈。

〔眉批〕地勢高亢，其山險峻，其水湍急。府志。

有棠岱山、横縫等銀坑一十二所及鐵冶。梨嶺，在縣北安樂里。安樂，縣西北七十里。

路通衢之江山，亦名梨園。查源洞，在縣西北新興里，新興，縣西六十里。查溪之源也，絕壁懸崖，界崇安縣。宋紹興初，設西安、臨江二寨，以備寇盜。

浦城守禦千户所，係建寧右衛前千户所，成化十年奏調。盆亭、縣西北安樂里。高泉、縣東高泉里。高泉，縣東六十里。溪源縣東北登俊里。三巡檢司。

泉山，在東北六十里。省志：泉山在永康里。永康，縣西北七十里。山頂有泉二派，一入建溪，一入處州。漢朱買臣傳言故東越王居保泉山〔一〕，一人守險，千人不得上。疑即此山。蓋仙山，在縣北九十里。一名浮蓋山，界衢、信、處三府之間，周圍三百十餘里。省志。柘嶺，在西北二百八十里〔二〕，與麗水縣分界。縣西北雁塘里。雁塘，縣北九十里。

南浦溪，在縣治南。

【校勘記】

〔一〕故東越王居保泉山　底本「居」下衍「股」字，川本同，據滬本及漢書朱買臣傳删。

〔二〕二百八十里　川本同，滬本「二」作「一」，同明統志卷七六。

政和縣　府東二百四十里。編户五十五里。無簿。山僻，簡，民刁。舊城周二千二百二十三丈。嘉靖四十一年，被倭毁陷。萬曆四年，知縣張應圖改築半山，周八百四十三丈。〔眉批〕新城地狹，雖易爲守，然敵據山巔，則城中虚實可望而見。春水方漲，敵決水而直下之，則城可灌。山上沙土易壅，環而填之，則城可躍而登。計利害，度長便，在後之君子。有谷洋等銀坑二所及鐵冶。感化下里[一]，縣北五十里；上里，縣東五里。東衢，縣南三十里。長城，縣西二十五里。政和南里，縣西七十里。七星溪，在縣治前。發源銅盤山，下經感化、東衢、長城三里，迤邐西流，南會浴龍溪，西會東平溪，自是三溪合爲一大溪，下接建安東溪。浴龍溪，發源九蓬山下，出考口，入七里溪。東平溪，發源蔣山，出常口，受松溪之水，至西津會七星溪。赤巖巡檢司，在縣東政和東里十五都，地隸壽寧，而官隸政和。洞宫山，在縣東南十六都政和西里。其山重疊九峯，狀如蓮葉，又謂之九蓮峯。下有坑冶司故址，謂之谷洋。銅盤山，在縣東感化里，高數千仞，七星溪出其下。

松溪縣　府東一百六十里。編户六十三里。僻，簡，民刁。城周九百五十五丈。

【校勘記】

〔一〕感化下里　「感」，底本作「成」，川本同，據本書下文、滬本及民國政和縣志卷一改。

舊治在縣東一十五里松源鎮。宋開寶八年，徙今治。有遂應場後井銀坑一所及鐵冶。湛盧山，在縣南。連亘東關、杉溪二十里東關，縣南一十五里。杉溪，縣西二十里。及政和縣界。舊傳歐冶子鑄劍於此。上有石井，恢廓如池，名曰劍池。鸞峯山，在縣東北永和里，永和，縣北六十里。山勢峻拔，南接龍泉，北連南浦〔一〕，延袤二百餘里。梓亭寨〔二〕，在縣北七十里，即處州龍泉縣松源鄉之地，界龍泉、遂昌、松溪、政和四縣境。宋時建，元改隸龍泉縣。後廢。松溪，在縣南。一名大溪。源出處州慶元縣之松源鄉，經梓亭寨迤邐而下，出關口渡，合流〔三〕，抵政和縣西津〔四〕，接七星溪，下建安東溪〔五〕。　縣北八十里二十四都及東關二巡檢司，在鐵嶺，縣西二十里。

【校勘記】

〔一〕南浦　川本同，滬本作「浦城」。

〔二〕梓亭寨　「梓」，底本作「捽」，川本同，據滬本及紀要卷九七改。

〔三〕合流　川本同，滬本「合」上有「與平樂溪」四字。

〔四〕抵政和縣西津　川本及嘉靖建寧府志卷三同，滬本及紀要卷九九「津」作「境」。

〔五〕出處州慶元縣之松源鄉至下建安東溪　底本、川本叙列於下文「縣西二十里」下，據滬本及嘉靖建寧府志卷三乙正。

壽寧縣　府東二百五十里。　編户二十五里。　裁減。　僻，煩。　城周七百七十丈。　景泰六年，分政和、福安二縣地置。〔眉批〕地處萬山之中，山多村少，地僻人稀。府志。　有官田銀坑一所。　漁溪巡檢司，在斜灘鎮。　蟾溪，在縣治南。　發源大蜀山下，經縣東流，至福安縣入於海。　南溪，在縣南。　源出紫翠巖，迤邐流至福安縣，入於海。

延平府

古名鐔州〔一〕、劍州。　元南劍路。　洪武元年，改爲延平府。〔眉批〕七閩咽喉。郡志。　城堞天塹，古號曰「銅延平」〔二〕。府志。　府志：延爲八閩喉舌，我所必守，敵所必攻者。　延城東北懸崖峭壁，無着足地。　城南樵川灘石險惡，舟不可停。　所與敵共者，西隅也。　西隅城表平衍〔三〕，亡慮數千家〔四〕，士民便之，殊不知有事一戰地也。　把關巡河凡八處：曰邱墩，曰秋竹，曰砂溪，曰詔州，曰吉溪，曰茶洋〔五〕，曰龍源，曰龍溪口。　劍溪環其左，樵川帶其右，當水陸之會，居七閩之吭。　城周九里一百八十步。省志：七。　縣七。　屬武平道。　延平衛。　左、右、中、前、後五千户所。　劍浦水驛。府東〔六〕。　舊有延平、嵢峽二遞運所，俱隆慶二年革。　九峯山，在府城南劍津里。　九峯岧嶢相接，爲郡境諸峯之冠。　九龍山，在府東南一百二十里。其山九峯，蜿蜒如龍。劍津，在府城東。二溪合於此，一曰建溪，自建寧府來；一曰大溪，又名將樂溪，自邵武建寧縣來。東流至順昌，合邵武水，又東合沙縣水，經府城西，又東合建溪，而南下爲劍津；又南合尤溪，抵福州，入於海。二溪之灘，凡二十二。其水湍急，其石廉利，而最險者爲黯淡灘，距府城五里。西津鎮，在縣西四十里，沙縣、順昌二水合流處。

【校勘記】

〔一〕鐔州　「鐔」，底本、川本、滬本作「潭」，據紀要卷九七、清統志卷四三〇改。

〔二〕城堞天塹古號曰銅延平　「堞」，底本作「蝶」，川本同；「平」，底本作「年」，川本同，並據滬本改。

〔三〕西隅城表平衍　「西」，底本、川本作「平」，據滬本改。

〔四〕亡慮數千家　「慮」，底本作「盧」，川本同，據滬本改。

〔五〕茶洋　「茶」，底本作「荼」，川本同，據滬本及紀要卷九七改。

〔六〕府東　「東」，底本作「志」，川本同，據滬本及紀要卷九九改。

南平縣　治。　編户九十九里。　衝，煩，淳。

湖頭嶺，在府東十里。面溪背山，宋建炎中，張霸設伏，敗張澈於此。劍潭，在府城東南，亦曰劍津。建寧、邵武二水合流之所。晉雷焕得二劍於豐城，一與張華，一留自佩〔一〕。華死，失劍所在，其後煥子佩劍經此，劍躍入水化爲龍，即其處也。

中軍帳，在府城西北田坑。廣節營後山乃憑高望遠之處。宋紹興初，葉文、葉武以萬餘人從間道入寇，郡守張翯建此以爲斥堠。今廢。　鹵水嶺寨，在府城西。背山枕溪，壁立萬仞，路僅通步，險巇數折，宋招捕使陳韡嘗置寨於此〔二〕。　鵞鼻頭尖寨，在府城北考巢嶺上。十二峯平地聳起，高十餘丈，中有捷路，直通郡城中軍帳，後通峽陽，前通溪源，脱有鄰警，嘗屯兵於此〔三〕，以爲觀望之地。

演仙上里，縣東北三十里〔四〕；下里，縣東北十五〔旁注〕一十。里〔五〕。　金砂，縣東南六十里。　天竺，縣西六十里。　壽巖，縣北一百二十里。　長安北，縣東南九十里。　峽陽，縣西北六十里。　劍津，縣南一十里。

大横水驛。演仙里。　茶洋驛。金砂里。　王臺驛。天竺里。　大曆、壽巖里。　嵢峽長安北里。　二巡檢司。

【校勘記】

〔一〕一留自佩　底本「一留」作「留一」，川本同，據滬本及晉書張華傳乙正。

〔二〕嘗置寨於此　底本、川本脱「置」字，據滬本補。

〔三〕嘗屯兵於此　「嘗」，川本同，滬本作「當」。

〔四〕三十里　「三」，底本作「二」，川本同，據滬本及乾隆延平府志卷八改。

〔五〕縣東北十五一十里　川本、滬本同，乾隆延平府志卷八作「縣東北十五里」。

將樂縣　在含雲山左麓。　府西一百二十里。　編户六十七里。　頗衝，有盜。　城舊周五里四十步。國初，移西南二門，進五百步。

封山，在縣北龍池都。　其山高大，羣峯環拱，爲一邑之鎮。　大溪，在縣南發源，南自清流，北自建寧、泰寧，合流至縣金溪，縈紆經縣前〔一〕，折而東，至順昌會邵武溪，至府城入三溪。廢綏城縣，在縣西鄉。　晉隆安間置。　隋省，唐初復置，後并入邵武縣。

將樂守禦千户所。　直隸行都司。　白蓮馬驛。　縣西南池湖都〔二〕。　三華水驛。　縣西。　萬安寨巡檢司。　在縣北萬安上都，距城八十里〔三〕。

龍池，縣東五里。　池湖，縣西六十里。　高灘，縣東六十里。　龜山，在縣北三里。　宋楊時世居其下〔四〕，因以爲號，今有書院。　翠簾山，在縣南五里。　上有天湖山，三面峯環，中夷而曠，有龍窟承天瀦水，曰天湖。　百丈山，在北一百八十里，與江西南豐縣分界，懸崖絶壁，高出羣山。　灘有十：曰重灘，曰摇濺灘，曰黄竹灘，俱縣南。　曰三硼灘，曰白渡灘，曰常灘，曰瀨口灘，俱縣東。　曰硿頭灘，曰延潤灘，俱縣西。　曰將溪灘。　縣西北。　瀨口關，在縣東高灘都。　宋紹定間，汀寇邱文直合晏頭陀數千人嘗據此。　招捕使陳韡帥諸軍奪其關〔五〕，郡守黄琈挺身入賊壘，諭以禍福，遂降。

【校勘記】

〔一〕縈紆經縣前　底本「縈紆」作「縈行」，川本同，據滬本及紀要卷九七改。

〔二〕縣西南池湖都　「西」，底本作「東」，川本同，據滬本及紀要卷九七、清統志卷四三〇改。

〔三〕距城八十里　底本、川本叙列於上文「後并入邵武縣」下，據滬本乙正。

〔四〕楊時　「楊」，底本作「揚」，川本同，據滬本及宋史楊時傳、嘉靖延平府志卷二改。

〔五〕陳韡　底本脱「陳」字，川本同，據滬本及宋史陳韡傳、紀要卷九七補。

沙縣　在鳳崗山南。府西南一百二十里。編户一百一十四里。地僻，民悍，微瘴，有山寇。有銀場一，銅場二。舊治在縣東十里，對古銅場，即沙源地。唐中和四年，徙鳳林崗，爲今治。城周一千八十四丈有奇，弘治六年築。

獬豸山，在縣北。越王山，在東南一十五里。相傳越王屯兵於此，山側有寨，俗呼爲越王寨。幼山，在西北一百二十里。其高約三十里，周□□里〔一〕，下有龍峽。將軍山，在縣北十七都。十七都，縣北六十里。山勢高峻。宋紹定三年，山寇聚其中，招捕使陳韡破之。北鄉寨巡檢司，在縣北七十里。

沙縣水〔二〕，〔眉批〕在延平上游。源自汀之寧化縣，經清流城下，逶迤過永安，出與將樂溪合，水迅灘惡，爲閩中第一險處。至新嶺，始入縣界，洄旋三元尾，歷七十里，抵大洲，匯於縣北茂溪，則衍迤縈渟，無復衝激，所謂十里平流也。自茂溪折而南而東八十里，過琅口高砂館前青洲，出縣境，合順昌大溪，逾府城，合建寧大溪，抵福州入海。自縣而上，有蕉峽、黄石等灘，下有螺紋、佛子等灘，最爲險惡。

【校勘記】

〔一〕周□□里　川本同，滬本作「周五、六里」，寰宇記卷一〇〇作「周二百里」，紀要卷九七作「周三百里」。

〔二〕沙縣水　川本、滬本同，明統志卷七七、清統志卷四三〇作「沙源水」，疑此「縣」爲「源」字之訛。

尤溪縣　府東南一百五十里。編户一百九里。無簿。山僻，有瘴。城周一千五百五丈。有鐵坑二十。〔眉批〕萬山之中，崇林茂木，嵐氣陰翳。

丹溪嶺，在縣北十二都。十二都，縣北八十里。又名桃木嶺，界南平縣，縈迴可十五里。自嶺趾至其巔，凡三疊，皆數百丈。湖頭溪，即尤溪，在縣東。源出泉州德化縣，至本縣境西北，迤邐會湯泉等溪共二十源，轉北流爲湖頭溪，至尤口涵會劍津。灘曰大截，占湖頭溪上流，德化縣於此截界：曰側枕，曰舂牆，曰帶。下此爲樟木潭，潭下流凡六灘：曰魚煎，曰鸕鷀，曰樟根，曰大連興，曰小連興，曰大石頭。下三十里爲莽蕩洋，洋下凡八灘：曰吳令，曰大覽，曰大昌，曰小昌，曰三夷，曰鍾山〔一〕，曰連乾，由是疏爲張四谿。下流又八灘：曰猿，曰白羊挨，曰太極盡，曰沖，曰沉，曰黄坑，曰牛角，曰鱠。以上諸灘，俱在湖頭上流。下一百一十里爲灘三十，注尤口函。

伏獅山，在治北，狀如伏獅，爲縣之鎮山。九仙山，在縣西南四十里，峯巒秀拔，人迹罕至。

分枝嶺，在西南一百七十里，南接泉州德化縣界。嶺上有大樹，一枝南向，一枝北向，以分二縣界，故名。又其上有關，俗呼大關嶺。牢城關，在縣後崇嶺之巔。宋建炎中，范汝爲入寇〔二〕，邑人置寨於此。石湖寨，在縣西北無山都。石湖都，地寬衺，可容千餘家。南唐保大中，左散騎張彦成領兵置寨於此〔三〕。

【校勘記】

〔一〕鍾山　川本、滬本同，圖書集成職方典卷一〇六六作「鐘山」。

〔二〕范汝爲入寇　底本脱「寇」字，川本同，據滬本及紀要卷九七補。

〔三〕石湖寨至張彦成領兵置寨於此　底本、川本、滬本繫於尤溪縣下。按紀要卷九七、清統志卷四三〇此條應入後文順昌縣。

順昌縣　府西一百二十里。　編户五十八里。無簿。　衝，煩，民淳，微瘴。　城周八百八十三丈。〔眉批〕介西江、東廣之衝。本志。

超華山，在縣西北白水都。周圍甚廣，西北入邵武境。山下有泉，出石罅中，分爲五澗，其三入順昌溪，其二入邵武境。　西溪，源出邵武之光澤，縈紆流至縣治西灌砧〔一〕，與西南溪合。西南溪，一名大溪。源出將樂縣，至縣治南灌砧，與西溪合流，至南屏縣建興里，又六十里會沙縣溪，東流至劍津。

雙峯驛。治西。　富屯水驛。縣西富屯都。　仁壽巡檢司，在縣西北仁壽都。　富屯，縣西六十里。仁壽，縣西北一百二十里。白水，縣西北八十里。吉舟，縣西二十里。驛砧，縣西八里。婁衫，縣西四十里。靖安，縣西三十五里。石頭，縣東南一十里。

景靈山，在西北二十餘里。下有黄家洞。宋建炎中，兵亂，邑人黄氏族數百指避其中。鳳山，在西二十里。　七臺山，在西四十八里，高峯峭壁，幾至千丈。山有微雲即雨，土人以爲候。

西溪三灘：牛軛溪〔二〕，自光澤來，迤邐至縣吉舟都一灘；相公灘，自牛軛灘下流，至驛砧都一灘；水磨灘，相公灘之下一灘。已上三灘，雖皆險峻，然少石崖衝激，舟上下視他灘爲安流。　西南溪五灘：婁杉灘，在婁杉都；幕坂灘，交溪灘，桂嶺灘，此三灘聯屬，俱在靖安都〔三〕。飛湍激石，或能敗舟。下此會西溪水磨，流經縣治前東注。石柱灘，在石豆都。下此十餘里，則接南平扛猪灘矣。雖灘勢陡峻，而峽東灘石衝激而濤吼〔四〕，然舟楫往來特慎，則可免破溺之患焉。石湖寨，在縣西北石湖里。〔旁注〕石湖，距城三十里。地勢寬衺，可容千餘家。南唐保大中，左散騎常侍張彥成領兵置寨於此。

【校勘記】

〔一〕縈紆流至縣治西灌砧　「紆」，底本作「行」，川本同，據滬本改。

〔二〕牛軛溪　底本「軛」下有「灘」字，川本、滬本同，據嘉靖延平府志卷二、圖書集成職方典卷一〇六七刪。

〔三〕靖安都　底本脫「安」字，川本同，據滬本及嘉靖延平府志卷二補。

〔四〕峽東灘石衝激而濤吼　川本、滬本同，圖書集成職方典卷一〇六七「東」字作「柬」。

永安縣　府西南二百里。編户六十七里。山僻，頗煩，民刁，微瘴，有山寇。城周五里三十二步。有坑六。正統十四年，反賊鄧茂七平。鎮守福建都督范雄、刑部右侍郎薛希璉等，以其地險遠，難於控制，奏請立縣。景泰三年，分沙、尤溪二縣置〔一〕。

黃揚寨，在縣北。舊名巖前寨，宋置。蓮花寨，在縣東五里。山形如蓮花，周圍壁削，小徑至巔，僅容一人行。元季及正統末年，沙、尤之寇，邑人多避於此。守禦永安千户所，〔旁注〕

自邵武衛後千户所調。景泰三年建。安砂鎮、〔旁注〕縣西三十二都。三十二都，縣西九十里〔二〕。湖口在縣南三十都。三十都，縣西南六十里。二巡檢司。栟櫚山，在縣北二十七都。二十七都，縣北二十五里〔三〕。峯巒巖岫九十餘所。宋李綱嘗目爲小武夷山。有九龍溪，其灘最險。

【校勘記】

〔一〕景泰三年分沙尤溪二縣置　底本、川本叙列於下文「舊名巖前寨，宋置」下。紀要卷九七：永安縣「本沙縣及尤溪縣地，景泰三年析沙縣新嶺以南、尤溪寶山以西地置縣。」乾隆延平府志卷一：正統十四年，沙寇鄧茂七平，都督范雄奏請。永安縣景泰四年始置縣。據滬本及紀要、乾隆延平府志乙正。

〔二〕三十二都縣西九十里　底本、川本叙列於下文「三十都，縣西南六十里」下，據滬本乙正。

〔三〕二十七都縣北二十五里　底本、川本叙列於上文「湖口二巡檢司」下，據滬本乙正。

大田縣　在四海寨山陽。府西南一百二十里。編户四十里。地僻，多山寇。城周六百八十餘丈，依鳳山巔，逶迤而下。嘉靖十五年置，分尤溪及永安、及漳州府之漳平、泉州府之德化四縣地。壤在延、漳、泉三府之交，民多依山負阻，叢衆爲盜。嘉靖十四年，本府通判林元倫建議於御史白賁，會同三司奏請。

鸕鷀山，在城東。見尤溪下。雙髻山，在城北。二峯並峙，迤邐而下三里許，突起爲縣治主山，頂廣平，可容數百人，周圍壁立，僅有一徑旋繞而上，名四海寨。桃源店、縣西桃源社，距城一百里，原屬漳平縣。花橋花橋距城七十里，在縣東北三十八都。二巡檢司。舊有英果寨、安仁二巡檢司，革。

汀州府

古名臨汀。〔眉批〕汀州爲郡，崇岡複嶺，居山谷斗絶之地。水之所歸，南走潮、梅〔一〕，西下豫章，東北注於劍浦，西北奔於彭蠡，其源皆出於此，是以山重複而險阻，水迅急而淺澀。若乃府治，則四山環拱，天塹金城，中間地勢坦夷虚曠，方數十里，就平地中突起卧龍一山，高可數十丈，廣可五七里，北面峭壁矗起，其南派爲九支，形如九龍，蜿蜒蟠屈，府在焉。鄞江左繞，西溪右環，二水合流，繞出丁位，而寶珠一峯南塞水口，此又郡城之形勝也。水路自濟川橋下，順流至於三洲驛前一百里〔二〕，自三洲順流至藍屋驛前又一百里，自藍屋順流至上杭縣城外又一百里。灘勢湍急，山通三板小船，所載不過八九担。若自長汀順流而下，兩日可至上杭；泝流而上，五日可至長汀。元汀州路。洪武元年，改爲府。汀州初治新羅，在上杭縣東北五十里。後遷長汀村，在上杭縣北十五里。又遷東坊口，在今府治東北五里。大曆四年，遷白石鄉，即今治。西鄰贛、吉，南接潮、梅，實江西〔三〕、二廣往來之衝。本志。　縣八。　屬漳南道。虔撫兼制。府志：左、中、前、後四千户所，右所調守上杭。　汀州衛。　兵備駐劄。　分巡駐劄。　城周五里二百五十四步。　西三郡，水皆朝宗於福，自長樂入海，獨汀水南行，入於潮陽。故七郡鹺政統於福轉運，而汀獨食廣鹽。汀地大，而交於旁省。山川之勝，多於延、建。自長汀以南，上杭以東，險惡多瘴。

卧龍山，在府治後。　翠峯山，在東北四十里，壁立千仞。　新路嶺，在縣西六十里，峭險壁立。嶺背即隸江西〔四〕，抵瑞金縣。宋嘉定間，郡守鄒非熊嘗設隘於此以備贛寇〔五〕，名羅坑隘。　牛嶺，在縣西二十里，乃江西瑞金通道。　白頭嶺，縣西二十五里〔六〕，與牛嶺相接。

鄞江，在府城東。一名東溪。自翠峯發源，會鄞坑水，至張家陂與正溪合。　正溪，在府城東。一名大溪。自寧化縣界李地發源，出石函〔七〕，歷謝地、新橋、湘洪峽，迤邐至東莊潭分爲二派，一派自惠政橋入〔八〕，一派自太平橋入〔九〕，至高灘角復合爲一，南流經上杭，達潮之神前，會三河水，入於海，即汀水也。　五百灘，自汀抵潮，溪灘五百。　汀水，發源於州北之正溪，至州境而東，與西溪合，紆迴曲折，南至於潮以入海，即所謂鄞江也。　魚梁灘，在縣東二十里。　鸕鷀灘，在縣東一里許。　蛇王灘〔一〇〕，在縣南三十里。　九曲灘，在蛇王灘下〔一一〕。　紗帽灘，在王屋灘上一里許。　王屋灘，在縣南三十五里。

【校勘記】

〔一〕南走潮梅　「梅」，底本作「海」，川本、滬本同，據明統志卷七七改。下同。

〔二〕三洲驛　「三」，底本、川本脱，據滬本及紀要卷九八補。底本「洲」作「驛」，據川本、滬本及紀要卷九八改。

〔三〕江西　底本、川本「西」字缺，據滬本補。

〔四〕嶺背即隸江西　「背」，底本作「皆」，川本同，據滬本及寰宇通志卷四七、紀要卷九八改。

〔五〕鄒非熊　「熊」，底本作「雄」，川本同，據滬本及乾隆汀州府志卷三改。

〔六〕縣西二十五里　川本同，滬本「縣」上有「在」字。

〔七〕出石函　「函」，底本作「含」，川本同，據滬本及寰宇記卷一〇二改。

〔八〕惠政橋　底本「惠政」作「惠政有年」，川本同，滬本及乾隆汀州府志卷三、清統志卷四三四作「惠政橋」，「有年」二字衍，據删。

〔九〕太平橋　底本「太平」作「太平、濟川」，川本同，滬本及乾隆汀州府志卷三作「太平橋」，「濟川」二字衍，據删。

〔一〇〕蛇王灘　底本漫漶，川本脱「王」字，據滬本及乾隆汀州府志卷三補。

〔一一〕蛇王灘　底本、川本脱「王」字，據滬本及乾隆汀州府志卷三補。

長汀縣　治。　編户五十一里。　煩，衝，多山寇，有瘴。

郝鳳升隘嶺亭碑記云：汀邑西距贛之瑞金。其嶺有二：曰牛嶺，曰隘嶺。而其凹有十一：曰黄土，曰冷水，曰九曲排，曰何樹，曰楓樹斗嶺，曰青山逕，曰樓梯嶺，曰花橋，曰觀音，曰小牛嶺，曰犬爬。

臨汀〔旁注〕治東。馬驛。三洲、〔旁注〕縣西九十里〔一〕。館前〔旁注〕縣東八十里。二驛。古城寨巡檢司。〔旁注〕縣西南四十五里。

【校勘記】

〔一〕縣西九十里　底本「西九」作「東八」，川本同，據滬本及紀要卷九八改。

寧化縣　在翠華山之前，大溪之北。府東北一百八十里。編户六十里。僻，疲。城周八百一十二丈五尺。〔眉批〕汀、邵接境，山峻水急。舊治黄連鎮。後唐同光中〔二〕，遷黄連鎮西竹篠窩，即今治。

城門嶂，在縣東北四十里。山勢壁立，若屏障然。元末寇亂，邑人多避兵於此。大溪，在縣南。溪之源，凡六派。其正西自贛之石城縣塹嶺來會，府志：頭。西南自長汀狐棲嶺來會，西北自石城縣長放來會，此三派，縣之上流也。其東北自臺田嶺與邵武、建寧縣分水，至縣來會，正北自苦竹嶺至馬家渡來會，正東自熱水、窰頭至側潭來會，又至縣東渡里許，與上流三派合而爲一，然後東至清流縣，又東會劍津，抵福州，以入於海。水路大溪自縣前順流至清流縣，六十里中七孤龍透迤七曲〔二〕，舟師憚之。所盛載亦三板小船，比長汀者稍大，順流不半日至清流。潭飛磜，在縣南鄉，重岡複嶺，其中坦然而平，山環水合〔三〕，有田有池。宋紹定中，有寇作亂於此，後討平之，因置南平寨。

【校勘記】

〔一〕後唐同光中　底本、川本「後」上衍「後」字，據滬本及紀要卷九八删。又，底本、川本脱「中」字，同治寧化縣志卷一云：「同光二年，王雲來令兹土，始議改治，卜鎮西竹篠窩吉，乃遷縣於今治。」滬本有「中」字，蓋是，據補。

〔二〕七孤龍　「孤」，底本、川本作「抓」，據滬本及乾隆汀州府志卷三改。

〔三〕山環水合　底本、川本脱「合」字，據滬本及乾隆汀州府志卷三補。

上杭縣　府南一百九十里。編户五十九里。差煩，民疲，有寇。兵備駐劄。城周一千四百二十四丈六尺。有鐵冶。縣初置在秋梓，今爲太平里。至道二年，徙鼈沙，即今縣東北白沙里〔一〕。咸平二年，徙語口市，即今縣北在城里〔二〕。天聖五年，徙鍾寮場，即今安平里。乾道三年，遷來蘇里之郭坊，今治是也。天順六年，溪南寇起，巡按御史伍驥督官兵平之。成化二年，調汀州衛右所官軍守禦。

茫蕩洋山〔三〕，在縣西勝運里。磅礴數百里，當上杭、永定兩縣之界，峯巒嶄絶，林木參天，人迹罕至。西南通程鄉，東通漳州，梗化者嘗據以爲巢穴，急則南入於廣。大磜嶺，在縣西十五里，路通武平。雙溪嶺，在縣東五十里，與長汀縣分界。

大溪，在縣南。發源於長汀縣界，衆溪匯合入縣境，與舊州語口水會，至縣治南山下，過美女峯，縈迴三摺，環抱而出，又西流五百步，南經潭口，直抵廣東潮州入於海。水路，水自長汀來，上通府城，下達潮州，自縣前至大孤頭可七八十里，乘三板小船，一日可至。此以下灘勢愈峻，上流舟師不敢下，至是必易舟以行，又數十里至石上，屬上杭界，登岸過嶺，至神前仍舟行至潮州。

上杭守禦右千户所。〔旁注〕成化二年撥守。 平西〔四〕、藍屋二驛。縣北平安里。〔眉批〕平西驛，嘉靖十九年已遷永定，但會典猶屬上杭。

羊廚山，在西南〔旁注〕通志：縣西南來蘇里。府志作王壽山，止云高千餘丈。一百餘里。

【校勘記】

〔一〕縣東北白沙里 底本作「白沙里，縣東北」，川本同，據滬本及紀要卷九八乙正。

〔二〕縣北在城里 底本作「在縣北城里」，川本同，據滬本及乾隆汀州府志卷二乙正。

〔三〕茫蕩洋山 「茫」，底本作「范」，川本同，據滬本及紀要卷九八、乾隆汀州府志卷三改。

〔四〕平西 川本同，滬本「西」下有「縣東」二字。

武平縣　府西南二百一十里。　編户二十里。〔眉批〕閩之絶域。本志。　裁減。　城周二百八十步。　有鐵場。　僻，刁，多盜，微瘴。　守備駐劄。

石徑嶺，在縣北二十五里。高峻多石，通羊角水，接江西會昌縣界。　當峯嶺，在縣北二十里。鑿石爲路，其長五里，接永平寨。　黄公嶺，在縣北一百五十里，與長汀縣分界，修阻二十餘里。　化龍溪，一名南安溪，在縣治前百步許，源出清平鄉，南流合歸順鄉小溪，入廣東程鄉縣界。　水路自縣前一百里至羊角水，船行下會昌，抵江西。

武平守禦千户所，直隷行都司。　在縣西南豐順平里武溪原城内。　象洞寨、縣南盈塘里。盈塘，縣東一百三十里。　永平寨改在背寨。　通羊角，水路去縣八十里。　二巡檢司。

梁野山，在縣東三十五里。　高五千餘仞，凡十二面。　省志：在信順團里，縣東北六十里。　靈洞山，在西一十里。　象洞，在縣南一百里，接潮州界，環抱紆迴〔二〕，號九十九洞。　宋時於此置寨。

順明溪，在縣西順明里大嶺下，西流出江西會昌縣界，入大溪。

千户所，在縣西南二十五里。東界本府長汀縣，西界江西安遠縣，南界廣東程鄉縣，北界江西贛縣。　城周二里一百八步一尺。　通志：三百八十九丈有奇。

水路，水自清流縣上通寧化六十里〔三〕，下達永安一百二十里，自縣後順流至九龍八十里，上六龍屬清流，下三龍屬永安。九灘上下二十餘里，每遇一龍，兩崖石峽逼窄如關隘，寬僅丈餘，而石龍横截水中，高可數丈，乘舟下龍，如在高山跌下平地。每商人至此停舟，在龍上别顧本地慣熟水手，一人攔頭，仍以竹編箬葉箱包船頭，以拒怒浪，然後敢下。其甚險者，龍間屈曲如玄，篙師一失手，則百死莫救。雖瞿塘三峽之險，莫之能過。上六龍俱險，下三龍稍平易。龍皆有一陸路，十餘里可抵龍尾，畏險者多舍舟登陸以行，至龍尾復登舟，抵永安，下延平，以至於福。

【校勘記】

〔一〕環抱紆迴 「紆」，底本作「行」，川本同，據滬本及乾隆汀州府志卷三改。

〔二〕清流縣 「清流」，底本作「寧化」，川本同，據滬本及乾隆汀州府志卷三改。

清流縣 府東北二百一十里。 編户七十九里。 煩，疲，微瘴。〔眉批〕江、廣襟喉。

大溪，在縣治西。 源接寧化大溪，環抱縣治，三折，經漁滄潭，〔旁注〕縣東。出九龍灘，趨永安縣而東。 長空灘，在縣東十五里〔一〕。 怪石縱横，中有大黄石〔二〕，其險可亞九龍。 九龍灘，在縣東南一百里。

九龍馬驛。〔旁注〕治南。　玉華驛。〔旁注〕縣東永得里。永得，去縣七十里〔三〕。　鐵石磯頭巡檢司。〔旁注〕縣南夢溪里。夢溪，去縣一百里。　有南山鐵爐。

豐山，在縣南一百二十里。極峭絶，其頂如磨，常有靈氣覆之，秋霽方露全體，人迹罕到。九龍灘，在縣東南〔四〕。乃溪水最險處，過者必遵陸，空舟而行。内三灘屬永安縣，故又名六龍灘。　石洞寨，在縣北，地名大基頭。山險峻，上可容數千人，宋乾道中，縣令黄藻立。元末寇作亂，邑人擁伍立保爲寨長，立保增修四門，積糧據險，與族人、邑人共登據之，悉賴保全。至今石門、鳥道猶存。

【校勘記】

〔一〕在縣東十五里　「十」，底本作「下」，川本同，據滬本及乾隆汀州府志卷三改。

〔二〕大黄石　「石」，底本作「口」，川本同，據滬本及乾隆汀州府志卷三改。

〔三〕永得去縣七十里　底本、川本叙列於下文「縣南夢溪里」下，據滬本乙正。

〔四〕在縣東南　川本同，滬本「南」下有「一百里」三字，同乾隆汀州府志卷三。

連城縣　府東南一百七十里。　編户三十二里。　僻，簡，刁頑，微瘴。　城周七百七十丈。〔眉批〕居萬山之中，崇岡複嶺，舟車四塞之地。本志。

分水嶺，在縣北北安里，與長汀縣接界。嶺之水西入長汀，東南入連城。横山嶺，在縣東姑田里，東南接龍巖縣界。水路自姑田里路經秋家嵐二十里，至小桃乘舟，行二百二十里至永安，下延平，抵福州。文溪，在縣治前。舊名清溪。其源有二：一出長汀磜，一出金鷄山，合流至縣，凡九折，而東入清流界。莒溪，在縣南河源里。源出龍巖縣山中，下接楊家渡，西渡入長汀縣界。北團寨巡檢司。〔旁注〕縣南表席里朗村。

蓮峯山，在縣東七里。舊名東田石。峭壁攢峯，盤回數十里，絶頂坦夷，石泉流衍。外有石梯、石巷，僅容一人。官置三寨其上，遇寇警，則移民以避於此。白雲山，在西一百里。冠豸寨，在蓮峯山上。四面石壁，上通一徑，其上曠然平地，可容萬人。元至正末，設有城〔一〕。正統間，沙寇鄧茂七來攻。邑人童得慶等率衆保此得全。弘治四年，漳平温文進作亂〔二〕。知縣關銓募工，自白雲樓至南門並砌石〔三〕，架敵樓其上，復於宣武門砌石城八十餘丈，以爲保障之所。

【校勘記】

〔一〕設有城　「城」，底本脱，川本同，滬本有。民國連城縣志卷三云：至正「二十四年癸卯，攝縣尹馬周卿復修縣署儒學及冠豸山寨。」據滬本補。

〔二〕温文進　「進」，川本、滬本同，民國連城縣志卷三作「俊」。

〔三〕自白雲樓至南門並砌石　底本、川本脱「自」字，據滬本補。

歸化縣　府東二百八十里。　編户四十五里。　頗衝，有瘴。　城周六百丈。　成化六年〔一〕，分寧化、清流及延平之將樂、沙四縣地置。〔眉批〕汀之孔道，閩、廣通衢。

水路自縣前合衆流，至沙溪始大，可通小舟，自沙溪歷巖前，巖前市，在縣東。至沙溪口三十里，會九龍大河，下延平，入福州。

明溪驛。〔旁注〕西門。　夏陽巡檢司。　縣東中和里。中和，縣東八十里。　滴水巖，在東北五里。

平安寨，在縣治後市空蕪山上。　外險而上寬平。　元末，行省平章陳友定立栅屯戍，其基猶存。

【校勘記】

〔一〕成化六年　「六」，底本作「七」，川本同，據滬本及紀要卷九八改。

永定縣　府東南三百一十里。　編户一十九里。　裁減。　事簡，民淳，近廣，有瘴。　有鐵冶。　治在卧龍山南，地名田心。　城周七百七十六丈六尺五寸。〔眉批〕地近潮陽，僻居萬山中。

吴節建縣記。　成化十四年，溪南賊鍾三等作亂，討平之，奏分上杭之溪南、勝運、太平、金豐、豐田五里地置。溪南，縣治左右。金豐，縣西南五十里。本志：四十里。豐田，縣東四十里。太平，縣南四里。本志：東北六十里。勝運，縣北八十里。　平西驛，縣治西。

三層嶺、縣南金豐里。本志：東南。興化鄉、溪南里古鎮〔一〕，嘉靖三十七年，遷上杭峯頭。太平〔旁注〕縣東太平里高坡。三巡檢司。　地接廣東饒平之大靖〔二〕、小靖，多盜。成化十四年奏置。所轄三大山，曰岐嶺，曰苦竹，曰條河，盜嘗據爲巢穴。往時不通驛路，自嘉靖二十年，新開一路，東通漳、泉，南適惠、潮，西接臨汀，將上杭平西驛移設本縣，而永定遂爲通衢矣。

茫蕩洋山，在縣北勝運里，上杭、永定二縣之界。　梌山嶂〔三〕，在縣北。山勢峻特，綿亘百里，林木參天，跨太平、豐田、勝運、溪南四里。　松柏嶂〔四〕，在縣南三十里。形勢磅礴，綿亘永定、大埔二縣界。　滿山紅，在縣西南四十里豐窑邊縣之水口。山高聳雄麗，半據潮州之界。

分水嶺，在縣西北四十里。路通上杭，水流北入勝運，南入溪南，爲二里地界。　三層嶺，在金豐里。層岡複嶺，屈曲三摺，路通大埔，爲險隘處。今設巡檢司。　寒水凹，在縣西北，路通上杭。成化中，知縣王環鑿石開道〔五〕。　伯公凹，在浮南里錦豐窑，路通潮州。

大洲溪，在縣南溪南里。源出龍巖大池，經高陂，由豐田過縣治西趨，折而南流，至廣東潮州入於海。水自文武溪、高陂與境內水會，經縣前至錦豐窑八十里，與上杭溪合，惟有小舟可通漳州。本志作潮州。

【校勘記】

〔一〕溪南里古鎮　「古」，底本作「大」，川本同，據滬本及紀要卷九八改。

〔二〕地接廣東饒平之大靖　川本同，滬本「地」上有「永定」二字。

〔三〕棕山嶂　「嶂」，底本作「界」，川本同，據滬本及紀要卷九八、乾隆汀州府志卷三改。

〔四〕松柏嶂　底本、川本、滬本「柏」下衍「崍」字，據紀要卷九八、乾隆汀州府志卷三删。

〔五〕知縣王環鑿石開道　底本、川本作「鑿石開道知縣王環」，據滬本及乾隆汀州府志卷三乙正。

興化府

舊有興化縣。正統十三年，省入莆田、仙遊二縣。城延袤一十一里，周二千八百三十丈。萬曆九年，拓西北城垣八十五丈五尺。元興化路。洪武元年，改爲府。介泉、福之間，海道舟車所會。宋游醳通判廳壁記。土狹而貧，東北多良田廣陂，畝直三十金。其陽皆山也。縣二。屬福寧道。分守與守備駐劄。海在府城東南。興化衛。左、右、中、前、後五千户所。莆陽馬驛，治北。鹽運分司，在府東北延壽里涵頭市。上里場鹽課司，在分司内。

常泰，縣西北十餘〔旁注〕六十。里。待賢，縣北四十里。醴泉，縣東南三〔旁注〕四。十里。興福，縣東四〔旁注〕東南三。十里。武盛，縣東六〔旁注〕東南八。十里。奉谷，縣東八〔旁注〕東南七。十里。新安，縣東南八十里。廣業，縣西北八十里〔一〕。延壽，縣東北二十里。

【校勘記】

〔一〕縣西北八十里　底本「西」上有「東」字，川本、滬本同。光緒莆田縣志卷一：「廣業里在縣西北八十里。」「東」字衍，據删。

莆田縣　治。編户二百五里。刁，疲。海堤自唐觀察使裴次元始築，内東角、遮浪二處在東北方，當潮水衝，歷代增修。小嶼寨堡，在縣東南醴泉里。舊有巡檢司。嘉靖十三年，徙於仙遊白隔嶺。三十八年，倭寇起，鄉民請自出貲，將舊寨城改築，周九百餘丈。崎頭民城，在縣東奉國里，周五百餘丈。小嶼，在海中。潮退，有石橋可渡，居民千家。太平山，在西一里。其山自福之永福延袤而來，峯巒峻拔，爲莆田主山。陳嵒山，在北五里。一名九華山。山頂有石壤，山黏殼尚存〔二〕，蓋古時海水至此。壺公山，在南二十里。高聳百餘仞，絶頂有泉，出石穴中。〔旁注〕蟠據數百里，其高千仞，郡之鎮山。其脈通海，視潮盈縮。木蘭山，在西南二十里。下有木蘭陂，其水自泉之德化、永春及仙遊三邑西南而下，合澗谷之水三百有六十而匯於此。宋熙寧中，有侯官李宏疊石築陂，溉南澤田萬餘頃。瀨溪，在西南二十里，下流爲木蘭陂〔二〕。延壽溪，在府北常泰里。源接漁滄溪，流至延壽村爲陂〔三〕；分流新港、蘆浦、端平三斗門，入於海。興化縣諸水，匯於延壽溪，出杜塘，趨海。

大洋寨巡檢司〔四〕，在縣西廣業里。東抵福清〔五〕，西至白沙，南至仙遊〔六〕，北至永福〔七〕，地當要衝，地在萬山中〔八〕。萬曆十七年，莆寇曾廷邦等爲亂，無何就擒，因奏添設。城周一百六十丈。迎仙寨、〔旁注〕縣東北待賢里。沖心、〔旁注〕縣東興福里。吉了、〔旁注〕縣東南新安里。嵌頭、〔旁注〕縣東武盛里。青山〔旁注〕縣東秦國里。五巡檢司，並有城，各周一百五十丈。平海衛。左、右、中、前、後、莆禧六千户所。在府東九十里。守禦莆禧千户所，在府東南九十里。城周五百九十丈，東南北阻海。南日山水寨，在吉了巡檢司之東，濱海。洪武初，設於南日山。後移置今所，名仍其舊，地名南嘯。城周八百六丈七尺，三面際海，北據高山。出莆城東門三十里爲黄石，從黄石東行六十里爲平海衛，從南行六十里爲吉了巡檢司，皆負海而城。平海正當大洋，東西三面了無障蔽，登城東望，日下隱隱一點青，爲烏垢，倭夷所經行處也。天清山明〔九〕，琉球亦隱隱可見云。海風日夜吼，山爲震動，樹皆西靡。吉了多山，戰艦可泊，民居稍稠。南日寨以收汛時託焉。

南日山，舊名南匿。在平海衛東大海中，與琉球相望。國初設寨於此，今徙入内地。山爲會哨之處。湄洲嶼，在東南七十里海中，與琉球相望。華胥山，在吉了。莆地至此而極，復崛起爲此山，豐險突兀，下有東西二澳，闤市輻輳，吉了巡司、南日山水寨在焉。其山與湄洲嶼隔海相望。海上可居地南日山、湄洲嶼、上黄竿、下黄竿數處，洪武初以備倭設寨屯禦，成化中廢。嘉靖末，總兵戚繼光奏復之，今屯哨及焉。湄洲墾田尤廣。

【校勘記】

〔一〕山黏殼尚存　川本同，滬本「黏」上無「山」字。

〔二〕木蘭陂　「陂」，底本作「坡」，川本同，據滬本及弘治興化府志卷七、紀要卷九六改。

〔三〕流至延壽村爲陂　「陂」，底本作「坡」，川本同，據滬本及弘治興化府志卷七、紀要卷九六改。

〔四〕大洋寨巡檢司　底本旁注「唐建中閩郡人長官」，川本同，滬本此旁注叙列於下文「城周一百六十丈」下，疑誤，删。

〔五〕福清　底本作「仙遊」，川本同，據滬本及清統志卷四二七改。

〔六〕南至仙遊　底本脱「至」字，川本同，據滬本及清統志卷四二七補。底本「仙遊」作「福清」，川本同，據滬本及清統志卷四二七改。

〔七〕北至永福　底本脱「至」字，川本同，據滬本及清統志卷四二七補。

〔八〕地在萬山中　川本同，滬本「在」上無「地」字。

〔九〕天清山明　底本脱「明」字，川本同，據滬本補。

仙遊縣　府西七十里。　編户一十四里。裁減。　山僻，多盜。　城周一千九十五丈。

〔眉批〕據莆上游。宋姚珏主簿題名記。

仙溪，縣前大溪。一名南溪，一名藍溪。橫界縣中，首起西北，受永春、德化諸水，東南行，至縣前環繞如帶，東過青龍橋，〔旁注〕縣東三里。歷石馬、俞潭，出瀨溪，以入於海。南北溪水皆會。　太平港，在縣東南五十里，楓亭市之北。海潮至此，首受楓亭溪、沙溪二水，并入於海，而吉了、小嶼、莆禧、平海商販船隻〔一〕，皆集於此。

楓亭驛。〔旁注〕縣東南五十里。　白嶺巡檢司，舊係小嶼。嘉靖十一年，改設於萬善里白嶺獨寨。二十二年，移善化里文殊地方。善化，縣西二十里〔二〕。

白隔嶺，在縣西四十里。南屬永春縣。　二飛山，在縣北五里。高可千仞，綿亘百里。梁山，在西北四十里。　九仙山，在東北四十五里〔三〕。　三會溪，在縣西十五里。其源一自白隔嶺，東過古瀨溪；一自金華嶺東山溪，合大日溪，〔旁注〕縣西四十里。入石碧潭，南過古文殊橋，與古瀨溪會而爲三。　九鯉湖，在縣東北興春里，〔旁注〕舊興化縣西南，去府七十里。飛泉九疊，下爲湖。　牛頭嶺，在舊縣西北福興里。〔旁注〕今爲興泰里，縣東北八十里。一作四十里。　山勢逶迤起伏，爲興化縣主山。　長嶺，在舊縣西南四十里，通郡治孔道〔四〕。

舊有興化縣，在仙遊縣東北游洋鎮。　正統十三年廢，以其地入莆田、仙遊二縣。

【校勘記】

〔一〕商販船隻　「販」，底本作「敗」，川本同，據滬本及弘治興化府志卷八改。

〔二〕縣西二十里　川本同，滬本作「縣西十里，一作二十」。

〔三〕在東北四十五里　「四」，底本作「二」，川本同，滬本作「四、二」，寰宇通志卷四六、明統志卷七七作「四」，據改。

〔四〕通郡治孔道　「孔」，底本作「札」，川本同，據滬本及清統志卷四二七改。

邵武府

元邵武路。本朝改爲府。　左劍右盱，枕汀帶建，爲甌、閩之西户。元魏天祐府治記。　前據重岡，後帶鹿水，爲甌、閩之西户。宋胡寅軍治記。　城周一千三百三十八丈八尺。　縣四。　屬武平道。　分守駐劄。　邵武衛。左、右、中、前、後五千户所〔一〕。景泰三年，調後千户所守延平之永安。

七臺山，在東南一百里，連跨汀、延、邵三府界。高二十餘里〔二〕。上有七臺：曰台星，曰文殊，曰普賢，曰會仙，曰獅子，曰雲，曰月。　道峯山，在縣南三十二都。負長溪，面樵水，跨將樂、泰寧二縣界，廣八十餘里，高出羣山之上。　樵嵐山，在城西。樵溪所出，東流至城内，逶迤九曲，出北門，入大溪。　劉師嶺，在縣南三十八都，路通盱江。　分水嶺，在縣東六都。嶺之東，水趨建陽，嶺之西，趨邵武。三十八都，縣南一百二十里。

大溪，在府城北。一名紫雲溪。自光澤西北二溪，合流帶勛漢諸水，至此東下，合郡中諸溪共三十有二，至順昌之富屯，流入劍津。因樵水入焉，又名樵川。

【校勘記】

〔一〕左右中前後五千户所　底本脱「中」字，川本同，據滬本補。

〔二〕高二十餘里　「十」，底本作「千」，川本同，據滬本及嘉靖邵武府志卷二、紀要卷九八改。

邵武縣　治。　編户二百一十里。　僻，煩，民狡，有瘴。

烏阪城，在府東三里大溪之北。今名故縣。蕭子開建安記：越王築六城以拒漢，烏阪其一也。　拏口驛，〔旁注〕府志：水、馬。在縣東八十里拏口市。　樵川水驛，省。府志。城東。　舊有林墩馬驛，〔旁注〕縣東六都。萬曆十年革。　水口巡檢司，在縣東十六都。

光澤縣　治。　在杭溪之南。　府西八十里。　編户五十三里。　僻，簡，民淳，微瘴，鄰江西東鄉賊巢。　城周六百四十一丈有奇。〔眉批〕據關嶺，居上游，屏障一隅，山峻水駛。上官祐縣志序〔一〕。江、閩之交。況逵自鳴山記。

烏君山，在縣西北五〔旁注〕東四十〔二〕。里。山高二千一百餘丈。頂有兩石峯，各高二十尺〔三〕，人謂之雙石笋，又謂之珓環山。珠寮山，在縣西北十八都。〔旁注〕十八都，縣東北二十里。一作東十。跨邵武、光澤及江西鉛山三縣。大和山，在縣西北二十七都。抵江西建昌、南城、瀘溪縣界〔四〕。山有鐵牛嶺，嶺舊有鐵牛關。小和山，與大和山相連。

舊有大寺寨巡檢司、〔旁注〕今徙於杉關。杉關馬驛、〔旁注〕縣西杉關。杭川水驛。〔旁注〕縣西門外。大寺寨巡檢司，在杉關。杉關，在九都，過關抵江西建昌府新城縣界。杉關嶺，在縣西九都，爲福建、江西二省界。雲際嶺，在縣北二十五都。接弋陽、鉛山二縣界，路通浙江。盤肩嶺，在縣北二十三都。〔旁注〕二十三都，縣北一百三十里。一作東北一百。東抵江西弋陽縣界，西抵江西貴溪縣界。烏石嶺，在縣東，與烏君山接。高二千六百六十丈有奇。

【校勘記】

〔一〕縣志序　「志」，底本作「吉」，川本同，據滬本及圖書集成職方典卷一〇八七改。

〔二〕東四十　川本同，滬本作「東北四十里」。

〔三〕各高二十尺　川本、滬本同，嘉靖邵武府志卷二、紀要卷九八「尺」作「丈」。

〔四〕瀘溪　「瀘」，底本、川本、滬本作「潭」，據圖書集成職方典卷一〇八八、清統志卷四三二改。

連江縣　府東北九十五里。　編户四十五里。　事簡，民疲，時有海寇。　沿海。〔旁注〕在龍祭山之南，鰲江之北。　城廣四里，周九百丈。　有蔣洋南北山鐵坑。　蛤沙河泊所城，在二十九都，去縣東五十里。　城周一百五十丈。

守禦定海千户所，〔旁注〕城周六百丈。　隸福寧衛。　在縣東北八十里二十六都，去縣東一百一十里。　城周一百五十丈。　北茭巡檢司。　小堤澳水寨〔二〕。〔旁注〕在定海所前。　堤南□〔一〕，在二十

每歲分附近衛所軍士更番備倭，以指揮之有才略者總之。

連江〔三〕，〔旁注〕名鰲江。　在縣南百步許。　源出羅源縣王士溪、黄柏潭、懷安縣桃洲密溪，三派合流至縣前，東西環抱如帶，東流入海。　海，在縣東南。

【校勘記】

〔一〕堤南□　底本「南」下缺字，川本同，滬本作「灣」。

〔二〕小堤澳　「澳」，川本同，滬本作「灣」。

〔三〕連江　底本「江」下衍「縣」字，川本同，據滬本及紀要卷九六、乾隆福州府志卷六刪。

羅源縣　〔旁注〕在東戴坑南。　府東北一百五十里。　編户一十六里。　裁減。　事簡，民貧，沿海，微瘴。　初治雙溪之間。　宋慶曆八年，遷戴坑，即今治。　城延袤三里，周七百一十五

丈。〔眉批〕亦有山、海之利，而不及長樂。人性舒緩，用尤儉嗇。邑居嵐氣如甑，民山耕海漁，僅而自給。俗雖少文，謹慤易治。

仙茅山，在縣東北。兩山相接〔一〕，曰大茅、小茅。羅川，在縣西一百五十步。源出蔣山，接金鍾潭水，流入四明溪，分爲三派，流入松崎港，以達於海。〔旁注〕海在縣東南。自省城北出，爲連江、羅源道，多高山大嶺，行甚嶔崎。

【校勘記】

〔一〕兩山相接 「兩」，底本、川本、滬本作「西」，據紀要卷九六、清統志卷四二五改。

泰寧縣 府西南一百四十里。編户五十二里。僻，煩，頗刁，微瘴。城周七百九丈。

〔眉批〕邵武四縣，惟泰寧爲最僻。宋葉祖洽縣治記。

茶花嶺，在縣北七十里。大杉嶺，在縣西北福興上保，路通江西。挽舟嶺，在縣西四十里。接建寧縣界。

大溪，源自邵武官尖峯麓，經游源，〔旁注〕東七十里。合龍湖東西兩溪之水，歷交溪，過梅林、〔旁注〕東三十五里。朱口、〔旁注〕東三十里。福山之境，以抵於縣東，合杉溪、黄溪二水，匯爲河潭〔二〕，環縣治而西，達梅口，〔旁注〕西三十里。與建寧灘江水合爲雙溪渡，復折而東，趨於將樂之竹洲，東入於海。凡受小溪之水二十六。府志：大溪在縣東南一里許。源接邵武縣三溪，西南流，至福口會建寧灘江〔二〕，爲雙溪渡〔三〕，經將樂竹洲東下〔四〕。杉溪，源自茶花嶺，下經大杉，歷福興上下保，七十里至縣北，而東合於大溪。黄溪，源自將樂之寶臺山，西北至安泰橋，亦東合於大溪。泰寧之路，東以朱口，西以梅口，山谷阻長，不免困頓。嘉靖丁酉，監察御史李元陽命於交溪之地置館，曰丹崖使院。

大歷山，一名金饒山，縣西七十五里善溪下保〔五〕。在縣西南。山有八十四面，周四百餘里，跨建寧、寧化、泰寧三縣。峨眉峯，在縣北。周四十里，高數千丈。

【校勘記】

〔一〕匯爲河潭　「潭」，底本作「譚」，川本同，滬本作「澤」。清洪濟康熙泰寧縣志卷一山川：「瀦爲河潭。」據改。

〔二〕灘江　「灘」，底本作「溯」，川本同，據滬本及嘉靖邵武府志卷二改。

〔三〕爲雙溪渡　底本、川本、滬本脱「爲」字，據嘉靖邵武府志卷二、清統志卷四三二補。

〔四〕經將樂竹洲東下　川本、滬本同，清洪濟康熙泰寧縣志卷一山川「下」下有「河潭」二字。

〔五〕縣西七十五里善溪下保　底本作「南七十五里善溪下保縣」，「縣」倒誤於「保」下，川本同。滬本作「南七十五里善溪下保」，夾注於下文「在縣西南」下。明一統志卷七八：「在泰寧縣西。」紀要卷九八：「在縣西七十里。」據改。

建寧縣　治在灘江之北。府西南□里。〔旁注〕府志：二百一十五。編户五十二里。僻，刁，疲，微瘴。鄰大帽山賊巢。〔眉批〕跨贛、盱、汀、劍之交。本志。城三面臨溪，惟西依大嶺諸山。周七百九十三丈。

金饒山，在縣南饒村保，據長吉、將屯、洛陽、赤上、赤下六保。灘江，亦名大溪。源出寧化縣中順山，經龍下保田寧溪，〔旁注〕會都溪、藍溪諸水。東北流至縣治南，〔旁注〕會洛陽溪、漢溪、楚溪諸水。曰灘江。自是又東北至梅口會泰寧縣水，東下將樂，出順昌，達於劍津。縣古名綏城，後訛「綏」爲「灘」。曰江者，邑人侈其稱也。

饒村，縣南三、二十里。長吉、〔旁注〕南二十五。將屯，〔旁注〕東南五。俱縣南五里。洛陽，縣東二十里。〔旁注〕東南二十五。赤上、〔旁注〕東南四十。赤下，俱縣南五十里。隆下，縣南五、六十里。西安巡檢司，在客坊保。〔旁注〕客坊，縣西八十里。邱坊，南防汀寇，西防贛寇，爲要害。百丈嶺，在縣北藍田保。〔旁注〕藍田，縣北三、四十里。嶺極高峻，爲江、閩分界處。蟠湖嶺，在縣西上黎保。〔旁注〕上黎，縣北七、六十里。抵江西南豐縣界。

漳州府

元漳州路。洪武元年，改爲府。〔旁注〕西北依山，南臨大溪。城周二千一百七十三丈。〔眉批〕在閩會之極南，地曠土沃。宋傅自得道院記。建一州泉、潮之間，以控嶺表。威烈廟記。

水清濁相合曰「漳」。初建治於梁山下，〔旁注〕在漳浦縣南八十里。溪水由西林而出，海水自銅山海門而入，清濁合流，義取諸此也。開元四年，徙州治於李澳川。貞元二年，徙治龍溪縣，控引番禺，衿喉嶺表。本志。閩部疏：建地皆山也，而多泉，不甚虞旱。建溪南輸，福人賴之。泉、漳間山薄無泉，海近易泄，故其地喜雨而惡旱。田中多置井，立石如表，轆水而灌。每遇天旱，開府以下惕惕憂恐，蓋漳民饑則易動也，然皆航潮米而食，不專恃本土。建、邵之間，人帶豫章音；長汀以南，雜虔嶺之聲。自福至泉，鴃舌彌甚〔一〕。南盡漳海，幾同異域矣。然閩西諸郡，人皆食山自足，爲舉子業，不求甚工。漳窮海徼〔二〕，其人以業文爲工，以航海爲産，故文則揚葩而吐藻，幾埒三吳；武則輕生而健鬬，雄於東南夷矣。府志：其環繞城南者曰南溪，其古以名縣者曰龍溪，亦曰九龍江，以其繞郡之北也，又曰北溪。九龍之上游爲漫潭，漫潭之上游爲天宮溪，爲更鼓水。自漫潭南流至香洲渡，又南出於兩峽，亘虎渡橋，爲東偏險要者，曰柳營江，南與南溪合流，爲福河。又東爲錦江，有洲曰許茂，曰烏礁〔三〕，曰紫泥，江流經焉，分爲南北，南流至海澄界，其北流歷白石、青礁、石美鎮東，與南流合，納浮宮之水〔四〕，入於海。

縣十。屬漳南道。虔鎮兼制。分守駐劄。漳州衛。左、右、中、前、後五千户所，後所今調詔安。丹霞驛。府西〔五〕。

登高山，在府城中。山自西北天寶山來，蜿蜒起伏三十餘里，至此一峯聳拔。圓山，在城西南十里。前後望有十二面，故曰圓山。九龍江，在府東北二十五里。一名北溪。源出汀州上杭、連城二縣及延平沙縣界，合寧洋、龍巖、漳平、長泰諸水，經蓬萊峽中，出峽爲柳營江，過虎渡橋，與南溪會流，入於海。縣名龍溪以此。虎渡橋，在府東柳營江上，去城四十里。唐時宿重兵於此。相傳插柳爲營，因名。今置巡檢司。橋長二百餘丈。木棉庵，在府南二十里。宋賈似道貶死於此。天寶山，在城西三十里。五峯峭列，周迴百餘里，漳郡諸山多祖於此。岐山，在縣東二十里。與鶴鳴山聯峙，二峯秀聳龍江之上，延袤十餘里。揭鴻嶺，在縣西北四十里。漢、唐時，西北向長安故道，由安溪、大田以行，下有唐屯軍營故址。元末，有蔡公者，於其嶺南畔少低山腰，別開新嶺爲道。九龍嶺，在縣南三十里。兩山夾峙，中縈石磴，凡十里許，路通潮、廣，巡檢司在焉。南溪，在府城南門外。源接南靖縣大溪，入縣西界，故又名西溪。歷天寶山之南，圓山之北，繞府城西，抱南門而東，過文山〔六〕，而會於北溪。

福河城，在南北二溪合流之處。嘉靖中，海上有兵，鄉人爲土堡，亦嘗駐官兵於此。

【校勘記】

〔一〕缺舌彌甚　「舌」，底本作「古」，據川本、滬本及閩部疏改。

〔二〕漳窮海徼　「徼」，底本作「徹」，川本同，據滬本及閩部疏改。
〔三〕烏礁　「烏」，底本作「鳥」，川本同，據滬本及紀要卷九九改。
〔四〕納浮宫之水　「浮」，底本作「漳」，川本同，據滬本及紀要卷九九改。
〔五〕府西　「西」，底本作「志」，川本同，據滬本及紀要卷九九改。
〔六〕過文山　川本同，滬本「山」下有「東二十里」四字。

漳浦縣〔旁注〕初，治在梁山之下。開元四年，徙李澳川，即今治。府南一百里。本志：九十。編户五十三里。事煩，民刁，廣賊出没。城周一千一百七十三丈。〔旁注〕通志：石城周七里，元築。本志同。〔眉批〕東南際海，西北多奇峯峻嶺。處八閩之極地，爲汀、潮之要衝。本志、宋史。海在縣東南一百里許。陸鰲千户所，城之東。

大帽山，在縣北百里。山大而峻，北行則爲海澄，東北行則爲鎮海，皆此山發脈。古雷山，在縣東南五十里。斷岸千尺，下瞰大江。雲霄鎮，在縣西南百里。北玄郡南田後所〔一〕，今調龍巖。南詔入潮，各二百里。石城周八百二十五丈。鎮故懷恩古縣，南距檬林，延袤數百里。深林叢莽，羣不逞多嘯聚其間。迤東通嵠埔，山賓菁畲、傜、僮時出，爲寇鄉導，而置北第一關以外〔二〕，蜿蜒盤鬱，人煙寥絶，目爲三險，實當浦、詔、平之衝。有二都、金溪山銀坑。鎮海衛，在縣東海濱二十三都，太武山之南，鴻江之上。左、右、中、前、後五千户所。石城周八百七十三丈。　守禦陸鰲千户所，在縣東十五都，石城周五百五十丈。　守禦銅山千户所，二所入詔安。在縣南。　守禦玄鍾千户所〔三〕，在縣南海濱。三所並隸鎮海衛。　銅山，在漳浦、詔安地方之界。玄鍾，在詔安地方之東，閩南盡處。

雲霄驛〔四〕。〔旁注〕縣南六都。　臨漳馬驛。〔旁注〕治西北。　青山、〔旁注〕十五都。　井尾、〔旁注〕二十三都。　古雷、〔旁注〕九都。　後葛、〔旁注〕九都。　盤陀嶺〔旁注〕八都。　五巡檢司，並有城，周一百一十五丈。

九都，縣南五十里。　舊有東沈、赤山巡檢司，革。九都，縣南五十里。城周一百一十五丈。

梁山，在縣南稍西三十里。高千仞，盤亘百里，有大峯十二。　太武山，在縣東北一百里。高千仞，周迴百餘里，屹立海上。其南五里，鎮海衛在焉。其上有小石城，相傳南越王建德避兵於此。　盤陀嶺，在縣南三十里。蓁薄崎峻，盤桓可十里，入潮、廣者由此嶺。今設巡司，按此即漢時蒲葵關也。　將軍山，在西南九十里，接南靖縣界。唐將軍陳元光征蠻，築城於此。　漳江，在縣南。　李澳川。　黄如江。

故綏安縣〔五〕，今不詳其地。縣南八都有綏安溪。　廢懷恩縣，在縣西南一百里。　赤湖城，在縣東十七都。元季，土人曾仁禮築，正德間重修。周一千二百丈。　西林城，在縣南六都。舊有石城，正德五年寇亂，鄉民重築。

【校勘記】

〔一〕北玄郡南田後所　「玄」，川本同，滬本作「去」，疑有脱誤。

〔二〕而置北第一關以外　「置」，川本同，滬本作「直」。

〔三〕玄鍾　「玄」，底本作「立」，川本同，據滬本及紀要卷九九改。下同。

〔四〕雲霄驛　「驛」，底本作「鐸」，川本同，據滬本及清統志卷四二九改。

〔五〕綏安縣　「縣」，川本同，滬本作「城」。

龍巖縣　府西北三百一十里。編户六十八里。無簿。地僻，民悍，有瘴及流賊。有銀坑、鐵場、鉛錫場。城周一千九百十二丈五尺。

天宫山，在縣北五十里。上有瀑布泉。九侯山，在縣北三十里。九峯列峙，廣袤數十里，高入雲漢。紫金山，在縣西十里。五峯秀削，壁立千仞。皡林嶺，在縣東二十里。舊名惱林，林木陰翳，多盜。雁石嶺，在縣東北三十里。與皡林嶺對峙，中爲雁石巡檢司，嶺北爲雁石渡。觀音座山，在縣東三十里。高數仞，當龍川水門，勢極險阻。

守禦龍巖中中千户所，本鎮海衛後千户所，成化七年，調守龍巖，改屬漳州衛。曰「中中」者，以本衛自有中所故也。適中驛，縣南六十五里。雁石巡檢司。節惠里。節惠，縣東南四十里。舊有東西洋巡檢司，革。

南靖縣　府西北四十里。　編户二十六里。　僻簡，民刁，多盜。　城周六百二十七丈有奇。　元時，舊治在九圍磐山〔旁注〕縣西南。之東〔一〕，名曰南勝。　順帝至元三年，畬寇李勝等作亂，徙治於小溪琯山〔旁注〕縣西。距縣八十里〔二〕。並今平和縣地。之陽。　至正十六年，以地僻多瘴，又徙於雙溪之北，改名南靖，即今治。　嘉靖四十年，饒賊陷城，遷天帽山下。　萬曆二十三年，復舊治。〔眉批〕邑治當雙溪交流之會，山水盤旋，土地平衍。本志。　元南勝縣，本朝改今名。

圓山，在縣東南十五里。　其左爲龍溪。　雙溪，在縣治前。　以大小二溪合流得名。　大溪發源於清寧里，〔旁注〕清寧，平和縣東北。自大溪峯歷銅壺、洪瀨、西場寨，下趨吴田、仙人渚、黑潭，至於縣前。　小溪發源於永豐里，龍巖縣界，自員沙〔三〕、坂寮場歷金山、湧口〔四〕，趨龜洋、下硿，至縣前與大溪合，東流至峽口，西渡會爲府城南門溪，入海。　平南驛，縣北永豐里金山社。和溪、縣北永豐里，界龍巖。府志無。　永豐縣北寒婆徑。　二巡檢司。　舊有小溪、寒溪、九龍嶺三巡檢司，革。　歐寮山，在縣北。　一名大帽山。　南北二峯峭拔，周迴百餘里。　又名玳瑁山。　後峙五峯，端巖峭拔，周迴二十里。　朝天嶺，在縣北一百里。　爲漳平、龍巖二邑之界。

【校勘記】

〔一〕九圍磐山　「圍」，底本作「圓」，川本同，據滬本及圖書集成職方典卷一〇九五改。

〔二〕距縣八十里　「里」，底本脱，川本同，據滬本補。

〔三〕員沙　「員」，底本作「負」，川本同，據滬本及圖書集成職方典卷一〇九六改。

〔四〕湧口　「口」，底本作「日」，川本同，據滬本及紀要卷九九改。

長泰縣　府東四十里。　編户一十九里。裁減。　僻，簡，多盜。　城周九百九十一丈。

天柱山，在縣東五十里。最高，多巖洞之勝。　朝天嶺，在縣東南三十里。舊漳郡入京道也。　内方山，在縣東北八十里。下有洞，出銀礦。　萬曆二十七年，中使奉旨開采，商徒蝟集〔一〕，姦人攘奪其間。　知縣管橘編寮甲，設官兵以防禦之，邑得無事。今洞封閉。　龍津溪，在縣東南城外。　源發安溪界，由縣東北境入善化里，〔旁注〕善化，縣東北七十里。　合諸溪水，至城東繞縣治而西，分爲兩溪，復合至雙溪口，入龍溪界。　朝天嶺巡檢司，〔旁注〕舊在朝天嶺。　萬曆十八年，移置溪口。

【校勘記】

〔一〕商徒蝟集　「徒」，底本作「徙」，川本同，據滬本及紀要卷九九改。

漳平縣　府西北三百二十里。　編户三十四里。無丞。　邑小，僻，簡，刁獷，多盜，微瘴。城周六百二十丈。成化七年[一]，分龍巖縣之居仁、聚賢、感化、和睦、永福五里居仁，縣北十里。永福，縣南三十里。置。其聚賢一里，嘉靖十四年，割立大田縣，今又入寧洋。歸化巡檢司。舊有桃源店、溪南二巡檢司，革。

龍亭寨山，在縣西里許。山頂可容二百餘人，鄉人嘗置寨以避寇。九龍溪，在縣治南。源出汀州上杭縣界，歷龍巖、雁石，繞縣治南，東趨華峯、三硿，會下折溪，源出縣南居仁里。東南流入龍溪縣九龍江。畬洞，在縣南永福里。界龍巖、安溪、龍溪、南靖、漳平五縣之間，而本縣正當其北，爲要衝。萬山環抱，四面阻塞，洞口陡隘，僅通人行，其中深廣可容有百餘家。畬田播種，足給衣食。四方亡命者多逋聚其間，憑恃險遠，易於爲亂。宣德、正統間，有江志賢、李烏嘴、盧赤鬚、羅興進者，烏合羣醜，跳梁出没。至動方岳守臣連年剿捕，僅得寧息。自漳平設縣以來，官政易及，不復反側，然尤在司民社者控御得其道云。

平和縣 編户一十二里。裁減。簡，僻，多盜。城周五百九十六丈二尺[二]。〔眉批〕引帶

【校勘記】

〔一〕成化七年 「七年」，底本作「七、六年」，川本、滬本同，紀要卷九九、道光漳平縣志卷一作「七年」，「六」字據删。

汀、潮。王守仁奏立縣疏。邑當五合四聚，透迤深阻。府志。正德十四年，分南靖縣地置。本南靖縣治，正德間，象湖等處作亂，提督軍門王守仁討平之，分南靖之清寧、新安二里立縣，治在河頭大洋陂地方〔二〕。

大峯山，在縣東□里。一名大峯溪山。高峻巉巖，有石峯十七，自山麓至巔，可五十里。海中番舶望見此山，即知閩境。西林溪，自大峯山之東南發源，至西林，有南溪、北溪二水合焉。南流爲雲霄溪，下爲漳江。漳汀巡檢司，在清寧里蘆溪社。

【校勘記】

〔一〕城周五百九十六丈二尺　川本同，滬本下有「府西南二百五里」七字。

〔二〕大洋陂地方　川本同，滬本夾注「陽明別録一卷五十葉」九字。

詔安縣　府南二百餘里。編户二十二里。無丞。近海，僻，刁，有倭患。城周一千三百六十丈。〔眉批〕地極七閩，境連百粤。府志。本漳浦縣南詔地。弘治十七年，以廣寇爲患，調漳州衛後所官軍守禦。正德十四年，設捕盗通判一員駐劄，尋罷。嘉靖九年，分漳浦縣二、三、四、五都立縣。

守禦玄鍾千户所〔一〕，在縣東四都。三十里。石城周五百五十丈。守禦銅山千户所，在縣東六十里。石城周五百五十一丈。洪淡，城周一百一十丈。金石，城周一百一十五丈。自漳浦以南，盤陀險峻，限以葵嶺，雲霄故鎮在焉。中踞檬林大山，通道百粤，爲詔安治。南詔驛。〔旁注〕城内。洪淡、〔旁注〕五都北埔。舊有漳浦縣。城周一百十丈。金石、〔旁注〕五都山東社，五都在四海外。城周一百一十五丈。漳潮分界〔旁注〕縣西二十五里。三巡檢司。銅山西門澳水寨，在銅山城西一里。洪武中，設於井尾澳。景泰中，移今所。守備玄鍾澳，在玄鍾城西三里。

【校勘記】

〔一〕守禦玄鍾千户所　「玄」，底本、川本、滬本作「立」，據利病書福建、紀要卷九九改。

海澄縣　府東南五十里。編户十里。無丞。邊海，多盜。城周五百二十二丈。嘉靖四十五年置。本龍溪縣八、九都地，舊名月港。正德間，土民私出海，貨番致寇。嘉靖九年，於海滄置安邊館，歲委通判一員駐守。三十年，建靖海館，以通判往來巡緝。三十五年，更設海防同知。四十四年，〔旁注〕隆慶元年〔二〕。分龍溪縣自一都至九都及二十八都之五圖，並漳浦縣二十三都九圖地方立縣。

安邊館，在一、二、三都海滄澳。嘉靖九年創立，至三十七年被賊燒毁，再建。濠門、舊屬龍溪縣。島尾、舊屬漳浦縣。海門社舊屬龍溪縣。三巡檢司。濠門，在三都嵩嶼。通志：濠門在府城東一、二、三都濠門山，城周一百五十丈六尺。時未設海澄。島尾，在二十三都島尾社。城周一百一十五丈。海門，初設在海門山。正統七年，盡徙其民於内地，遂移巡檢司於四、五都青浦社。

【校勘記】

〔一〕隆慶元年　底本脱「年」字，川本同，據滬本補。

寧洋縣　府北四百里。編户八里。無簿。多盜。城周四百八十丈。〔眉批〕崎嶇偏小，介於漳、巖之間。府志。嘉靖四十五年置。本龍巖縣集賢里之東西洋。正統間，設巡檢司。嘉靖四十一年，山寇廖選、蘇阿普等爲亂，漳平知縣魏文瑞統鄉兵進戰，死之。四十四年，官兵討平山洞，隆慶元年。分龍巖縣集賢里五圖、延平府大田、永安縣各三圖立縣，革巡檢司。

福寧州

元福寧州。本朝洪武二年，改爲縣，隸福州府。成化九年，〔旁注〕福州志作九年，本志同。升直隸布政司。左控甌、括，右連省會，瀕海有魚鹽之利，民富而尠知禮。城周一千五十八丈。通志四里。有銀場，銅、鐵坑。〔眉批〕福寧一州二縣，僻處閩北。疆域既狹，物産不饒，僅有魚鹽薪米，足供飲食。人業耕讀，頗稱篤厚。自隆、萬之間，增設北路參將，一府、一寨、三營、兩游，因兵而聚食者衆，城外竟成他鄉。重以漳、汀流寓之民，闢地種菁，彌漫山谷，客倍於主，米價踊騰，偷盗昌熾，嚚訟煩挐矣。縣二。屬建寧道。兵備與總兵、守備駐劄。

海，在東門外三里。自東迤南而西，與寧德之南皆海，而官井洋、三江洋、三渡洋、青山洋皆屬寧德，稱内海。龍首山，在州城北。峯巒秀拔，高出諸山，分爲數支，其直下者，爲州之主山。山巔平夷千丈，相傳黄巢屯兵於此，呼爲黄巢坪。桐山，在州東北百五十里。當閩、浙交界，商民雜處，野曠人稀，盗賊所伏。駱駝嶺，在州東北百六十里。其半屬平陽縣。洪山，在州南三十里。州南最高山也。柘洋東山，在州西北百二十里。視諸山爲極高，絶頂春深積雪不消，東望海外數百里，西、南、北諸山，皆在履舄之下。

温麻廢縣，在州南三十里，四十一都鼓樓山。柘洋，在三十三都。〔旁注〕三十三都，州北一百二十里。城周三、二里。渚灣，在五都。大篔簹，在十一都。高羅，在四十三都。延亭，在五十都。〔旁注〕五十都，周南一百里。城各周一百六十丈，今司皆徙，城亦皆廢。〔眉批〕閩頭浙尾，東南甌之界。州志。

福寧衛。左、右、中、前、後、大金、定海七千户所。守禦大金千户所，在州南七十里。〔旁

注〕二十二都海濱，城周五百八十二丈。大篔簹、州東。清灣、州東七十。蘆門、舊爲水澳巡檢司。蘆門城，舊在二十四都。〔旁注〕二十四都，州東北一百四十里。正德間，徙水澳巡檢司於此。嘉靖末，徙桐山。高羅、州南四十。延亭、柘洋州西北。六巡檢司。舊有松山巡檢司，革。

大姥山，在州東北一百里，有三十六峯。浮膺山，在州東南海中，控壓海道。長溪，在南四十五里，流入大海。州志：長溪之源，來自慶元桃嶺下，來自壽寧大蜀山，自政和西門嶺，皆流下福安〔一〕、寧德入海。在唐長溪未析之時，以上溪流皆在封域之中，山澗紆迴，約五、六日程，然後趨於海，其溪可謂長矣，故指此名縣。舊志：縣南長溪二十里通海，此在州境者。沙堤，爲南北咽喉，凡商舶往來閩、浙，必由之地，咸泊此貿易，例設榷征。沙堤市在州東十二都。當閩、浙之交，賈客四通，船貨所聚。白石巡檢司，舊在七都白石。弘治十八年，徙於三十四都。黄崎鎮，在縣一百五十里〔二〕。三十一都，縣東南四十五里。三十二都，縣南一百里。三十四都，縣東南一百二十里〔三〕。

【校勘記】

〔一〕皆流下福安　川本同，滬本「下」作「入」。

〔二〕在縣一百五十里　川本同，滬本「縣」下有「東北」二字。

〔三〕白石巡檢司至縣東南一百二十里　川本同，滬本繫於下文福安縣下。

福安縣〔旁注〕在宸山下。　州西北二百里。　編户四十五里。　衝，疲。　城周八百五十丈有奇。　海在縣東南。　有銀場〔一〕。

蘇江，在縣南三十一都。　六邱江，在縣南三十二都。中有六嶼，故名。　甘棠港，在縣南三十四都。舊名黄崎港。上接東平秦溪〔二〕、穆溪、大梅溪諸水，南出古鎮門入於海。　雙巖嶺，在縣南三十四都。宋建炎間，韓世忠討范汝爲，嘗屯兵於此。

【校勘記】

〔一〕有銀場　川本同，滬本「場」下有「銅鐵坑」三字。

〔二〕東平秦溪　川本同，滬本「東」「平」二字下各有「溪」字。

寧德縣　在白鶴洋。　州西二百二十里。　編户三十五里。　衝。　城周五百九十二丈。　海在縣東南。　有銀場、銅鐵坑。　洪武二年改屬，二縣并福州府。　成化十九年改隸〔一〕。

城澳山，在縣南二都。　山四面環繞如城，内有南北中三澳，可容萬人。四際皆海，中無所産，人迹罕到。飛鸞嶺，在縣南二都，道通羅源。石塘嶺，在縣西北二十都，通古田。白鶴嶺，在城西。上有寨，宋建炎二年，長溪令潘中扼建寇於此。東洋麻嶺巡檢司，舊在十五都東洋。嘉靖八年，徙六都雲淡門〔二〕。二都，縣南四十里〔三〕。六都，縣東北二十里〔四〕。十五都，縣北二百三十里〔五〕。二十都，縣西一百二十里〔六〕。霍童山，縣北七十里。閩時，封爲東嶽。

【校勘記】

〔一〕洪武二年改屬二縣并福州府成化十九年改隸　川本、滬本同。明史地理志、清統志卷四三一云：寧德、福安二縣，洪武二年屬福州府，成化九年改隸福寧州。本書當有脱誤。

〔二〕徙六都雲淡門　川本同，滬本「徙」下有「治」字。

〔三〕二都縣南四十里　川本同，滬本叙列於上文「城澳山，在縣南二都」下。

〔四〕六都縣東北二十里　川本同，滬本叙列於上文「徙六都」下。

〔五〕十五都縣北二百三十里　川本同，滬本叙列於上文「舊在十五都」下。

〔六〕二十都縣西一百二十里　川本同，滬本叙列於上文「石塘嶺，在縣西北二十都」下。

浯嶼水寨，〔眉批〕浯嶼，在同安縣界。自岱嶼以南，接於漳州，皆轄焉。每歲分永寧、漳州二衛官軍二千八百九十八員名，更番備倭，領於把總指揮。浯嶼水寨原設於海中浯嶼山，外可以控大小岨嶼之險，內可以絶海門、月港之姦。不知何年移入數十里，在中左所地方，與高浦所止隔一潮，致月港、松嶼無復門闢之限，任其交通，而舊浯嶼乃爲賊之巢穴，是自失一險也。南日水寨，〔眉批〕南日，在莆田縣界。自岱嶼以北，接於興化，皆轄焉。原設於海中南日山，北可以遏南茭、湖井之衝，南可以阻湄洲、岱墜之阨。每歲分興化、平海、泉州三衛官軍一千五百一十八〔二〕，更番備倭，管寨事有把總，分管寨事有衛總。景泰以後，乃移於莆田縣吉了地方，仍以南日爲名。舊南日棄而不守，遂使番舶北向泊以寄潮〔三〕，是又失一險也。烽火門水寨，原設福寧州三沙海中。永樂間，倭寇入犯，議撥福寧衛大金所官軍防守，秦嶼、羅浮、官井洋皆轄焉。正統九年，侍郎焦宏以其地風濤〔三〕，不便棲泊，徙今松山寨地方。其後官井洋雖添設水寨，而沙堤、羅江、右鎮〔四〕、羅浮、九澳等險孤懸無援，勢不能復舊矣，須官井羅浮沙堤南北中三哨〔五〕、羅江大鎮兩哨，聯絡策應，庶可恃爲福州之藩户也。

漳州府所轄地方，漳浦一縣最近海，設水寨者二，銅山、西門澳爲把總水寨，而玄鍾則受其節制者也。〔眉批〕銅山寨，每歲分鎮海衛玄鍾、陸鰲二所官軍一千八百六十員名，更番備倭，領於把總〔六〕，以都指揮行事。玄鍾寨，每歲分鎮海衛銅山、陸鰲二所官軍一千二百員名，更番備倭，領於衛總，受銅山把總節制。故今止以五寨爲名。初設在井尾澳，景泰間移今西門地，歲撥鎮海、漳州、永寧衛及玄鍾、銅山所軍，分番巡哨，而北自金石以接浯嶼，南自梅嶺以達廣東，險要皆繫於此。小埕，北連界於烽火，南接壤於南日。連江爲福郡之門户，而小埕爲連江之藩蔽也。海壇、連盤雄峙若南屏然，爲賊船之所必泊。其所轄閩安鎮、北茭、蕉山諸巡司〔七〕，爲南、北、中三哨。

三、四月東南風汛，番船多自粤趨閩而入於海。南澳、雲蓋寺、走馬溪乃番船始發之處，慣徒交接之所也。附海有銅山、玄鍾等哨守之兵，若先分兵守此，則有以遏其衝，而不得泊矣，其勢必拋於外浯嶼。浯嶼乃五澳地方番人之巢窟也，附海有浯嶼、安邊等哨守之兵，若先會兵守此，仍撥小哨守把緊要港門，則必不敢以泊此矣，其勢必趨於料羅、烏沙。料羅、烏沙乃番船等候接濟之所也，附近有官澳、金門等哨守之兵，若先會兵守此，則又不敢以泊此矣，其勢必趨於圍頭〔八〕、峻上。圍頭、峻上乃番船停留避風之門户也，附海有深扈、福金哨守之兵，若先會兵守此，則又不敢以泊此，其勢必趨於福興。若趨於福興，計其所經之地，在南日則有岱墜、湄洲等處，在小埕則有海壇、連盤等處，在烽火門則有官井、流江、九澳等處，此賊船之所必泊者也，若先會兵守此，則又不敢泊矣。來不得停泊，去不得接濟，船中水米有限，人力易疲，將有不攻而自遁者矣。

福建五澳水寨，乃江夏侯所設。福寧曰烽火門，福州曰小埕，泉州曰南日山、曰浯嶼，漳州曰銅山是也。後以海中遼闊，遷烽火、南日、浯嶼三寨於海邊，而自失控制之險，且資之以爲寇巢，年代侵遠，屯戍爲墟，卒難議復，於是不得不以海岸之守爲中策矣。或曰三寨孤懸海中，又鮮村落，一時倭寇攻劫，内地不知，赴援不及，是與無寨同。且信國公不設險於下八山等處，而設於舟山之沈家門，豈信國之計不若江夏哉？誠慮之矣。此皆承平之習見，非開物之遠圖也。不聞昔人之言防海有三：禦之海中爲上策，近岸爲中策，登岸而擊之爲無策乎！夫兵有守有哨，一者爲屯，一者爲哨，往來於海上，而循環無端，何患乎内地之不聞也。且資之以爲巢，使我蝥賊之偪處，此土之不爲患，而我得以據之，顧憂盜之越此芒芒者而襲我也，其計亦甚左矣。故御得其道，而南澳可戍，金塘可田，翁山可縣，而況祖制之舊設者也。閩在東南隅，氣候熱多寒少，故有「四時皆似夏，一雨便成秋」之説，然亦概言耳。若以八郡相準，泉之氣候與興、漳同；福州及延、建、汀、邵其地頗高，其熱略減。若以泉七縣相準，則晉江氣候與南安、同安、惠安同；德化及安溪、永春其地頗高，其熱略減。大抵泉之氣候，多由山嵐鬱蒸，故春温煩燠，夏暑不清，秋鮮涼風，冬無雪冰。土田恒煖，而禾稻兩收，桃李冬華，而木葉鮮脱。每春夏之交，梅雨連旬不止，春冬之月，時作颶風。春月，雨與颶風齊發，冬月，雨在颶風後發，間或有乾風而竟不雨者。故鄉民候雨，以春颶前、冬颶後驗之。八、九月間，民多患瘧，緣此二月，嵐尤盛故也。

各水寨軍：國初設沿海衛所，專防倭寇，然各自爲守，緩急不相及。於是選水軍教習船聚於水寨，統以把總指揮，而各衛歲輪指揮一員，各以其軍聽聞節制焉。無事往來哨視，有警協力出戰，實與衛所營軍畫地以守者相表裏。凡寨軍，分三班更迭。上班：今年二月上，明年二月下，下班替之。中班：今年八月上，明年八月下，上班替之。下班：明年二月上，後年二月下，中班替之。參差輪轉，大約一年，有半年休息。休息者月辦料銀一錢，以備戰船。千户以下，輪班如軍士之法。衛總指揮各以八月更代，惟把總五年一代。各巡檢司弓兵：瀕潮要害地，重者置衛，次者設千户所，又其次者設巡檢司。司各有弓兵百名，或六十名。其山路衝要，人所往來者，亦乘險置司以盤詰姦宄，而名數特殺其大半。墩臺：既有沿海衛所及巡司守要害處，復度地里遠近，因高爲墩臺，使夜遇寇至則舉火，晝遇寇至則舉煙，數百里之内，得以知而爲之備。凡墩臺皆有守軍，及軍役之犯徒罪者罰之使哨守。正統間，始罷軍，令巡檢司撥弓兵代之。各縣機兵：郡城已有官軍，復慮諸縣卒有變故，官軍遠不能及，於是縣各編機兵若干，專司巡捕防禦，丞、簿一員掌之。

【校勘記】

〔一〕一千五百一十八　「八」，川本同，滬本作「人」。

〔二〕番舶　「舶」，底本作「泊」，川本同，據滬本改。

〔三〕焦宏　「焦」，底本作「蕉」，川本同，據滬本及乾隆福寧府志卷三海防改。

〔四〕右鎮　「右」，川本同，滬本作「古」。

〔五〕南北中三哨　「哨」，底本作「峭」，川本同，據滬本改。

〔六〕領於把總　「把」，川本同，滬本作「衛」。康熙漳浦縣志卷一一云：「景泰間，移銅山西門澳。初以衛官統其事，後更以欽依把總一人，謂之把總水寨。」

〔七〕蕉山　「蕉」，川本同，滬本作「焦」。

〔八〕圍頭　「圍」，川本同，滬本作「團」。下同。

泰寧志：僧道設官始於元，古置之方外，今羅之治中，制之也。

吏役：周官九兩繫民之目〔一〕，七曰吏，以治得民。吏之民也，宰夫掌百官府之政令。六曰史〔二〕，掌官書以贊治，吏之事也。漢興以來，類皆郡縣自辟，如趙廣漢、尹翁歸之徒，入則爲公卿，出則爲牧守，載之史册，得人甚多。晉、魏且然，唐不及矣，宋蓋取之差役户，元則以日月序遷，爲出身之階，故有起家胥吏，官至通顯者。我朝取人，亦以吏進，登顯路，居要津，甚則九卿並列。今好事者葺爲一編，自劉敏至李質十三人，殊不愧科目士，視西漢所列路温舒至焦延壽二十九人〔三〕，庶幾比隆焉，亦盛事也。今也不然，名輕而秩賤，身居汙下，人爭汙之。蓋國家無負於吏，吏自負於國家。然以之掌文書，司草創，歲會、月要、日成有考焉，殆未可少，矧銓曹其一科乎！國朝之制，本以考選，近則多以貲充，吏、户、禮、兵、刑、工爲六房，房各司吏一名，典吏二名。文移初行曰承發，承發科典吏一名。案牘已成曰架閣，架閣庫典吏一名。郵置傳遞有鋪，鋪爲之長，一名。儒學有倉庫，有考課文藝事，亦置司吏一名，共二十二人，以服役於上司。

吏有禄，月爲米一石，亦準職官折支，例月食米三斗，而學吏則倍之，典吏則無禄人也。此泰寧吏役之大凡也。顧土人鮮充，十不能一二，而充之者多外郡人。六房文案，主之有主文，亦多外郡人，吏其過客而已。每當道使節至，風采稍異，則主文逃，吏束手無策矣。窮鄉遠絶，按部稀綀〔四〕，積弊既深，了無從問，又泰寧吏事之大蠹也。苟行辟舉之法，下車之始，痛懲嚴抑，與之更始，别求賢者於兹土，禮之以貌，必壞吾法，然後敲朴屏斥，以懲其餘，地方百里之内，所須二十餘人焉，孰謂泰寧無佳子弟應吾之求也。然此賢令事爾，苟亦猶夫人焉，是殆非通論也。

泰寧土僻〔五〕，百貨皆待於外，物價得其平者，米耳，夏布爾，他未有不騰踴也。大凡非土所産，則必負擔而來，其來也非建寧之八十里，則將樂之百里，奈之何小商之不要吾厚利也。大溪之水，本達於建寧、將樂，特以大夾灘〔旁注〕在梅口。阻之爾。夫其阻之者不里許，而吾所須以濟吾舟者不丈許，以不里許之地，浚不丈之許流，而可以賙一邑之不足，吾亦何憚而不爲哉。邑之形勝，東曰高峰，西曰挽舟，南曰張源，北曰大杉，皆千仞峭壁，紆迴屈曲，一夫足可以當千人者也。前代設朱口寨於東，梅口寨於西，茶花、澮子二隘於北，而大田之西之石門隘，則以屬之梅口焉，蓋設兵以鎮之也。今則安仁隘據其北，梅口隘據其西，開善隘據其南，而大田隘則據其西北，而每隘之中，皆民兵五十以守之。若東達於府，則通衢廣路，脈絡聯屬，可不必焉，太平無事亦足矣。梅口寨，宋紹定間，統領劉純分忠武軍於此，以鎮羅源、筋竹之寇。朱口寨，亦宋紹定間設，元皆改爲巡檢司。

户口：唐人之制，户有調，丁有庸，而我國朝之取民，則惟於其丁，而不於其户，故每圖一百一十之數未嘗減，絶則析而補之，所不析者軍與匠；餘則畸零而帶管之。所畸零者，孤丁寡婦也，亦或二姓而朋一户，而户口之有登耗，此也。竊惟國家所重者户口，户口所憑者版籍，十年一造，里胥有遺姦焉，又官丁、私丁之别所由起也。弘治以前，丁無税，惟十年而給徭役者一。今則一丁准米一石，貧人有丁不能隱，則皆官丁，田無半畝，而一石之税猶存，如之何不病且困而逋逃也。

賦貢：國家財賦，自上以賦於下者。其他因地制貢，獻其土所有，以供於上，則有曰藥味、軍器、胖襖諸品，以及所謂絹也，地税也，商税也，魚課也，曆日價也，皆謂之額辦，蓋一歲有定額者也，而其徵斂者有藝。此外，又有曰黄蠟，曰葉茶諸品，則謂之歲辦，已不免於無藝矣。及國家多故，因事立名，又有歲無常數，視藩司爲定數者，謂之雜辦。昔有綾紗、紙札諸品焉，串伍、絲料，明銅甲、葉料諸品焉，近有柚木、斑竹、生鐵諸品焉，一歲之内，爲名不同。又各部不時之派也，是又兼取於丁。糧料之外，又有所謂丁料者，民米一石，徵銀八分，丁一口亦然，以補三年有閏之不足，以待凶年軍餉之有餘，而科舉之需，不時之派，皆取諸此。此外，每歲一徵惟鹽糧，五歲一徵惟驛傳。此泰寧貢賦大凡也，而不免於弊。故桑非兹土所宜也，不宜而植他禾〔六〕，其徵亦如之，以廣衣食之源，法良意美，承之者非其人，假虚文，塞故事，紙上栽桑之諺，在在皆然，是無桑而徵絹也。自夫官自煮鹽，細民不能與官爲市，而課利反虧，於是分貧富五等之户，而俵配抑散之，此五代弊法耳。及其再弊，則鹽不給而徵錢如故。至於今所謂户口食鹽者，歷六百餘年而一轍，是無鹽而徵糧也。山谷修阻，舟車不通，既無商而徵税；山多田寡，溪澗之水百不居一，又無魚而徵課焉；則皆敷之里甲，計口而取之，何名乎，此賦之病乎民者未講也。考之禹貢，漆、絲貢於兗州，鹽、絺貢於青州，此歲所常用之物，固惟其土之所有，即今額辦也。橘柚貢於揚州，磬錯貢於豫州，亦惟其土之所有，則非歲貢之常，必有待於錫命，即今歲雜辦也。泰寧上供，率非土産，諸凡獻納，又率無名，此貢之病於民者未講也。國家以天下之土田，定天下之賦税，而丁口之賦，百無取焉，惟編之以甲，差之以輪，故有該年之供辦，有輪年之均徭。供辦以調之計户口也，均徭則兼之丁糧，或役其身，或徵其價，至是始有丁口之賦焉，雖然非賦之也，役之而已。載考三代之始，有田則税之，有身則役之，未有税其身者也。漢法，民年十五而算，出口賦，五十六而除，二十而傳，給徭役亦五十六而除，是且賦之且役之也。唐有庸法，有調法，調不出乎庸之外。宋有丁口之賦，而差役復如舊也，差亦不出乎丁之外，亦且税之且役之也。我國家既盡掃乎漢、唐、宋之弊，而復之三代焉，故斯民有田者，知輸糧而已，年年輸之，不以爲勞也；有身者知供役而已，十年一役，又忘其勞也。今八閩之事，每人一丁，准米一石，至於十年，復給徭役，亦且税之且役之矣，豈賦役之煩，不足以復國初之簡乎，抑調以户口，竟莫逃乎丁也。泰寧貢賦有常矣，而法則不常，已經屢變，糧自難而趨易，料自繁而趨簡，更革之故，可以知其略矣。先是兹土之糧，或運福州，歷涉灘瀨，不免覆舟，而公私俱困。至於雜徵，又均之官田，而官田徵京糧外，又皆本色，則重租益重，斯民偏累不勝也。今則爲民米者，半納本色以存留，遠不過府倉而已，爲官米者，既免雜徵，又皆折價，而重者稍就輕焉，故曰自難而趨易。以言乎料，則其爲説甚長。先是所謂額辦、歲辦、雜辦者，皆敷之十甲輪差，該年催之而已，以其色日繁多〔七〕，料派雜擾，於是每米一石，每人一丁，十年之内，各爲銀七錢以供之，而賦始及於丁矣，此一變也。然又運以解户〔八〕，資之以水脚，有秤頭，有火耗，而浪費反倍於正額，於是御史沈公灼奏，但每年徵銀八分。十年八錢，數雖稍盈於舊，然貯之在官，解户取於斯，水脚取於斯，百弊既除，浪費悉免，而侵魚者且無所試手矣，此又一變也。然羨餘之數，每年以六百二十兩有奇，則不勝其多，而侵尅之弊生矣，於是御史聶公豹以鹽鈔綱銀皆抵充於此，此又一變也。然一省之政同而八閩之俗異，徵科之擾，府異而縣不同也，至御史李公元陽又議而更之，而悉以民米。於丁科也，石徵銀一錢一分，解而貯之於司。於驛傳也，石徵銀二錢二分，解而貯之於府。蓋民糧一石，爲銀八錢三分，一歲徵斯，民嗷之，故御史李公鳳翔又下令復沈舊，但減其八分者爲六分，而鹽糧又復祖宗舊法，男與女各爲銀一分五釐有奇，民咸稱便，此又一變也。

軍政：國家創業之初，軍伍並取之投充歸附，及戎衣大定之後，始配以作姦犯科，至今守以爲常，而投充者鮮矣。又有垜充之軍，垜三户而充一軍，一人供役，二人退休，今近在延平者多是也。又有陳氏舊軍，則友定就執而歸附者，今遠在沂州者多是也，是又取之投充抑配之外者。其死生消息皆不常，則逋走死亡有之，埋没又有之。先是總泰寧之户口，爲軍十之一，何多也；今總泰寧之軍户，絶者十之九，又何少也。於是朝廷特敕御史清理之，而又以憲臣爲之輔。近停其制，間數載而一清册籍，稽考綜理，精密書寫類造，動經旬月而後成，則楮墨之費，又不可以一二計也。而猾胥之弊，竟亦莫能如之何，以生爲死，以有爲絶，以在爲逃，有軍丁脱户而私爲之者，有里長懼解而共爲之者，皆莫逃乎積年猾胥。彼其秘藏册底，上以欺其官，下以愚其民，蓋奇貨也，何也？軍册造於里長，而責之常嚴，故責愈嚴，則賂愈厚，每年軍一清則家一肥，如近日御史白公賁捕之，李公元陽捕之，今雖充軍去矣，未能盡革其弊也。李公又深察其隱，命縣官集此輩，責取其所謂册底者而録之，一樣四本，道及府、縣貯其三，則里長之清造有據，而書手之賂薄矣，惜尚未能舉也。雖然清軍以清其末流爾，源則尚濁，奈何哉！考之普天之下，爲衛四百九十一，而每衛之兵則五千六百；爲所三百一十一，而每所之兵則一千一百有二十。伍之缺，大都十五、六也，缺而補之，不過憲臣清理乎，爾得一軍，害及百家矣。不過法司抑配乎耳，充一軍，禍延三族矣。名未登籍，身還户廷，一則批文之虚假莫考，一則軍吏之縱放不問也。國家制軍，久而大弊，非法之弊也，法而不修之弊也，天下皆然，因泰寧軍政志及之，有所欲言而未悉也〔九〕。

民兵：人皆曰先王寓兵於農，夫先王曷嘗寓兵於農也。分田使之耕，築室使之居，不可不有以衛之，於是始爲之兵，而非以求勝也。自管仲作内政，始有分之之端；下及漢、魏，六、七百年未嘗分也。苻堅寇晉，盡發其民，厥後蘇綽欲休息之，遂募民爲兵，而復其他役，上可以長享爲兵之利，而家出一人之外，下可以自安，於是法制漸立。至唐太宗而府衛成，農遂不復爲兵，兵亦不復爲農，而兵農之分，實始於此。我國家制兵，法亦可謂良矣。衛若所，既有定制，則聚之有地，統之有人，練之有時，養之有素，苟得賢主帥爲之，責其私役，問其縱放，清其缺伍，簡其疲老，而復精其器械，勤其閱習，雖十蚩尤、百玁狁，未足爲患也。奈之何其不然，軍伍既缺，軍政莫修，土木兵興，天下騷動，倉卒召募，以濟一時之急，於是始有所謂民壯者，權也，而非國家法也，已而軍政又莫修。孝廟初，馬忠肅掌邦政，邱文莊職絲綸，乃深憂之，於衛兵之外建民兵焉，謂澤、潞步兵，雄邊子弟，古之人嘗用之，矧國家素所有也。於是計里簽名，每縣皆有常額，而泰寧則爲五百二十，後再減而爲二百五十，然且歲費銀一千八百兩，而多科之擾不與焉。及御史李公元陽病之，乃分爲上、下二班，每二季一更代，而裁其工食之半，歲省民財七百二十兩，其爲惠亦甚溥矣。然此二百五十人者，不過市井游手人爾，勾攝於鄉，此輩也；迎送於郵，此輩也；直宿於堂，此輩也，雖減之半，豈皆順歸於農乎？故不久而又復其舊。雖然我祖宗制兵以衛所，有説也。取之召募〔一〇〕，取之謫發，而衣食於民，民之力亦勞矣。然取之民以養兵，正所以資之兵以捍民，一旦有警，則民不習戰鬭，可安坐以自便，而兵則吾素所優之餉給，庸以博其一死，蓋兩相濟而非以相病也。民兵之設，宜非祖宗意，抑其初也，但爲之召募精壯，給之鞍馬器械，免其税糧夫丁。今不然矣，常時免役，未聞報罷，而民兵一役，實居常時色役之半，帥之臨敵，將兵者懼，夫官軍數損，而敗其官也，驅之前鋒，爲禍益慘。是吾既衣食衛兵於先，而復驅吾民之死於後也，民、兵亦何辜也。且天下無兩全之利，亦無兩利之法，有衛兵則不必民兵，有民兵則不必衛兵，衛兵之不修，而復建民兵焉，法外立法，奈之何而不弊中生弊也。載考周禮小司徒，七家而賦一兵，大司馬遞而徵之，十年而役一遍，是七十家而供一兵，終身無過一再給口上事。今泰寧之民繫籍於軍者既如彼矣，又以六千五百餘户編民兵二百五十人，是二十八家而供一兵，又每年常賦，運之爲儲軍者五千九百五十餘石，皆取之民以給兵也，幾於户一石矣。今民兵科取，大率民米一斗爲銀二分，丁一口爲銀一分，無知鄉民，所輸又不啻此，以六千五百餘户計銀一千八百兩，又幾於户三錢矣。夫均此民也，既充之軍矣，又以一石之米供官軍，又以三錢之費供民兵，吾不知幾家而供一兵，可憫也。泰寧之地，四塞以爲固，去衛所遠，一有不靖，是誠不可無，但當簡其精壯，時其操練。精壯在簡者，必免其税糧夫丁；操練以時者，必優其給賞獎勸。當道按臨，時其簡閲，至有徵調，則優厚其給如召募然。存其籍於官，以待有事，尋常以安，生理如故，官不以之給他役，而民困其少蘇矣。或曰：法立既久，一旦而罷之，設有戒嚴，誰任其咎，矧其所爲勾當，又有不可盡廢者乎？曰奚罷也，不使之供役於官，斯已矣。今之天下即昔之天下，今之民即昔之民，昔無民兵，未嘗廢勾攝，廢送迎，廢直宿，而今亦何必假役於斯徒也。夫孝廟之制，以補不足於衛所之弊爾，今吾所云，不過以復孝廟舊，而又曰不能，殆非善遵先王之法也〔一一〕。

徭役：周禮小司徒掌徵役之施舍。凡起徒役，毋過家一人焉，而以其餘爲羡，此先王役法之始也，歷代不同，至泰寧建邑，則已入於宋矣。宋初立差役法，熙寧更之，爲保甲，爲助役，寶慶爲義役。元則縣設坊正，鄉設里正，都設主守，後更爲季役，其次爲貼役、雜役焉。入我國朝，則括之户口，以籍爲定，一百一十户則爲一圖，十户殷實者則爲里長，餘百户分附十户，則爲甲首。里長，即周人比長、閭胥之職也〔一二〕。圖爲老人，即漢三老之職也，因地方而爲之。總小甲，即游徼之職也。若嗇夫之役，乃江南所謂糧長者，在八閩則里長實兼之。每十人繫一里，每十里繫一圖，每十年輪一役，則職應辦，供部運，董勾攝，事解送，辦夫差，以及縣官一切供用，皆一里十甲之事，里長主之，甲首佐之。初以户計，後以丁計，以糧計。而里豪或指一科十，以病其甲首；而縣官貪婪，又或怙勢作威，以病其里長，横徵苛取之害，蓋不勝焉。故正德末，御史沈公灼奏，斟酌其中，曰正辦，曰雜辦，各有常數，謂之綱銀。計之一年之丁糧，均之一年之供應，有籍以存於官，有榜以揭於衢，下欲多科而無由，上欲濫徵而不可，而弊亦幾乎鮮矣。又有所謂均徭者，有力有銀，亦十年而一役。曰銀差者，助役法；曰力差者，差役法也。然每年之徭役有常，而每甲之丁糧無定，今年數盈，則差必減，明年數縮，則差必增，減則民樂之，增則民苦之，苦樂不同如此。故御史虞公守愚爲之流編之法，以一縣丁糧，酌量定爲則例，推之十年而均之，法亦甚良矣。然吏書之弊，欲富而差貧，則抽前而曳後，巧爲影射，苦樂又不均焉。故御史白公賁嚴爲禁之，停絕丁蠲役之編，順甲先乙後之序，有餘則挨之下年，以補其縮，不足則取之下年，以損其贏，然亦未能盡袪其弊也。若御史李公元陽立法，又總率一縣之數，如糧七千餘石，則每年以七百餘丁，一萬餘口，則每年以一千餘。今年盈則損之，以補明年之不足，明年縮則益之，以取今年之有餘，定之爲一段，一年而編一段焉，始年年均平，而家家齊一矣。載考古之里宰、黨正，皆祿秩命官，三老、嗇夫皆譽望名士，下逮後魏之鄰長、里長亦復徭役。隋之州縣鄉官悉由吏部，而唐之里正、村正亦以品官以下充之。鄉職之不願爲，實始唐睿宗之世，而輪差之舉，至宣宗始創見焉。夫其不願差也，而後差之以輪也，是故期會追呼，鞭笞楚撻，困踣無聊之甚，則有逃之而已矣。上之人賤之，既奴隸叱之，囚徒臨之，則下之人未必不自賤，倚法以爲姦，匿税以規免，固其所也。至我太祖老人之設，固齒德俱尊人也，今亦與里長同一視，而虛用之久矣。夫齒德人之不至也，吾能以禮動之，以義風之，得一里長，而一里之事舉，得一老人，而一里之化行，坐守花封，不下堂而鳴琴可治，不亦快哉！

郵置：周禮遺人十里有廬，廬有飲食。職委積也。秦法十里有亭，亭有長，職寇盜也。今之鋪舍，十里之制則同，而其用則異。宋建隆定制，以軍士遞文檄，謂之鋪兵。紹興立擺鋪法，元則有十里、十五里、二十五里之異，而鋪兵則皆五人焉。今制十里爲鋪，鋪以傳檄，因宋、元也。五十里爲驛，驛以廪食，遺人之職也。

匠役：國朝之制，凡工匠之執役於京師者，則廪食於官，月役之者一旬，休之者二旬，謂之住坐。其不執役者，則聽之自便，歲取銀六錢，三年而一解，謂之輸班。

閩地多山，在泰寧則田益少。山隴高下，流泉可資。大率畏旱之田十有二，畏潦之田十有八。潦不獨暴水新漲而已，雨多泉溢，火耨不時則害稼，故諺曰「雨出一千，旱出一萬」，謂旱之害少，而潦之害多也。洪武二十年十一月，取福州女轎户〔一三〕。初，閩俗婦女有以舁轎爲業者，命取至京師，居三竹橋，以便出入宫掖。至是復取之，凡二百餘户。

【校勘記】

〔一〕周官九兩繫民之目　川本同，滬本「官」下有「以」字，周禮天官冢宰作「以九兩繫邦國之民」。

〔二〕六曰史　「史」，底本作「吏」，川本同，據滬本及周禮天官冢宰改。

〔三〕焦延壽　「焦」，底本作「蕉」，川本同，據滬本及漢書儒林傳改。

〔四〕按部稀練　「練」，川本同，滬本作「疏」，蓋是。

〔五〕泰寧　「泰」，底本作「嘉」，川本同，據滬本改。

〔六〕不宜而植他禾　「禾」，川本同，滬本作「木」。

〔七〕以其色日繁多　「日」，川本同，滬本作「目」。

〔八〕然又運以解户　川本同，滬本「運」下有「之」字。

〔九〕有所欲言而未悉也　川本同，滬本「未」下有「敢」字。

〔一〇〕取之召募　「取」，川本同，滬本作「收」。

〔一一〕殆非善遵先王之法也　川本同，滬本「法」下有「者」字。

〔一二〕閭胥　「閭」，底本作「閩」，川本同，滬本作「里」。按周禮地官閭胥：「閭胥，各掌其閭之徵令。」賈公彦疏：「二十五家爲閭者，以其五家爲比，五比爲閭。」清惲敬三代因革論：「比長、閭胥、族師、黨正，鄉官也。」底本以字形近而訛，據改。

〔一三〕女轎户　「轎」，底本作「輪」，據川本、滬本改。

福州府

城内外皆山也，城中蓋有九山云。諺曰「三山藏，三山現，三山不可見」。東南隅爲九閩山。

烏石山，初名于山。閩中記云：越王無諸九日宴集之所〔一〕，有大石樽尚存，故又名九日山。唐天寶八載，敕改爲閩山。宋守程師孟改道山。越王山，懷安。在府城北，半蟠城外。東聯冶山，閩越王之所都也。一名屏山，又曰平山。國朝跨山築城，爲樓曰鎮海。鼓山，〔旁注〕閩。去府城東三十里而近，延袤數十里，郡之鎮山也。巔有石如鼓。其峯曰大頂峯，一曰岦崱，登之可望海。東山，〔旁注〕閩。去城東十里而近。南史：梁虞寄隱於東山。今山南有虞公庵。方山，〔旁注〕閩。去城南五十里而遠。其高千仞，四面如城郭，有田數百畝。有峯曰天柱，跨於閩、侯二縣。旗山，〔旁注〕侯。在府城西之江北。逶迤欹側，其形若旗，與鼓山東西遥相望。郭璞遷州記云〔三〕：右旗左鼓，全閩二絶〔四〕。雪峯山，〔旁注〕侯官。去城西北一百八十里。高四十餘里，蟠據侯官、羅源、古田、閩清四縣。未冬或雪，當夏無暑。

【校勘記】

〔一〕宴集之所　「宴」，底本作「晏」，據川本、滬本及紀要卷九六改。

〔二〕府南隅　「南」，川本作「西南」，滬本「府」作「在城内西」。

〔三〕遷州記　川本、滬本同，紀要卷九六作「建州記」，乾隆福州府志卷五作「遷城記」。

〔四〕全閩二絶　「全」，底本作「金」，據川本、滬本及乾隆福州府志卷五引郭璞遷城記改。

閩縣　閩江，在府城東南江右里，廣三百餘丈。源出浙之龍泉、建之浦城崇安，又合建、延、汀、邵及古田、閩清、永福大小諸溪之水，至此入海。　西峽江，在府城東南永福里。受永福印溪之水，流十四里，與東峽江合〔一〕。　峽江，〔旁注〕府東南。跨歸仁、高詳二里。兩山夾峽，上納汀、建、延、邵之溪流，下吞興化、泉、漳之潮汐，其闊可以尺量，其深不可以數計。中流有石，屹然如砥柱，名曰浮焦。焦下有潭，名曰焦潭，潭有龍潛其中，凡歲旱，禱必應。　東峽江，南臺西峽二江，合流於此。上三江，俱府城南。　馬頭江，〔旁注〕府東南五十里。南臺西峽二江皆匯於此，深廣莫測，風雨驟作，波濤洶湧，舟人憚之。中有石，如馬頭，潮退則見，潮平則没，故名。　琅崎江，〔旁注〕府南。在紹惠里。上二江，俱府城東南。已上諸江，悉由閩江以達於海，蓋即閩江上流，但隨地而異其名耳。　金鎖江，一名金崎。　瀨江，在府城南清廉里，與西峽江水相會。上洞江，〔旁注〕府東。在至德里，乃馬頭江左次港也。　下洞江，在江右里，乃馬頭江左一港也。中有獅子石，與方山對峙，巨浸不没。上二江，俱府城東南。已上三江，蓋閩江之支江也。　南臺江，在府城南嘉崇里。與閩江同源，至洪塘岐爲二。其一南行，一北行，北行者經釣龍臺，爲南臺江，納北山泉流〔二〕，過鼓山，復與南行者合流，匯於馬頭江，歷閩江以達於海。　南臺，萬壽橋東，〔旁注〕萬壽橋，跨南臺江三百餘丈，俗名大橋。水門三十有九。舊有洲田數十頃。成化初〔三〕，溪流海潮日夕衝決，悉陷於江，可通舟楫。臺下舊港流沙漸壅，潮小則舟膠不可行矣。　大定江，在府城東南永北里，與南臺江同派，至此受上下磕諸水，通馬頭江。演江，在府城東北。源出山谷。〔旁注〕閩越王郢冢，在閩縣東田中。閩王王審知冢，在府城北。麻剌國王墓，在侯官縣西。永樂中入朝，卒葬此。

【校勘記】

〔一〕東峽江　底本脱「峽」字，據川本、滬本及紀要卷九六、圖書集成職方典卷一〇三四補。

〔二〕納北山泉流　「泉」，川本、滬本作「衆」。

〔三〕成化初　「初」，川本同，滬本作「中」。

侯官　螺女江，在府城西北十一都，〔旁注〕十一都，府西南三十五里。上接水口，下接閩江，入於海。馬瀆江，在十三都，〔旁注〕十三都，府西四十五里。上接螺女江。洪塘江，在二都，〔旁注〕二都，府西十五里。上接馬瀆江。上二江，俱府城西。黃岸江，在府城西南七都。〔旁注〕七都，府西南六十里。又名浯江。江之濱有巨石横浸，亦名蘇崎。有渡以濟涉者，蓋大江之支江也。懷安。石岊江，在府城西北十三都。〔旁注〕十三都，距府四十里。上接水口，下接洪塘江，即今芋原驛前大江也。陽崎江〔一〕，在九都、十都。〔旁注〕九、十都，府南五十里。上接洪塘江，歷鳳岡〔二〕，至陽崎，納永福溪及浯溪之水，以達於西峽江。澤苗江，發源自永福縣〔三〕，北流，歷侯官古靈而下，是爲澤苗江。江之東岸，則瓜山、黃巖、大鵬衆山之水所出，合流至仙崎，乃與陽崎江合。

新崎江，一名仙崎。源出永福之印溪，東流三十里，接西峽江。上二江在十都。黃江，在七、八都。〔旁注〕七都，府南三十里。八都，府南四十里。上三江，皆大江之支江也。已上四江，俱府城西南。府志小異。有江曰馬頭，在城東南五十里，閩縣之極南界。納西北衆流，入於海。曰馬瀆，在城西北百餘里，侯官極北界。納延、建、邵三郡之溪，江之最上游也。由馬瀆江而南，分派爲二：自北而東者，歷岊山南，至於洪山，又東南至於鼓山。其江曰石岊，曰南臺，曰演，曰大定，曰西峽，匯於馬頭，入於海。自西而南，南而東者，循高蓋山至於方山，又南至於仙崎，西至於瓜山。江曰黃，曰峽，曰螺女，曰瀨，曰澤苗，曰陽崎，曰金鎖，在城七十里。曰黃岸，曰仙崎，匯於馬頭江，入於海。上洞江，在大江之北。下洞江，在大江之南，皆別流。

【校勘記】

〔一〕陽崎江　「陽」，底本作「楊」，川本、滬本同，據閩都記卷二〇、紀要卷九六改。下同。

〔二〕鳳岡　「岡」，底本作「罔」，川本同，據滬本及圖書集成職方典卷一〇三四改。

〔三〕永福縣　「縣」，底本作「溪」，川本同，據滬本及紀要卷九六改。

古田　翠屏山，在縣北保安里。其形如屏，邑之主山。五華山，在縣西南崇禮里。五峯連峙，峭拔千仞，亦名仙山。又西南百里與延平界者，曰清風嶺。水口溪，流自縣而出，與嵩溪會，均名水口。宋太平興國中，嘗遷縣治於此。蓋水勢至此稍緩，濱溪之地稍寬，劍溪之水至此漸平，下無灘石，故上下舟楫於此泊焉，居民輻輳。宋有監鎮官，元革。

長樂　御國山，在縣東〔旁注〕南。二十都。一名魚骨山。夷船入貢者，必視此山爲準。　馬頭江，在西磁澳。

連江　縣東北二十六都大海中，曰上竿塘。山中有竹扈、湖尾等六澳。下竿塘，山中有白沙、鏡港等七澳。洪武二十年，徙其民於縣，二山遂墟。

福清　烽火山，在鎮東衛城外。〔旁注〕省志：海口北二里。有警則舉燧於此。山頂有嵌，如屋狀，幽深掩曖，凡三十六間，名曰虎屋。　海壇山，在縣東南大海中。南北長，東西狹，周遭七百里，居民布散，村落不一。南曰黄崎、紫蘭、牧上〔一〕、砦頭、小鰲綱、大鰲綱、沆頭、大場、小場、澔頭、錢藏。西曰水馬山、霸前、金崎頭。北曰蘇澳、鍾門、沙溪。東曰浚門、獺步〔二〕、軍山、流水、廣州埕。山勢遠望如壇，故名。洪武二十年，徙其民於縣。府志：海中之山，遠縣者以十數，海壇爲大。周七百里。一名東嵐。其山舊産馬，毛鬛有異文，蓋相傳以爲有龍種，故云。　海壇之支，爲水馬山。有石焉，如舟帆狀，曰石帆。又有鍾門嶼，山形如鍾，海環之。山水獨清而甘，有石井，通海，深不可測。小練山，在縣東海中。旁有大練門、小練門。山當要衝，商舶多會於此，號小揚州，後與海壇民同徙。又東大海中有山，曰大姨山，濱於小琉球，人迹罕至。省志：每風色晴定，日未出之先，於山上東望，見一山如空青，微出海面，乃琉球國也，俗謂望見則三日中必有怒風。其下水深碧色，東流而不返，有浮沙錯織水上，舟不容轉柁，必刳木爲盂，乃能旋開浮沙以行。或海上風暴作，漁船漂泊，必至此而後止。人爲其國所獲，則以藤串其足，令耕作山間，故此山夜忌舉火，慮其國人望之而至也。

海口江，在縣東方民里。〔旁注〕方民，縣東二十里。源出舊興化縣界，流爲百丈溪，至金應鋪爲無患溪，〔旁注〕即宏路驛前大溪。東流二十里合石埭溪，至水陸寺合東溪，經縣之河頭，瀦爲琵琶洋，十八里入海。龍江，在縣東方民里。上接龍首河源，下通東南渤澥。逕江，在縣西南靈德里。〔旁注〕靈德，縣西南二十五里。其源有二：一出舊興化縣界金支大澤，合漁溪；一出黄蘗山北，過鐵場邊北流，並漁溪，合逕港，南至綿亭，東抵烏嶼門，又南至雙嶼頭，岐而爲二，東出白嶼，西出後嶼，復合於昭應廟前，會迎仙港入海。南匿江，在縣南南日里。〔旁注〕南日，縣南一百里。距縣隔九海，凡二百九十里，自莆田縣來，東流，入於海。海口寨江，在縣東南海壇下里，距縣亦隔九海，凡百餘里。其源自長樂縣石尤嶺分水而下，注於江，以達於海。

【校勘記】

〔一〕牧上　「上」，底本作「小」，川本同，據滬本及紀要卷九六、清統志卷四二五改。

〔二〕獺步　底本、川本脱「步」字，據滬本及紀要卷九六補。

泉州府

泉州山凡三支：中支自仙遊九座山盤薄至郡界白虹山，復西南行，至雙陽山折而東，至清源山爲府治，又自大陽山西行，至蓮華山爲南安；左支又自仙遊縣大尖山、小尖山西南行，至螺山爲惠安；右支自尤溪縣九仙山南行，至龍潯山爲德化，又南行至大鵬山爲永春，又南行至鳳山爲安溪，又西南行至大輪山爲同安。蓋德化、永春、安溪、南安四縣居郡上游，水所由來。惠安諸山，夾洛陽江，順流分繞，實包郡城東臂。同安諸山居郡南，分支布繞，並帶海外諸嶼，以爲下流禽羅云。

宋史蔡襄傳：襄知泉州，距州二十里萬安渡絶海而濟，往來畏其險，襄立石爲梁，其長三百六十丈，種蠣於礎以爲固，至今賴焉。又植松七百里，以庇道路，閩人刻碑紀德。

晋江　泉山，一名北山，在棠陰里三十九都。〔旁注〕三十九都，縣東北八里。周四十里，爲郡主山。漢書朱買臣所謂越王所保之泉山。是也。　白虹山，在四十七都。〔旁注〕四十七都，縣九十里〔一〕。山之北爲仙遊，南爲晋江，乃郡界過脈之山。　雙陽山，在四十一都，〔旁注〕四十一都，縣北五十里。狀如雙髻，名大陽、小陽。在南安爲朋山，在永春爲雙髻山，蓋三縣接界山也。

晋江，合南安、永春、安溪之水，出金雞橋〔二〕，由黄龍渡東流至石塔山曰筍江〔三〕，又東流至德濟門曰浯江，〔旁注〕自黄龍江下，筍江、浯江總名曰晋江。又東流至溜石渡曰溜石江，逆而北，環城東南，復東行，至於法石、石頭、聖姑，達於岱嶼，入於大海。

安平鎮城，在八都。〔旁注〕八都，縣西南五十里。地瀕海，煙火輳集。舊無城，嘉靖三十七年被倭寇，始築城，周一千二十七丈有奇。歲遣千户一員，或縣佐一員，與民防守。萬曆十五年，有請割晋、南、同三邑地置安平縣，事下有司議，竟阻，乃徙本府督糧館分鎮安平。

【校勘記】

〔一〕縣九十里　川本、滬本同，疑「縣」下脱文。

〔二〕金雞橋　川本、滬本同，乾隆晋江縣志卷一「雞」作「溪」。

〔三〕由黄龍渡東流　「由」，底本作「曰」，川本同，據滬本及乾隆晋江縣志卷一改。

同安　海中有嶼十數：曰沥洲嶼，〔旁注〕十一都，距縣三十五里。曰白嶼，〔旁注〕十三都，距縣四十五里。曰寶珠嶼，曰離浦嶼，曰小擔嶼，〔旁注〕二十都。二十都，距縣八十里。隔海，一半浯州地方，一半烈嶼地方。曰檳榔嶼，曰大擔嶼，曰嘉禾嶼，在縣南嘉禾里二十一、二、三、四都，廣袤五十餘里。曰古浪嶼，〔旁注〕二十四都。曰大登嶼，〔旁注〕十五都，距縣五十里。曰小登嶼，〔旁注〕十六都，距縣六十里。曰浯州嶼，在大海中。去縣治九十里，水路五十里，分翔風里十七、十八、十九都，〔旁注〕並距縣八十里，隔海。廣袤五十餘里，有山十數。洪武二十年，置金門千户所陳坑峯上，曰浦官澳。巡檢司四所，鹽場司一所。田地稀少，多産魚鹽，民以爲業。曰夾嶼，曰烈嶼，在翔風里二十都。〔旁注〕距縣八十里，隔海。廣二十里，上有大小山數十。其高者吳山、牧山、樓山、湖山，而吳山爲最。牧山之前，舊有牧祠。有軍營，山後有馬寨。有草湖，昔置場牧馬於此。

惠安　小岞山，邑諸山之東趨於海者〔二〕，至此山而止。又東則爲東溟巨浸，通海外諸夷矣。

黄崎山，環三面皆海，鹵氣吹蕩，不生草木。宋時産鐵鑛，嘗置爐於此煮煉，今廢。

輞川鎮城，在縣東北十里許。五公山之南，管嶼之東，阻山負海，魚鹽米粟之利通焉。舊無城，嘉靖三十七年，倭寇攻惠安，議築城，與縣治犄角。四十一年，城成，周七百餘丈。

【校勘記】

〔一〕邑諸山之東趨於海者　底本脱「者」字，川本同，據滬本補。又，滬本「邑」上有「在縣東南」四字。

建安　龍山，在縣東吉苑里。〔旁注〕吉苑里，縣東三十里。狀若龍蟠〔一〕，與鳳凰對峙。其左有龍鳳池，僞閩龍啓中，製茶焙，引龍、鳳二山之泉瀦爲兩池，兩池間有紅雲島，宋咸平間丁謂監臨茶事時所作也，島四面植海棠。又有御泉井、御茶亭。鳳凰山，在吉苑里。形如鳳凰。山有鳳凰泉，一名龍焙泉，一名御泉，自宋以來，於此取水，造茶上供。

東溪，在府城東政和門外。源出處州之松源，會松溪、政和之水而下，至城東南隅，轉而西，合甌寧西溪之水，爲一大溪，自是南流，經延平，抵福州，入於海。方輿勝覽以東溪爲出武夷，蓋誤指西溪，且西溪有二源，而獨謂其出武夷，亦考之未審也。梨灘，在府城南登仙里。灘號最險，舟人憚之。登仙，縣西南四十里。東溪二灘：密黯灘，在安泰里。〔旁注〕安泰，縣東一百五十里。水勢洶湧，能覆舟，鄉人因立靈山廟鎮之，故址猶存。書筒灘，在川石里漁溪口。〔旁注〕川石，縣東北一百三十里。有巖狀若書筒，故名。二灘俱府城東。

【校勘記】

〔一〕狀若龍蟠　「龍蟠」，底本作「蟠龍」，川本同，據滬本及圖書集成職方典卷一〇五三乙正。

甌寧　高峯山，在府北，界吉陽、梅岐二里。吉陽，縣北一百里。梅岐，縣西一百二十里。其山連亘甌寧、順昌二縣。層巒疊巘，千態萬狀。其中峯挺然特秀，高五千餘丈，欲登其巔，非一日不可到。四顧羣山，皆在其下，俯視東南大海，若咫尺然。　西溪，在府城西。源出崇安縣分水嶺及浦城縣漁梁嶺，會建陽諸溪之水，至城北，别爲二派，復交會於城西臨江門外，稍南，會建安縣東溪之水合流下延平境，至福州，入於海。

西溪諸灘：萬石灘，在萬石溪口，亂石碁布，灘水迅急。　小米灘。　九匡灘。　和尚灘。　洪灘。　主簿灘。以上七灘〔一〕，在豐樂里。豐樂，縣西北六十里。　雞公灘，在鎮安坊。〔旁注〕西門外。　羊角灘，在慈惠里。〔旁注〕慈惠，縣西三十里。已上九灘，俱府城西。　青銅灘，水漲巖没則浪平，水落巖出則港道紆曲，最險。　羊耳灘，中有三巖，若羊耳然。　捍岐灘，在兩龍小溪口，水落則平，水漲則險。　五通灘，在小壺村廟前。上四灘在府城西北禾義里。〔旁注〕禾義，縣北九十里。已上凡十有三灘〔二〕，特記其大焉耳。

【校勘記】

〔一〕以上七灘　川本、滬本同。按此處僅列六灘，疑有脱誤。

〔二〕已上凡十有三灘　「三」，底本作「五」，川本同，據滬本改。

浦城　漁梁山，在縣北樂平里。〔旁注〕樂平，縣西北二十里。舊志：天下有十大名山，漁梁其一也。山之水源，南流爲建溪，北流爲信溪。　南浦溪，在縣南。源出漁梁山及柘嶺，自縣北折而東南，匯爲大溪。復西繞學宫及縣治前，至新溪合流，復轉東南，縈紆環抱〔一〕，下接崇安、建陽大溪，合流以達於甌寧西溪。　縣溪諸灘：將軍山下灘，在登雲里，最險。登雲，縣南一十五里。茅洲灘，在孝弟里〔旁注〕孝弟，縣東南四十五里。九石渡下。上二灘，俱縣東南。邱源灘，下抵巴獸潭。　塔嶺灘，邑水源悉會於此。上二灘，俱在縣西南總章里。總章，縣西南七十里。

【校勘記】

〔一〕縈紆環抱　「紆」，底本作「行」，川本同，據滬本改。

崇安〔一〕　大溪，在縣西。其源有二：一出於石臼里，石臼，縣北七十里。岑陽、甌嶺、上寮竹、同歷、濟拔等處，至吳屯里，〔旁注〕吳屯，縣東北四十里。納新豐、浴水二溪，〔旁注〕源出端巖下暘谷。至大渾里，〔旁注〕大渾，縣東北四十里。納寺溪，直抵林渡，是爲東溪；一出於分水嶺，〔旁注〕源出金井坑。經大安村，至第四渡，會温林寨、竹山、觀音寨之水，至石雄里，源出吳屯里小東嶺下。石雄，縣北五里。支分入陳灣陂，由縣西而下，其正流直抵林渡，是爲西溪。二溪會於林渡橋下，過壓衙洲〔二〕，〔旁注〕縣東。歧而爲二，復合於洲尾，繞縣治之左，流出繼賢橋，至望仙橋，納下源溪，〔旁注〕源出到水坑。又下納潺溪，〔旁注〕源流出上梅里馮源。經赤石，則西納高蘇陂諸水，東合梅溪渡之水，〔旁注〕源出五夫里西坑嶺。經武夷，納九曲溪，〔旁注〕源出周村里大源山。及陳石二溪，出峽潭，至黄亭，又東納芩陂之水，西納下陂之水，由是下抵建陽，以達於甌寧西溪。

縣溪諸灘：壓衙洲灘，在縣治左澄波灣潭上。師姑洲灘，在黄柏里。黄柏，縣西一十里。磨灘，其流峻急，而旋繞如磨。馬敞灘。界福灘。上二灘在新陽、赤石。三姑灘。雙門灘。上二灘在三姑石前。曹峯灘，在曹峯溪口。洋棕灘，在程村。上八灘在會仙里〔三〕。會仙，在縣南六十里。天灘，在豐陽里鐵山溪。豐陽，在縣東南七十里。狹而峻急，石露而巑岏。已上十灘，俱在縣南。

【校勘記】

〔一〕崇安　「安」，底本作「里」，川本同，據滬本及嘉靖建寧府志卷三改。

〔二〕過壓衙洲　底本、川本「衙」下衍「湘」字，據滬本及嘉靖建寧府志卷三删。

〔三〕上八灘　「八」，川本、滬本同。按上文所列實爲九灘，「八」當爲「九」之誤。

延平府

三溪，在府城南。西溪，源出長汀縣，經將樂縣，東流至順昌縣西，與邵武溪合，又東流經王臺驛前，至沙溪口與沙縣溪合，四十里至劍潭。東溪，源出浦城、崇安、松溪三縣，凡五派合流，會於建寧城外，南流一百二十里至劍潭，遂合流而下。俗呼爲「丁字水」者，曰南溪。又九十里與尤溪水合，直抵福州，以入於海。

東溪諸灘：曰汾，曰竹林後，曰高桐，曰鑿，曰黯澹。此下直至劍津，接西溪。其中黯澹一灘，古稱最險。宋天聖中，郡守劉滋開其港道。元豐中，朝命其地僧院守之，歲度僧一人，導湮塞。紹興間，郡守上官愔，督漕晁謙之、范同，通判吳逵，知縣吳叔虎謀以義財募閑民，鑿其險爲港，闊三丈，又爲二乾港，闊減三之一，官復以錢三十萬付院僧收以佐用，於是東溪之險平也。

西溪諸灘：曰石柱，曰扛猪，曰張八嫂，曰三門，曰小黄口，曰大黄口，曰張巖，曰虎口，曰樟槎口，曰蘇坑口，曰星窟，曰大湍，曰小湍，曰城門，曰將軍，曰黄墩頭，曰慈油。此下直至劍津，接東溪。南溪諸灘：曰劍鞘，曰蒿口，曰大傷，曰小傷，曰五港，曰天柱，曰鳩道，曰同場，曰龍窟。其中大傷、天柱、龍窟諸灘，古亦稱最險。宋紹興間，郡守上官愔等既開黠澮，復議大開諸灘。有僧祖日者能相灘勢，因命董其役，漕司助錢百萬鑿此灘。愔復請於朝，下漕司，又益錢一百五十萬，而南溪之險悉平。

沙縣　太史溪，在縣治前七峯下。發源自汀之寧化、連城及漳之龍巖，皆會於吉溪。自是合三溪爲一，東流會梅溪等九溪，至縣治東朝陽峯下會北鄉溪。自是又合二溪爲一，經縣南門會洛溪等十溪，至沙溪口與順昌將樂溪合流，直抵延平城下，謂之西溪。

西溪上流諸灘：牛角灘。上黄石灘。張司空灘。斑竹尖灘。三姑巖灘。荆沖灘。弦瀨灘。蕉峽灘，此灘最險，遇暴雨濁漲，舟不可行。三花灘。牛濟灘。黄石灘，一名黄龍，一巨石横亘中流，隱於水底，轟濤掣浪，最能覆舟。火劫灘。歌月灘。水磨灘。此下至縣治前七峯下，接太史溪。

西溪下流諸灘：窮灘，在太史溪下。騰龜灘。溢灘。大磯灘。小磯灘。上四灘，兩旁皆巨石，水勢奮激，舟行甚難。池倉灘。雷霹靂灘。張婆灘。排港灘。石鶴灘。青龍灘。將軍灘。龍港灘。鸕鷀灘。張判官灘。雷濺灘，俗呼羅紋灘，灘港彎環，若螺旋然，巨石亘於中流，舟行返折，多覆溺之患。玉山灘。胡師曲灘。白苧沖灘。弦沖灘。玉陂灘。牛穴灘，灘之下，石壁夾峙，潭匯其中，名漁溪潭。佛子灘，一名囝仔灘，中流一巨石，狀如蟾蜍。相傳每遇暴漲，有二小豎格鬬石上，篙師見之。舟往往溺於迴洑，後有異人經此，繪金仙像於石，其怪遂滅。上書「佛子灘」三字，行舟以見金佛爲候。諺云「水没佛肩，不敢行船。水浸佛足，舟行宜速」。樂灘。烘角灘。三涉灘。伊周灘。水噴頭灘。刀擘石灘。此下出沙溪口，接南平縣界。

永安　燕水溪，在縣治西。其源有三：一出漳之龍巖縣境，入掃溪口，過俞皇，歷張坡，出車坂，至縣治西與吉溪合，是爲燕水，東北流，會梅溪等溪，下流經沙縣，入劍溪〔一〕；一出汀之寧化縣境，流至吉溪；一出汀之連城縣境，經吉山〔二〕，下龍灣，歷鸕鷀溪，會吉溪。吉溪，在縣西南一里許。九龍溪，在縣西。源出汀州府清流縣，下接燕水溪。有九龍灘：曰長龍，曰安龍，曰傷龍，曰馬龍，曰三龍，曰五白龍，曰興龍，曰暮龍，曰下長龍。乃溪水最險處，過者必遵山徑，穿舟而行。内六龍屬清流縣。下此又歷三十九灘至沙縣：曰牛皮，曰狗瀨，曰茅鐮，曰鬱平，曰銅盤，曰雷霹靂，曰縋峯，曰大坡牆，曰五港，曰紫陽，曰牛欄角。凡十有一灘在縣境，餘屬沙縣，湍石悍利，舟師畏之。

【校勘記】

〔一〕劍溪　「劍」，底本作「建」，川本同，據滬本及嘉靖延平府志卷二改。

〔二〕經吉山　底本、川本「經」上衍「城」字，據滬本及嘉靖延平府志卷二删。

光澤　杭川，亦名大溪。發源自六都極高嶺，分水至四都，〔旁注〕四都，縣西五、六十里。合杉嶺、止馬諸水，曰西溪；至縣治西，納杭溪與徐源諸水，曰杭川；至縣北烏洲〔旁注〕縣東二里。與北溪合，曰交溪；又東南流三十里，入邵武縣界。北溪，源出縣北二十五都雲際嶺，會二十四都諸澗水，至二十六都茶富納沂州水〔一〕，四十里至縣治東北烏洲合西溪。二十六都，縣北八十里。〔旁注〕東北九十。交溪灘，在縣東一里，當西北兩溪之會。

【校勘記】

〔一〕納沂州水　底本脱「沂州水」，川本同，據滬本及嘉靖邵武府志卷二補。

泰寧　鳳棲山〔一〕，在南會保〔二〕。石壁嶄峻，中有鳥道，縈紆可登。山麓之南，舊有池，廣數頃，深甚，兩旁崖石峭立，筏乃可渡。既至，曠然平野，可容數百家，昔人嘗避地於此，今涸爲田。三門嶺，在梅口保。山頂二石對峙如門，四面削壁，多巖洞，其中平曠，可容數百家，俗呼三門寨。嶺高千丈，鳥道縈紆六、七里許，嶺頭險阻，折而爲三曲。累經草寇竊發，此爲巢穴。

火夾灘，居大溪中。亂石巉巖，兩旁石崖壁立，奔湍激浪，其聲如雷，不通舟楫。下流五里入雙溪渡。

【校勘記】

〔一〕鳳棲山　「棲」，底本、川本、滬本作「樓」，紀要卷九八、康熙泰寧縣志卷一作「棲」，據改。

〔二〕在南會保　「南會」，底本、川本、滬本作「會南」，據康熙泰寧縣志卷一、民國泰寧縣志卷四乙正。

上杭　縣溪諸灘：回龍灘。白石灘。禾灘。目忌灘。鑊風灘，灘有二水，一直一橫，浪滚如鑊。上五灘，在縣北平安里。高車灘。馬尾灘。上二灘，在縣在城里。逃船灘，灘勢甚險，舟至此必避溪旁，齊力備器，然後敢過。摻蓬灘。上徐灘。下徐灘。大龍鈎灘，屈曲若鈎。上五灘，在縣西勝運里。此七灘尤險。大孤灘，在縣南來蘇里。衆石槎牙，舟不可下，行者至此，必易舟而去。

歸化　紫雲臺山〔一〕，在縣東八十里。周迴二十里，高千丈。頂上平，有田塘水碓，居民約三百餘户。沙溪，在縣東四十里。源接縣東珩溪、瀚溪二水，至是始大，可通小舟，下巖前，合衆流，出溪口。

【校勘記】

〔一〕紫雲臺山　「山」，底本作「上」，川本同，據滬本及紀要卷九八、乾隆汀州府志卷三改。

興化府

郡之水，左自舊興化縣西南鄉而來，入九鯉湖〔二〕，出莒溪，〔旁注〕府西五十里。東行與漁滄、〔旁注〕府西十二里。荻蘆、〔旁注〕東北四十五里。八瀨〔旁注〕西北十里。諸溪合，至延壽溪匯而爲陂，分流灌溉北洋田畝，繞於郡治之左；右自永春、德化而來，與仙溪諸水合，至木蘭山下匯而爲陂，分流灌溉南洋田畝，元又分一股入北洋。繞於郡治之右。其東平地，分爲南北二洋，長可五十里，廣可二十里，是爲桑麻沃壤。別有支海三四，一自下〔旁注〕上。黄竿而入，過三江口西行，歷寧海、清浦、章魚頭港、白湖，至杭頭而止，長可四十里，廣可五十丈。此水善爲曲折，舊號羊腸，南北二洋以此爲界，所謂莆水也。又北二支，一自上黄竿而入，抵涵頭港；一自碧頭而入，抵迎仙港。此二支其流短。又南一支最大而長，繞於壺山之後，初由吉了而入〔二〕，經嵥嶼、小嶼、大湖、東瀆、東沙，西至仙遊境，分而爲二，一入楓亭〔旁注〕仙遊東南四十五里。曰太平港，一入雙溪曰雙溪港。〔旁注〕仙遊東南四十五里。此水之本末也。

【校勘記】

〔一〕九鯉湖　「鯉」，底本作「里」，川本同，據滬本及弘治興化府志卷七改。

〔二〕初由吉了而入　「由」，底本作「流」，川本同，據滬本及弘治興化府志卷七改。

漳州府

〔旁注〕高宗儀鳳三年，寇陳謙等連結諸蠻，攻潮州。守帥不能制，左玉鈐衛翊府左郎將陳元光討平之〔一〕，開屯於漳水之北，且耕且守。嗣聖三年〔二〕，元光請於泉、潮間建一州，以抗嶺表〔三〕，詔從之。因即屯所爲州，並置漳浦縣屬焉。柳營江，先是六朝以來，戍閩者屯兵於泉州之龍溪，阻江爲界，插柳爲營，當溪海之交，兩山夾峙〔四〕，波濤激湧，永隔西東。及陳元光鎮此，陰遣人沿溪而北，就上流緩處結筏連渡，從間道襲擊之，遂建寨柳江之西，以爲進取。於是土黎歸附，而龍溪以東之民陸續渡江田之，且戰且招，追寇於盤陀之下盡殲之，願附者撫而籍焉。永隆二年，請於朝，移鎮漳浦，以拒潮賊，阻盤陀諸山爲寨。其西北山峒之黎率依險阻，林木陰翳不相通，乃開山取道，翦除荆棘，遣士民誘而化之，漸成村落，拓地千里。垂拱間，請置漳州，割泉州龍溪屬焉，詔元光以將軍知州事。

【校勘記】

〔一〕左玉鈐衛翊府左郎將　底本「鈐」作「銓」，「翊」作「翼」，川本、滬本同，據舊唐書職官志、圖書集成職方典卷一〇九五改。

〔二〕嗣聖三年　「聖」，底本作「望」，川本同，據滬本及舊唐書中宗紀、圖書集成職方典卷一〇九五改。

〔三〕以抗嶺表　「抗」，底本作「杭」，川本同，據滬本及圖書集成職方典卷一〇九五改。

〔四〕兩山夾峙　「兩」，底本作「西」，川本同，據滬本及圖書集成職方典卷一一〇五改。

漳浦　其海外有魚腸嶼、竹嶼，居民數百家，歲獲魚鹽之利，俱在七都海門中。石城嶼、菜嶼、將軍嶼，盤石疊聳，舟舶不通，濱海者多乘筏以取海蛇，俱在縣東南十五都〔旁注〕十五都，縣東南四十里。大海中。大桑嶼、小桑嶼，俱井尾港内，訛桑爲嵩。大澈嶼、小澈嶼，俱井尾港口，聚沙成嶼，俱在十七都。

縣之名川有四：其近而繞城者，爲古之李澳川，亦曰南溪，而東合於北溪。李澳川，其源一自平和五寨，一自南靖龍嶺崎溪，一自盤陀嶺九曲溪。唐徙縣治，即其處。北溪，自羅山白鶴嶺，合西湖〔一〕、東門溪而會南溪。合流東行爲鹿溪，入於海。在縣東南五里許。爲邑中諸水之匯。自西林出者〔二〕，曰西林溪，源出平和。南流，過於雲霄鎮城之北，雲霄有渡，此名雲霄溪。又南流而東，納梁山以南諸水，入於海，爲古之漳水，亦曰漳江。按唐書地理志云：漳浦郡南有漳水，相承爲置郡漳水之北，而誤以雲霄爲郡。夫雲霄乃懷恩故地，在水之南矣，宜考。自竈山、龜山諸水，會於大坑、佛潭橋而入海者，爲古之黄如江，亦曰鴻儒江〔三〕。杜氏通典：漳浦郡南至黄如江一百里。

【校勘記】

〔一〕西湖　「西」，底本作「而」，川本同，據滬本及康熙漳浦縣志卷一改。

〔二〕西林　底本脱「西」字，川本同，據滬本及清統志卷四二九補。

〔三〕鴻儒江　底本脱「江」字，川本同，據滬本及清統志卷四二九補。

龍巖　倒嶺，在縣南八十里。盤紆險峻，舊爲防禦之所，有宋文丞相駐師故壘。莒林嶺，在縣西北二百餘里。有二水，一入龍溪，一入長汀，趨程鄉。均嶺，在縣東北汀州、沙縣兩分界上，名曰均嶺，謂水自此均分也。一南流入九龍溪，一北流入尤溪，趨福州。迷雲嶺，在縣東百餘里。左屬漳平。

水之大者曰龍川，環繞縣城，受汀州、上杭、古田諸溪水，合大、小池，歷龍門硿，至縣西，會羅筋諸溪，環繞城南，而東到雁石。舊志東溪，即此。其在西，亦名羅橋溪，在縣西二里。源出龍門里大小池，合流而行，春夏漲，不可渡。南注爲石鼓潭，在縣南三里。東匯於甕口潭，觀音座山下，中廣而口狹，故名。又東南爲傳軍山〔一〕，在甕口潭下，龍川之水入觀音座，會傳溪諸水〔二〕，循石峽而下，石峻水激，險怪萬狀，上下小艇至此而止。今闢成港，船載可納而下矣。過雁石渡，而達於潭平。東出華封、三硿，入九龍江。

【校勘記】

〔一〕傳軍山　「傳」，底本作「傅」，川本同，據滬本及紀要卷九九改。

〔二〕傳溪　「傳」，底本作「傅」，川本同，據滬本及紀要卷九九改。

南靖　雙溪：省志不同，今並録之。小溪，發源永豐里，〔旁注〕永豐，縣北一百八十里。龍巖縣界。歷金山、湧口，至永濟橋下，與大溪會。大溪，發源盧溪、太平者，歷赫潭而來；發源山布、未平社者，歷西林寺等處而來，至縣前與小溪會，自是合爲一大溪，經縣治東入龍溪縣。

詔安　九侯山，在縣北二十里。九峯並列，故以侯名。九上落山，在縣東北十五里。其山九上九下，先是路出北門，惡少竊伏崖谷中，時出剽掠，行旅患之。嘉靖乙巳，知縣廖暹改從東門出〔一〕，設東溪、洋尾渡，即鳳頭山立鳳山鋪，以半砂關民兵守之。龜山，在縣西南二十五里。山右有汀漳分界巡司。檬仔林山〔二〕，在縣東北五十里。山勢巃嵸，崖石林列，有石屋數十處，可容百人，稱「十八洞」云。嘉靖末，山寇嘯聚谷中，大爲民害。今盜稍息，而姦慝恒遁居焉，菁林要害，尤一邑之吃緊者。此山實與九侯聯絡，爲邑之鎮山，特以岨嶮，故鮮稱焉。葵岡山，在縣東四十五里。山勢綿亘，跨於深田鋪上下。中有兩小山相峙，稱相見嶺云。有古關隘，壘石而成，宋爲沿海道沿海所。近以上湖、後港諸村豪黠劫掠，撥浙兵守之。餘甘嶺山〔三〕，在縣東六十里。上至深田鋪，下至徑心鋪、磨石溪而止，蓋漳浦、詔安接壤山也。山險多盜，知縣廖暹修廢寨，移民兵守之。金溪山，一作金鷄山。在縣西北四十里，連接六洞諸山。舊有銀坑，堙塞已久〔四〕，萬曆中，奉旨開采。商估雜遝，豪猾假虎，二都山民岌岌驚變，幸內旨停革，洞已封閉，又以南詔所千户一員更番守之。然盜礦者猶故，詔人有隱憂焉。漸山，在縣東五十里海上。高峭千仞，頂分二峯，中有潭，深不可測。大帽山，在五都南百〔旁注〕泊。浦村。其山高聳，爲五都山第一，宋帝昺泊舟於此。川陵山，在五都東海濱，（縣志作蘇尖山，而川陵山在其旁。）半入海。俗傳帝昺南渡，將都南澳，築此爲東京，地遂缺陷爲海。今城堞尚存。自山巔下向海，莫窮其際。海中尚有木頭竹蓁，潮退風靜，都人駕舟取焉。

海中有虎仔嶼、南村嶼、崎嶼、大眠嶼，俱在川陵南大海中。甘山，在五都南面海中。東溪，在縣東。源出平和之大溪〔旁注〕峯。山，合縣境諸溪水，至南山横嶺渡入海。

【校勘記】

〔一〕知縣廖暹改從東門出　「改」，底本作「政」，川本同，據滬本及圖書集成職方典卷一〇九六、清統志卷四二九改。

〔二〕椽仔林山　「林」，底本作「杯」，川本同，據滬本及紀要卷九九改。

〔三〕餘甘嶺山　底本脱「山」字，川本同，據滬本及清統志卷四二九補。

〔四〕堙塞已久　「塞」，底本作「寨」，川本同，據滬本及圖書集成職方典卷一〇九六改。

海澄　南岐鋪頭山，在縣西南十五里。南溪之水，自椽潯而下，大海之水，自浮宮而入，至此合會，倒流紆延〔二〕，而分繞於邑内，亦名倒港山。浯嶼，在同安界海中。上有天妃廟，官軍備倭者置水寨於此。今遷在嘉禾，此地遂爲盜泊舟之所，出没可虞。胡使一嶼，在一、二、三都海門上下，延袤數里。先是居民憑海爲非，正統初，郡守甘瑛奏移其民，虚其地。舊志謂之荆嶼、梁嶼。今呼爲海門南北山，上多荆木，或時有水人水馬。蒿嶼、長嶼，俱三面臨海，居民各數百家。丹霞嶼，一名赤嶼。鷄嶼，在海口中央。其狀如龜浮水面，亦名龜嶼。隆慶六年，羅知府議移海門、濠門二巡檢司，築城其上。後以勢右移，繕私城，今宜復。港口大溪，源自延、汀數百里而來，合九龍江及西南溪之水，同入於海。月港，在八、九都。〔旁注〕南接日尾港溪源，北接西溪上流。外通海潮，内接淡水，其形如月，故名。

【校勘記】

〔一〕倒流紆延　「紆」，底本作「行」，川本同，據滬本及圖書集成職方典卷一〇九六改。

龍溪縣　治。　編户一百六十里。　衝，煩，民刁，多盜。　沿海。　有鐵冶。

江東馬驛，縣東二十八都。甘棠驛，縣南六十七都。柳營江巡檢司，在縣東二十七都柳營江之西。二十七都，府東二十里。六十七都，府南五十里〔一〕。尾分入海澄。

東湖，在東門外，周迴千餘畝。宋紹興間，郡守劉才邵沿湖建斗門，以時啓閉，民蒙其利。今爲平田矣。

【校勘記】

〔一〕府南五十里　「五」，川本同，滬本作「六」。

寧洋　金鳳山，在縣治後，爲邑之鎮山。　均嶺，汀、延分界。〔旁注〕見龍巖。　殺狐嶺，舊名龍頭寨。烏道險峻，昔爲寇巢，官兵久困守之，忽有大狐從嶺飛下，殺之，三日遂拔賊寨，因以爲名。　南溪，源出縣之東北；北溪，源出縣北；西溪，源出縣之西北。三流合而繞縣，古稱東西洋，爲九龍江之上源。

鎮海衛。　太武山，在衛西北十里。見漳浦。　東鎮嶼、南鎮嶼，二嶼東南相望爲衛，案山離城十餘里〔一〕。　鴻儒嶼，在衛西南。多樹，有集海鳥。　連進嶼，南鎮嶼之右。　將軍礁，一名雞心淵。水底石骨，内接烏鼻頭山，外連東鎮嶼里許，潮長則没，退則見，晴明則露，陰晦則迷。又名浮沉州。　半洋洲，在水底，東接龜嶺，西接南鎮。如遇風晴，見白浪一條，長百餘丈。又名白玉礁。

遵海而東，爲陸鰲所。三面皆海，惟正北可以陸行，所城如巨鰲戴山。所舊爲青山巡檢司。舊名青山，亦曰鰲山。其北爲大澳山，一名羅崎山，土色純赤，先欲置城於此，後移今地。其輔爲虎頭山，與古雷對峙，商船漁舟皆經此。　横嶼，在海中，長亘可一里。　菜嶼，在海中。　雙洲，俗呼爲洲門。自廣入閩船艦必經此。

迤南爲銅山。土名東山。　川陵山，在城南十里，屹峙海中。見詔安。　瞭望山，在西城外。亂石堆積，山下官道通水寨。　東嶺山，在水寨之右，與東坑接壤。　水寨大山，距城二里。前有幞頭石，通接官亭，平處有田。海中爲鳥石平山，周圍數里。大甘山、小甘山，晴明望見，風濤則隱如無，一潮水乃可至。東門嶼，蒙如龍頭，流浪衝急，俗呼大驚門。其下爲沙島。鐵釘嶼。五嶼。雞心嶼，川陵之東。南嶼，云有沙灣環帶。後澳港，在水寨之旁，大小船隻於此可避風濤之險。虎窟空〔二〕，東門外。中空，洞深不可測。又東爲玄鍾所。

【校勘記】

〔一〕案山離城十餘里　「離」，底本作「雜」，川本、滬本同，據康熙漳浦縣志卷一改。底本、川本「案山離城」作「離城案山」，據滬本及康熙漳浦縣志卷一乙正。

〔二〕虎窟空　「空」，川本同，滬本作「穴」。

詔安志：梅嶺山，在四都，去縣三十里。距玄鍾所十里，瀕海。有公館，今廢。漳之洋船，先實發於此。原有主簿鎮於此，後設縣，鎮除，以其地屢爲倭寇所憑，今發船在海澄。內嶼，狀如神龜。中有巨石如牛，潮滿則沉，潮退則見，以塞水口。外嶼。勝澳〔一〕，在城西南，面對南澳，水通柘林等處。其上爲南山墩，其平處爲天妃廟。由詔安海門出西南半日程，爲南澳山，砥柱海中，周二百餘里。萬曆四年築城，周五百丈。有總兵府、巡海道、海防館衙門，副總兵一員駐焉。南澳雖多屬廣、潮，而與玄鍾所對峙，一葦可濟，實八閩之門户，而漳郡之咽喉也。詳見兵防考。南澳，在閩、粤交界，其地距岸四十餘里，海中突起一山。設一副總兵帶閩、粤之銜，領兩省水陸二兵以控制之。其山之遠者曰黄芒山，長三十里，逋逃之民居焉，伏險竊發，信地之最切者。曰青峙山，曰獵嶼山，高百餘丈，長二十里。山中有樵牧田〔二〕，水三里至。其環於城之左右者，爲白沙灣、隆澳、中多平田，賊酋許朝光舊巢。洋峙、中多平田，漳、潮民雜處，耕佃於此。錢澳、宰猪澳。即吳平舊巢。其遞南則爲潮之澄海、潮陽焉。由海澄縣海門東出二日水程，有島曰彭湖。在巨浸中，周環三十六島。昔人僑寓其上，苫茅爲屋，以耕漁爲業。有詞訟，必赴泉之晉江。後以倭夷出入，遂墟其地。鄉落屋址尚存。每冬月，井尾、白石之人往彼捕魚，滿載而歸。其山多麋鹿、山猪、野犬、野牛，芥子、野穀不種自穫，相傳江夏侯徙民内附，其畜産不及攜歸，故相生不絶云。今漳之汛守，歲亦再至〔三〕。

【校勘記】

〔一〕勝澳 「澳」，底本作「嶼」，川本同，據滬本及民國詔安縣志卷二改。

〔二〕山中有樵牧田 「有」，川本同，滬本作「可」。

〔三〕歲亦再至 「至」，底本作「生」，川本同，據滬本改。

福寧州

松山，在州城東南一都。昔在海中，今流沙已合，有徑可行。正統九年，徙置烽火寨於山下。嘉靖徙寨於箬頭[一]，沙飛去，及復寨，沙復如故。松山後亦有沙徑，潮汐可行。東南海中有斷嶼，曰火焰山。嘉靖己未，參將黎鵬舉迎敵倭寇於中流，大破之。七、八都之南海中有嶼曰嵛山，山高而中坳如鉢盂。地肥產繁，中有三十六澳，居民稠密。國朝洪武初，江夏侯周德興以其孤懸海中[二]，徙其民於七、八都，此地遂廢爲荒榛，與鄰邑海壇山同爲禁地。嵛山之旁有小山曰艮山；有嶼曰日嶼，東至七星山。州南五十五里有羅浮山，在海濱，泊舟可避北風，若南風，則石崖齒齒難近。有文崎山，與武崎相向海中，廣袤五里。有瀧（旁注）一作礲。山，立閭峽東南海中六、七十里。凡東西南北四瀧，惟東北二瀧可泊舟，倭入必取汲於此，爲防守最要地。有筋竹山，在高羅之東，洪濤澎湃，舟可暫泊而不可久。東有舊烽火門。皆嶼門。

通志：烽火門水寨，永樂十八年，並設於三沙海面。正統九年，侍郎焦宏以其地風濤洶湧[三]，泊舟不便，移州東一都松山。五、六都三沙海面。按舊時烽火門水寨移居三沙，尋廢，再遷松山。識者謂沿海設烽火五寨，皆在海洋之中，如處弓弦之上，故聲勢聯絡，可以互相應援。承平弊滋，正統間倡爲孤島無援之説，移各寨内港。今寨名雖是，寨地則非。内港山澳崎嶇，每被賊舟徑趨淺水，而吾大舟爲無用之器，故迎則不支，追則無及，由失勢所致也。萬曆癸酉年，松山之敗績，其後車之當戒乎！州西南五十五里有汛嶼，突出海中，形勢奇特。潮退，沙徑可行泥濘中長可一里，地無田，民皆業漁。州南七十五里有大金山，廣袤二十里。海中有浮膺山，上有四澳，控壓海道。宋、元間，居民甚蕃，亦有顯宦者。國朝洪武二十一年，江夏侯周德興奏遷其民大金山。浮膺，延袤四澳，控壓海道，一要地也。國初以防倭故，盡徙其民。後議置戍，竟爲築室道謀，因循至今，遂棄其地而不守，能無虞他盜之據以爲穴乎！州南百里，曰南北港。三面皆海，惟一隅地接大金。

白水江，在州西南一百七十里。昔時白水郎停舟之處。舊記云：閩之先，居海島有七種：盧亭、白水郎、欒山、莫傜、遊般子、山夷、雪家之屬是也。或云白水郎乃盧循餘種，散居海上，以船爲家，衝波逆浪，略無懼憚。唐武德中，招其首領降之。二說不同。霞浦江，在四十六、七都。江中有青赤黄玄四嶼〔四〕。長溪，在州西門外。源出白巖，流經建善寺前，迤邐至沙塘，溉田有數百頃。松山港，在州東南。〔旁注〕州志：一都。其上流接白巖、前溪之水，至松山前，兩潮會合，有沙洲，今海航多泊於此。

【校勘記】

〔二〕嘉靖徙寨於箬頭　川本同，滬本「靖」下有「間」字。

〔二〕以其孤懸海中　「懸」，底本缺，川本同，滬本有。清統志卷四三六福寧府崳山：「明洪武間，周德興以其孤懸海中，盡徙其民於内地。」據補。

〔三〕焦宏　「焦」，底本、川本、滬本作「蕉」，據明史英宗紀、乾隆福寧府志卷三改。

〔四〕青赤黄玄四嶼　「玄」，底本作「立」，川本同，據滬本及乾隆福寧府志卷四改。

寧德　海在縣東南，至於白匏山大海。　官井洋，在三都〔旁注〕三都，縣東三十里。扈崎山尾，合福寧、福安諸水，匯於此。　三江洋，在扈崎山中段，乃埔村港、黄崎港會流之地，風濤險惡，非晴朗不敢渡。　三渡洋，在扈崎側，漁者呼爲内港。　青山洋，在三都，俗呼鐵墩門。過三江，入北洋，出大海，横過白匏山，入長溪港。　承平日久，劫掠之害乃不在倭寇，而在吾人兵哨、鹽哨之爲暴，不可究詰，而盜尤甚。曰乞羹，曰巡邏，曰搜私鹽，曰巡緝接盤，皆其爲暴之名色，由是則有假稱兵哨、鹽哨而肆害者，稍拂其欲，則多方虐之〔一〕，甚至有溺其人、沈其舟者，以至漁航賈船相戒，不敢航海。

【校勘記】

〔一〕則多方虐之　「虐」，底本作「虚」，川本同，據滬本改。

平和　三平山，巖谷深邃，詰曲崎危，爲古迹名勝。舊志云：登者必歷三險三平，乃至其巔〔一〕，故名三平。

河頭溪，在縣治東，南流，西由赤石巖通三河。高山溪，一源水流西自雙溪、鼺溪至河頭，一源水流東自大小坪至溪口。溪口，左自大小坪，右自南勝溪，流至小溪西山，合抵府城入海。

【校勘記】

〔一〕乃至其巔 底本「乃」作「初」，「巔」作「地」，川本、滬本同，據紀要卷九九、清統志卷四二九改。

泊宅編：泉州東二十里有萬安渡，水闊五里，上流接大溪，外即海也。每風潮交作，輒數日不可渡。劉鋹據嶺表，留從效等據漳、泉，恃此以負固〔二〕。蔡襄守泉州，創意造石橋，兩岸依山，中託巨石。因搆亭觀，累石條爲橋基八十所，闊二丈，其長倍之，兩頭若圭射勢，石縫中可容一、二指釃潮水，每基相去一丈四尺，橋面闊一丈三、四尺，爲欄杆以護之。閩中無石灰，燒蠣殼爲灰。蔡公於橋岸造屋數百楹爲民居〔三〕，以僦直入公帑，三歲度一僧，俾掌橋事。故用灰常若新，無纖毫罅隙。春夏大潮，水及欄際，往來者不絶，如行水上。十八年橋乃成，即多取蠣房散置石基上，歲久延蔓相黏，基益膠固矣。元豐初，王祖道知州，具奏立法，輒取蠣房者徒三年〔三〕。

【校勘記】

〔一〕恃此以負固　「恃」，底本作「特」，據川本、滬本及泊宅編卷二改。

〔二〕造屋數百楹　「屋」，底本作「至」，據川本、滬本及泊宅編卷二改。

〔三〕輒取蠣房者徒三年　底本脱「房」字，川本、滬本同；「三」，底本作「二」，川本、滬本同，據泊宅編卷二補改。

崇安　壤接江右、兩浙，昔時爲偏據之上游，亦爲伏莽之窟宅。諸關有八，通江西之上饒、鉛山，桐木一關通邵武。其最險者爲蕉嶺，岑陽、桐木、觀音次之，分水、寮竹又次之。温嶺內外，地無險逼，嶺岡易登，此夷險之大概也。各關相距或二百餘里，或百有餘里，然峯亦遞接，昔人從山頂闢榛薙棘，則岑陽至蕉嶺可六十里，蕉嶺至寮竹三十五里，寮竹至温林二十里，温林至觀音三十五里，觀音至谷口二十里，谷口至分水五十里，分水至桐木六十里，互相犄角，誠爲天險。但道通封禁山，歷考宣德、正統、嘉靖諸年，項三、王能、葉宗留、鄧茂七皆竊處其中，巢穴依然，亡命代有，保障之策詎易言邪！　岑陽關，爲縣東第一關，距縣一百二十里。由大渾、石舊至山坳八十里，自山坳至小漈、龍王廟、新嶺、橋臺諸路皆小徑。　焦嶺關，在岑陽之西，抵縣七十里。由大渾水，歷广頭〔一〕、上村水、碓礲、横歪坪，懸崖千丈，路僅一線。　寮竹關，在縣北，距八十里〔二〕。自西門由四渡逾大富橋、郭前、長墘、胡墩、童家坑，路皆平坦；自童家坑抵關二十里，中有九曲嶺，兩山高峙，曲道山半，最爲險峻。　温林關，在縣北，外控江西之鉛、饒。鉛之石塘抵關四十里，饒之高洲抵關六十里，亦由胡墩分路至温林村，山勢險。又一路渡大壋橋，由發龍坑、地源、大歷抵關，僅十五里，其路更隘。觀音關，在石雄縣西之境，距縣七十五里。左達温林，由大壋、地源至雙溪，徑甚窄小，就石爲關，山下溪深百餘丈。谷口關，山河小徑，因有紙廠，止爲石塘往來之路耳，崇禎十二年堵塞。分水關，爲江、浙入閩第一關。自縣至大安驛五十里，大安至關二十里，雖無懸崖峻壁，而鋪舍相望，可資守禦，設有巡檢司。桐木關，在縣西，距縣一百五十里。自南門由黄柏、官莊、黄村、周村過渡，至山港、江墩，皆石磴梯雲，危崖臨水，陡峻難以駐足；又一路直達車盤，昔皆萑苻之藪澤也。

【校勘記】

〔一〕歷广頭　「广」，川本同，滬本作「疸」。

〔二〕距八十里　川本同，滬本「距」下有「城」字，蓋是。

漳浦志：唐高宗總章二年，詔玉鈴衛翊府左郎將、歸德將軍陳政鎮泉、潮間，故綏安縣地。

按吴永安三年，析建安校鄉西偏置綏安縣。其後廢。無可考。潮陽志：綏安，晉屬義安郡，疑即潮州界。今雲霄地。詔曰：「泉、潮據閩、廣之交，嶺南爲僚蠻之藪。玉鈐衛翊府左郎將、歸德將軍陳政剛果有爲；謀猶克慎，其進爾朝議大夫，統嶺南行軍總管事，掛新注印符，率府兵三千六百名，將士自副將許天正以下一百二十三員，從其號令，前往七閩、百粤交界綏安縣地方，相視山原，開屯建堡，靖寇患於炎荒，奠皇恩於絶域，筮辰僉吉，明發斯征，莫辭病，病則朕醫；莫辭死，死則朕埋。斯誓斯言，爰及苗裔，汝往欽哉！」儀鳳二年四月，政卒，詔以其子元光爲玉鈐衛翊府左郎將，代領其衆。厓山賊陳謙等率諸蠻攻潮，詔閩帥陳元光討平之，遂開屯於漳水之北。永淳元年八月，詔進元光階正議大夫、嶺南行軍總管。武后垂拱四年，割福州西南境地置漳州，附郭置漳浦以屬，以陳元光爲中郎將、右鷹揚衛率府懷化大將軍、輕車大都尉兼朝散大夫、持節漳州諸軍事、守漳州刺史、贊治尹營田長春宫使者。是時，元光疏請建州於泉、潮間，宰相侍從官裴炎〔一〕、婁師德、裴行立、狄仁傑等議以爲是，詔可之。故即屯所爲州治，在梁山之南，即今雲霄。並以其地置縣，隸福州。因其南有漳水，故名漳。溪水自西林而出，海水自銅山海門而入，清濁相雜而成漳，此漳州置郡、漳浦置縣之始。中宗景龍二年，蠻寇雷萬興、苗自成之子聚衆復起於潮，潛抵岳山。元光率輕騎討之，爲賊將藍奉高所刃傷，卒。玄宗先天二年，詔以嶺南多盜，起復元光子珦領州事。疏乞終喪，許之。贈元光豹韜衛鎮軍大將軍兼光禄大夫、中書左丞臨漳侯，謚忠毅文惠。開元三年，守漳州刺史陳珦率師襲破賊峒，殺藍奉高，俘其餘黨。四年，徙州治及縣於綏安溪之李澳川。即今漳浦縣治。二十二年，以漳州及漳浦縣改隸嶺南經略使。二十五年，守刺史陳珦以衰老疏乞休，許之。珦以天寶元年卒〔二〕。天寶元年，改漳州爲漳浦郡，漳浦縣如故，隸福建經略使。十載後，以漳浦郡隸嶺南經略使，以故寧遠令陳酆爲朝散大夫中郎將、守漳州刺史，從耆老朱興家、佘拱宸等之請〔三〕。酆歷任二十九年，以大曆十四年卒。德宗建中二年，詔以陳謨任中郎將兼漳州刺史。三年，復以謨不協輿情，更以秋官員外郎柳少安爲漳州刺史，謨檢校本州别駕〔四〕。

職官表序曰：自秦一四海，棄先王封建之制，置郡縣，後代卒不能更其法而復先王之制，則郡縣之繫於惠養元元重矣。漢因秦法，而居官者長子孫，至其卓然最稱者，賚帛賜金，寵數有倍〔五〕，故漢世循吏稱盛。唐而下，吏治寖不漢埒，而議者輒罪吏，不知上所以崇用厚籍之者異也。漳浦爲邑，始自元光，氏世居守荒域，故能闢土成疆，遷邦致理，變陋風而馴文物。假令當時不續前績，又無百年之委寄，則陳氏之功烈未可知也。由此觀之，則漢法之久於其官效章章著矣。

梁山，在縣南二十里。高數百仞，綿亘百餘里。有九十九峯，其上有水晶產焉。太武山，在縣東南百里而遥。高數百仞，周迴横亘百里，至於鎮海城之南沙洲。島尾司在其東南海中，闞頭山在其西南，陟其巓，漳、泉諸山盡在目中。

海，在縣東南四十里。海潮分五派而入：南一派，由古雷、銅山、北港門入，經十都至雲霄、西林止；又南一派，由銅山、玄鍾〔六〕、北港門入，經漸山至大陂溪止；又南一派，由玄鍾南港門入，至詔安止；以上三派，今屬詔安。北一派，由井尾港門入，經佛潭橋至港頭止；中一派，由鹽墩、竹嶼，經鹿溪至南門溪漸北，至西廟灣而止。舊時潮至官徑，今南溪以上多築陂攔阻，沙泥填高，潮不復入，至西廟前溪稍北而止。

雲霄城，在六都雲霄驛，城周八百二十五丈。在漳境最南，北去府、南由南詔入潮，各二百里。有海防館。初，嘉靖四十二年，軍門譚綸以海上多事，而月港居民復乘機煽亂，請設海防同知於月港，專理海上之事，即巡捕通判故靖海館爲海防館居焉。已而月港置縣，曰海澄。而雲霄以南往往爲盜賊往來之衝，當事者欲置南路參將於其內，不果，乃請設海防館於此。今與月港歲各半駐調度云。赤湖城，在十七都。元末，土人所築。井尾巡檢司，在二十三都海嶼中。洪武二十年建。年久，城垣廨舍爲飛沙所壓没，今附在井尾居。青山巡檢司，在月嶼堡。古雷巡檢司，在古雷山下〔七〕。故屬南靖，正統七年，改隸本縣。城周百十五丈。後葛巡檢司，在下八都後葛土堡内〔八〕。盤陀嶺巡檢司，在八都。正統六年建。

鎮海衛，在二十三都界内。洪武二十年建。統左、右、中、前、後五千户所，六鰲、銅山、玄鍾三千户所。成化七年，調後千户所龍巖屬漳州衛，止存四所。城周七百八十三丈。環海爲濠。六鰲守禦千户所，在十五都界内。舊爲青山巡檢司地，洪武二十年置。所城周五百五十丈，臨海爲濠。銅山守禦千户所，在五都界内，洪武二十年建。今爲詔安地，有參將府在内。玄鍾守禦千户所，在四都界内，洪武二十年建。今爲詔安地。銅山西門澳把總水寨，初在井尾澳。景泰間，移今所。把總官遴選各衛指揮有才幹者爲之，視諸指揮行事，五年一代。今爲詔安界。玄鍾澳水寨，其官謂之衛總，更代以歲，受銅山水寨節制。今爲詔安界。

故漳州城，唐嗣聖初置，在縣南八十里。今雲霄地。廢懷恩縣，在縣西南一百里。唐嗣聖間置，屬漳州。開元末，廢爲鎮，屬漳浦。南詔城，宋爲南詔場。又爲沿邊巡檢寨。本朝弘治十七年，發漳州衛後千户所軍守禦。正德十五年，增設捕盗通判。嘉靖九年，析漳浦縣二、三、四都地置詔安縣。即城爲縣治，所仍舊。其中洪淡、金石、東沉赤山三巡檢司屬焉。

【校勘記】

〔一〕宰相侍從官　底本作「宰相侍從從官」，川本同。後「從」字衍，據滬本删。

〔二〕天寶元年　底本「天」作「元」，「年」作「寶」，川本同，據滬本及康熙漳浦縣志卷一四名宦志改。

〔三〕余拱宸等之請　「之請」，底本作「請之」，川本同，據滬本乙正。

〔四〕檢校本州別駕　「校」，底本作「據」，川本同，據滬本改。

〔五〕寵數有倍　「倍」，川本同，滬本作「加」。

〔六〕玄鍾　底本作「立銅」，川本作「立鍾」，據滬本及康熙漳浦縣志卷一改。下同。

〔七〕古雷山下　底本脱，川本同，據滬本及紀要卷九九補。

〔八〕在下八都後葛土堡内　底本「下」作「丁」，脱「八都」二字，川本、滬本同，康熙漳浦縣志卷一一作「在下八都後葛土堡内」，據補。